教育行動研究

理論、實踐與反省

潘世尊◎著

作者簡介

潘世尊

＊國立高雄師範大學教育學博士

＊曾擔任國小教師（1991-2003）

＊現任職於弘光科技大學幼兒保育系與師資培育中心助理教授兼師資培育中心主任

＊學術專長為教育行動研究及課程與教學，曾發表與教育行動研究有關之學術論文十餘篇

推薦序

近年來國內在課程與教學革新潮流的帶動下，以行動研究法進行教育實際問題的研究已蔚為風尚，我們可以從學位論文的主題、研究目的、問題與研究方法的「行動取向」窺知此趨勢。對於教育實務工作者而言，行動研究似乎成為個人教育專業發展的有效途徑，只要有了行動就是研究的開端。儘管行動研究相關的論文在量上與日俱增，但是，許多研究者及學者對於行動研究仍存有「行動研究是否為研究」的疑問。其中，最為人質疑的問題是行動研究方法缺乏約定俗成的規範及章法，研究者個案式的個人獨白敘事缺乏傳統研究信效度的考驗。在教育學術領域中，作為實務工作者的研究者面對上述的質疑與挑戰，對於教育行動研究方法論的探討變得更為迫切。

本書《教育行動研究——理論、實踐與反省》是專門討論教育行動研究方法論的著作，為作者潘世尊教授多年來以行動研究法探討教育問題的寶貴經驗累積。作者勤於研究、敏於思考，堪為年輕學者的表率。本書取材內容廣泛，引用相當豐富的國內外文獻資料，並將作者自己行動研究的心得與既有的相關文獻及實證研究結果，透過縝密的分析、思辨及論證而寫成，擺脫傳統上以「食譜式」的敘述來介紹研究方法。作者潛心致力於教育行動研究，從理論層次的分析，透過自身的研究實踐，進一步反思行動研究「是什麼」、「如何做」及「所為何來」。這樣的探討與陳述也可看成是一趟精采可期的行動研究之旅，讀者透過作者的引導，當可登堂而入室。本書內容的論述已儘量兼顧多元的觀點，也提供相當多進一步論辯的空間，讀者可以持批判的態度審視書中的論點。

本書第一篇「什麼是行動研究」確實是難解的議題，作者提出三項行動研究基本要求，即「以參與研究者自身的想法和行動為研究對象、以揭露及解決問題所在以求改善為目的，並以反省作為達成目的的核心手段」。這看起來是最低的要求及必要的條件，如以此為基準，有些聲稱是行動研究的論文或許難以符合上述之基本要求。第二篇「如何做行動研究」是本書精華部分，廣泛討論在行動研究歷程可能遭遇到的主題，從研究倫理、研究主題、研究者角色、蒐集與分析資料，特別重視行動研究的核心概念——自我及協同的反省。第三篇「為什麼做行動研究」，讀者或可以視興趣與需要參照第一篇的內容，作者認為改善教育現況以協助學生的身心得到較好的成長才是教育研究的最終目的，這樣的論點也提供進一步討論的基礎。第四篇「未來的方向」，提出未來可行的研究方向是相當具有前瞻性的建議，像透過行動研究來探究行動研究便是作者採用的途徑，如果讀者正從事行動研究則更有深切的體驗。

我有幸比讀者早先閱讀本書初稿，願意將此書推薦給認真看待行動研究的教育實務工作者與研究者。

國立高雄師範大學教育學系
方德隆　2004 年 8 月 10 日

自序

1950 年代左右，在 Collier 及 Lewin 等人的提倡下，行動研究曾盛行於美國的社會科學界。不過短短十年左右，就由於其方法論基礎的不足，以及不符合量的研究所認同的科學性特徵而迅速衰退（陳惠邦，1998：39-67）。1970 年代以後，在英、澳的 Stenhouse、Elliott、Carr、Kemmis 及 Winter 等人的努力與推動下，行動研究不但又迅速復興，其方法論基礎亦多有增長。而在目前的國內，亦有許多學者鼓勵教師及專業研究者從事行動研究。教育部所推動之九年一貫課程，亦期待教師透過行動研究來改善自我的課程與教學。

受到 Carr 和 Kemmis（1986）所著《朝向批判：教育、知識與行動研究》（*Becoming critical: Education, knowledge, and action research*）一書的啟發，筆者近年來亦持續透過行動研究來探究課程與教學。而為提升所從事行動研究之品質，更不斷探討行動研究的相關概念。值得提出的是除了經由相關文獻的探討以理解行動研究，還曾透過行動研究來探究行動研究。筆者的博士論文《一個行動研究者的雙重追尋：改善教學與對行動研究的認識》就體現此點。當採用此種途徑來探究行動研究時，筆者先分析、批判相關學者的論述，以作為後續行動研究之引導。然後，將分析與批判的結果轉化為具體實踐。過程中，不斷反省自我的所思所行並據以調整先前對行動研究的看法。此種反省若從 Schön（1983）的角度來看，可稱做「行動中的反省」（reflection-in-action）。然它就如 Newman（1999）所言，可能受到反省當時的情境脈絡所限。因此在行動研究暫告一段落之後，筆者還會對先前行動研究過程中的思考和行動再加以反省。此種反省若亦從 Schön（1983）的角度來看，可稱做「對行動中的反省進行反省」（reflection on reflection-in-action）。經由上述種種努力，筆者對行動研究的認識逐漸加深，並發展出若干與先前的認知有所不同的行動研究觀點，而這就是將本書題為《教育行動研究——理論、實踐與反省》的主因。值得提出的是在實際從事行動研究的過程中，筆者察覺許多僅憑文獻探討難以發現的問題。對這些問題加以探究然後提出觀點以供教育工作者參考，使得本書深具理論深度與實務價值，它可說是本書的特色之一。

在內容與架構上，本書分為四篇：

第一篇「什麼是行動研究」，說明行動研究的基本要求、目的與性質。這些屬於行動研究的上位概念，掌握它們，才能以適當的方法與態度從事行動研究。

第二篇「如何做行動研究」，從行動研究的開始時機、參與者、主題、核心研究者的角色扮演、面對外在理論的方式、歷程、協同反省與自我反省之道，一直到行動研究結束後資料的分析與呈現，詳細討論實際從事行動研究過程中可能面對的種種問題，並提出具體且可行之策略供讀者參考。

第三篇「為什麼做行動研究」，分別從「理論」與「實際」之間的關係以及 Jurgen Habermas 的相關論述說明為什麼從事行動研究，以為有志於行動研究者提供堅實的方法論靠山。

第四篇「未來的方向」，說明往後可如何探究，以持續充實行動研究的內涵並擴增其可能性。

上述四篇論及行動研究各個面向，因此可說內容完整、架構分明。其中，有若干主題之說明與討論未曾見於國內其他著作或翻譯書籍，使得本書深具特殊性。這些主題如行動研究的基本要求（第一章）、行動研究的性質（第三章）、行動研究的參與者（第五章）、行動研究中核心研究者的角色扮演（第七章）、行動研究與外在理論（第八章）、行動研究中的協同反省（第十章）、行動研究中教學問題的協同反省（第十一章）、中國人的協同反省（第十二章）、行動研究中的衝突與因應（第十五章）、行動研究報告題目的擬定（第十六章）。

要說明的是本書有若干章之完成是以行動研究為途徑。若是如此，則其架構大抵為前言、方法、行動研究前的想法、行動研究中的思考與轉變、行動研究後的檢討，以及結論與建議。此種架構，或可作為讀者撰寫行動研究報告的一種參考。其實它與一般研究報告所採用的，將整個研究分為前言、方法、結果與討論，以及結論與建議四大部分的架構類似。

國內目前雖有許多學者鼓勵教師從事行動研究，然亦有若干學者就此將它限定為教師而非學術之研究。而依 Zeichner（1993）所述，在美國亦有相當多大學教授抱持此種看法。本書之內容有許多改寫自筆者的博士論文，因此最要感謝的是指導教授——方德隆博士的包容與接納，使筆者能透過行動研究建構行動研究之理論，並盡情的將自我對教育研究的看法落實於論文之中。而其引導與啟發，更促使筆者逐漸釐清與突破自身的盲點。其次，要感謝高敬文與郭玉霞教授。他們的質問與建議，亦促使筆者檢討並調整自我的行動研究觀點。

曾經與我一起從事行動研究的夥伴，您們的參與、經驗、想法與質問，促發我從自我反省中不斷重構教學與行動研究觀點。此種收穫在您們身上亦可看到，而這應該就是最大的回饋，同時亦是筆者喜歡並採用行動研究的原因之一。而筆者會這樣，實深受 Carr 和 Kemmis（1986）所說，教育研究必須是一種「為了教育」（for education），而非為了滿足研究者自身需求的觀點所影響。

感謝心理出版社的慨允出版，讓筆者這幾年來對於行動研究探究的結果能與同好分享，並有接受批評與指教的機會。透過「批判的朋友」（critical friends）的質問，筆者現階段想法中的問題所在或不足之處有可能被揭露。若能如此，將是筆者之福。最後，要將出版此書的喜悅與家人、關心我的師長及朋友分享！

潘世尊 謹識

2004 年 6 月

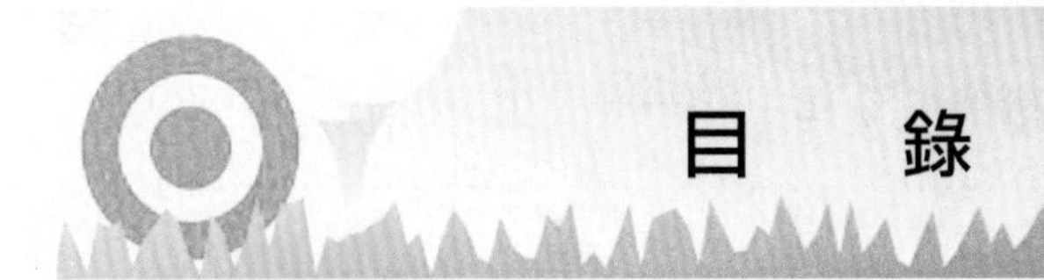
目 錄

第一篇

什麼是行動研究

要從事行動研究，宜先了解行動研究的基本要求、目的與性質。它們屬於行動研究的上位概念，掌握它們，才能以較適宜的態度或方法從事行動研究。

第一章

行動研究的基本要求

壹、前言

行動研究發展至今已有五、六十年，然學者間對於「什麼是行動研究」或「如何才算是行動研究」卻常有不同的見解。陳惠邦（1998：39）就指出「在一般討論行動研究的學術論著中，對其意義仍甚為紛歧」。Carr（溫明麗譯，1987：159）亦認為行動研究的意涵與意義常有不同的解釋，其中有些解釋還彼此不相容。此種觀點分歧的情況，至少衍生出如下兩個問題：

首先，學者間對於某一研究是否屬於行動研究的判別常不相同，進而影響宜如何從事行動研究的認知。Kemmis和McTaggart（1988）認為行動研究是在實務工作中試驗想法，以作為改善現狀及增進知識的手段。不過在成虹飛（1996）、鍾宜玲（1997），以及陳惠邦、李麗霞（1999）等人所推動的行動研究中，卻僅以討論作為主要的運作型態。若依 Kemmis 和 McTaggart 之見，他們的研究並不能算是行動研究，因並未系統的透過實踐來檢驗、調整彼此討論後的想法。不過如果按照成虹飛（1996：85）所說：「只要是一種為了追求了解與改變而作的持續探究努力，並且可以將努力的經驗加以分析、統整，賦予深刻的意義，便符合我對於行動研究的定義。」那麼上述的三個研究是可以歸為行動研究。換句話說，當對「如何才算是行動研究」這個問題的見解不同時，對某一研究是否屬於行動研究的判別就會跟著不同。

或有會問：即使對某一研究是否屬於行動研究的判別有所不同，又有何關係？筆者發現當對研究的定位不同時，對於研究題目的擬定、研究者宜扮演的角色或研究技巧的運用等問題的看法就會跟著不同。舉例來說：之前國內某個教育系博士班研究生計畫與一名現職教師合作，以共同發展國小語文科的教學觀點。他的構想是由該教師實際教學，本身則進行觀察的工作。然後，依觀察結果與該教師討論並共同提出新的教學計畫，以作為進一步教學、觀察、反省及調整的基礎。這個研究他將之定位為行動研究，並在研究題目中揭示出來。不過在其博士論文計畫口試時，卻遭到某些口試委員的反對，理由是他並沒有實際進行教學或並非探究自我的教學實際，所以應不能算是行動研究。據此推論，若要符合這些委員對行動研究的認知，則他應親自教學並以其作為探究的對象，但實際情況又不允許他這麼做。在這種狀況下，他只好將研究題目中原本有的「行動研究」四個字取消，並在說明其研究方法時，放棄明確的陳述所採用的是行動研究法。其實，國內早有研究生採用與其原先構想類似的做法，並在學位論文題目中冠上「行動研究」這幾個字（如陳淑娟，1999；游可如，1996）。會有此種差異，就是因為不同口試委員間對於「如何才算是行動研究」這個問題的看法不同，因而影響宜如何從事研究的認知。

其次，有志於從事行動研究者可能在眾多不同的觀點中混淆而無所適從。近年來，國內許多學者透過著書立說或翻譯等方式，鼓勵教師或研究者從事行動研究（如吳明隆，2001；吳美枝、何禮恩譯，2001；夏林清等譯，1997；秦麗花編著，2000；陳惠邦，1998；楊深坑，2000a；蔡清田，2000a）。而就政策面而言，教育行政機關在推動九年一貫課程之際，亦希望教師能從事行動研究，以使課程與教學更切合學生的學習需求（教育部，2001）。惟如前所述，學者間對於如何才算是行動研究欠缺一致的看法。而這可能讓有志於行動研究的生手在眾多不同的論述間混淆，因而不知究竟宜如何進行行動研究。舉例來說，要從事行動研究，是否一定要自己實際進行教學，抑或是可以與某個實際負責教學的教師合作進行？又，一個教師能否獨自進行行動研究，還是非要與他人協同進行才算？再如於行動研究的過程中，是否一定要循環的進行反省和實踐等活動？只有反省而沒有實踐能否算是行動研究？凡此種種都值得加以釐清，才能對有志於從事行動研究者提供明確的引導。

據此，本文試著探討「行動研究的基本要求」。所謂的基本要求意指：第一，必須具備的、一定要有的要求；第二，最低限度的要求。前者涉及的是「行動研究一定要怎麼樣或怎麼做」的問題，後者涉及的則是「如果符合哪些條件，就算是行動研究」的問題。解決它們，一方面可引導他人行動研究的進行，另一方面則可作為判別某個研究是否屬於行動研究的依據。由於只要符合第一項要求就能達到第二點要求。換句話說，只要具有行動研究的必備條件，就可以算是行動研究。因此以下就試著針對行動研究必備的、一定要有的要求加以探究。

依筆者的了解，目前的相關文獻多探究行動研究的特徵（吳明隆，2001：38-41；吳美枝、何禮恩譯，2001：23-42；夏林清等譯，1997：7-8；陳伯璋，1990：158-159；張世平，1991；蔡清田，2000a：11-24；Lomax, 1995; Somekh, 1995）而缺少類似的分析。然「特徵」並不等同於「基本要求」。屬於基本要求者，一定是特徵；稱為特徵者，未必是基本要求。換句話說，特徵的範疇大於基本要求。依所謂的特徵來判斷某個研究是否屬於行動研究，是會產生誤差的。若從此點來看，探討行動研究的基本要求亦屬必要。

貳、方法

要如何釐清行動研究必備的、一定要有的要求？分析黃光雄、簡茂發（1991）及王文科（1990）所編著的《教育研究法》，以及實驗研究（林清山，1991）、調查研究（林新發，1991）、歷史研究（周愚文，1991；陳伯璋，1990：167-176）、個案研究（林佩璇，2000；高強華，1991）、民族誌研究（或人種誌研究）（陳伯璋，1990：83-110；劉仲冬，1996a；LeCompte, Preissle, & Tesch, 1984）等主要的研究方法後發現，研究方法論述的重點大抵包含文獻探討、研究目的、研究問題或研究假設、研究設計與流程、研究工具、樣本（或研究對象）、資料蒐集與分析、研究者及其角色扮演、研究的信度與效度、研究倫理，以及研究報告的撰寫等層面。換句話說，研究法所指的是為了達到某種目的而從事某種研究工作的過程中，所從事的活動及其程序與步驟。作為一種研究方法，行動研究自然亦會涉及這些。因此，筆者試著針對行動研究的目的、所從事的研究活動，以及所採用的研究設計與流程加以分析與判斷，以揭示其基本要求。在這之前，則先統整、歸納學者間對於行動研究的相關論述，包含筆者本身先前所提出的若干想法（潘世尊，2003a，2003b，2003c，2004a，2004b），以作為分析與判斷的對象。

經此過程，筆者發現行動研究的基本要求可說體現在其研究目的、研究對象，以及達成目的的核心手段這三個層面。因依行動研究目前的發展及一般學者對於行動研究的認知，若缺少它們，則所從事的將難以歸為行動研究。至於是否邀請相關人員參與行動研究、是否適當蒐集與分析相關資料、是否探討相關文獻或以何種方法與態度來探討、是否採用適當的研究設計與流程、是否將研究歷程與結果妥善呈現、是否遵守研究倫理之類的問題，所牽涉到的是研究品質高低的問題（參表 1-1）。也就是說，即使沒有做到這些也算是行動研究，惟研究品質可能受到影響。

此外，若分析上文所舉的研究方法可以發現，每一種方法都有其欲達成的目的及達成目的的核心手段。就以實驗研究法來說（林清山，1991），目的是探究自變項與依變項之間是否有因果關係，核心手段則是操弄自變項與控制無關干擾變項，然後觀察依變項是否隨著自變項的改變而改變。此外，方法與方法之間的差異就在於「所欲達成的目的」及「達成目的的核心手段」，因它們彰顯每一種研究方法的基本內涵與獨特性。因此，行動研究的基本要求自會體現在其研究目的及達成目的的核心手段這兩點。至於研究對象這一點，是因若欲達成行動研究的目的，則研究對象有其特定要求。

雖說行動研究的基本要求體現在其研究目的、對象及達成目的的核心手段，但從表 1-1 可知，無論是在研究目的或研究對象，學者間的主張可說甚為分歧。因此本文試著對其加以探究，希望藉此釐清行動研究基本要求的內涵，以更具體引導行動研究的進行，或作為判斷某個研究是否屬於行動研究的依據。

▣ 表 1-1　行動研究基本要求的分析與判斷 ▣

	行動研究的相關概念	屬於行動研究的基本要求	涉及研究品質高低的問題
研究目的	可能是解決問題、改善對實務的理解、改善實務與實務所構成的情境、增進實務知識、提升能力、發展實踐理論、改善理論與實際分離的情況等。然無論為何，都試圖積極「改變」與研究者自身有關的現況。非如質與量的研究，僅止於中性、客觀的「理解」或「解釋」研究對象。	*	
研究對象	可能是研究者自身在實務上所面臨的問題、研究者內在的價值與信念體系、研究者自身所涉及的社會情境、種種被研究者自身視為理所當然的想法和行動、真正支配研究者自身的行動理論等。然無論為何，研究者自身即是研究對象。非如質與量的研究，研究者與研究對象分離。	*	
研究活動（為達目的可能採取之手段）	邀請相關或適當之人員參與行動研究。		○
	彈性並機動調整探究的主題或某一主題之下探究的問題。		○
	進行與問題的揭露與解決有所幫助的活動（如教學、觀察、訪談、問卷調查等）。		○
	調整聚會時間及聚會頻次的安排。		○
	處理參與成員觀點間的衝突。		○
	與參與成員個別或私下互動。		○

（續下表）

研究活動（為達目的可能採取之手段）	蒐集、分析、提供與行動研究的進行有關的種種資料。		○
	參考或援引相關的理論。		○
	引導行動研究的進行。		○
	克服外在的阻礙。		○
研究活動（為達目的務必採取之核心手段）	反省（若缺少反省，自身的問題所在將難以被揭露和解決）。	*	
研究設計與流程	可能是： 1. 循環的進行反省、計畫、行動及觀察等活動。 2. 反省與實踐交替的進行。 3. 視需要進行相關的活動，未必要依某種程序或流程來進行。 4. 可以以「交替的進行反省與實踐」作為大架構，然後視需要進行相關的活動。		○
研究報告的撰寫	包含： 1. 詳實呈現研究的歷程與結果，並可對其再加以反省。 2. 呈現的格式或方式可視需要調整，未必要依傳統研究報告的形式。 3. 以第一人稱來敘寫。		○
研究倫理	在行動研究之前、之中和之後，設法保障相關人員的權益。		○

參、行動研究的基本要求

以下，即就行動研究的目的、研究對象及達成目的的核心手段做分析與討論，以進一步闡釋行動研究三個基本要求的內涵：

一、掌握行動研究的目的——揭露、解決問題以求改善

誠如上文所述，適切的掌握行動研究的目的，才能使所從事的研究符合行動研究的要求。然至目前為止，行動研究的目的可說尚未有一致的觀點（Viviane, 1993; Watkins, 1999）。就如同Carr（溫明麗譯，1997：159）所說，有人視行動研究是教師用來深度理解教育的方式，有人則認為行動研究扮演著促動教育實際的改進與鼓勵教育變革的角色；又如有人視行動研究為透過溝通以發現事實的有效方法，但卻另有人視行動研究為使教師的專業知識更清楚顯現出來的方法。

若從教育的角度歸納學者間對行動研究目的的諸多看法（王文科，1990：33；吳美枝、何禮恩譯，2001：10-15；夏林清等譯，1997：7-8；陳伯璋，1990：157-158；陳惠邦，1998：16-19；張世平，1991；黃政傑，2001；蔡清田，2000a：53-56；Carr & Kemmis, 1986; Elliott, 1991: 49-56; Kemmis, 1988; Lewin, 1946; Lomax, 1995; Rapoport, 1970），大抵包含如下四個層面：

第一，改善與研究參與者自身有關的教育實際。具體而言，包含改善參與者自身的教學（或教育）實務及實務所構成的教育情境，或是解決所面對的教學（或教育）問題等觀點。

第二，增進研究參與者自身的能力。包含增進研究參與者本身問題解決的能力或是增進其實踐智慧等說法。要增進問題解決的能力，應是希望

有能力解決未來可能面對的教育問題；要增進實踐智慧，則是期待在未來複雜的教育情境中，能選擇適當的教育價值及目的然後據以實踐[1]。二者強調的重點雖然不同，但都是要增進行動研究參與者的能力。

第三，發展研究參與者自身的知識。相關的說法包含改善研究參與者自身對教學（或教育）實務的理解、生產與教學（或教育）有關的實踐知識或發展實踐理論等。分析起來，當對實務的理解得到改善時，就代表著知識的增進或能夠引導實務的實踐理論的發展。因此，改善對實務的理解、生產知識或發展實踐理論之間的用語雖然不同，但實質意涵仍為一致。

第四，理論與實際的結合。教育理論與教育實際脫節，是長久以來面臨的一個問題。因此，許多學者認為行動研究的一個目的是解決此種問題。

為了釐清行動研究的目的究竟為何，Viviane（1993）分析不同學者的觀點後指出：行動研究者共享「對實務的理解和改善」、「問題解決能力的提升」及「實踐知識的增進」等三點目的，上文的歸納可說和他的觀點類似，但包含的範圍卻更廣大。

要提出的是不同的行動研究者欲達成的意圖雖可能不同，卻都可以以「揭露及解決參與者本身想法和行動中的問題所在」作為核心及實質追求的目的。因當參與成員的教學（或教育）想法和實務，或是對行動研究的認知與實際研究行動中的問題所在被揭露及解決之後：(1)能改善其教學（或教育）實務及實務所構成的教育情境，並解決所面對的教育問題；(2)未來將較具有適切解決教學（或教育）問題的能力、或較具有透過適切的反省或行動研究處理複雜教育問題的能力；(3)對教育實務將更加了解，並更具相關的教育知識與實踐理論；(4)依所發展出來的教育知識或實踐理論來從事教學（或教育）活動，使得理論與實際得到結合。

其實，以揭露及解決參與者本身想法和行動中的問題所在作為實質追求的目的，可以滿足不同意圖者要求的想法，是筆者在一次行動研究（潘

---

1 Elliott（1991: 49-56）指出：行動研究藉由發展從業人員在特殊的、複雜的情境裡面做區別及判斷的能力以改善實務。也就是說，它要發展從業人員的「實踐智慧」（practical wisdom）。所謂的實踐智慧是指在遭遇特殊、複雜且有問題的事務時，能察覺出正確的行動路徑。

世尊，2003a）過程中所得到的體悟。在該次行動研究的前半段，我一直設法讓我們團隊能建立較合理性的教學共識與教學觀點，然卻一直無法如願。一直到該次研究的中後段，當我轉而以確實改善彼此的教學想法和行動作為目的時，我和其他參與成員對國語科的教學目標、內容、方法與流程的觀點，由差異極大逐漸變得較為一致。也就是說，我們逐漸取得共識並建構新的教學觀點，而我們的國語科教學想法和行動真的得到改善。會這樣，是因為我們不斷視需要自然的進行協同反省、自我反省、計畫、教學、觀察、交互提供反省所得給其他成員參考等活動，以揭露及解決彼此想法和行動中的問題所在（潘世尊，2003a：382-443）。而就是這個過程讓我體悟到：當以揭露及解決自身想法和行動中的問題所在作為核心及實質追求的目的時，解決問題、改善實務、發展知識或提升能力等意圖自會達成[2]。

此外，改善與自身有關的教育實際、增進自身的能力、發展自身的知識或使教育理論與實際結合這幾個不同的意圖，又可抽取出「改善」這個基本要素。換句話說，即使欲達成的目的不同，但卻可以說都是希望透過行動研究來改善現況，只是說是要改善與自身有關的教育實際、改善自身的能力或知識，或是要改善理論與實際分離的情況，不同的研究者著重之處可能不同。但無論如何，皆須如上文所說的，以「揭露及解決參與者本身想法和行動中的問題所在」作為核心及實質追求的目的。

據此，行動研究的目的可說是「揭露及解決問題以求改善」，而這可說突顯行動研究與量或質的研究的基本差異。量的教育研究目的在於驗證假設，進而解釋、預測與控制教育現象；質的研究目的則在於描述、理解或詮釋教育現象。或有會問：量或質的研究，目的不也是要改善教育嗎？分析起來，量或質的研究在研究的過程中，是以得到較為真實、客觀的研究結果為目的，以作為未來改善其他教育情境的參考。因此它和行動研究所期待的，在研究的當下就透過積極的介入，以改善參與成員的知識、能力、實務或改善教育實際的主張不同。因此，如果目的不是要當下就揭露、解決問題以求改善，則應從事的是其他類型的研究。而當以此為目的時，

2　得到此一體悟的過程尚可參第二章的說明。

就不應擔心自我之介入是否會影響研究結果客觀性之類的問題。以「前言」部分所舉之例來說：若目的是理解合作教師的教學想法或行動，則宜克制自我觀點之表露。若目的是改善自我與合作教師之教學想法與行動，則研究過程中宜知無不言、言無不盡的表達自我之想法。因為如此，一來可能揭露及解決合作教師想法或行動中的問題所在，二來所表達之想法將成為彼此探究的對象，如此，其中的問題所在亦有可能被揭露及解決。

二、把握行動研究的對象——參與者自身的想法和行動

依上文所述，意圖即使不同，卻都可以以「揭露及解決自身想法和行動中的問題所在」作為核心及實質追求的目的。而要做到這樣，自然須以本身的想法和行動作為研究對象。換句話說，行動研究者的意圖雖然可能不同，研究對象卻應都是自身的想法和行動。

Lomax（1995）認為行動研究是以研究者本身作為研究焦點。然可以更進一步釐清的是行動研究是以研究者本身的什麼作為研究焦點？依陳惠邦（1998：17）的看法，參與者自身內在的價值與信念體系是探究的核心。陳氏所謂的內在價值與信念體系若從 Argyris 和 Schön（1974）的角度來看，可稱做「行動理論」（theories of action），而若從批判理論的角度來說，則可以稱做「意識型態」。無論是行動理論或意識型態，都會支配個體的思考和行動。因此，陳惠邦的觀點是值得參考的。因當澄清自身內在的價值與信念體系，並將其中的問題所在加以揭露和解決後，自身的實踐、知識或能力才能得到改善，而理論與實際也才能得到較好的結合。

不過要注意的是當僅說「行動研究是以參與者自身內在的價值與信念體系」作為探究的焦點時，引導的功效可能尚不足夠。因價值與信念體系看不到也摸不著，如何以其作為探究的焦點？因此，上文所提「行動研究是以參與者自身的想法和行動作為研究對象」的觀點就值得參考。因外顯的想法和行動會受到內隱的價值與信念體系的支配，所以可以以其為基礎來揭露隱藏於內的行動理論或意識型態。要說明的是這裡的「想法」是指參與行動研究者意識到並加以陳述的想法，它未必等同於真正存於個體內

在的價值與信念體系。這點就如 Argyris 和 Schön（1974: 6-7）所說，個體認為本身是如何的「信奉理論」（espoused theories）和真正支配其思考和行動的「使用理論」（theories-in-use）不一定相同。

以下，擬再藉著三個問題的討論，以進一步說明「行動研究是以參與者自身的想法和行動作為研究對象」這個觀點：

第一，行動研究的過程中可能探討種種不同層面的問題，如此是否真的能夠宣稱行動研究的研究對象是參與者自身的想法和行動？筆者曾和一群教師共同從事行動研究，在該行動研究的第十次聚會，我們對於「應不應刻意獎勵學生」這個問題產生激烈的論辯，不過並沒有達成共識。何謂「刻意獎勵學生」？舉例來說：教美勞時，心中其實感到某個學生並沒有做得很好，甚至欠缺此方面的天分，不過為了鼓勵他更認真參與，因而向他說「你做得不錯」。此種教學作為，我和成員甲認為有很大的可能會讓學生迷失自我並誤判自我的性向和能力，因而選擇其實並不適合他的方向來努力。因此，宜以真誠的態度面對學生。當真的覺得學生表現不錯時才獎勵，而不要刻意用獎勵來形塑其行為。成員乙和丙則認為即使刻意獎勵學生，學生也不太可能因此就迷失自我。因為除了老師的言行之外，他們還會從與他人的比較中，了解自我的性向與能力。況且，刻意獎勵學生可以激勵學生的學習興趣，何樂而不為？會後，除了試著透過自我反省以找出他們想法中的問題所在，並以書面的方式加以質問之外，亦再申論本身對該問題的觀點。除此之外，還想到或許可以用實驗、調查或事後回溯等方法，來探究「刻意獎勵學生是否會讓學生迷失自我」之類的問題。因為如此，有可能揭露及解決我或其他參與成員觀點中的問題所在（潘世尊，2003a：165）。據此，在行動研究的過程中，宜視需要探究相關的問題。然這些問題是在探究自身想法和行動的過程中所衍生出來的。換句話說，參與者本身的想法和行動仍為核心的研究對象。

第二，參與者自身的想法和行動，是否等同於實務工作者自身的想法和行動？蔡清田（2000a：10）在介紹行動研究的意義時指出：行動研究係由實務工作者針對實際工作情境採取具體行動並且進行研究，以改進實務工作與工作情境，因此，行動研究又稱為「實務工作者所進行的行動研究」

（practitioner action-research）。Noffke（1992，引自陳惠邦，1998：110）亦認為行動研究是由實務工作者對自己的實務進行探究，目的在改善自己的實務（into practice, by practitioner and for practitioner）。McNiff、Lomax 和 Whitehead（吳美枝、何禮恩譯，2001：21-24）更強調行動研究必定是局內人的研究，由實務工作者對其專業行動進行研究；行動研究的問題型態應該是「我如何改善……？」因為那應該是你自己的行動而非其他人的行動。根據上述，「以參與者自身的想法和行動作為研究對象」似乎等同於「以實務工作者自身的想法和行動作為研究對象」，因「行動研究的參與者」似乎就等同於「實務工作者」。若是如此，可進一步探討的是：一個非實務工作者或教育情境的外來者，是否可以參與以某個實務或情境為探究主題的行動研究？舉例來說：一個師院教授是否可以參與一個國小教師以其數學教學作為探究主題的行動研究？

依筆者之見（潘世尊，2004c），外來者（如師院的教授）若具有不同的教育經驗或背景、對探究主題較有研究或經驗，或對行動研究較有認識，則探究的品質將會較高，因其加入將促使參與成員更能揭露及解決彼此想法和行動中的問題所在。不過要注意的是外來者參與行動研究後，就成為研究團隊的成員之一。因此，他的想法和行動亦宜成為大家探究而非直接學習的對象。況且，外來者的教學（或教育）想法和行動未必適當或可行。當然，在探究之後，參與成員可能接受原本是外來者的觀點。但相對的，外來者也可能在探究的過程中，改變其想法而得到成長。因此，一個非實務工作者或教育情境的外來者，亦可以推動或參與以某個實務或情境為探究主題的行動研究。Feldman（1999）在說明「協同行動研究」（collaborative action research）時就指出，協同可以是教師和外來者（如大學裡面的研究者）之間的協同，也可以是老師之間的協同。不過當他們參與後就成為團隊的一員，並且探究的對象就擴大成為行動研究參與者自身的想法和行動，而不僅限於實務工作者自身的想法和行動。

第三，行動研究是否一定要與他人共同進行？陳惠邦（1998：109）、Somekh（1995）等認為行動研究的特點之一是「協同合作」。或許協同合作是行動研究的特徵，但「特徵」並不等同於「基本要求」。因一個人也可以透過行動研究來探究自我的教學想法和行動，未必要與他人協同合作才能進行。只是說，若與他人協同進行，較有可能突破個人思考上的盲點，從而提升研究的品質。

此外，依 Carr 和 Kemmis（1986）之見，教育情境的涉入者或構成者（如校長、教師、家長、教育行政主管、社區人士等）都須參與行動研究。因為如此，所欲的改變才能取得相關人員的認可進而得以落實。換句話說，與欲改變的實務（如教學方法）有關者皆須參與行動研究。與此類似，Corey（1953，引自陳惠邦，1998：45）亦強調團體合作的重要性，因認為它可以增加對教育變革的承諾及教育行動的可能性。除此之外，它亦可以如上文所述，透過集思廣益以減少個人冒險。雖然如此，相關人員未必願意參與行動研究。況且他們即使沒有參與，所擬定的方案或策略亦未必無法落實。因此，相關人員都能參與應是行動研究的理想而非必要條件。不能說相關人員沒有全部參與，就不能稱做行動研究。

若接受上述的說法，則「以參與者自身的想法和行動作為研究對象」中的「參與者自身」將有兩種情形：⑴若研究者只有一個人，則「參與者自身」指的是該研究者本身；⑵若參與行動研究者有兩個以上，則「參與者自身的想法和行動」是指所有參與行動研究者本身的想法和行動。

三、運用行動研究的核心手段——反省

行動研究者要如何才能揭露及解決自身想法和行動中的問題所在，進而實現所欲的意圖？就如上文所述，想法和行動是外顯的，必須以其為基礎來揭露內在價值與信念體系中的問題所在，進而重組出新的價值與信念體系。在重組後，想法和行動就會跟著改變，進而達到解決問題、增進知識、提升能力或使理論與實際結合的目的。要做到這樣，「反省」（reflect）是不可或缺的方法。因為如果沒有反省，問題不會被揭露，而重組和改變也就不會發生。因此，學者間對行動研究方法的看法雖然不一，卻可以抽取出反省這個基本且共同的要素。

在 Brisbane 與 Bath 舉行的「第三世界國際會議」（Three World Congress）中，與會的專家學者雖對行動研究的定義及評鑑的標準有很大的爭論，但卻都一致主張如果論述的產生並非透過自我省思，那麼無論其是否在某一情境具有特定的價值，都不能視產生此種論述的研究為行動研究（吳美枝、何禮恩譯，2001：1）。由於反省在行動研究中占有核心的地位，對反省和實務表現之間的關係有深入研究的Schön，其論著（如Schön, 1983）就被許多行動研究者援引為行動研究的理論基礎（如 Altrichter, Poach, & Somekh, 1993）。另對行動研究的理論基礎有深厚貢獻的 Carr 和 Kemmis（1986）、Elliott（1991）及 Winter（1989）等人，亦曾在專著中說明反省的重要性及反省的要點。

就反省是不可或缺的方法這點，可以看看蔡清田（2000b）所從事的一個行動研究。此研究的主題是「綜合大學教育學程課程發展之行動研究」。依其描述，之所以進行這個研究，一方面是因為關心所任職的中正大學教育學程之「課程發展」，另一方面則是希望作為進一步課程革新的參考。為達上述之目的，他擬定五個研究問題，分別是：⑴課程規劃的行動是什麼？⑵課程革新的行動是什麼？⑶課程設計之行動是什麼？⑷課程實施之行動是什麼？⑸課程評鑑之行動是什麼？研究的過程分為三個階段：第一階段所進行的是文件分析的工作。首先，蒐集相關的法令規定及所服務的中正大學教育學程規劃設計的資料；其次，對所蒐集的資料加以分析，以作為編製問卷題目或是進一步訪談的依據。第二階段是以調查研究為主。對象是中正大學86學年度修習教育學程的學生，目的在了解教育學程的學生對教育學程課程發展的相關意見。第三階段則進行半結構式的訪談。訪談的對象是教育學程的規劃人員、授課教師、行政人員及選課的學生，目的在深化問卷調查不足之處。最後，研究者綜合文獻探討、問卷調查及深度訪談的結果，針對課程規劃、革新、設計、實施及評鑑等五個部分的「課程發展」行動進行討論，並歸納結論與建議。

這個研究，可以說是研究者對本身所參與的「行動」（即教育學程課程的規劃及實施）進行探究，目的是要理解並改善自身所參與的行動。為了達到目的，依其描述是採用文件分析、問卷調查及深度訪談的方法。不過就筆者看來，這些方法只是為了蒐集和本身所參與的行動有關的資料，以作為進一步反省的依據。如果沒有進一步的反省以揭露所參與的行動中的問題所在，蒐集這些資料又有何用？事實上，該研究者所說「最後，研究者綜合文獻探討、問卷調查及深度訪談的結果，針對課程規劃、革新、設計、實施及評鑑等五個部分的課程發展行動進行討論」，所指的應就是反省的活動。只是說他沒有明確的標舉出來，並且沒有找和課程發展的行動有關的同事一起來反省。

當把反省標舉為行動研究的核心方法時，可探討的一個問題是：如果以「反省性的討論」作為主要的運作型態而沒有交替的進行反省與行動，能否算是行動研究？這個問題的釐清甚為重要，因為答案若為否，則國內許多此種類型的研究[3]就不能稱做行動研究。

Kemmis和McTaggart（1988）認為，「行動及研究兩字的連結，就是這個方法最基本的特徵：在實務工作中試驗想法，以作為改善現狀及增進知識的手段。」又 Carr 和 Kemmis（1986）指出，行動研究的過程中必須循環的進行「反省」（reflect）、「計畫」（plan）、「行動」（act）及「觀察」（observe）等活動。另 Altrichter 等人（夏林清等譯，1997：197-201）指出實踐行動是行動研究不可或缺的要素。因為透過行動，一方面可以檢驗先前經由反省途徑所建構出來的實踐理論是否存在著問題；另一方面，則可以確實的改善實務，因行動研究不止是要透過反省發展理論架構而已。與此類似的是 Winter（1996）的想法，他認為在促成改變的歷程中，反省和實踐是互補並且交互依賴的兩個活動。經由實踐，才能知道反省所建構出來的理論是否可行；透過「反思性批判」（reflexive critique）和「辯證性批判」（dialectical critique）[4]這兩個反省方法，才能揭露並解決實踐中的問題所在。因此在行動研究的過程中，研究者必須進行一連串的實踐活動。此外，Heron（1988: 40）在說明如何提升行動研究的效度時，認為必須維持反省和經驗（及行動）之間的平衡而不過度偏重一方。

3　如成虹飛（1996）、陳惠邦、李麗霞（1999）、鍾宜玲（1997）。

4　反思性批判與辯證性批判的意涵，請參第十章「行動研究中的協同反省」中的說明。

上述種種觀點皆顯示要稱做行動研究必須要有實際的教育行動，然後對此行動進行探究。若此點是行動研究的基本要求，那麼成虹飛（1996）、鍾宜玲（1997）及陳惠邦、李麗霞（1999）等人所進行的就不是行動研究，因他們都是以反省性的討論作為主要的運作型態。甚至，筆者先前從事的（潘世尊，2003a）也幾乎不能算是行動研究，因我和其他參與成員之間只有少數的共同教學與觀察，其他時間大部分以協同反省及個別式的教學行動和自我反省為主。

不過，就我們這個行動研究來說，從成員甲和成員乙的自我回顧裡可看到，在行動研究的過程中他們的教學想法和行動產生了很大的轉變[5]。而就筆者本身而言，無論是在對行動研究或是在對國語科教學的認識上，也都得到了相當大的成長[6]。會這樣，主要是因為我們能透過協同反省揭露及解決存於彼此想法和行動中的問題所在。因此，雖然以反省性的討論作為主要的運作型態，但亦可能達到行動研究所追求的「改善」這個目標。因此，當以反省性的討論作為主要的運作型態時，筆者認為亦可以算做行動研究。只是說，若能持續的把反省所得到的想法付諸實踐，然後從實踐裡面檢驗此一想法是否有問題、是否須要調整，則改善的效果會比較好。

據此，筆者把 Carr 和 Kemmis（1986）所說，在行動研究的過程中必須循環的進行反省、計畫、行動及觀察等活動的觀點稱做行動研究運作型態的「理想型」之一（意指可能還有其他的理想型），以作為行動研究者的參考。除了以此種形式運作之外，只要以改善為目的、以自身的想法和行動為研究對象，並以反省作為改善的核心機制，那麼即使以討論作為主要的運作型態，亦可稱為行動研究。雖然如此，行動研究仍宜設法跨越討論的層次。以實踐來檢驗理論、以理論來調整實踐，教學想法和教學行動應會得到較好的提升。鍾宜玲（1997）和陳惠邦、李麗霞（1999）的研究

5　我們團隊裡面的成員甲和成員乙，曾分別寫下自己參與行動研究的歷程與結果。

6　就行動研究而言，最後，我分別從「什麼是行動研究」、「如何做行動研究」及「為什麼要做行動研究」這三大層面提出新的觀點，所提出的觀點包含團隊的組成、探究主題與問題的形成、研究的流程與相關活動的進行等十六個主題（潘世尊，2003a：467-482）。

會以討論為核心，一個原因是他們一開始就把團隊的運作設定成此種形式。因此，筆者認為不宜對團隊運作的型態過早設限。在行動研究的過程中，還可引導成員針對團隊的運作方式持續的檢討及修正，以創造出較佳的運作型態。

此外，若從研究「倫理」（ethics）的角度來看，當強調「把反省後的想法轉化為行動並加以探究才算行動研究」、「行動研究一定要透過行動來檢討、調整先前的想法」，或如 Heron（1988）所說的行動研究中的反省和行動宜保持平衡時，可能會損害行動對象（如學生）的權益。因行動研究者可能為了達成此一要求，在沒有充分的論證之前就去試驗某些想法或策略。誠然，在試驗之後可能發展出更佳的觀點和行動，但若據以試驗的想法和策略有問題或不足，則可能對學生造成難以彌補的影響。要說明的是，提出此點仍然不是認為行動研究不需要行動。在經過反省而對某一觀點有充分的論證之後（亦即，無法再透過論證的方式發現該觀點是否有問題），就可以將其轉化為實踐以確實改善教育現況，並進一步揭露及解決其中的問題所在。據此，行動雖可以使參與成員的想法和行動得到較好的改善，但由於須在充分的論證之後才能實施，因而不將它列入基本要求。

當說以反省性的討論作為主要的運作型態亦可以算是行動研究時，筆者先前於「教師教學與課程發展的聯結——從自我反省、協同反省到協同行動研究」（潘世尊，2000a）一文裡面的觀點就面臨了修改的必要。該文指出：

> 協同反省所形成的只是可能影響教學實踐的共識……。要解決此種共識不必然帶來行動、反省實踐不必然導致實踐的問題，參與反省者協同進行行動研究是可行的途徑。因行動研究的歷程包含計畫能導致改變的行動策略、實際行動、監看（或觀察）行動的歷程與結果，以及反省行動的歷程和結果等不斷循環進行的活動。

很明顯的，若從當時的角度來看，以反省性的討論作為主要的運作型態並不能算是行動研究。但若依上文的討論，只要參與者是以彼此的想法和行動作為研究的對象、並以改善彼此的想法和行動作為研究目的，則應可以歸為行動研究的範疇。而當如此主張時，還可能面臨如下兩個質問：

首先，若是如此，行動研究與一般的讀書會或成長團體有何差異？依筆者之見，雖然讀書會和成長團體亦多以討論作為主要的運作型態，然它們或許非以參與者自身的想法或行動為研究對象、目的也未必是要揭露及解決自身想法和行動中的問題所在以求改善。同時，讀書會和成長團體中的討論也未必是一種自我反省式的討論。因此，一般的讀書會及成長團體和行動研究是有差異的。

其次，前文提及行動研究的研究對象是參與者自身的想法和行動，當以反省性的討論作為主要的運作型態亦能稱做行動研究時，研究對象是否僅剩參與者本身的想法而缺少行動？以筆者所從事過的一個行動研究為例（潘世尊，2003a），雖然我們是以反省性的討論為主，但所探討的對象包含彼此對國語科教學目的、內容或流程的認知，以及先前的國語科教學作為。換句話說，即使是以反省性的討論作為主要的運作型態，研究對象仍包含參與者自身的想法和行動。只是說，所探究的是先前或個別的行動，而非將某種共識轉化為實踐的共同行動。

肆、結論與建議

本文的主要目的在探究行動研究的基本要求。在針對行動研究的目的、所從事的研究活動、所採用的研究設計與流程等層面加以分析後，筆者認為行動研究的基本要求體現在其研究目的、對象及達成目的的核心手段上。若以參與研究者自身的想法和行動為研究對象、以揭露及解決其中的問題所在以求改善為目的，並以反省作為達成目的的核心手段，就應屬於行動研究。

此一結論是否適當，可透過如下兩個問題來衡量：首先，是否有某些基本要求沒有被列入？其次，所舉出的三個基本要求中，是否有某些不能算是一定要有的要求？據此，或有會問：「行動研究探究的問題是與自身的想法和行動有關的問題」及「研究者本身即是研究對象」這兩點，難道不是行動研究的基本要求？的確，若缺少它們就不能稱做行動研究。然當說行動研究是以參與者自身的想法和行動作為研究對象，並以揭露及解決其中的問題所在作為實質追求的目的時，就能滿足這兩點要求。因此，不須再重複提出。

若筆者所揭示的三點基本要求可以接受，則前言中所舉「某個教育系博士班研究生計畫與一名現職教師合作，以共同發展國小語文科的教學觀點」之例，的確屬於行動研究的範疇。首先，其目的是要改善本身及合作教師的國語科教學想法和行動，進而提出可行的教學方案。其次，雖然是由合作教師實際教學，他則負責觀察的工作，但在其後的檢討裡，不只合作教師的教學作為，他本身的想法亦將成為彼此探究的對象。最後，在檢討的過程中，他們擬透過反省的方法以揭露先前是如何想、如何做及其中的問題所在，以作為進一步教學、觀察、反省及調整的基礎。不論是在研究目的、對象與達成目的的核心手段上，可說都符合行動研究的三個基本要求。若不如此，它們屬於何種研究？

要說明的是上述三點是最低限度的要求，因此必須同時兼具才行。Habermas 早期論述「批判詮釋學」（陳伯璋，1990：33-63）之下的方法或受批判理論影響的「批判俗民誌」（夏林清，1996；甄曉蘭，2000），雖亦具有「改善」研究對象的想法和行動的意圖，然基於如下兩個理由，它們應非行動研究：第一，它們僅針對研究對象的想法和行動進行批判，研究者（即批判者）本身的想法和行動並非研究對象；第二，它們以研究者的批判和研究對象的自我反省作為核心方法。換句話說，研究者除了批判之外，並不需要透過反省以揭露自身想法和行動中的問題所在。

在目前，行動研究尚未有放諸四海皆準的定義。因此，筆者試著釐清行動研究的基本要求，一方面作為判斷是否是一個行動研究的最低標準，另一方面則作為有志於行動研究者的初步引導。此外，目前的相關文獻多探究行動研究的特徵而少類似的分析。這些，可說是本文主要的價值所在。

第二章

行動研究目的的一些問題與討論

壹、前言

行動研究在目前雖日益蓬勃發展，但卻仍有許多地方值得進一步探討，像與行動研究目的有關的一些問題就值得釐清，例如：

⑴以落實某種理論（如建構主義或STS教育理念）作為行動研究的目的是否適當？所謂以落實某種理論為目的，是指類似如下的情形：第一，想讓參與行動研究者學會某種理論之下的教學策略；第二，想在某種理論的引導之下，與參與成員共同尋求落實該理論的教學策略，或者是發展該理論之下的教學模式；第三，想要驗證某種理論的教學效果。分析國內團隊式（由兩個以上的人共同從事）的行動研究，此類研究占有最高的百分比。就2000年年底前的國科會專案研究而言，此類研究約占43%；就2001年6月之前的博碩士論文來說，亦占了三分之一強（參表2-1）。然以落實某種理論為目的是否適當？

⑵行動研究目的的不同論述是否能夠整合？在目前，不同學者對行動研究目的的看法常有差異。如行動研究的先驅 Lewin（1946）說是要解決實務上的問題及增進團體生活法則的知識，英國的 Elliott（1991: 49-56）認為是要改善實務的「價值」（value）、發展實踐理論及增進「實踐智慧」（practical wisdom），澳洲的 Kemmis（1988）則強調改善「實務」（practice）、改善對實務的理解及改善實務被進行的情境的「合理性」（rationality）和「社會正義」（social justice）。此種說法不一的情況，可能混淆有志於行動研究者進而影響其行動研究，因研究行為會受到對研究目的的認知所影響。例如若認為行動研究的目的是要如 Kemmis（1988）所說的改善實務的合理性，則可能會透過批判論辯的方式來揭露思考和行動中的問題所在，並加以解決。而若認為行動研究的目的是要像 Lewin（1946）所主張的揭露有關於生活法則的知識，那麼可能會引用實證主義

▣ 表 2-1 博碩士論文以落實某種理論為主要意圖的行動研究之例 ▣

（2001 年 6 月前）

研究者	年度	論文名稱	要落實的理論或理念
游可如	1996	成為自己數學教室中的學生——研究者與教師在國小教室中的協同行動研究	合作——省思數學教學模式
蔡永巳	1996	國二理化科試行合作學習之合作式行動研究	合作學習理念
何縕琪	1999	國小教師主題統整教學歷程之分析暨合作省思專業成長模式之建構	主題統整的課程安排與教學
洪美蓮	2000	女性主義教學的實踐——女性歷史單元教學活動之發展	女性主義教學
謝昭賢	2000	以合作行動研究發展STS教師專業能力	STS 教育理念
林嘉玲	2000	數學遊戲融入建構教學之協同行動研究	建構主義
彭麗琦	2000	學校本位教師進修之研究——以發展生活科課程方案為例	課程統整、STS 理念
林碧雲	2001	轉化課程的試煉—兩性教育融入社會學習領域課程之行動研究	兩性教育融入社會學習領域、課程統整
許文勇	2001	國小教師發展環境教育融入自然科課程之行動研究	環境教育融入自然科課程、多元智慧理論、課程統整
鄭章華	2001	影響國中數學教師進行教學改變之因素——合作協助者之立場作為與成效分析	建構主義
楊明達	2001	國小科學教師專業成長之行動研究——以 5E 學習環教學模式為例	5E 學習環教學模式
廖秀微	2001	運用團隊學習促進教師STS教學實踐之行動研究	STS 教育理念
邱玉萍	2001	國小教師課程探險之旅——妙妙國小統整課程發展之協同行動研究	統整課程
黃坤謨	2001	國民小學課程統整與教學實施之行動研究——以高雄市民權國小為對象	課程統整
曾振興	2001	學校本位課程發展之行動研究——以高雄市太平國小為例	學校本位課程
陳麗莉	2001	學校本位課程發展之行動研究——以屏東縣仕絨國小為例	學校本位課程

的觀點來從事行動研究。惟若沒有釐清此種差異，並在腦海中同時認可 Lewin、Kemmis、Elliott 或其他的觀點，則研究的進行可能會雜亂無章、互相矛盾，甚至無法達成自身真正所欲的目的。因此，可思考的一個問題是：行動研究目的的不同論述是否能夠整合？又或者是：是否有某種觀點，可作為行動研究的核心目的？

⑶能否以發展可能解決教育現況問題的方法或策略為目的？就國內現有的行動研究而言，有許多是以發展可能解決「教育現況問題」[1]的方法或策略為目的。以 2000 年年底之前的國科會專案研究為例，依筆者的分析，此類研究約占所有團隊式行動研究的三分之一強。問題是許多論著都強調行動研究的特色在於探討及解決自身的問題（吳明隆，2001；吳美枝、何禮恩譯，2001；陳惠邦，1998；蔡清田，2000a；Carr & Kemmis, 1986）。因此，行動研究能否以發展可能解決教育現況問題的方法或策略為目的亦值得探究。

⑷能否以建構教育理論為目的？有許多學者認為行動研究能產生知識或建立實踐理論（陳惠邦，1998；Elliott, 1991: 49-56; Kemmis & McTaggart, 1988; Lewin, 1946; Rapport, 1970），然行動研究所建構者是否能超越研究者自身，進而成為有教育價值的理論？又，行動研究能否以建構教育理論為目的？此種問題亦值得探究，因它可以提升行動研究的位階及擴展行動研究的可能性，並擺脫行動研究是比生產知識或理論的基本研究次一等的應用研究（王文科，1990：33-36；張世平，1991）的批評。

許多論著認為「解決實務工作者自身面對的問題」是行動研究的目的（吳明隆，2001：30；秦麗花，2000：24；陳伯璋，1990：157；張世平，1991），並且據以分析行動研究的方法與程序。但從上文所述可以發現，學者間對行動研究目的的看法相當分歧，而實際的行動研究更常超越現有論述的範疇。因此，與行動研究目的有關的一些問題應是值得探究。

1　例如對於一般教師而言，如何在國語科教學中協助學生學會閱讀的策略，以及培養學生有關於閱讀的後設認知。

貳、方法

在探究上述第一與第二個問題時，筆者主要「反省」（reflect）本身所從事過的三個行動研究，然後提出觀點。在反省時：⑴揭示本身是「如何」想、「如何」做，以及「為什麼」如此想、如此做；⑵突顯其中值得參考之處；⑶揭露其中的問題所在並提出克服之道。針對反省這個方法的價值，高敬文（1999a：248）指出對研究者個人的經驗進行反省極為重要，因它並非純粹個人情感的表達，而是與研究方法論的建構息息相關的研究方法。Winter 亦曾指出對個人先前的經驗、實務表現進行「反省性的寫作」（reflective writing），可能會對先前的經驗或實務更加了解、可能頓悟出某種與現存理論不一樣的觀點，並且還可能改變未來的行動（Landgrebe & Winter, 1994）。而在實際上也有許多學者這樣做，像方德隆（2001）、許淑玫（郭玉霞、許淑玫，2001）、Tickle（2001）就曾對自身從事行動研究的歷程進行反省，並在反省後提出和行動研究的方法及方法論有關的一些觀點。至於在探究上述第三、第四個問題時，主要是分析相關的文獻並提出觀點。上述自我反省的結果亦是分析對象，因它們和這兩個問題的解決有關。綜上所述，本文的架構為：

問題	方法
問題 1：行動研究以落實某種理論為目的是否適當？ 問題 2：行動研究目的的不同論述是否能夠整合？	反省自身所從事過的三個行動研究
問題 3：行動研究能否以發展可能解決教育現況問題的方法或策略為目的？ 問題 4：行動研究能否以建構教育理論為目的？	分析、探討相關的文獻

▣ 圖 2-1　探討行動研究目的相關問題之架構 ▣

參、行動研究以落實理論為目的是否適當？

就如前言所述，國內有相當多的行動研究是以落實某種理論為目的。然此種做法是否適當？筆者擬透過對自身第一、二次行動研究的反省試著回答這個問題。

一、第一、二次的行動研究

1996 年，筆者認為透過行動研究可以發展出自身未來能夠實際應用的教學模式或教學策略，因當時本身是一名留職停薪進修碩士學位的國小教師。因此，就以所認同的建構主義及 Carl Rogers（1902-1987）的人本教育理論為基礎，進行國小一年級數學科教學的行動研究（潘世尊，1997）。

在一開始，筆者先分析比較建構主義與 Rogers 人本教育理論的異同，然後提出整合二者的教學觀及教學模式，以作為進一步教學的基礎。在教學的過程中，則不斷從學生的回應及自我的感受和感想中加以調整。在最後，雖發展出有異於文獻探討階段所提出來的教學模式和教學策略，但總的來說，其內涵並沒有超越或挑戰建構主義與 Rogers 的理論。會這樣，一個原因是當時的意圖主要在「落實」所信奉的理論（包含驗證及發展該理論之下的教學策略或模式），因而使得行動研究過程中的反省缺少批判。在這種情況下，連揭露其中的問題所在都不能，遑論要超越它們。

在取得碩士學位後，筆者回到小學擔任一個六年級班級的導師。由於先前的行動研究取得成功的經驗（發展出一套整合 Rogers 人本教育理論與建構主義的教學觀、教學模式與教學策略），因此就再接再厲的以之前的研究結果為基礎在這個班進行行動研究（潘世尊，2000b）。當時一個主要意圖是期待經由此種不斷實踐與調整的行動研究過程，發展出適合本土、結合建構主義與 Rogers 人本教育理論的教學模式與策略。

分析起來，當時的意圖仍在「落實」所信奉的理論，不過與第一次行動研究不同的是到後來亦調整原先所奉行的理論。會這樣，原因有很多，其中一個是學生的表現讓我察覺Rogers所看到的「人」只是一個面，並非全部。例如他說每個人都潛藏著「自我實現」（self-actualization）的傾向（Rogers, 1983），這我始終都同意，但人亦存在著自我中心、不願意受約束等傾向卻非他所關注的焦點。當我以Rogers所講的真誠、接納及同理心的態度對待學生，大部分的學生覺得被「解放」，「自我中心」和「不願意受約束」的傾向就盡情的展現出來，其結果就是不斷的表現出情緒性、不負責、不參與學習、干擾他人，甚至是侵犯他人身體的行為。當察覺這些時，腦海中支配著我的教學想法就逐漸鬆動和產生變化，教學作為就隨之調整。問題是之前的教學已不能重來，而對學生的影響也已無法抹滅。

二、行動研究不宜以落實理論爲目的

誠如上文所述，在第一、二次的行動研究中，我的主要意圖在落實某種理論。會這樣，就如夏林清（2000a）所批評是受到「實證邏輯研究典範」的影響。在此種研究取向中，總會先採用某種理論，然後試圖透過教學實驗來驗證這個理論。筆者在之前的研究過程中，驗證理論的可行性或效果就是主要意圖之一。問題是當這樣做時，我本身之前對學生、對教學或對所面對的教學情境的體悟都被捨棄而不見。在建構主義與Rogers的觀點之前，它們似乎都變得不存在且沒有價值。在這種情況下，所欲落實的理論未必符合教與學的真正需求。換句話說，若我先透過反省以揭露自身教學上的問題所在或不足之處，則我所需要參考或引用的理論未必是建構主義與 Rogers 的觀點。

其次，若從 Carr 和 Kemmis 的角度來看（Carr & Kemmis, 1986; Kemmis, 1988），當時我所扮演的角色可說只是一個「發展出某種理論應用策略的技術性工作者」。問題是所奉行的「理論」可能潛藏著某種問題所在或不足之處，筆者第二次的行動研究就說明這種情形。

此外，當教師把本身所擁有的教學經驗與想法完全棄置不用，而去逢迎一個似乎較有水準及地位的理論，並汲汲營營的去發展它的教學策略時，就注定將永遠走在學者或專家的後頭。問題是學者或專家所提倡的理論，一定比教師的想法更能幫助學生學習嗎？更能切合學習與教學的實際需求嗎？學者或專家所發展的理論就能落實嗎？如果教師對自我的教學想法和行動持續的加以探究並改善的話，難道無法建立出能夠具體實踐，並超越專家或學者的教學理論嗎？

因此，行動研究不宜直接以落實某種理論為目的。要說明的是這並非意謂著不能援引某種理論。在行動研究的過程中，當覺得自身的教學有不足之處或感到某些問題實在不知如何解決時，就可以視需要參考相關的理論或研究。Green（1999）就指出「文獻」（literature）能讓我們站在不同的視角，從而對我們慣有的思考方式提出質疑，或是從我們熟悉的情境與事物中提出新的觀點。只不過須在自我反省後，視需要引用並以批判的態度謹慎面對，而非盲目的直接取用並透過行動研究加以落實[2]。

肆、行動研究是否有核心目的？

前言中曾提及不同學者間對行動研究目的的看法常不相同，因而混淆有志於行動研究者並影響其行動研究。筆者於本身第三次行動研究及其後的反省中，體悟到行動研究的進行可以以某一目的作為核心目的，因它可以滿足不同意圖者的要求。以下即說明該體悟的獲得過程，並對其加以檢討。

2　行動研究的過程中宜如何面對外在的理論？相關問題還可參第八章「行動研究與外在理論」中的討論。

一、第三次的行動研究

和先前獨自為之的方式不同，這一次的行動研究筆者和一群教師共同進行。筆者當時是一名正在某師範大學教育系博士班進修的國小科任教師，實際教學經驗有五年。除了我之外，參與這個行動研究的主要成員有五位，分別是於本校四、二、一年級實習的三名實習教師（任俠、淑梅、莉雪）、本校一名有二十多年教學經驗的低年級女教師（曹老師），以及外校一名有十七年教學經驗的男主任（郭主任）。他們是在我的邀請下，陸續參與這個行動研究。要說明的是由於我是科任教師，因此並非上述三位實習教師的輔導老師，同時我沒有擔任組長亦非主任，所以對他們是否參與沒有拘束力。會推動這個行動研究，首要目的是希望藉此改善我和參與成員彼此的教學，以及對行動研究的認識，其次則是希望我們所建構出來有關於教學或行動研究的觀點，能供教師及有志於行動研究者參考。我們團隊持續的時間約一個學年又半個學期，約從 2000 年 9 月至 2001 年 12 月中旬。這段時間我們約兩週聚會討論一次，共聚會約三十次。而其中，以第一學年的運作對我們影響較為深遠（相關資訊請參表 2-2）。

值得提出來的是在推動這個行動研究的過程中，我將自己設定為「引導者」的角色，因成員中除了郭主任之外，對行動研究幾乎都沒有什麼認識和經驗。首先，我設法協助成員掌握行動研究的相關概念，否則行動研究如何能夠進行。其次，試著讓團隊能順利有效的運作，以讓成員因有收穫而願意繼續參與行動研究。雖然如此，我亦預設本身對行動研究的認知可能有誤，因此亦想引導成員檢討我所引介的行動研究觀點，並共同發展行動研究的相關概念。要說明的是我的引導主要是提出本身的想法讓成員參考、討論並共同決定，因我也是參與成員之一，我和其他成員的地位是平等的。因此，它和直接要求成員怎麼做的「指導」並不相同[3]。

由於這一次行動研究的意圖之一是改善對行動研究的認識，因此「改

---

3 何以要引導？要如何引導？還可參第七章的說明與討論。

■ 表 2-2　第一學年團隊運作相關情況 ■

次別	日期	討論時間（閒聊時間）	聚會地點／閒聊地點[4]	參與情形	探究的主要焦點
1	2000.9.6	13:35~15:00	電腦教室	任俠、淑梅、莉雪、我	欲探究什麼主題
2	2000.9.15	14:20~17:50	四甲教室	任俠、淑梅、莉雪、我	淑梅音樂教學的問題
3	2000.9.22	16:30~18:10	四甲教室	任俠、淑梅、莉雪、郭主任、我（郭主任第一次參加）	淑梅音樂教學的問題
4	2000.9.26	17:00~18:30 19:00~21:30	郭主任的學校／餐廳	任俠、淑梅、莉雪、郭主任、我	淑梅音樂教學的問題
5	2000.10.3	17:10~18:50 19:20~20:30	郭主任家／餐廳	任俠、淑梅、莉雪、郭主任、我（郭主任的太太亦參與部分討論）	淑梅音樂教學的問題
6	2000.10.17	17:00~18:50 19:20~21:30	郭主任家／餐廳	任俠、淑梅、莉雪、郭主任、我	任俠的教學觀點（因任俠主動提起）
7	2000.10.31	17:00~18:30 18:30~20:30	複合式餐飲店（同上）	任俠、淑梅、莉雪、郭主任、我	任俠的教學觀點
8	2000.11.14	17:00~19:50 20:10~21:30	任俠租屋處／餐飲店	任俠、淑梅、莉雪、我、天人基金會主任（郭主任因赴宴而缺席）	任俠的教學觀點
9	2000.11.16	16:20~18:30	四甲教室	任俠、淑梅、莉雪、我、曹師（郭主任沒有參加）	建構主義（因大家想了解）
10	2000.12.5	17:00~18:50 19:10~20:30	郭主任家／餐廳	任俠、淑梅、莉雪、郭主任、我	我的教學想法（因成員質疑我提出的觀點）
11	2000.12.26	17:00~18:30 19:00~20:30	任俠租屋處／同上地點煮火鍋	任俠、淑梅、莉雪、我（郭主任沒有參加）	下學期的運作方式

（續下表）

4　第一學期我們多利用學生放學後的時間討論，並於會後一起吃晚飯。在邊用餐邊閒聊的過程當中，我們常延續討論時的話題。因此，它亦可以說是我們團隊聚會的一環。

12	2000.12.31	08:00~10:30	辦公室、二甲和四甲教室	任俠、淑梅、莉雪、郭主任、我（校長部分時間參加，六、五年級導師部分時間參加，四、一年級導師全程參加）	建構主義（因大家想了解）
13	2001.1.19（學期結束前一天）	08:35~10:10	臨時會議室	任俠、淑梅、莉雪、我、校長、教導主任、教學組長、三位實習老師的輔導老師	筆者由科任教師改任導師
14	2001.2.20	13:30~15:00	臨時會議室	任俠、淑梅、莉雪、曹師、我（曹老師正式加入、郭主任因準備校長考試暫時缺席）	本學期的運作方式與探究的主題
15	2001.2.27	13:30~15:10	臨時會議室	任俠、淑梅、莉雪、曹師、我	國語科教學（共同討論與決定）
16	2001.3.6	13:40~15:30	四甲教室	任俠、淑梅、莉雪、曹師、我	國語科教學
17	2001.3.14	13:40~15:20	臨時會議室	任俠、淑梅、莉雪、曹師、我	國語科教學
18	2001.3.27	14:00~15:30	曹老師家	任俠、淑梅、莉雪、曹師、我	國語科教學
19	2001.4.10	13:35~15:40	臨時會議室	任俠、淑梅、莉雪、曹師、郭主任、我（這個學期郭主任第一次參加）	國語科教學
20	2001.4.24	13:40~15:10	臨時會議室	任俠、淑梅、莉雪、曹師、郭主任、我	團隊的運作方式
21	2001.5.8	13:50~15:30	臨時會議室	任俠、淑梅、莉雪、曹師、郭主任、我	國語科教學
22	2001.5.22	13:30~15:30	臨時行政電腦室	任俠、淑梅、莉雪、曹師、郭主任、我	國語科教學
23	2001.6.5	13:30~15:00	四甲教室	任俠、淑梅、曹師、郭主任、我（莉雪代表學校到校外參加研習）	國語科教學
24	2001.6.21	12:00~14:00	餐廳	任俠、淑梅、莉雪、曹師、郭主任、我	國語科教學／團隊運作

善對行動研究目的的認識」亦是我關注的焦點之一。所以與前兩次不同，在行動研究之前就曾透過文獻探討的途徑，初步對行動研究的目的提出觀點。而在行動研究的過程中，又不斷針對本身的所思所行及成員的回應加以反省，並逐漸調整原先的想法與做法。

㈠行動研究前的認知

在實際從事行動研究前，筆者對行動研究目的的認知為：

1. 改善參與成員想法和行動的合理性與建立合理性的共識

受到 Carr 和 Kemmis（1986）的影響，認為行動研究的目的是要改善參與成員想法和行動的「合理性」（rationality）。更具體的說，就是使參與成員的想法和行動從不合理的意識型態的束縛中得到解放，從而建構出更合理性的思考和行動。而當每個成員都能這樣，代表著團隊達到某種更合理性的共識。因此，建立合理性的共識亦是我想要追求的目的。

2. 建構理論與解決問題

此外，我心裡面還認為行動研究可以以建構理論及解決問題為目的。

會認為可以以建構理論為目的，是從先前兩次行動研究（潘世尊，1997，2000b）的經驗中察覺：當循環的進行反省、計畫、行動與觀察之類的活動時，有可能發展出一套教學觀點，以在未來供自我及他人參考。像在第一次行動研究後，就發展出一套可用於人數較少班級的國小數學教學模式和教學策略。在第二次行動研究後，又在先前發展出來的教學觀點的基礎之下，建構出可用於不同年級及教材特性的數學教學模式與教學策略，並且還提出Rogers未曾提到的，在真誠、接納及同理心的環境之下，學生可能出現的「自我中心傾向」及相對應的教學觀和教學策略。

至於會認為行動研究可以以解決問題為目的，主要是因為最早接觸到的相關論述都這麼說（如王文科，1990；張世平，1991），自然而然的就把它接受下來。而實際上，我也想透過行動研究解決對行動研究認識不足的問題。

分析起來，這個階段我對行動研究目的的認知是在心中並列不同的想法。在這種情況下，它們或多或少影響本身在行動研究中的想法與做法。

(二)行動研究中的想法與做法

帶著上述的認知我開始從事行動研究，但在研究的過程中，我的想法與做法逐漸產生轉變。

1. 建立共識與建構教學觀點

我們團隊在第一次聚會經過討論後，決定以成員中淑梅音樂教學上的問題作為初步的探究焦點，因音樂教學深深困擾著她。換句話說，解決淑梅音樂教學上的問題，是我們團隊在形式上共同認可的目的。

第二和第三次聚會後，我將成員有關於如何解決淑梅教學問題的發言整理成「暫時性的共識」。當時的構想是：所做的整理代表每次討論所得到暫時較合理性的共識，如果大家據以實踐並依實踐的情況加以批判與調整，那麼又將得到新的暫時性共識。而若此種過程不斷的循環進行，我們將建構出一套較合理性的音樂教學觀點。從這裡可知，此時，我心裡面真正想要達到的目的可說是「建構音樂教學觀點」。

由於第二次聚會後，任俠曾以我們在第二次聚會中提出來的一些教學策略為基礎到他實習的班級試驗（因這個班級就是淑梅音樂教學感到困擾的班級，只不過不是在音樂課試驗），因此在第四和第五次聚會，我就不斷引導成員根據任俠實踐的結果檢討我們先前討論出來的教學「共識」（即我所整理出來的「暫時性共識」）。希望能夠藉以揭露及解決其中的問題所在或不足之處，然後發展出新的且更合理的「暫時性共識」。會這樣，原因之一仍是希望達成本身所欲的，建構音樂教學觀點的目的。不過無論我怎麼引導，總覺得成員的思考沒有往這個方向去走，而團隊的氣氛也變得愈來愈沉重。當察覺此點時，我立即放下原先的構想，不再積極引導成員依任俠的實踐檢討先前的共識，以免團隊的運作無法繼續下去。

其實，當時某些成員（如任俠）是有根據實踐的結果反省先前討論中被提出的若干想法。只是說，檢討、調整的對象是其腦海中先前所認可且接受的想法，而非我分析、歸納成員的發言後整理出來的「暫時性共識」。

會這樣，主要是因為我所認為的共識並非真的共識，它們與成員腦海中所認同或接受的想法有所差異。在這種情況下，成員自然不會如我一再引導的，依任俠實踐的結果檢討、調整先前所得到的「暫時性共識」。在第六次聚會後，筆者獨自分析、檢討討論中的對話時才發現此點，並了解不須再透過同樣的手段生產共識。

雖然如此，建立共識的想法仍支配著我，因認為在初步得到共識後，才能據以循環的進行計畫、行動、觀察及反省等活動，從而達到建立更合理性的教學觀點與實踐的目的。換句話說，當時我亦以「建立暫時性的共識」為目的，因認為它是達到「建構教學觀點」這個目的的先決條件。

第八次聚會，成員中的莉雪、淑梅及任俠提到我們討論出來的想法可能沒有辦法用到他們實習的班級，因這些可能和他們實習輔導老師的教學方法不同。對此問題，我建議下學期或許可透過「共同帶一個班」的方式來解決。因當這個班是由我們全權掌握後，就會有更加寬廣的實踐場域。在該次聚會後，我依例將討論中的對話轉譯成逐字稿，以協助我及其他成員進一步揭露彼此想法和行動中的問題所在。當轉譯到這個地方時，引發我想到我們因各自在不同的班級教學而「沒有共同做一件事」（如共同辦一個活動或設計學校的某種課程），所以沒有形成共識的必須性，因此我們一直不會形成共識。另，當沒有形成共識的必須性時，亦意謂著「沒有將所探討的教學問題徹底釐清及解決的必須性」。因在討論結束後，每個人仍可依本身所認同的想法回到自己的班級教學。況且即使彼此真的有共識也不會知道，因為我們不須共同將想法轉化為具體的行動。

因此，如果我們團隊要形成共識，那麼我們「必須共同做一件事」。因在此種情況下，我們勢必要凝聚出某種共識，事情才能進行下去。而當有共識後，才能協同且循環的據以計畫、行動、觀察及反省，從而建立更合理性的教學觀點和行動。

上述的想法在和任俠閒聊時，曾向他提出並取得他的認同。不過他的考量點是透過共同教一個班級的方式，可以解決他們實習沒有教到國語、數學及沒有機會學習班級經營等問題。而在第一學期末的第十一次聚會，我們團隊討論第二學期要如何運作或探討什麼時，同樣亦為實習教師的莉雪和淑梅同意任俠的想法。因此，就我而言，是想透過共同教一個班級的方式以達到建立暫時性的共識，進而循環的進行計畫、行動、觀察及反省等活動，以發展出更合理性的教學觀點的目的。而就成員中的三位實習教師來說，則是想透過此種方式解決他們實習上的問題。雖然我們的出發點不同，但所認同的運作方向卻一致。而在討論後，我們擬定一些策略以落實這個想法（如向學校爭取筆者由科任教師改任導師，然後由參與成員共同帶這個班）。不過因在一番努力後，仍沒有得到學校及家長的充分支持而作罷。

2.改善參與成員的想法和行動

上述的構想雖沒有辦法付諸實施，但在思考我們團隊未來宜如何運作時，仍認為必須「共同做一件事」。因為如此，我們團隊才會因需要而建立具體明確的共識，進而透過協同且循環的進行計畫、行動、觀察及反省等活動，從而發展出更合理性的教學觀點。為了達到此種「建立暫時性的共識」進而「建構較合理性的教學觀點」的目的，我在下學期第一次聚會（即第十四次聚會）時，提出兩種「共同做一件事」的運作途徑供成員參考和討論：

⑴大家輪流教某個班級的某個科目。以某班某一科的教學為主（如以一年甲班的國語教學為主），大家先進行理念上的討論，如這科的教學目的是什麼、教材為什麼要這樣設計、要怎麼教學等。之後，根據討論出來的「暫時性共識」由我們其中的一個人進行教學，並在教學之後反省及調整先前的共識，然後再換另一個人依調整後的想法及策略進行教學，如此循環進行。

⑵大家依討論出來的共識回到自身教學的班級實踐。首先，選定一個大家都有教的科目做討論，然後依討論出來的暫時性共識擬定教學策略，並回到各自的班級教學。之後，大家再以各自的教學經驗為基礎做檢討，並據以調整原先的共識。這個途徑的優點是方便實施，以各自班級的教學作為探究的對象而不用鎖定特定班級。另外，相同的教學想法在不同年級應用時可能產生不同的結果，此種途徑可以增加所發展出來的教學理論和

教學策略的廣度。其實，採用此種途徑亦未必要產生共識，因為即使沒有共識也不影響成員在各自班級的教學。只不過在提出此種想法的當時沒有想到這點。

除此之外，成員中的任俠亦提議我們可以如第一學期一樣，針對本身的教學問題做討論。因此我就引導成員分別討論這三種途徑的優缺點及可行性，並在最後逐一徵詢大家的意見，結果成員都表示要以我所提出的第一個途徑為主軸。而在曹老師的提議下，我們決定以國語科教學作為探究的主題，並決定以他的班級作為我們往後教學實踐的場域。

原本以為透過上述的途徑可以解決我們團隊一直無法得到共識，進而建立更合理性的教學觀點的問題。但稍後我突然想到：如果我們團隊在討論之後仍對國語科教學沒有共識時，那麼輪到教學演示的人，他的教學設計及實際的教學活動要怎麼進行？因為這和第一種途徑的預設完全不合。此時，驀然驚覺我好像一直受到共識這個概念所困。也就是說，我一直希望我們的行動研究能得到某種較合理性的暫時性共識，並依此共識來計畫、實踐與反省，從而達到建構值得參考的教學觀點的目的。問題是要得到教學共識有時並不容易，因每個人常有各自堅持的一些想法，並且在短時間之內難以改變。

舉例來說，在第一學期的行動研究中，我認為不能在不真誠的情況下刻意獎勵學生，以免學生誤判自己的性向和能力。但郭主任和任俠卻始終認為老師的刻意獎勵造成學生迷失自我的可能性很低，並且他們還強調透過獎勵可以提升學生參與學習的興趣。分析起來，我所強調的是協助學生了解自我、接納自我及做自我，而任俠和郭主任所追求的則是提升學生學習的興趣。也就是說，我們所著重的教育價值或目的不同，但卻又都無法說服對方。在這種情況下，我們自然無法得到共識。

此時，另一個想法突然浮現：既然如此，那為何要強求共識？當不強求共識時，每個參與成員可將本身的教學理念和討論過程中所認同的想法結合起來進行教學。而在教學後，成員可視結果調整自我的想法。也就是說，可透過實踐來檢驗、調整彼此的教學觀點。如此，原先堅持的想法可能被修改、不認同的觀點可能變得被接受，參與成員的教學想法和實際也才能確實得到改善。而這也意謂著，我心裡面真正想要追求的目的轉變為「確實改善參與成員彼此的教學想法和行動」。

受此轉變的影響，我不再刻意追求共識，並將 Kemmis（1988）所提協同且循環的進行反省、計畫、行動及觀察的歷程調整為：循環的進行「協同反省」、「個別計畫」、「個別教學」（由計畫的人負責教學）及「協同觀察」等活動。因為是個別做計畫，協同反省階段就不用要求一定要得到共識。若把此一流程用到我們的行動研究，則是：先討論曹老師在國語科教學上的想法，討論完了之後，他根據自己所認同的理念去教學而其餘成員則去觀察，然後大家再針對觀察的結果進行檢討。之後，再換討論另外一個人的想法，同樣的，他根據自己認同的理念去設計教學，其餘成員則去觀察，然後大家亦針對觀察的結果進行檢討。如此，一來可透過實踐來檢驗、調整彼此的教學觀點，二來則可能達到改善參與成員彼此的教學想法和行動的目的。

3.釐清及解決參與成員想法和行動中的問題所在

在第二十次聚會之後，我去觀察淑梅的語詞教學。在觀察之中與之後，我對淑梅的教學提出幾點質疑，並且從中延伸出幾個值得進一步探討的問題，如語詞教學的目標究竟為何、語詞和課文的教學次序宜如何安排等。針對這些問題，我在觀察後以書面的方式提出本身的觀點供成員參考。對於我的質疑與觀點，任教一年級的曹老師及分別在一、二年級實習的莉雪和淑梅並不認同，因她們認為我所說的主要是基於先前我在高年級的教學經驗，但它們並不適用於低年級。因此在第二十一次聚會，我們之間展開了激烈的論辯。分析起來，我的教學觀點以協助學生學會閱讀的策略及培養學生有關於閱讀的後設認知為核心，她們的想法則是低年級的國語科教學應以字詞的認識、習寫和使用為焦點。不過一直到討論結束，我們都沒有改變對方。

之後，我還一直想要去釐清到底誰的觀點才較為合理，並且思考要如何才能適切的回答成員的質問。在不斷思考後，我終於理出一點頭緒，並初步對國小低年級國語每一「課」的教學目標、內容、方法與流程提出觀點。所提出的觀點，有些是改變本身先前的想法轉而接受成員的觀點，有些則取自本身原有的一些想法。例如我發現先前忽略對於低年級的國語科教學而言，協助學生認識、習寫及使用字詞亦相當重要，因此就將這些納為「課」的教學目標之一。雖然如此，我亦認為即使是低年級的學生，亦應教導閱讀的策略及培養其有關於閱讀的後設認知。當然，所教導的策略宜配合低年級學生的能力。事實上，發展適合低年級學生的閱讀策略一直就是我在第二學期的意圖之一。

雖然對低年級國語科「課」的教學目標、內容、方法與流程初步提出統整的觀點，但亦預設它們可能潛藏著某種問題所在，因自我反省有時可能沒有發現本身的盲點。而為了揭露及解決本身所提出的教學觀點中的問題所在，我打算找時間和曹老師、莉雪或淑梅談談看。如果他們對我的想法有興趣並接受，那麼就可以和她們共同透過教學與反省進一步發展這個想法。不過在與曹老師溝通的過程中，感受到她還是感覺我的想法（培養學生閱讀策略及後設認知此一目標）比較偏向於高年級的教學。因她曾經參考我提出來的教學觀點調整教學，可是發現實在不太可行。

雖然曹老師認為她是根據我所提出的觀點來教學，但我卻從其書面的自我反省裡發現，她的教學和我提出的觀點之間實有些差異。因此，我就找時間向她說明這個問題，並再申明我的教學想法究竟是如何。聽了我的說明後，曹老師表示願意再試試看。不過在試的過程中，曹老師老是覺得有問題，因她覺得學生的能力還不適合學習「擷取課文大意」等閱讀策略，亦即我的觀點實在是缺乏可行性。因此在第二十一次聚會後某次與我閒聊時，她向我表示希望我到她的班去教看看，希望藉由觀察我的教學，以更確切的掌握我的教學想法。

在思考之後，我想由於對曹老師班上的學生不熟，如果就這樣直接去教的話，一開始可能也無法進行得很順利，因此就決定先去看看曹老師上課的情形。而在觀察之後與曹老師檢討時，亦就曹老師教學中的問題所在（如無法協助許多學生擷取課文大意）提出可行的教學策略供其參考。之後，我還進一步利用書面的方式，把自身的想法更清楚且完整的呈現以供其他成員參考。但稍後與曹老師溝通時，她的回應是雖然認同培養學生閱讀能力的目標，但她可能先不會這樣上，因為這對低年級的學生而言似乎太難了。

當察覺曹老師似乎有意放棄這種教學時，我覺得很可惜，因此就再利用時間去找她談談，看她的問題到底在哪裡及自己是否能夠幫忙解決。過程中，曹老師仍表示要改回原先她所採用的教學流程。由於我還是認為我的想法可行，因此就跟曹老師借課本。我當時的用意是先看看接下來要上哪一課，如果可以的話，我來上看看以了解她的教學問題到底在哪裡，又，這些問題是否真的難以解決？

在教學之前，我在心裡面依先前自己提出來的教學觀點擬定教學策略與流程。這個動作讓我在教學之後的自我反省中，突然發現曹老師可能是因為心裡面缺乏培養學生閱讀能力的後設認知（即在心中缺乏如何協助學生學習閱讀的策略及培養學生有關於閱讀的後設認知的藍圖），因而在教學的過程中屢屢碰到問題並感到不可行。會這樣，是因為她還沒有完全掌握我所提出的教學觀點。我除了用書面系統且完整的向成員說明我的發現之外，亦找時間和曹老師當面溝通。結果這個發現深深取得曹老師的認同，因她在觀看我的教學的過程中，亦體會到本身因沒有清楚掌握到培養學生閱讀能力的教學方法，所以才會屢遇問題並感到不可行。此外，她亦從我的教學中了解，往後可以如何協助學生學會閱讀的策略，以及培養學生有關於閱讀的後設認知。在這種情況下，她改變原先認為我的教學觀點不可行的想法，並積極發展其他各種能提升學生閱讀能力的教學策略。而在之後的團體聚會，成員中的淑梅和莉雪亦表示在經過與我的討論、看了我的書面說明及她們的自我反省後，已改變原先認為我的觀點不可行的想法，轉而認為閱讀能力的培養可以成為低年級的教學目標之一。

分析上述的歷程，我和成員在經過協同反省、自我反省、計畫、教學、觀察、提供自我反省所得給成員參考等活動後，對國語科教學目標、內容、方法與流程的觀點由差異極大逐漸變得較為一致。也就是說，我們逐漸取得共識。會這樣，是起於我想要改善本身及參與成員的國語科教學想法和行動，因而不斷試著揭露、解決本身及參與成員想法和行動中的問題所在。換句話說，「揭露及解決自己在內的參與成員想法和行動中的問題所在」

是這個階段我所追求的。而當這樣做了以後，除了改善自己及參與成員的教學想法和行動，亦讓我領悟共識的產生之道：當參與成員彼此想法和行動中的問題所在或不足之處被揭露及解決後，自然就會得到共識。

二、揭露及解決參與成員自身的問題所在可作爲核心目的

就如上文所述，以「揭露及解決參與成員自身想法和行動中的問題所在」作為核心且實質追求的目的，是筆者在第三次行動研究後段所得到的體悟。它與筆者在行動研究之初，心中並列著幾種不同目的的情況似乎有所不同。筆者此種轉變是否適當？又，其中是否有不足之處？

誠如前言部分所說，不同學者間對行動研究目的的看法常不相同。或許就是因為這樣，許多學者才會認為「行動研究的目的究竟為何」目前還是一個相當具有爭議性的問題（Viviane, 1993; Watkins, 1999）。歸納不同學者對行動研究目的的觀點，大抵包含如下三個層面：

⑴改善與參與者自身有關的教育實際。包含改善實務及實務所構成的教育情境（吳美枝、何禮恩譯，2001：10；夏林清等譯，1997：8；陳惠邦，1998：16；蔡清田，2000a：53；Carr & Kemmis, 1986; Lomax, 1995）或解決所面對的教育問題（王文科，1990：33；陳伯璋，1990：157-158；張世平，1991；黃政傑，2001；Lewin, 1946）等觀點。

⑵增進參與者自身的能力。包含增進問題解決的能力（蔡清田，2000a：53-55）或是增進實踐智慧（Elliott, 1991: 49-56）等說法。要增進問題解決的能力，是希望有能力解決未來可能面對的教育問題；要增進實踐智慧，則是期待在未來複雜的教育情境中，能選擇適當的教育價值及目的然後據以實踐。二者強調的重點雖然不同，但都是要增進行動研究參與者的能力。

⑶發展參與者自身的知識。相關的說法包含改善對實務的理解（蔡清田，2000a：55-56；Carr & Kemmis, 1986）、生產（實踐）知識（吳美枝、何禮恩譯，2001：14-15；夏林清等譯，1997：8；陳惠邦，1998：19；Rapport, 1970）或發展實踐理論（Elliott, 1991: 49-56）等。分析起來，當

對實務的理解得到改善時，就代表著知識的增進或是能夠引導實務的實踐理論的發展。因此，改善對實務的理解、生產知識或發展實踐理論之間的用語雖然不同，但實質意涵仍為一致。

要提出的是要達到上述三點目的中的任一個，都可以以「揭露及解決參與者本身想法和行動中的問題所在」作為核心且實質追求的目的。因當參與成員的教學（教育）觀點和實務，或是對行動研究的認知與實際的研究行動中的問題所在被揭露及解決之後：首先，能改善其教學（教育）實務及實務所構成的教育情境，並解決所面對的教育問題；其次，未來將較具有適切的解決教學（教育）問題的能力，或較具有透過適切的反省或行動研究處理複雜教育情境中的問題的能力；第三，對教育實務將更加了解，並更具相關的教育知識與實踐理論。因此，筆者「以揭露及解決參與成員想法和行動中的問題所在作為核心且實質追求的目的」的體悟似乎是可以接受的。

當說筆者上述的體悟可以接受時，所面臨的一個問題是引導性尚不足，因它沒有提示宜揭露及解決哪些層面的問題。

對此問題，筆者從 Habermas（1984: 168-173）「合理性」（rationality）的觀點尋求解決之道。Habermas 認為合理性有五個要素：第一是技術合理性，指根據經驗，選擇一種最適當的手段達成目的。第二是效果合理性，指衡量所選擇的手段是否能夠達成良好的效果。第三是目的選擇的合理性，指除了考量手段是否合理及有效之外，還根據某種價值來選擇合理的目的。能依某種價值選擇目的及有效的行動並據以施行，稱做形式合理性的行動。形式合理性的行動雖依某種價值選擇行動，但此一價值未必符合生活方式的基本原則，因它可能仍受到某種不合理的意識型態所制約。因此，使行動符合普遍的原則，亦即能夠跨越不同情境並貫穿所有生活領域，才符合價值合理性。而價值合理性的行動，即是合理性的第四個要素。至於第五個要素，則是使形式合理性與價值合理性互相結合。據此，合理性的行動並非只重價值而不重策略。採用合理有效的手段、選擇合價值的目的並往普遍價值的方向前進的行動，才是合理性的行動。不過要注意的是，合理性的達到應由價值而非手段的層面出發。在確定合理性的教育價值之後，就可以據以選擇合理性的目的及有效達成目的的手段。

據此，行動研究的參與者宜針對價值、目的及手段等層面來揭露彼此想法和行動中的問題所在。而當這樣做了以後，就和行動研究的先驅Lewin（1946）所說，行動研究的目的在促成實際問題解決的想法不同。因Lewin的想法隱含著實證主義的影子，研究目的是固定的，行動研究只是要尋找手段以解決問題進而達成既定目的。惟所要達成的教育目的或許就是一個必須改善的問題。就以筆者所從事的第三次行動研究為例，在研究之初，我一直以尋找能培養學生閱讀能力的教學策略為目的，問題是對於低年級的國語科教學而言，協助學生認識、習寫及使用字詞亦是相當重要的目標，不過卻被我忽略。所幸經過成員不斷的質問，我重構原先對於「課」的教學目標的看法，並據以發展教學方法與流程。

於此，可以附帶一提的是當能從價值、目的及手段等層面來揭露參與成員彼此想法和行動中的問題所在時，將使行動研究由技術進展到實踐，甚至是解放的層次。

受到Habermas的影響，Grundy（1982）將行動研究區分為「技術的」（technical）、「實踐的」（practical）及「解放的」（emancipatory）或「批判的」（critical）這三種類型[5]。在技術的行動研究中，參與者的任務在找出策略或方法來解決問題，以完成既訂定的目標。在實踐的行動研究中，參與者試著釐清自身的問題、目標並重構新的行動策略。在解放的行動研究中，參與者能突破不合理的意識型態的束縛，從而建立更合理性的想法和行動。表面上看來，這三種行動研究分立並各有其價值。但依筆者之見，它們應非分立並且有層次之分。

舉例來說，當學生的表現（如在音樂課中不吹直笛、在體育課中不喜歡上田徑、在國語課中不想背唐詩）與教師腦海中有關於教育目的或教育

5　其他亦有學者如Mckernan（1991，引自Kember, 2002）採類似的做法，將行動研究分為「科技—問題解決取向的行動研究」（scientific-technical view of problem-solving）、「實踐—慎思取向的行動研究」（practical-deliberative action research）及「批判—解放取向的行動研究」（critical-emancipatory action research）。

價值的觀點不同時，他會感到教學有問題。問題是教師腦海中的想法未必就是對的，亦即教師認為的問題不見得就是問題。例如學生音樂課不想吹直笛、體育課不喜歡上田徑或是國語課不想背唐詩等學習表現不一定非要加以改善不可，因學生可能未必要學直笛、田徑和背唐詩。因此在面對教學問題時，可以先釐清腦海中對教育價值與目的的真正看法，並檢討其是否值得商榷，而不必急著從技術的層面尋找問題的解決之道。若在批判後確定真的是問題的話，才接著發展解決策略。而若在批判後發現之所以會感到有問題，是因為腦海中對教育價值與目的的看法不適當，那麼就加以修改和重組，然後再據以發展新的教學策略。否則所發展出來的解決策略未必對學生有幫助，因學生的行為或學習表現原本就沒有什麼需要改變的。因此，若能從教育價值或目的等層面來揭露參與成員彼此想法和行動中的問題所在，行動研究就可能超越技術的層次從而進展到實踐的行動研究，因研究的參與者將逐漸釐清自身的問題與欲追求的教育價值及目標，然後據以發展行動策略。而若所建構的教育價值、目標與行動策略能脫離不合理的意識型態的束縛，那麼就會進展到解放的層次。因此，許多研究者所批評的，強調批判或解放的行動研究的Deakin大學忽略技術層面追求的想法應是一種誤解。

Elliott（1991: 49-56）指出若要改善實務，有關的人員必須持續的進行反省。不過在反省時，不能事先將價值明確的定義成某種目標，否則反省將成為檢視是否達成目標的技術性工作。他又指出在英國，行動研究這個名詞被許多教育研究者稱為一種另類的研究典範。此種典範支持對實務進行「倫理的反省」的觀點，並拒絕實證主義的研究立場，因實證主義視研究只是一種找尋能夠控制及形塑教師實務表現規則的手段。但現在，行動研究卻變成只為「技術合理性」（technical rationality）服務。因為教師被鼓勵視行動研究是一種找出能夠控制學生的學習以達課程目標的研究手段，忽略了教和學的倫理向度的要求（Elliott, 1991: 49-56）。Zuber-Skerritt（1996a）亦指出「解放的行動研究」（emancipatory action research）的障礙之一是參與者只在意能夠馬上派得上用場的策略或手段，而沒有透過反省來揭露及改變腦海中真正在意的「主導變數」（governing values）。

Elliott 與 Zuber-Skerritt 的觀點可說與上述筆者的論述一致。

伍、行動研究能否以發展可能解決教育現況問題的方法或策略為目的？

當說「以揭露及解決參與成員彼此想法和行動中的問題所在」作為核心及實質追求的目的時，似乎意謂著行動研究是以解決參與成員本身所面臨的問題為目的。參考以行動研究為討論主題的論著（如吳明隆，2001；吳美枝、何禮恩譯，2001；陳惠邦，1998；蔡清田，2000a；Carr & Kemmis, 1986），似乎也多持此種觀點。例如陳惠邦（1998：17）指出教育行動研究是以研究者本身作為探究的焦點；蔡清田（2000a：17）認為行動研究最大的特性在於針對實際工作情境所發生的問題，以可能的問題解決方法作為變數，並從研究過程中來驗證這些問題的解決效度。McNiff、Lomax 和 Whitehead（吳美枝、何禮恩譯，2001：21-24）更指出行動研究必定是局內人的研究，由實務工作者對其專業行動進行研究；行動研究的問題型態應該是「我如何改善……？」因為那應該是你自己的行動而非其他人的行動。

然分析國內目前的行動研究，卻有許多是以發展可能解決教育現況問題的方法或策略為目的。以 2000 年年底之前的國科會專案研究為例，此類研究約占所有團隊式行動研究的三分之一強（參表 2-3）。而在碩士論文中，亦有不少研究屬之。例如陳淑娟（1999：3-5）從文獻探討中得知「討論活動」對數學學習相當重要，但一般教師卻很少用此種方式教學，因此他想透過行動研究以理解教師進行「數學討論教學」的困難所在，並找出解決的方案以供參考。又如鍾添騰（2000：3）認為閱讀教學很重要但卻長期被忽略，因此他邀請校內另兩名同事，試圖透過行動研究的途徑提出策略以協助教師解決這個問題。因此，是否能以「發展可能解決教育現況問

▣ 表 2-3 國科會專案研究計畫中以「解決教育現況問題」為目的的行動研究舉例（至 2000 年年底為止）▣

研究者	年度	研究計畫名稱	要解決的教育現況問題
施惠	1996	國小教師在職研習的行動研究——地球運動之探究	國小自然科教師在職研習的課程設計問題
何青蓉	1997	成人識字教育教材及教學方法之研究：一個國民小學附設補習學校初級部國語科課程的行動研究	我國成人識字教育缺乏適用的課程、習作、教學指引及教具的問題
鄔佩麗	1997 1998	青少年心理發展與適應之整合性研究：教師與學生家長之合作關係與諮詢角色之研究(I)(II)	我國校園急需具有合作關係的「專業諮詢服務模式」問題（可經此模式處理校園危機）
劉惠琴	1998	中小學教師專業經驗的反思與再行動——中小學教師對師生衝突的建構與行動	教師對師生衝突的知覺與解決的問題
史英等	1999	地方教育改革的策略與方法（研究人員除了史英外，還有黃炳煌、謝小芩、張則周、陳啓明、張清溪）	地方教育改革的策略與方法的問題
林碧珍 蔡文煥	1999	發展數學教師之學童認知之知識之研究	數學教師所擁有有關於學童「認知的知識」的問題
翁開誠	1999	同理心提昇方案的行動研究	同理心的提升問題
唐淑華 崔光宙	1999	學校本位情意教育之行動研究——教學與評量面向(I)	花蓮地區獨特的教育現況問題
劉祥通 周立勳	1999	小學數學佈題教學研究——數學寫作活動實踐	國小教師數學佈題能力問題
賴麗珍	1999	大學教師教學專業發展之行動研究	大學教師教學知能和實踐行動問題
顧瑜君	1999	以行動研究進行鄉土教學活動與課程發展——兩個東岸的例子(I)	鄉土教學活動課程設計及教材發展問題

題的方法或策略」作為行動研究的目的就值得探討。

以上述陳淑娟（1999：74-133）的研究為例：首先，她以「願意以分組討論進行教學活動、認同討論教學對數學學習的幫助、能夠讓她長期進入班級並願意與她合作、教學及研究時間能配合，以及能得到行政的支持」為標準，找了一名符合要求的教師參與行動研究。研究的時程共十一週，她先以兩週的時間觀察教學者的教學活動，並與其討論及建立合作關係。然後，以九週的時間循環進行如下的活動：⑴擬定行動方案；⑵討論行動方案；⑶實施及觀察行動方案；⑷教學後的省思及討論。經由這些活動，她與合作教師提出了一個有關於數學討論教學的方案。就此方案，對於數學討論教學有興趣或感困難的教師可以斟酌教材、學生或班級等特性在稍做調整後引用，或者是在引用的過程中，又透過行動研究的方式加以調整。如此，對於學生的數學學習亦會有所幫助。若是如此，以「發展可能解決教育現況問題的方法或策略」作為行動研究的目的似乎亦是可以。

或有會問：單一行動研究的結果是否能用到其他的教育情境？筆者曾分析文獻探討、自然科學、詮釋、批判這四種研究取向，看何者的研究結果對未來的教育活動較能提供指引或參考（潘世尊，2001）。在分析後筆者認為每個教育情境都有其特殊性，任何管道所建立的教育理論都無法直接移植或應用到任何一個教育情境中。而由於行動研究（屬於批判取向中的一種）所提出的觀點涉及實際教育過程中可能面對的種種情境或困難，因而更能幫助教育工作者選擇適當的教育行動。

要說明的是當以發展可能解決教育現況問題的方法或策略為目的，教育現況問題就會轉成參與成員自身所關注或面臨的問題。而為了要妥善解決這個問題，在行動研究的過程中，參與成員必須不斷揭露及解決自身的想法和行動在這個問題上面的問題所在。Somekh（1983，引自夏林清等譯，1997：59）曾被委託去一所大型的綜合中學進行物理課程的行動研究。當他開始從事此一行動研究時，該中學的物理教學問題就成為他自己關注及面臨的問題。為了要解決物理教學的問題，他從對自己實際教學經驗的反省中提出相關的問題（如未能成功的引導學生討論物理、用 Nuffield 的方法來教太浪費時間，且學生可能無法清晰的理解相關的物理概念），並試著加以解決。而從上述陳淑娟的研究裡面，亦可以看到這樣。這種情況，與一開始就以自身問題的解決作為目的的研究並沒有什麼不同。因此，除了解決自身所面對的問題之外，行動研究亦可以以「發展可能解決教育現況問題的方法或策略」為目的。

陸、行動研究能否以建構教育理論為目的？

前文曾簡要提及揭露及解決參與成員彼此想法和行動中的問題所在後，有可能生產出知識或建構出實踐理論。而就筆者三次行動研究經驗而言，也的確提出了一些教學觀點。這些觀點能否稱得上是教育理論？又，行動研究能否以建構教育理論為目的？筆者擬在此做進一步的討論。

首先，行動研究能否以生產知識為目的？Kemmis和McTaggart（1988）指出：「行動研究的基本特徵是在實務工作中試驗想法，以作為改善現狀及增進知識的手段。」陳惠邦（1998）認為：「教育行動研究是嚴格的探究形式，也是產生教育知識的合理途徑。」其實，當參與成員能夠揭露彼此想法和行動中的問題所在並提出解決之道時，就代表著知識的增進或產生。這就如Elliott（1991: 49-56）所說的，「理論的萃取」（theoretical abstraction）扮演一個附屬的角色，它附屬在對實踐的理解及判斷之中。

要說明的是若所揭露及解決的問題包含價值、目的及手段等層面，那麼所增進或產生的知識就會涉及到教育價值的重組、教育目的的重構及教育手段的重新選擇和安排。再以筆者所從事的第三次行動研究來說（潘世尊，2003a：377-466），在我們團隊第二學期運作之初，成員質疑我忽略了低年級國語科教學的重要目標是字、詞的認識、習寫和使用。在思考之後，我認為成員的想法有道理，就把原先偏重閱讀能力培養的觀點加以調整，變成以字、詞的認識、習寫和使用，以及閱讀能力的培養作為低年級國語科教學的目標。而在重組出此種教學目標後，又接著構思達成新目標的教學流程和策略。因此，所增進或產生的知識就包含目的和手段這兩個層面。其實 Lewin（1946）也曾提出可以以生產知識作為行動研究的目的之一，不過由於他已事先界定要達成的價值或目的，因此所增進的知識只是如何達成預定價值或目的的手段，也就是「技術性」的知識。

據此，是可以以知識的產生或增進作為行動研究的目的。不過，其達成是奠基在參與成員交互的揭露及解決彼此想法和行動中的問題所在之上。若所揭露及解決的是教學方法的問題，那麼增加的就是技術層面的知識；若所揭露及解決的是教學目的安排的問題，那麼增加的就是目的層面的知識；若所揭露及解決的是教育價值選擇的問題，那麼增加的就是價值層面的知識。此點就如 Elliott（1991: 49）所說，行動研究最基本的目的是改善實務，知識增進此一目的是附屬在最基本的目的之下的觀點；又如 McNiff 等人（吳美枝、何禮恩譯，2001：20）所提，在行動研究的過程中，實務工作的改善常會連帶的促進知識擴展的想法。

當確定能以知識的產生或增進為目的時，接著要探討的問題是：行動研究是否能以「建構教育理論」為目的？因為知識的產生或增進似乎也可以說是理論的建構。

何謂「理論」？當從不同的角度來看，它具有不同的意涵。如果從個體的思考與行動間的關係來看的話，理論是指存於個體的腦海之中，實際支配著個體的思考和行動的想法。這些想法，個體可能很清楚、也可能沒有意識到，Argyris 和 Schön（1974）把它們稱做「行動理論」（theories of action）。依此，行動研究後在腦海裡面所增進或產生的知識就是一種理論。此種理論是如 Argyris 與 Schön 所說的行動理論，它屬於私有的領域，並在往後會對成員的思考和行動起著引導的作用。Whitehead（1993）指出在對自己的實務工作進行探究後，能夠創造一個生活中的教育理論。此種教育理論能夠說明自己是如何改善所從事的工作，以及何以所從事的工作能夠得到改善。他所謂生活中的教育理論和 Argyris 和 Schön（1974）所說的行動理論，在性質及意涵上類似。

或有會問：雖然可以建構個人的行動理論，但是否就能夠說行動研究可以建構超越私有領域且具有教育價值的教育理論？也就是說，所建構的行動理論是否能夠合理的解釋許多的教育活動，並對未來的教育活動提供指引或參考？

Jacqui Hughes 是一名試圖以行動研究法來取得英國 Bath 大學博士學位（PHD）的研究生，不過外校的一名口試委員卻在口試中否決了他的論文，並要求他在修改後再重新提出口試申請。該名口試委員的理由是雖然研究者本身透過行動研究增進了許多知識，但由於行動研究進行的情境屬於特定的脈絡，研究者的行動及其結果缺乏對照比較，因而使得此種知識對他人的幫助有限[6]（Hughes, Denley, & Whitehead, 1998）。若此一觀點正確，那麼是無法宣稱行動研究能建立超越私有領域且具有教育價值的教育理論。然是否真的如此？

如果放大視野，改從社會、歷史、文化的角度來看「思考」與「行動」之間的關係將會發現，個體的思考和行動會受到社會、歷史、文化中的某種「東西」所影響。這種東西先於個體而存在，從詮釋學者 Gadamer 的角度來看稱做「成見」（pre-judice）或「傳統」（tradition）（洪漢鼎、夏鎮平譯，1995；陳榮華，1998）；從批判理論學者的角度來看則稱做「意識型態」。為什麼這些東西會影響個體的思考和行動？因為在生活的過程中、在學到語言的過程中，或是在與他人互動的過程中，這些東西自然而然的就被個體所接受，並成為支配或引導個體的行動理論。其結果，使得生活在相同社會、歷史及文化脈絡的人產生相同或相似的思考和行動。像臺灣就有很多國小老師在語文教學上，沒有深思就要學生背唐詩或讀四書五經；在數學教學中，沒有深思就要學生使用「關鍵字」策略來解題（即看到「共」就用加的，看到「剩下」或「還有」就用減的）。

若上述的推論合理，那麼在行動研究後所建構出來的新的行動理論，其價值有可能會超越私有的領域或個人的範疇。因為所揭露及解決存於參與成員行動理論中的問題（問題可能包含價值、目的或手段等層面），有

6 很明顯的，該名口試委員是從量的研究的外在效度來衡量行動研究的結果。此種情形，Hughes 及其指導教授，以及校內的另一名學者 Whitehead 感到不滿，因而向校方申訴該名口試委員以不同的哲學立場或派典進行論文的審核。結果校方接受其申訴，而該名口試委員亦請辭（Hughes, Denley, & Whitehead, 1998）。

時不僅是個人的問題，還是其他生活在相同脈絡下的許多人共同有的問題。以筆者所從事的第三個行動研究來說（潘世尊，2003a：377-466），在與成員不斷互動後我發現，成員之所以在一開始無法接受我所提以培養學生的閱讀能力（包含學會閱讀的策略及培養閱讀的後設認知）作為教學目標，是因為沒有接觸過閱讀策略及後設認知等概念，因而無法體會其重要性。這個問題就可能存於臺灣地區許多教師的教學之中，而非僅是我們成員的問題。當所揭露的問題亦存於許多人的想法和行動裡面時，行動研究後所建構出來的理論其價值就將超越個人的層次。因它一方面可以解釋某些教育工作者為何會有某種思考和行動，另一方面則可以為其未來的思考和行動產生引導或啟發的功效。

據此，建構教育理論是可以成為行動研究的目的，不過其完成仍有賴於揭露並解決參與成員彼此想法和行動中的問題所在。若所揭露及解決的問題超越個人的層次，那麼建構教育理論的目的自然就會達到。Noffke（1994）在〈朝向下一代的行動研究〉（Action research: Towards the next generation）一文裡指出，在目前，行動研究的目的常被視為在於個人或專業發展的領域（如幫助教師自我覺察或提升專業技巧），至於其是否能扮演生產教育知識的角色，則較少被重視。因此，針對此點去思考甚具「潛力」（potential）。而當欲這樣做時，他認為必須檢討相關的問題，例如：如何衡鑑行動研究的效度、何以能夠聲稱所得到的就是知識、使用何種資料及以何種方式運用資料以產生知識等。很顯然的，Noffke 亦認為行動研究是建構教育理論的可能途徑，並鼓勵研究者從方法及方法論的角度做更深入的探究，以作為此種觀點的基礎。

柒、結論與建議

本文的主要目的在探討與教育行動研究的目的有關的一些問題。在反省本身所從事過的三個行動研究及探討若干的文獻後，筆者認為：

⑴教育行動研究不宜直接以落實某種理論（即驗證該理論或發展該理論的教學模式與策略）為目的。

⑵教育行動研究可能以改善與參與者自身有關的教育實際、提升參與者自身的能力或發展參與者自身的知識為目的，但無論如何，都宜以「揭露及解決參與成員想法和行動中的問題所在」作為核心且實質追求的目的，因此一目的達到後，上述目的自會達成。要注意的是在揭露及解決彼此想法和行動中的問題所在時，應慮及教育價值、目的及手段等層面的問題。

⑶教育行動研究亦能以「發展可能解決教育現況問題的方法或策略」或「建構教育理論」作為目的，然過程中亦宜以「揭露及解決參與成員彼此想法和行動中的問題所在」作為核心及實質追求的目的。當所揭露及解決的問題亦出現在處於同一脈絡的他人身上時，所提出來的解決途徑就具有參考的價值，所提出的教育觀點亦能超越個人的範疇進而成為有價值的教育理論。

誠如前言部分所說，行動研究的目的究竟為何可說眾說紛紜。因此，本文的最大價值在於提出「以揭露及解決參與成員彼此想法和行動中的問題所在」作為行動研究核心及實質追求的目的，並揭示宜針對教育價值、目的及手段等層面來揭露及解決問題。因無論原先設定的研究目的為何，行動研究的參與者都須往這個方向去努力。

此外，行動研究能否以教育現況而非自身問題的解決作為探究的焦點？就筆者所參閱過的相關論著而言，尚未有針對此一問題加以探究。本文針對此點做討論並提出肯定的觀點，從而擴展行動研究可行的探究焦點。

另，行動研究能否以建構教育理論為目的？本文從批判理論的角度出發明白點出行動研究具有此種可能性，初步的為有志於透過行動研究來建構教育理論者提出方法論的依據。當然，本文的論證可能還不足，並且還有待實際的行動研究來證實。因此往後可以試著更深入的探究「行動研究能否建構教育理論：論證與實證」此一主題。

第三章

行動研究的性質與未來——質、量或其他

壹、前言

國內有許多研究生將自身所從事的行動研究歸為質的研究，並引用一般質的研究的觀點從事研究[1]。然此種做法可能面臨如下的質疑：⑴在質的陣營中，是否只有一種研究取向，抑或存在著許多不同的研究觀點？⑵若質的陣營中存在著不同的研究取向，那麼所引用的質的研究的觀點是否適合行動研究的特性？

2000 年，中正大學教育研究所為教育學門的研究生舉辦一個「質的研究方法」的學術研討會，會中，發表的論文主題包含現象學、符號互動論、俗民方法論、建構論、詮釋學、批判理論、個案研究、自傳／傳記／生命史等理論或觀點在教育研究上的應用（中正大學教育研究所，2000）。在該次研討會中，陳伯璋（2000）亦發表〈質性研究方法的理論基礎〉一文，文中指出質性研究方法有現象學、詮釋學、符號互動論及批判理論等四個重要的典範。另陳伯璋（1990）在其《教育研究方法的新取向——質的研究方法》一書中，討論了參與觀察法、行動研究法、歷史研究法等三種質的研究方法。再如於胡幼慧（1996）主編的《質性研究——理論、方法及

1 王玉敏（2001）、何縕琪（1999）、陳淑娟（1999）、陸朝炳（2001）、彭麗琦（2000）、蔡文斌（1999）、鍾宜玲（1997）及鍾添騰（2000）等即是。像蔡文斌（1999：69-75）就指出：「在質的研究過程中，資料的蒐集與分析是同時持續地進行的。……在本研究中，資料的蒐集主要透過參與觀察、訪談與文件分析。……在資料的分析上，本研究採用編碼（coding）的方式進行。」「質的研究者本身即是蒐集資料的主要工具，……研究者方法論的技巧、敏銳度和誠實，便是決定質的資料是否具有信、效度的關鍵因素。……因此，茲將研究者的理念與經驗、研究者的立場與角色分述如下……」。又如何縕琪（1999：105-107）指出「本研究屬於質的研究取向，使用以下兩種方式來增加效度：一、回應效度：……。二、三角檢核法：……。」

本土女性研究實例》一書中，分別請專家學者介紹詮釋學、紮根理論、象徵互動論等理論及民族誌研究法、參與觀察法、焦點團體法、行動研究及口述史法等方法。從上述看來，在質的陣營中，是存在著不同的理論基礎與研究取向。

這些不同研究取向的目的或內涵是否都與行動研究的精神相一致？分析起來，答案恐怕是否定的。簡單來講，行動研究強調「改善」的目的及「研究者亦是研究對象」的特色就在其他類型的研究中看不到。據此，直接引用一般質的研究的觀點到行動研究中可能會產生失當的情況，不過許多研究者並沒有意識到此點。以研究設計來說，許多博碩士研究生先把自身的行動研究歸為質的研究，然後再以質的研究中強調描述、理解或詮釋的研究取向作為研究設計的基礎。這種做法，將使所從事的研究失去行動研究的味道。

為何會用描述、理解或詮釋的角度進行行動研究？一個可能的原因是受到「民族誌」（ethnography）觀點的影響，因它在目前質的教育研究中占有相當重要的地位[2]。成虹飛（1996：102）認為所謂一般質的研究方法係指以人種誌或「詮釋性方法」（interpretive inquiry）為主的研究方式。陳惠邦（1998：141）指出一般常用的質性研究方法可以以人種誌方法為代表。陳伯璋（1990：83）則提出在質的研究方法中，人種誌是最具影響力的方法。國內許多研究生在修「質的研究」這門課時，亦常研讀有著"ethnography"字眼的教科書，像國內許多研究生就讀過由LeCompte、Preissle和 Tesch（1984）所寫的《人種誌與教育研究中質的設計》（*Ethnography and Qualitative Design in Educational Research*）這本書。因此，許多研究者就以民族誌方法代表質的研究，然後把民族誌著重描述、理解與詮釋的觀點套在行動研究上，問題是行動研究並不等同於被許多人認為代表質的研究的民族誌研究。成虹飛（1996：102）就指出雖然行動研究同樣以質的方

---

2 "ethnography"有譯做「俗民誌」（如甄曉蘭，2000）、有譯做「民族誌」（如劉仲冬，1996a），亦有譯做「人種誌」（如陳伯璋，2000）。為求統一，在行文的過程中皆稱做民族誌，但若引他人的陳述則採納原作者的用語。

式蒐集和分析資料，但在與當事人的關係上卻有基本的差異。陳惠邦（1998：141）亦指出教育行動研究具有協同合作、民主參與等特色，所以和質性研究方法（指民族誌研究）有所不同。

要提出的是上面所述並非意指不能援用質的研究中的某些觀點到行動研究中。它要強調的是一個行動研究者必須釐清行動研究的性質才不會引用到不適切的觀點，而這就是本文想要試著釐清行動研究性質的原因。在行動研究日漸興盛的今天，它愈顯得重要。

貳、方法

行動研究的性質為何？在回答這個問題時，筆者先試著釐清行動研究論述的範疇主要屬於「方法論」（methodology）、「方法」（method）或「技巧」（technique）的層次，然後再做分析與判斷。

或有會問，硬將行動研究劃分為方法論、方法或技巧的層次是否適當？其實，這是一個兩難問題。任何完備的研究取向皆有其「方法論」基礎，並在該方法論的引導之下採取特定的「方法」進行研究，而在研究中亦運用符合此種方法特性的研究「技巧」。也就是說，方法論、方法及技巧應該是融為一體。在方法或技巧中，體現著方法論的精神或要義（如「實驗研究」此一方法及「控制無關干擾變項」此一技巧，就體現「實證主義」此種方法論的精神或要義）；而在方法論之中，亦蘊含著研究的方法與技巧。因此上述的質問的確有其道理，即不論將行動研究定位為哪個層次，都不能說它沒有涉及另兩個層面。

不過換個角度來看，並沒有人會說「實驗研究」是一種方法論，或「實證主義」是一種研究方法。每個與研究有關的概念都有其論述的意圖、範疇與限制。當從方法論、方法及技巧這三個層次加以分析並定位時，有助於釐清所掌握到的研究觀點的性質，並提醒必須注意另兩個層次的內涵，從而更能適切的進行研究。此外，還可藉以與其他屬於相同層次的研究觀點比較並兼顧另兩個層次的差異，從而更深入的掌握不同研究取向的特性。況且探究行動研究是屬於方法論、方法或技巧的層次並加以定位，並非就是忽略或放棄方法論、方法及技巧三者之間的連貫性。

因此，筆者仍試著分析行動研究這個研究概念論述的主要範疇屬於方法論、方法或技巧中的哪個層次。而在分析後，筆者將其歸為方法的層次，並接著討論它是屬於質、量或其他的研究方法。之後，還進一步分析行動研究的屬性在未來可能的發展。

參、方法論、方法或技巧？

如上所述，在釐清行動研究的性質時，筆者先去思考它的位階問題，看它論述的範疇主要屬於方法論、方法抑或是技巧的層次？

一、是方法論嗎？

何謂方法論？黃鉦堤（2001：8-9）在分析 Karl Popper 及國內一些歷史、教育、政治、經濟、哲學等領域的學者觀點後指出，不同學者對方法論的定義各不相同。方法論的適切定義為何，此處並不做討論。這裡要思考的是方法論所涉及的是哪些內容或範圍？因為在對這個問題有所釐清之後，就可以根據行動研究的內涵及論述的範圍來判斷它是否屬於目前所認為的方法論的範疇。

依黃鉦堤（2001：25-26）之見，方法論的內涵涉及如下五個層面：⑴對認知對象、目的與旨趣的假定。如對於認知的對象或目的是社會現象背後的意義與本質，抑或是某些社會現象之間的因果律則的問題做出假定。⑵對真理的假定。如對於真理的判準的假定。⑶對價值的假定。如應以何種價值態度進行研究的假定；又如價值是否可以作為研究對象的假定。(4)吾人應選用何種輔助材料來從事學術研究活動的觀點。(5)對於研究方法的假定。如研究的方法應採用「理解」或「解釋」的典範的假定。這五個層面和 Lincoln 和 Guba（1985: 14-46）比較「實證論」（positivism）與「自然論」（naturalism）兩種方法論典範的基本定理時，所涉及的內容或範疇類似。在 Lincoln 與 Guba 的比較中，包含本體論（對實體性質的看法）、客觀性（對研究者和研究對象之間關係的看法）、目的（對研究目的是否朝向通則化的看法）、解釋（對因果關係的看法）及價值論（對研究者應以何種價值態度進行研究的看法）等向度。除此之外，國內教育學方法論的重要著作，楊深坑（1988）所著的《理論、詮釋與實踐——教育學方法論論文集（甲輯）》一書，尚有專章探討理論與實踐之間的關係。這方面的討論，彰顯了教育學門重視實踐的特色。

若方法論的內容大致包含上述幾個面向，那行動研究是否是一種方法論？要回答這個問題，須先釐清行動研究的意義及其內涵然後再做判斷。至目前為止，行動研究可說尚未有放諸四海皆準的定義（吳美枝、何禮恩譯，2001：1；溫明麗譯，1997：159；Viviane, 1993; Watkins, 1999）。會這樣，一方面應是由於行動研究的相關概念還在發展當中，另一方面則如 Carr 所說，行動研究尚欠缺一致性的理論基礎（溫明麗譯，1997：159）。因此這裡先看 1981 年於澳洲 Deakin 大學所舉辦的「行動研究國際學術研討會」（National Invitational Seminar on Action Research）裡面，參與者於會中所同意的定義（Carr & Kemmis, 1986: 164-165）：

> 行動研究是在描述課程發展、專業發展、學校改善計畫及政策發展等領域所從事的類似活動。這些活動會共同的確認及實施「策略性的行動」（strategic action），然後，系統的進行觀察、反省和改變，並且參與者都必須參與這些活動。

從 Kemmis（1988）的觀點來看，這個定義至少包含如下的具體內涵：第一，行動研究的目的在「改善」（improve）研究參與者的「實務」

（practice）、對實務的理解及實務所發生的情境「合理性」（rationality）與「社會正義」（social justice），而非透過數學、概念分析、實驗室實驗或實地實驗等方法來發現支配社會生活的法則。

第二，行動研究的進行必須符合「參與的」（participatory）原則。也就是說，社會情境的構成者及安排者（如全校的教職員、家長、地方行政官員及社區人士）都須參與行動研究，才能使共識落實並改善社會情境。

第三，行動研究的研究對象是參與者自身的行動及賦予行動意義的社會、歷史、文化環境和觀點，而不只是表相的行為。

第四，在方法上，研究參與者必須「協同」（collaborative）且循環的進行「反省」（reflect）、「計畫」（plan）、「行動」（act）及「觀察」（observe）等活動。過程中，可以使用「詮釋的研究者」（interpretive researchers）（如民族誌研究者、個案研究者或歷史研究者）所採用的「研究技巧」（research techniques）來蒐集、分析及詮釋相關的資料。

第五，在態度上：⑴研究參與者的心理面必須具有改善實務、改善對實務的理解，以及改善實務所發生的情境的合理性的「承諾」（commitment）；⑵研究參與者的心理面必須願意在行動研究的過程中體現民主的精神，以營造能夠創造合理性共識的環境。

姑且不論是否同意上述的行動研究觀點，從其意義及內涵裡面可以發現，它論述的重點並非在於本體論、認識論、理論和實踐的關係、客觀性或者是價值等方法論所論述的範疇。事實上，從其他學者如陳惠邦（1998）、蔡清田（2000a）、Altrichter、Posch 和 Somekh（1993）、McNiff、Lomax 和 Whitehead（1996），以及 Oja 和 Smulyan（1989）等人的著作中亦可以發現，他們對行動研究的論述亦非以此為焦點。

或有會問：在 Carr 和 Kemmis（Carr, 1995; Carr & Kemmis, 1986）、Elliott（1991）及 Winter（1987）等人與行動研究有關的著作裡面，不是都有部分章節曾詳細討論屬於方法論範疇的「理論」（theory）與「實務」（或實踐）（practice）之間的關係嗎？的確如此。不過他們之所以做這方面的討論，用意之一應是要說明「為什麼要從事行動研究」，並進而據以發展行動研究的實施方式。換句話說，他們是要為行動研究的進行提供一個強而有力的方法論基礎[3]。舉例來說，Carr和Kemmis（1986）先揭示教育研究採實證主義及詮釋取向的問題，然後以 Habermas「批判的社會科學」（critical social science）為基礎分析為什麼要從事行動研究。之後，再根據Habermas的相關論述開展行動研究之道。依此推衍，「行動研究」這個研究概念論述的主要範疇似應不屬於方法論的層次，像「行動研究」與「行動研究的方法論——Habermas批判的社會科學」之間就有所不同。

二、是方法嗎？

那麼，行動研究屬於方法的層次嗎？依Kemmis（1988）的觀點，行動研究是一種研究方法，只是說它蒐集、分析及詮釋資料的「技巧」（technique）和「詮釋的研究者」所採用的技巧類似，因為行動研究的對象是行動及賦予行動意義的外在環境和觀點，而不只是表相的行為而已。

不過陳伯璋（1990：157）在說明「行動研究法的意義」時指出：「行動研究法是 1930 年代以來，教學及社會心理學者逐漸持用的一種研究類型，嚴格說來，它不是一種研究方法。」為何如此？他認為因為「行動研究不像其他研究方法（如調查研究、實驗研究、歷史研究）有其特定的程序與典範，而是必須借助其他方法來完成，因此它也可稱為是一種研究態度」（陳伯璋，1990：65）。到底行動研究屬不屬於方法的層次？又是否符合研究方法的規準還是僅是一種研究態度？在回答這些問題之前，仍然先看看研究方法所涉及的內容、範圍，甚至是規準，然後再做判斷。

就教育研究而言，有哪些研究方法？洪仁進（1991）指出若就研究方法而言，可分為「量的研究」（quantitative study）與「質的研究」（qualitative study）。何謂量的研究與質的研究？江明修（1992）認為：量的研

3　當思考「為什麼」要透過某種策略或手段來從事行動研究時，就涉及方法論的建構。因此，行動研究的方法論基礎至少有兩個來源：(1)援引目前現存的理論（如批判理論）並加以開展；(2)思考「為什麼」要透過某種策略或手段來從事行動研究，然後加以建構。

究是「量的研究方法」（quantitative research method）的簡稱，它是各種將社會現象與人類行為用數量的方式展現出來，並進而蒐集資料、分析、驗證與解釋研究方法的總稱。質的研究則是「質的研究方法」（qualitative research method）的簡稱，概指以詮釋技術（interpretive techniques）及語言符號（linguistic symboles）來描述、解碼（decode）、翻譯與解釋社會實象的研究方法。量的方法有實驗研究法與調查研究法；質的方法則有歷史研究法、參與觀察法、個案研究法、詮釋學方法、現象學方法、民族誌研究法、焦點團體法、口述史法、符號互動論下的方法、建構論下的方法、俗民方法論下的方法、批判理論下的方法及批判俗民誌下的方法等[4]。

Bogdan 和 Biklen（李奉儒譯，2001：56-59; Bogdan & Biklen, 1982: 45-48）對質的研究及量的研究加以比較，比較的範疇包括研究的設計、樣本（即研究對象）的選取、資料蒐集的工具與方法、資料分析的特色及面對研究對象的態度等事項。從他們比較的焦點裡面，大抵可以發現研究方法所涉及的範疇。不過若更仔細的加以分析歸納可以發現，方法所涉及的大抵包含研究問題的產生、研究目的的決定、研究設計的規劃、研究流程的安排、樣本的選取、資料蒐集工具與方法的選擇、資料分析方法或策略的決定、研究信度與效度的提升等層面。因此能夠稱為方法者，必須包含如何產生研究問題與目的，以及如何透過一系列的手段或要領來解決問題以達到目的的主張。這與楊國樞（1981）所說，研究法所指的是「從事某

---

4 就質的研究而言方法相當多元，不同學者或書籍所討論到的方法常不相同。如陳伯璋（1990）在其《教育研究方法的新取向——質的研究方法》一書中，討論了參與觀察法、行動研究法、歷史研究法等三種質的研究方法。除了上述三個之外，洪仁進（1991）所提多了個案研究法。在胡幼慧（1996）所主編《質性研究：理論、方法及本土女性研究實例》一書中，分請學者介紹民族誌研究法、參與觀察法、焦點團體法、行動研究、口述史法等方法。另，由中正大學教育研究所（2000）主編的《質的研究方法》一書中，則請學者說明現象學方法及其在教育研究上的應用、符號互動論及其在教育研究上的應用、俗民方法論及其在教育研究上的應用、建構論及其在教育研究上的應用、詮釋學方法及其在教育研究上的應用、個案研究及其在教育研究上的應用、行動研究及其在教育研究上的應用、批判理論及其在教育研究中的應用，以及批判俗民誌及其在教育研究上的應用等主題。

種研究工作所實際採用的程序或步驟」的觀點相一致卻又更完整。

那麼，行動研究是不是一種方法、還是只是一種態度而沒有自身的方法體系？除了上文所舉的行動研究的意義及內涵之外，參酌相關的著作後發現，行動研究應可以說是一種方法，因它對於如何產生研究的問題與目的，以及如何透過一系列的手段或要領來達到目的已經有了系統且獨特的內涵。例如在陳惠邦（1998）所著的《教育行動研究》一書中，針對行動研究的特徵、行動研究中的倫理關係、反省思考、行動研究的效度、研究歷程、報告的寫作與發表、困難與限制等層面進行分析並提出觀點。在蔡清田（2000a）所著的《教育行動研究》一書中，說明了行動研究的意義、目的、問題的確認、研究方案的規劃（包含研究計畫的規劃、研究策略的擬定及研究步驟的設計）、研究的進行（包含合作夥伴的尋求、批判諍友的尋求及人際關係的建立）、研究的實施與監控（包含行動方案的實施與監控、行動研究證據的蒐集）、研究的評鑑與回饋（包含評鑑與回饋的實施及對效度的關注）、研究報告的呈現（包含報告的撰寫與呈現），以及行動研究的配套措施等項目。在Altrichter等人（1993）所著的*Teachers Investigate Their Work: An Introduction to the Methods of Action Research*一書中，分析了行動研究的目的、特徵、運作階段、研究日誌的敘寫、研究起點的產生、資料蒐集與分析的策略和技巧、如何發展行動策略並付諸實踐，以及如何公開研究的歷程和結果等層面。在 McNiff 等人（1996）所著的*You and Your Action Research Project*一書中，亦針對行動研究方案的展開、行動研究方案的執行、行動過程的監督和記錄、資料處理的技術、知識的宣稱和檢證，以及行動研究成果的發表等層面進行說明。從這些著作裡面可以發現，雖然相關的論述可能還不夠充分、還有改善的空間及尚未取得較一致的觀點，但行動研究的確擁有自身的方法體系。只是說，這個體系可能還在發展及建構當中。

三、與技巧有何關係？

既然行動研究論述的主要範疇屬於方法的層次，那麼它與技巧這個層次有何關係？歐用生（1992：1-3）指出：量的研究主要包括實驗、問卷調查、結構式訪問等方法，而操作變項、控制變因、證驗假設、統計分析等成為不可或缺的研究技巧；質的研究主要在研究自然的情境，觀察、訪問及文件分析乃成為質的研究的主要技巧。據此，技巧的層次是在方法之下。在透過某種方法進行研究的過程中，會運用種種相關的技巧以確保研究目的的達成。因此在行動研究的過程中，亦會運用到種種的技巧來達成研究的目的。例如在自我反省時，可能需要用到一些技巧以提升自我反省的品質；在質問與論辯的過程中，亦可能需要用到一些技巧以得到更合理性的共識；而在蒐集及分析資料時，亦需要運用一些技巧以得到更逼近實際情形的資訊以作為進一步反省的基礎。因此，當說行動研究屬於方法的層次時，自然亦會涵括技巧的層次。

肆、質、量或其他？

當把行動研究論述的主要範疇歸屬於「方法」的層次後，接下來要探究的是它屬於質的方法、量的方法[5]，抑或其他？

---

5 何謂質的研究與量的研究？就如同行動研究一樣，它們其實亦涉及方法論、方法及技巧這三個層次。不過若縮小範圍來看，則似乎可將其歸為「方法」（包含「技巧」）的層次，因質或量的研究亦分別有其「方法論」基礎（如詮釋學或實證主義）。「質的研究」畢竟不等同於「質的研究的方法論——詮釋學」，而「量的研究」亦與「量的研究的方法論——實證主義」有別。而依上文曾提過的洪仁進（1991）及江明修（1992）的觀點，它們亦被歸為研究「方法」的層次。
當視質與量的研究屬於「方法」的層次時，其內涵就可用來判斷同被歸為「方法」層次的行動研究，看其是質或量的研究中的一種方法，抑或兩者都不是？又在做此種判斷時，可同時慮及質的研究、量的研究及行動研究的方法論基礎，以使判斷更為適當。

一、屬於質的方法嗎？

就最近出版的書籍或所刊登的期刊論文而言，大部分將行動研究歸為質的方法。例如洪仁進（1991）在〈教育研究的基本概念〉一文中，將行動研究歸為質的研究中的一種。陳伯璋（1990）在《教育研究方法的新取向——質的研究方法》一書中，曾以專章討論「行動研究的理論基礎」。胡幼慧（1996）所編輯的《質性研究：理論、方法及本土女性研究實例》一書中，則請賴秀芬和郭淑珍介紹行動研究的相關概念。而在質的研究領域夙負盛名的Denzin和Lincoln（2000）所編的《質的研究手冊》（*Handbook of Qualitative Research*）第二版中，收錄了由 Greenwood 和 Levin（2000）及Kemmis和McTaggart（2000）所寫兩篇題目中有行動研究字眼的文章。陳伯璋、胡幼慧及 Denzin 與 Lincoln 等人可以說都將行動研究納入質的研究的範疇。在中正大學教育研究所於 2000 年為教育學門的研究生所舉辦的「質的研究方法」的學術研討會中，蔡清田（2000b）發表了〈行動研究及其在教育研究上的應用〉一文，很明顯的，該研討會的主辦單位亦把行動研究這個方法收納在質的方法裡面。會將行動研究歸為質的研究方法，原因可能有三：

第一，在質與量兩大陣營中，行動研究的「技巧」偏向質的一方。就如 Somekh（1995）所指出的，行動研究在蒐集資料、分析資料及撰寫研究報告時，主要依質的技巧進行。又如 Kemmis（1988）所說，行動研究蒐集、分析及詮釋資料的技巧，和質的方法中的詮釋研究取向採用的技巧類似。

第二，行動研究這個方法的某些原理與質的研究方法相似或相容，並且與量的研究相對。例如研究設計可以彈性調整、研究流程可以機動安排、

將質與量的研究視為方法的層次以有助於上述的判斷，可說是筆者縮小範圍來看質與量的位階的主要動機。因此要再次提醒的是上述的歸類並非意謂著質或量的研究就不涉及方法論的範疇。

研究對象的選取不強調大量與隨機、研究者與研究對象間有密切的互動關係，以及強調研究結果受到脈絡的限制而非通則等。又如陳惠邦（1998）所說的，行動研究的文獻顯示偏重於自然的、質的、詮釋學取向的探究方法，例如參與觀察、深度晤談、現場記錄之反省、文獻或內容分析等。

第三，行動研究的發展與質的研究的發展類似，都包含著反對實證主義這個「方法論」的要素[6]。

雖然行動研究常採用質的研究的技巧，並且某些方法與質的研究「相似或相容」，但是否就能以此將之歸為質的研究中的一種方法？依筆者之見，質的研究之下雖有不同的研究方法，但總的來說目的在求理解研究對象；行動研究除了求理解之外，還希望進一步達到改善的目的，否則就不需要標榜所從事的是行動研究[7]。而當目的有所區分，研究設計、研究流程、研究過程中應進行的活動、研究者的心態、研究者與研究對象的互動態度及方式，以及研究品質提升的策略等「方法」和「技巧」的層面就會隨之不同。如此，實在不太適合將行動研究歸為質的方法中的一種。

此外，行動研究雖常採用質的研究的方法與技巧，但未必不能利用量的方法與技巧。為了要改善現況，只要不認為所得出來的結果就是客觀、永恆不變的真理，行動研究者也可以採用量的方法與技巧蒐集及分析相關的資料，以作為反省、判斷及改善現況的基礎。舉例來說，在行動研究的過程中，有參與成員認為教學方法甲較能幫助學生學習，但亦有成員認為教學方法乙對學生的學習較有幫助。為了了解到底哪一種方法較有益於學生的學習，除了透過批判及反省之外，亦可以採用調查法來了解其他有經驗的教師的看法，或是用實驗法來了解不同方法可能造成的結果，以作為進一步反省及選擇的參考。就如同McNiff等人（吳美枝、何禮恩譯，2001：22）所說的，一般人對行動研究的誤解是不能在行動研究中使用統計，「事

6　有關於行動研究與實證主義的關係，陳惠邦（1998：189-201）曾做過詳細的分析。

7　此處的理解是指理解參與成員自身的想法和行動，而非理解研究對象。若將此點加以延伸，在傳統質的研究裡，研究者和研究對象分立；在行動研究中，研究者就是研究對象，而這就是二者主要的差異之一，Zeni（1998）就是採取此點來區分傳統質的研究和行動研究。

實上，你當然可以」。在這種情況下，將行動研究歸為質的研究方法更顯值得商榷。

Habermas（1971）在《知識與人類的旨趣》（*Knowledge and Human Interests*）一書中，提出「自然科學」（natural scientific）、「詮釋」（hermenutic）及「批判」（critical）三種研究取向。自然科學的方法論基礎是實證主義，目的在解釋、預測及控制；詮釋科學的方法論基礎是詮釋學，目的在理解；批判科學的方法論基礎是批判理論，目的在求解放。他認為社會科學必須是批判的科學，才能創造更合理性的社會行動。受此觀點影響，Carr 和 Kemmis（1986）認為教育研究必須朝向批判的教育科學，而批判的教育科學就是教育行動研究。若依此種對於「方法論」和「方法」的看法，可把自然科學下的教育研究歸為量的研究、詮釋科學下的教育研究歸為質的研究，而批判科學下的教育研究則是行動研究。如此，行動研究就成為和質、量兩種研究方法並列的一種研究方法。它有獨立的方法論基礎、獨特的研究目的及達成目的的方法，只是說，在達成目的的過程中常採用和質的研究類似的技巧。

與上述觀點類似的還有 Greenwood 和 Levin（2000）的想法。他們認為社會科學的主要目的在促成社會改變，但實證主義及質的研究卻無法將學術研究和社會改變做良好的連結。因此，他們認為社會科學應走向「改變取向的研究」（change-oriented research），尤其是行動研究。以此觀之，他們亦認為行動研究與量及質的研究方法有別。

此外，Kemmis 和 McTaggart（2000）亦曾從另一個角度揭示行動研究與量及質的研究方法有所差異[8]。首先，他們從認識論的角度切入，認為若從「個體和社會」（individual-social）、「客觀和主觀」（objective-subjective）這兩個二分法來看的話，實踐和研究之間的關係將呈現五種類型：

⑴從外在表現的角度看實踐，將實踐視為個體的「外顯行為」（behav-

8　前文曾提及在 Denzin 和 Lincoln（2000）主編的《質的研究手冊》第二版中，將行動研究納入質的研究的範疇，並請 Kemmis 與 McTaggart 及 Greenwood 與 Levin 這兩組人員撰寫和行動研究有關的文章。但在他們所寫的文章中，不止指出行動研究與量的研究有別，更認為行動研究與質的研究亦有所不同。

ior），並且須被客觀的研究。

⑵亦從外在表現的角度來看實踐，但將實踐視為「群體的行為」（group behavior），並且須被客觀的研究。

⑶從個體內在的角度來看實踐，將實踐視為「個體的行動」（an individual action）。當從這個角度來看實踐時，認為實踐是被個體的價值、意圖或判斷所形塑。因此若要理解個體的行動，須從主觀的角度進行研究。也就是說，須「從研究對象的角度進行研究」（to be studied from the perspective of the subjective）。

⑷亦從內在的角度來看，不過視實踐宛如整體的「社會行動」（social action）或「傳統」（tradition）。當從這個角度來看實踐時，認為整體的社會行動或傳統是人們在社會生活的互動過程中被歷史、社會所形塑。因此若要理解何以人們會有某種社會行動或傳統，亦須從主觀的角度進行研究，也就是說，須「從研究對象的角度來理解」（to be understood from the perspective of the subjective）。

⑸從內、外在的角度來看，認為實踐受到外在的社會和歷史文化，以及內在的詮釋和理解所影響，所以實踐是「反映的」（reflexive）[9]。研究實踐是為了要改變實踐，所以須由社會情境的參與者進行「辯證的研究」（to be studied dialectically）。辯證的研究即是批判的社會科學、協同行動研究或參與的行動研究。

之後，他們從方法論的角度分析上述五種對實踐意義的認定及相對應的研究取向，並將第一和第二種取向歸為量的研究方法、第三和第四種取向歸為質的研究方法、第五種取向則稱做「批判的方法」（critical methods）（參表 3-1）。也就是說，若從實踐的意義及如何研究實踐此種「方法論」及「方法」的角度來分析的話，行動研究亦與量及質的研究方法不同。

9　將這裡的"reflexive"翻成「反映的」，是要說明實踐是外在的社會文化和內在的詮釋理解交互作用後的反映。

▣ 表 3-1　研究實踐的不同取向、方法與技巧：Kemmis 和 McTaggart 的觀點 ▣

焦點／角度	個　　體	社　　會	二者兼具 反映的—辯證的
客觀的	*1.* 實踐是個體的外顯行為：量的、相關—實驗研究法；心理測量、觀察、檢定、互動量表。	*2.* 實踐是社會的及系統的行動：量的、相關—實驗研究法；觀察、社會測量、系統分析、社會生態學。	
主觀的	*3.* 實踐是有意圖的行動：質的、詮釋研究法；臨床分析、訪談、日誌、自我報導、自我省察。	*4.* 實踐在社會生活的互動過程中被論述和傳統給結構和形塑：質的、詮釋的、歷史的研究法；論述分析、文件分析。	
二者兼具 反映的—辯證的			*5.* 實踐是被社會和歷史所構成，以及被個體和社會行動所重構：批判的方法；辯證的分析（多元方法）。

資料來源：取自 Kemmis 和 McTaggart（2000）。

就國內學者而言，成虹飛（2001）在討論「行動研究中閱讀／看的問題」時，分別從量的研究中的「看」、質的研究中的「看」，以及行動研究中的「看」著手。從這裡看來，成虹飛似乎亦認為行動研究與量、質的研究有別，只不過他沒有明確的對此做陳述。

據此，似乎可以把行動研究從質的方法中抽離出來。如此，行動研究就是在質與量之外的一種研究方法。

二、一種新典範或某一典範下的一種方法？

「行動研究是在質與量之外的另一種研究方法」這個結論所表示的可以說是它目前的狀態，衡諸其未來發展有如下兩種可能性：⑴發展成和質、量這兩種研究「典範」（paradigm）並列的一種新典範（即「行動研究典範」），並且在行動研究這個典範之下，包含著許多不同的行動研究方法；⑵成為質和量之外某種新典範之下的一種研究方法[10]。由於所提出的這兩種可能性都涉及「典範」這個用語，因此先簡要說明典範的意義及其形成的可能因素，然後再分別討論這兩種可能性。

㈠成為一種新典範

依Kuhn在1960年出版的《科學革命的結構》（*The Structure of Scientific Revolutions*），典範大概是指當一群科學家以先前的科學成就為「範例」（examples），認同其中所包含的理論、價值、目的、原理、原則、方法、規範、工具及應用方式，並以其作為了解及探討科學世界的基本架構時，這個基本架構就是「科學典範」（scientific paradigm）。為了更清楚的解釋典範的意涵，Kuhn 在1970年出版的《科學革命的結構》第二版中指出典範的意義有二：⑴科學家共同認可及仿效的範例；⑵科學家們具以從事科學研究的一切共識，包含價值、信念與符號等。因此，典範所指涉的應包含方法論基礎、方法及技巧等層次。也就是說，在相同的典範之下，應有相似或相容的方法論基礎、相似或相容的方法及技巧（引自吳明

---

10 在上文，為方便判斷行動研究這個方法是屬於質或量的方法，將質和量的研究定位為質的方法與量的方法。因此，上文所謂質或量的研究與此處所提到的質或量的典範有別。最主要的差異是質或量的典範涵蓋的範圍較廣，除了方法與技巧之外，方法論亦被包含在內。因此，所謂質的典範之下有許多相似或能相容的方法論、方法與技巧，量的典範之下亦是如此。
另"paradigm"常被翻譯做「典範」或「派典」。為求統一，在行文的過程中皆稱做典範。但若引用他人的陳述，則採納原作者的用語。

清，1991：60-62）。

據此，若放大範圍來看，量與質的研究可以說不僅屬於方法的層次，因它們所包含的除了研究的方法與技巧之外，還可擴大到理論、原理、原則、語言、符號、信念，以及對價值的認定等方法論層面。例如Bogdan和Biklen（李奉儒譯，2001：56-59；Bogdan & Biklen 1982: 45-48）在比較質與量的研究時，除了從研究設計、方法、工具、研究者與研究對象的關係，以及資料的分析等層面加以比較之外，亦就主要的慣用語、相關概念及理論基礎來比較。再如Merrian（1988: 18）在比較質與量的研究時，亦從研究焦點、理論基礎、相關術語、研究目標、研究設計、研究情境、樣本、資料的蒐集與分析，以及研究的結果等向度來分析其差異。而若從實際的層面來看，當某人指出他的研究是質的研究或量的研究時，所指涉的不僅是方法及技巧的層次，還暗含著他對研究目的、真理及價值等方法論層面的看法。因此，對質和量的認定可以突破方法的層次，擴大成為質的典範和量的典範。在質與量的典範之下，各有相似或相容的方法論、方法與技巧。

在簡介典範的意義後，接下來要說明的是典範的形成。Kuhn指出，科學家憑著科學典範在各自的研究領域中努力，並逐漸累積研究成果的現象稱做「常態科學」（normal science）。常態科學持續一段相當長的時間後，可能會面臨無法用現有的典範去思考及解決的問題，因而形成一種「混亂狀態」（anomalies）。這種混亂狀態對常態科學是一種危機，同時，對現有的典範也是一種挑戰。要解除這種危機，科學家必須擺脫原有的典範，另採取新的架構來思考並解決問題才行。對於試圖運用新的架構來解除危機的努力，Kuhn稱之為「特別科學」（extraordinary science）。如果此種努力能夠成功，那就是一種「科學革命」（scientific revolution）。在科學革命後，原來的典範就必須重新檢討或評價。檢討的結果若是廢棄或修正，一種新的科學典範於焉形成（引自吳明清，1991：61）。據此，科學典範的發展是演進的，一個新的典範取代舊的典範的。

不過，上述觀點是針對自然科學的發展加以分析後而得。對於社會科學而言未必完全適用，因它一直處於百家爭鳴的狀態。就如同 Kuhn 所說的，「究竟社會科學家的哪一個分支曾有典範出現，還是一個未解決的問題」（引自高敬文，1999a：25）。因此，高敬文（1999a：25）認為社會科學的發展其實更像處於Kuhn所說的「前派典」（pre-paradigm）時期。前派典時期的一個特徵是「經常對什麼才是正當的方法、問題及解答的標準辯論不已，而且歧見難以消解；只不過辯論的目的不在建立共識，而在更清晰的表明自家的立場」。會這樣，一個重要的原因應是社會科學家之間對本體論、認識論、價值論及研究目的等有關於方法論的基本問題始終無法取得一致的看法。而這就是為什麼社會科學會存在著質與量之間的爭論，沒有如自然科學般在某個階段形成一個統一的典範的原因。因此，當引用典範的概念到社會科學時，可以以「並存」或「競爭」的角度來看待。只要具有相同的理論、原理、原則、語言、符號、信念、價值觀、方法與技巧就可以歸屬於一個典範，而不必如自然科學般，視典範為某個階段中最適當的研究架構。

就教育研究而言，它屬於社會科學的一環，所以亦存在著質與量的典範，並且面臨彼此之間互相競爭的情況。除此之外，教育活動強調實踐的這個特性還讓許多研究者發現，量與質的研究並無法解決教育理論和教育實際分離、教育研究沒有改善教育實踐的問題（如楊深坑，2000a；Carr & Kemmis, 1986）。為了解決此種問題，復甦於1970年代的英國和澳洲的行動研究被他們所建議或採用。像國內學者楊深坑（2000a）就指出：

> 目前的教育研究也應更重視實用性的行動研究。雖然教育學門的研究中與基礎和應用研究有關的成果不少，但這些成果往往注重的是統計上顯著性的考驗，而對於重視實用性的行動研究則較爲忽視，使得教育研究所得出來的成果常只是象牙塔中的統計數字，對於實際的教育工作並無直接的助益。

而在英國、澳洲、歐陸及美國，更有無數的研究機構及團體採用行動研究，大型的研究計畫亦不斷被提出和進行（溫明麗譯，1997：158）。除此之外，為了支持行動研究是解決上述問題的良方的想法，以及讓後續的研究者能更妥善的解決上述的問題，許多學者投入行動研究方法論基礎及其方法要領或技巧的建構，Carr、Kemmis 與 Winter 等人就對此方面做出了重要的貢獻。像在 Carr 和 Kemmis（1986）所寫的《朝向批判：教育、知識與行動研究》、Carr（1995）所寫的《新教育學》，以及 Winter（1987）所寫的《行動研究與社會探究的本質》等書裡面，都曾分別從理論與實踐的角度分析為什麼要從事行動研究，從而為行動研究提出合法性的基礎。

不過要注意的是不同研究者所建議的行動研究觀點、所引用的理論基礎，或者是所進行的行動研究方式可能有所差異。就以陳惠邦（1998）所著的《教育行動研究》和夏林清等（1997）所翻譯的《行動研究方法導論——教師動手做研究》這兩本書的內涵來說：前者論述的重點在於團隊式的行動研究（即陳惠邦所說的協同行動研究），理論基礎主要是批判理論；後者論述的重心則是個人式的行動研究，理論基礎則取自 Schon 與 Argyris 的「行動理論」（theories of action）（Argyris & Schön, 1974），以及 Schön（1983）對「反省」（reflection）的觀點。

再以實際的行動研究來說：在人數上，有些由一群人進行，如成虹飛（1996）及陳惠邦、李麗霞（1999）的研究；有些由研究者和另一個合作教師進行，如游可如（1996）和陳淑娟（1999）的研究；還有些則僅由研究者一個人獨自進行，像潘世尊（1997）的研究就是這樣。在研究者的意圖上，有些在落實某種理論或理念，如彭麗琦（2000）的研究是要落實課程統整的理念，潘世尊（1997；2000b）是要落實建構主義及 Rogers 的人本教育理論；有些在建構某種教學觀點，如陳淑娟（1999）要發展數學討論教學的方案，陳惠邦、李麗霞（1999）則要提出國小低年級提早寫作教學的觀點；另還有些是要揭露及批判研究對象所擁有的意識型態，進而促使其產生行為上的改變。如黃瑞慧（2000）希望促進合作教師覺知到自己處於多重處境的位置及意識到自己與他者的差異，之後，能了解多元文化教育的意義與重要性，並在多元文化教學的專業能力上得到發展。另在運作的型態上，有些是以團體討論為主，如成虹飛（1996）及陳惠邦、李麗霞（1999）的研究；有些持續的進行反省、計畫、行動、觀察、再反省及調整之類的活動，如游可如（1996）、陳淑娟（1999）的研究；有些則是教學、討論或觀察等活動交錯的進行，但沒有固定的流程，如黃瑞慧（2000）的研究就是這樣。而若以研究名稱來看的話，有稱為「合作行動研究」（cooperative action inquiry）（如甄曉蘭，1995）、有稱為「協同行動研究」（collaborative action research）（如 Feldman, 1999; Oja & Smulyan, 1989），亦有稱為「參與的行動研究」（participatory action research）（如 Kemmis & McTaggart, 2000）[11]。上述三者可說是最常見的用語，除此之外，還有稱做「協同探究」（collaborative inquiry）、「合作探究」（cooperative inquiry）、「伙伴探究」（partership research）、「伙伴研究」（partnership research）、「參與性研究」（participatory research）等（參陳惠邦，1998：15）。不同的用語之間，意義、方法及方法論基礎雖然相近但卻不全然相同。

上述種種所透露出來的訊息為：第一，採用行動研究來解決教育理論和教育實踐分離、教育研究沒有改進教育實踐的問題的研究者愈來愈多。第二，行動研究的理論基礎及內涵尚有發展及改進的空間。第三，可能沒有一種行動研究觀點是絕對的對，不同情境或許適用不同的行動研究方法及要領。而這三點或許意謂著與質、量典範有別的「行動研究典範」正在逐漸形成，許多具有相似或相容的方法論基礎，但適用情境或運作方式不同的行動研究法則可以歸到此一正在形成的典範中。

在陳惠邦（1998）所著的《教育行動研究》一書中，就有行動研究是在質與量之外的另一種典範的意味，只不過他沒有明白的說出。例如他在第 221 頁指出，在教育研究中，通常被區分為量化研究典範和質化研究典範，但是這樣的區分並不能完全滿足教育行動研究的精神特徵。又如從 221 到 227 頁討論各種研究典範對於「效度」的思考時，分別從「一、量化研究典範的效度」、「二、質性研究典範的效度討論」、「三、行動研究對於效度問題的立場」等三個向度進行分析與討論。此外，在 Carr（1995）所著《新教育學》一書裡，更明確的揭示行動研究已經是一種新典範。例

---

11 Kemmis 與 McTaggart 之前亦稱為協同行動研究，後來因覺得參與的行動研究涵蓋的範圍較廣，所以才改變用語（Kemmis & McTaggart, 2000）。

如他說（溫明麗譯，1997：162）：

> 如果 Kuhn 的論點足以取信，那麼諸如行動研究者是否能證明其實際行為與學術性理論有關的問題，就彰顯了行動研究所面臨的危機。這個危機，將會使新研究典範（指行動研究）大眾化的企圖受到壓抑。若欲提升此種典範的價值，則其擁護者需藉已存在之典範所提供的語言及評鑑標準來驗證其優勢。

不過，Carr 這裡所謂的新典範是指從 Habermas 批判的社會科學開展出來的批判的教育行動研究，而非如上文所說是包含了許多相似或相容的方法論、方法與技巧的行動研究典範。另其他學者如 Elliott（1991: 49-56）指出，在英國，行動研究這個名詞被許多教育研究者稱為一種另類的研究典範，此種典範支持對實務進行倫理的反省的觀點，並且拒絕實證主義的研究立場。又如 Zuber-Skerritt（1996b）認為對於教育、專業、管理及組織發展等領域而言，行動研究已被發展成一種適當的研究典範。

要澄清的是：提出行動研究可能成為一種新典範的觀點並非和 Carr 與 Kemmis 一樣，意謂著要以行動研究取代質和量的研究（就像他們不時提出的，教育科學必須是批判的科學，而批判的科學即是批判的教育行動研究，參 Carr, 1995; Carr & Kemmis, 1986; Kemmis, 1988）。筆者的觀點是不同研究典範對於幫助我們理解教育現象及解決教育問題發揮著不同層面的功用，只要能夠明白不同典範的優點、限制及特性所在，就能夠選擇及運用適切的方法進行研究。因此，行動研究典範的發展並不是要取代質和量的典範從而完成 Kuhn 所說的科學革命，因它雖然能夠解決存於目前教育研究中的許多問題，但卻無法解決所有的問題。

討論至此或有會問：在討論行動研究是屬於方法論、方法或技巧的層次時，不是說行動研究論述的範疇主要屬於方法（包含技巧）的層次，那這裡為何又說行動研究或許會成為一種典範，因為典範所指涉的不只是方法與技巧，還包含方法論基礎的層面。就像 Hus'en（1994）所說的，典範不只是方法，它是一個思考和行動的整體架構，或者是方法與信念的組合。

如此，筆者的觀點不是前後有所矛盾嗎？

其實，這個問題的產生在於論述的範圍不同。當論述的範圍不同時，相同的用語就會具有不同的意義。例如縮小範圍來談，質和量的研究可說是質的方法與量的方法。但若放大範圍來看，把相關的方法論基礎也拉進來談的話，那麼質和量的研究就成為質的典範及量的典範。同樣的，若縮小範圍來談，行動研究是一群具有相似或相容的研究方法與技巧的總稱。但如放大看的範圍，亦把這些方法背後的理論基礎（如批判理論或是Schön與Argyris的行動理論、Schön對反省的觀點及Argyris所提出的行動科學）放進來談的話，那麼行動研究就具有典範的意味。若能接受此點，那麼上文所提出的「與質、量有別的行動研究典範正在逐漸形成」這個觀點應修改為「與質、量有別的行動研究典範已經存在」。只是說，「行動研究典範」這個用語尚未如量與質的典範一樣，被學術界普遍的意識到與認可。

㈡成為某一新典範下的一種方法

除了可以擴大論述的範圍將行動研究提升為一種新典範之外，另外一種可能性是：採用新的理念和思考來解決教育理論和教育實際分離、教育研究沒有改善教育實踐問題的學者，可能採用其他和行動研究有所差異的方法和要領，不過這些方法和要領與行動研究是可以相容的，並且具有類似或能相容的理論基礎。在這種情況之下，一種新的典範可能會被發展出來，而行動研究就是此種新典範之下的一種研究方法。

甄曉蘭（2000）在介紹「批判俗民誌」（critical ethnography）及其在教育研究上的應用時指出，「批判俗民誌融入了批判理論『解放』的理念，強調『意識覺醒』（consciousness awaken）的重要，企圖在解放的理念下，追求公平合理的社會正義」。另她在說明批判俗民誌的研究特色時又指出，批判俗民誌強調研究者「身歷其境」，直接參與、長期觀察、深入了解、實地記錄、平等相處，並「針對被研究者平常『習焉不察』的知識、行為、態度及價值觀等，採以『啟蒙』的方式協助其產生『自覺』，而不是以『解放』的心態來『揭露』或『宣告周知』」，以得到互惠與雙贏的研究成果。換句話說，批判俗民誌不只要理解研究對象，還想要「影響、改變」（influence）研究對象（Tricoglus, 2001）。

從上述看來，批判俗民誌與行動研究具有相似或相容的理論基礎、目的與方法。因此，Lather（1986）就將行動研究和批判俗民誌列為「實踐取向研究典範」（praxis-oriented research paradigm）的兩股主要力量。當然，二者之間還是不同的，夏林清（1996）就指出行動研究[12]已發展出研究者如何與研究對象共同參與研究過程的方法，但批判俗民誌卻尚未針對此點發展出成熟的一套做法。不過，這也使得行動研究不像批判俗民誌能由較寬廣的視野來審視研究策略的社會意義，同時也不像批判俗民誌那樣地站上一個為被壓迫人民服務的位置。而若更細微的比較二者的研究焦點、目的、方法、研究者與研究對象的關係，筆者認為它們有如下的差異（參表3-2）：

▣ 表 3-2　行動研究與批判俗民誌的比較 ▣

	行動研究	批判俗民誌
研究焦點	參與成員自身的想法和行動	研究對象的想法和行動
研究目的	改善參與成員自身的想法和行動	理解研究對象的想法和行動／影響、改變研究對象的想法和行動
研究方法	以自我反省作為核心方法	以互動、批判（研究對象）作為核心方法
研究者與研究對象間的關係	研究者即是研究對象	研究者與研究對象分立

Lincoln 與 Denzin（Denzin & Lincoln, 2000; Lincoln & Denzin, 2000）指出在北美地區質的研究歷經七個階段[13]，這七個階段有所重疊，並在目

12　夏林清所指的行動研究是提出行動科學的 Argyris 的觀點。

13　第一個階段是「傳統期」（the traditional），1900 到 1950 年；第二個階段是「現

前還同時運作著。第七個階段，也就是目前的階段，視社會科學為對民主、種族、性別、階級、國家、全球化、自由及社群等進行「批判對話」（critical conversations）的場域，目的在尋求從意識型態、政治或經濟力量的壓迫中得到解放。Lincoln 與 Denzin 所指出的是質的研究的發展，但筆者看來，這或許意謂著一個不同於傳統質的研究的典範正在逐漸形成。若真的是這樣的話，那麼亦強調批判及解放的行動研究將成為此種典範之下的一種方法，甚至是所形成的新典範逐漸的往行動研究的方向去發展[14]。

其實，除了上述兩種情形以外還有另外一種可能，即如上文討論Habermas的觀點時提過的，行動研究已經屬於質、量之外的另一種典範下的方法。黃鉦堤（2001：自序Ⅲ）指出德國的社會科學界普遍流行規範本體論、經驗分析論及辯證歷史論三種方法論[15]。分析起來，規範本體論的內涵類似質的典範的觀點，經驗分析論的內涵類似量的典範的觀點，而辯證歷史

代期」（modernist）或「黃金期」（the golden age），1950 到 1970 年；第三個階段是「模糊期」（blurred genres），1970 到 1986 年；第四個階段是「表徵危機期」（the crisis of representation），1986 到 1990 年；第五個階段是「後現代期」（the postmodern），此期是一個實驗和新民族誌的時期，1990 到 1995 年；第六個階段是「後實驗探究期」（the postexperimental inquiry），1995 到 2000 年；第七個階段是現在及未來，所關注的是「道德論述」（moral discourse），以及「崇高文本意旨的發展」（the development of sacred textualities），要求社會科學成為針對民主、種族、性別、階級、國家、自由和社群進行批判對話的場域。

14 在二十一世紀質的研究將何去何從？中國大陸學者陳向明（2002：607-610）認為可能有五個發展趨勢，其中第一個是「越來越注重行動研究，強調讓被研究者參與到研究之中，將研究的結果使用於對制度和行為的改變上。」何以如此？陳氏認為是因為行動研究能糾正傳統質的研究中的一些弊端，如僅憑研究者個人的興趣選擇研究主題、研究內容脫離社會實際，既不能反映社會現實，又不能滿足實際工作者的需求。

很明顯的，陳氏亦認為行動研究會愈來愈受重視。只不過他仍將此種發展置於質的研究的脈絡之下，而非如筆者認為其與傳統質的研究不同。

15 黃鉦堤（2001：自序III）指出，在德國社會科學界普遍流行的規範本體論、經驗分析論及辯證歷史論這三種方法論被許多學者稱做「後設理論三個一組」，他自己則名之為「後設理論三位一體」。它們早在第二次世界大戰前後就已具雛形，但較為完善的提出可能與 Habermas 的知識論架構有關。

論的內涵則與質、量這兩種典範有別[16]。若接受此種對社會科學方法論的看法，可能就不會將行動研究歸為質的研究，因它深受辯證歷史論的影響。例如對目前行動研究的內涵和發展有深厚影響的Grundy、Carr、Kemmis、McTaggart 等人，很多觀點就取自屬於辯證歷史論的 Habermas 的相關論述。若是如此，那麼可以說與質、量有別的另一種典範早就形成，而行動研究則屬於其中的一種方法。Smith（1996）認為將教育研究分為質與量兩種類型誤表了教育研究的多樣性和複雜性，他對教育研究的分類及對行動研究性質的看法可以說就屬於此類（參表 3-3）。只不過他將後結構主義和屬於辯證歷史論的批判理論並列，並且都歸入批判論取向之中。

不過這個說法亦可能被質疑，因為未必認同行動研究的方法論基礎是辯證歷史論的相關論述。舉例來說，成虹飛（1996：85-95）在分析他自己為什麼要做行動研究時，就表明是採用 Buber 和 Gadamer 的觀點而非批判理論的相關論述。而 Jennings 和 Graham（1996a, 1996b）亦認為可以以後現代主義的若干論述來補充現有行動研究的不足之處。這種情形的產生就如 Carr（溫明麗譯，1997：159）所說的，行動研究仍欠缺一致性的理論基礎一樣。因此若要讓行動研究的社群接受此一觀點，在未來可能還須努力。

---

16 規範本體論認為認知的對象是意義與本質，認知的方法是「理解」（Verstehen）、「指明」（Deuten）、「直觀」（Intuition），並且在認知時，不可能做到價值中立的研究態度（黃鉦堤，2001：121-139）。這些，與一般所謂質的典範的觀點類似。

經驗分析論主張永恆不變的真理只能透過感官及有系統性的經驗而被發現，認知的目的就是發現此種真理以描述、解釋及預測事實。要達此目的，必須採用實證分析的方法，並且必須控制價值的因素（黃鉦堤，2001：101-121）。據此，它可說與一般量的典範的觀點類似。

辯證歷史論認為真理並非永恆不變，它是辯證的、歷史的、整體的。認知的目的在消除政治及社會統治方向的不合理性，進而推動邁向理性社會的變遷。要達此目的，必須透過辯證的方法。另在對價值的假定上，它並不是假定有一超越時空的價值體系，而是認為某一時期的價值反應出當期的歷史利益（黃鉦堤，2001：139-156）。從上述看來，它就與質、量這兩種典範的一般主張有別。

▣ 表 3-3　Smith 對教育研究的分類 ▣

	經驗論者	詮釋論者	批判論者	
			批判的	後結構的
實體的本質	單一的 可測量的	多元的 建構的	多元的 在公平與霸權的限制之下被建構	多元的「表徵」（representations） 在語言（論述）之內，並透過語言被構成
研究的目的	理解 發現法則 理解實體	理解 描述發生什麼以及人們賦予事件何種意義	解放 揭露及改變限制公平與支持霸權之意識型態	解構 揭示「支配的興趣」（dominant interests）是如何透過維持社會不公平的語言而被建構
具體研究方法示例	實驗法 調查法 事後回溯法	現象學方法 民族誌法 個案研究法	批判民族誌 女性主義實踐 **行動研究**	論述分析

資料來源：改編自 Smith（1996）。

伍、結論與建議

本文的主要目的在討論行動研究的性質，以協助研究者避免援引不適切的觀點從事行動研究。首先，本文從方法論、方法及技巧這三個層次來分析行動研究，並將其論述的主要範疇歸為方法（包含技巧）的層次。接著，本文討論它是屬於質、量或其他的研究方法，並且得到它是在質、量之外的另一種研究方法的結論。之後，本文進一步探討行動研究在未來可能的發展，並指出其發展有如下三種可能性：⑴行動研究成為一種新典範（即「行動研究典範」），在此一新典範之下，有許多不同的行動研究方法；(2)行動研究成為某一新典範下的一種研究方法；(3)行動研究更明確的成為辯證歷史論此一典範下的一種研究方法。

不過不論是哪一種可能性，行動研究在性質上都與質或量的研究方法有別。釐清此點，應能從行動研究的角度來思考宜如何從事研究，並避免不假思索的直接援引不適切的研究觀點而產生誤用的情況。當然，這不是說就不能引用。

行動研究的性質究竟為何，國外有許多學者曾深入探究，像 Carr 與 Kemmis 就曾從方法論的角度加以分析，並揭示行動研究與量、質這兩種研究有別。量的研究採自然科學的觀點，質的研究受到詮釋學的影響，至於行動研究則可以以 Habermas 批判的社會科學作為方法論基礎（Carr & Kemmis, 1986）。不過分析國內的相關文獻發現，甚少學者針對行動研究的屬性這個問題系統的加以探究。或許因為這樣，許多研究生才會將其行動研究歸為質的研究，然後將一般質的研究的觀點用到自身所從事的行動研究上面。因此，希冀本文的提出能喚醒研究者注意這個問題，並把握行動研究的精神從事研究。

本文在探究行動研究的性質究竟為何這個問題時，除了提出行動研究應與量及質的研究方法有別之外，還進一步思考其未來可能的發展方向並提出觀點。和上述 Carr 與 Kemmis 的觀點相比，此點分析可說是較為超越之處。在未來，可透過進一步的論證與實證持續加以探究，以確認是否真如本文所預期。

第二篇

如何做行動研究

為達行動研究之目的，研究者須視需要進行相關的研究活動。然宜進行哪些相關的研究活動？又，宜如何從事這些研究活動。對這兩個問題有深入的理解，才能透過行動研究達到所欲的目的。不過要注意的是在行動研究之前，宜對其研究倫理有所掌握，才能避免研究活動損及相關人員的權益或不利學生的身心成長。

第四章

教師教育行動研究的倫理

壹、前言

參考學者的論述（吳明清，1991：48-52；余漢儀，1998；林天祐，1996；畢恆達，1998；黃政傑，1991），研究倫理是指研究時宜遵守的行為規範或道德準則。方德隆（2001）認為即使研究做得再好，若未信守研究倫理亦不具學術價值，「因為研究倫理是程序性的真理，罔顧研究倫理就如同在法庭上以非法取得的證據指控被告，由於缺乏程序正義，不能作為有效的呈堂證供。」當一個研究違反宜遵守的倫理時，是否仍具學術價值是一個爭議的問題，畢竟學術與司法有別，不過至少可以確定的是它在道德上將是有瑕疵的。而當一個研究在道德上有瑕疵時，是否應被進行就相當值得商榷。因為從常識的角度來看，一個不道德的行為常會對他人造成不良之影響，甚至侵犯到他人的權益。

雖然違反研究倫理可能產生上述的問題，但嚴祥鸞（1998）認為「臺灣目前的學術生態，研究倫理不但不被重視，而且極為貧乏。因此，在研究場域問題叢生。」而余漢儀（1998）更不客氣的指出臺灣是研究者的樂園，因研究參與者的權益有如刀俎下的魚肉任憑宰割。就教育研究而言，林天祐（1996）亦認為研究倫理是比較不受重視的一環。會這樣，原因可能有很多。就之前身為國小教師的筆者本身而言，在之前兩個行動研究（潘世尊，1997，2000b）的過程中都沒有意識到要思考相關的問題，並對行動研究宜遵守的倫理缺乏較完整的了解。是在後來發現自我之研究可能對學生產生不良的影響時，才發現倫理問題的重要性。因此筆者擬針對教師教育行動研究的倫理加以探討，以作為往後從事行動研究之依據。

或許，國內研究者不注意研究倫理的情況不如上文所述的嚴重，但以研究倫理作為探討主題的實在不多。舉例來說，當以「研究倫理」為關鍵字來檢索國家圖書館中華民國期刊論文索引影像系統時，僅出現五篇相關論文[1]，並且都非教育領域。因此希冀本文的探討還能提醒有志於行動研究之教師注意倫理的相關問題，並作為其研究時的參考。另，本文所謂之教師教育行動研究，是指教師以課程與教學、班級經營或學生問題之處理為主題的行動研究。

貳、架構

研究倫理的提出起於 1948 年的「紐倫堡守則」（Nuremberg code），該守則建立一套標準來判斷醫師或科學家對集中營囚犯的實驗是否對其造成危險（Anonymous, 2001）。發軔於此，研究倫理的核心大抵為維護研究對象、讀者或與研究活動有關者之權益或避免傷害其身心。據此，研究倫理涉及的問題是研究過程中可能從事哪些行動？所從事的研究行動會影響哪些人員？又，宜如何維護這些人員的權益或避免傷害其身心？

就教師之教育行動研究而言，「反省」（reflection）與「行動」（action）可說最為重要。透過反省，可揭露自我想法與行動中的問題所在。經由行動，能具體解決問題與改善現況，並察覺反省結果值得商榷之處。也就是說透過反省與行動的交互辯證，能達到行動研究增進理解、揭露與解決問題或改善現況的目的。Altrichter、Posch和Somekh（夏林清等譯，

---

1 檢索的日期是 2004 年 4 月 11 日：
(1)李明濱（2000）。論文發表的態度與倫理。臺灣精神醫學，14 (1)，1-2。
(2)莊忠進（2002）。犯罪實證研究的倫理與省思。警學叢刊，33 (2) 163-184。
(3)陳叔倬（2003）。「去氧核醣核酸採樣條例」中建立去氧核醣核酸人口統計資料庫之學理與倫理爭議。警學叢刊，33 (2)，217-236。
(4)黃翠紋（1999）。家庭暴力研究趨勢及其方法論上的一些爭議。中央警察大學學報，34，263-286。
(5)楊哲銘、陳振興、郭乃文、周佳穎（2001）。臺灣地區研究計劃倫理審查之現況分析。公共衛生，28 (3)，177-188。

1997：269）就指出經由行動與反省之間持續的運作，實踐理論中的弱點會逐漸的被檢驗出來，而有用的行動策略亦得以被探索與發展。而要讓反省與行動發揮上述功效，詳實蒐集相關資料作為反省的依據是必須的。因此，反省、行動與相關資料的蒐集是教師教育行動研究較可能進行之活動。此外，若欲使研究結果對他人產生啟發或引導的功效，或欲讓他人檢驗研究之歷程，則須撰寫研究報告並發表。

分析若干教師以課程與教學、班級經營或學生問題為主題之行動研究（李源順，1999；許文勇，2001；陳淑娟，1999；游可如，1996；潘世尊，1997，2003a；蔡文斌，1999；蔡秀芳，1999；鍾宜玲，1997；鍾添騰，2000；謝瑞榮，1999），反省此一活動主要影響參與研究者（如校內外教師）。行動可能影響學生、校內教師與校內外行政人員或參與研究者。蒐集資料時，可能影響與行動研究的進行「有關」（如學生、參與行動研究者）及「無關」兩個層面的人員。就後者來說，在行動研究的過程中，可視需要透過訪談、問卷或文件分析等方式了解與行動研究無關他人之經驗或觀點，以作為進一步反省的參考（潘世尊，2003a：162-166）。至於研究後報告的撰寫與發表，可能影響行動研究相關人員（如學生或參與行動研究者）、所投稿之期刊、所引用文獻的作者及讀者之權益。

綜上所述，在探究教師教育行動研究的倫理時，至少宜思考如何維護可能受反省、行動、資料蒐集及撰寫與發表研究報告這四種活動影響者（主要為學生、參與行動研究者、校內教師與校內外行政人員、所投稿之期刊、所引用文獻的作者與讀者）之權益。若資料之蒐集涉及與行動研究之進行無關者，亦應思考如何維護其權益。維護此種人員權益之手段與其他研究方法保障研究對象權益的策略相同，可參相關論述（如林天祐，1996；黃政傑，1991），此處不特別討論。另維護所投稿期刊、所引用文獻的作者與讀者權益的可能手段為（林天祐，1996；潘世尊，2003a：361-363）：⑴誠實的將行動研究的歷程與結果加以呈現而不隱瞞或作假。⑵請讀者以批判的態度面對所呈現的歷程與結果而非直接取用。⑶行動研究的歷程與結果不重複發表。⑷注意引用方式以保護所參考文獻作者的智慧財產權。⑸不一稿多投，並保存研究的相關資料以供檢驗。它們與其他研究取向的相關策略亦大抵相同，本文亦不贅述。

因此，本文主要探討維護學生、行動研究參與者、校內教師及校內外行政人員權益的可行策略。此外，採用行動研究來探究教室中的教與學，與採用量或質的研究來探究，在研究倫理上有何不同？本文還擬進一步探討此一問題，以揭示所提策略的特殊性與價值。綜合言之，本文之探究架構如圖 4-1：

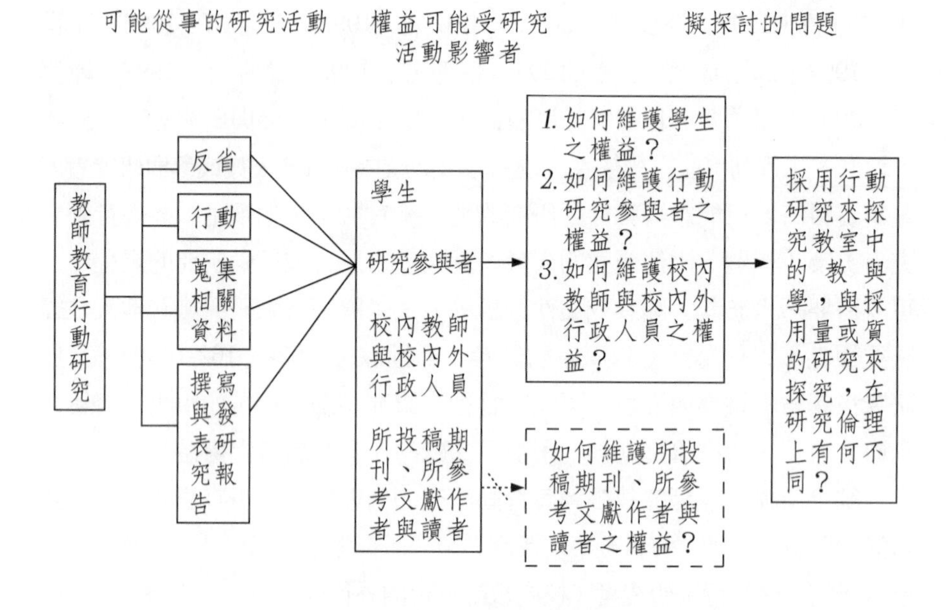

▣ 圖 4-1　教師教育行動研究倫理的探討架構 ▣

參、維護相關人員權益的可行策略

以下，即分別探討在行動研究的過程中，維護可能受反省、行動、資料蒐集及撰寫與發表研究報告這四種活動影響者（主要為學生、參與行動研究者、校內教師與校內外行政人員）權益的策略。

一、學生權益之維護

教師教育行動研究之目的雖是要改善教學，但亦有可能因忽略某些問題而對學生造成不良的影響。以下先說明可能的問題，再針對維護學生權益之策略加以探討：

(一)可能的問題

誠如上文所述，會強調研究倫理，一個最基本的目的是要保障研究對象的權益或避免傷其身心。美國聯邦「衛生服務部」（Department of Healthy and Human Service）就規定研究機構之「倫理審查委員會」（Institutional Review Board）在同意研究計畫時，須先確保對研究對象的可能危害已被減至最低（Anonymous, 2001）。換句話說，研究倫理似乎是採取穩健的立場來預防可能產生的「弊」，而不贊同以冒進的角度來追求未可知的「利」。

若是如此，那麼號稱要「改善」教育現況的行動研究有沒有可能損及學生的權益或傷及學生的身心？分析筆者本身之前所從事的行動研究及國內若干教育行動研究，從事行動研究之教師最可能因如下三個問題而損及學生的權益：

(1)沒有經過充分的論證以徹底釐清某一理論對學生可能造成的利弊得失，就急著以奉行不渝的態度設法加以落實。筆者先前兩個行動研究就是這樣（潘世尊，1997，2000b）。在沒有經過充分的自我論辯以釐清 Rogers 的觀點對學生可能造成的各種影響之前，就以協助學生了解、接納及實現自我作為首要的教育目標，並幾乎以「奉行不渝」的態度發展能落實此一目標的教學策略。結果，忽略培養學生堅毅及容忍挫折的能力，以及讓學生了解與遵守社會規範亦相當重要，因而沒有設法提供這方面的學習環境。最後雖然發現這些，但對學生的影響卻已造成。

⑵沒有經過充分的論證以徹底釐清參與成員所提出來的某種教學觀點是否真的沒有問題，就透過實際的行動來檢驗其成效。在筆者所從事的第三次行動研究的第二次聚會，大家針對參與成員甲的教學問題進行討論，並發展出一些解決策略。在該次聚會結束之際，我問：「我們今天討論到這裡還沒有討論完，是等我們討論完再做還是先做？」成員乙回應：「下禮拜就可以先做，邊做再邊修改。」當時我認為這樣符合行動研究「從行動中發現問題」的精神，所以就支持成員乙去做看看。像這樣子，就是在沒有經過充分的論證以徹底釐清某種教學觀點是否真實或適當之前，就透過行動來檢驗其成效。果不其然，在第三次聚會，成員丙就發覺第二次聚會中的反省方向有點問題，因為只顧著思考問題的解決策略而沒有分析教學之所以會產生問題的原因（潘世尊，2003a：112-123），問題是教學已經過去了。雖然成員乙先前所嘗試的方法應不會對學生有什麼不良的影響，但並不能保證每次都是如此。

黃政傑（2001）在分析課程行動研究所遭遇的問題時，亦曾提出類似的觀點，他說：

> 課程行動研究既爲學校所主導，其決定攸關學生的權益。……若此一行動研究的改革方案設想不足，方法不當，設計欠佳，則學生將成爲課程改革的受害者，有如實驗室的白老鼠一般，這是很不幸的一件事。

這一段話，可以說是相當值得行動研究者參考的警語。要澄清的是這樣說並非否定行動研究所著重的，透過行動來檢驗所提出來的觀點是否有問題，以及具體改善教育現況的精神。這裡要強調的是必須是在論證階段（亦即反省階段），已無法發現所提出來的教學觀點有問題或不足才加以實踐。Heron（1988: 40）曾提出十一點和行動研究的效度有關的觀點，其中一點是維持反省和經驗二者之間的平衡而不宜過度偏重一方。把握此點，的確可以做到行動研究所強調的，從行動中發現問題並具體改善實務的精神。不過若沒有經過充分的論證，僅為了求取反省和行動之間的平衡而去行動，有較高的可能損及學生的權益或傷及學生的身心發展。雖然亦有可能透過之後的反省將原先不適切的教學觀點加以調整，但對學生所造成的負面影響或許不是那麼容易就被抹滅。

⑶在行動的過程中，沒有以完整且嚴謹的方法評估行動對學生可能造成的各種影響。以筆者所從事第一和第二次行動研究（潘世尊，1997，2000b）來說，在落實Rogers理論的過程中，所在意的僅是學生是否如Rogers 所說，能夠較了解及接納自我的性向與能力，而一直忽略學生其他層面的行為表現。一直到學生出現相當嚴重「自我中心傾向」的行為後，才驚覺到不能只以Rogers的觀點作為教學的依據，因讓學生遵守團隊生活的規範，或讓學生具有堅毅、容忍挫折的性格並非Rogers論述的重點，但這些卻亦是重要的教育目標。

㈡策略

若依上述，教師教育行動研究的進行是有可能傷及學生的權益。以下說明避免此種情況發生的可行策略：

1.徵詢並參考家長的意見

Deborah、Lesley和David（1995），McNiff、Lomax和Whitehead（吳美枝、何禮恩譯，2001：55）認為在從事行動研究前，必須與父母、監護人及督導者協商，在取得他們的同意後才可進行。這個觀點乍聽之下似乎沒有問題，因教師的行動研究強調改變，過程中可能對學生的學習產生衝擊，而由於學生未成年，所以須由其家長或監護人代為評估可能的影響。然若仔細分析，則會發現此點甚具爭議性。

首先，可能面對的情況是在與家長溝通後，仍有幾個人始終表示不同意，因而使得研究工作停擺（潘世尊，2003a：173-181）。然家長的觀點就一定對或必須照單全收嗎？其次，這是否意謂著凡是教師想要改變教學，就要向家長說明並取得同意？因為連以系統方法探究及改善教學的行動研究都須如此，何況是一般教師的教學改變。筆者認為教師本身就具有改善自身教學想法和行動，以促使學生的身心得到較好成長的責任與權力。若不如此，教學還有什麼進步的空間？在美國，許多行動研究者亦持類似的看法（Pritchard, 2002）。況且若一定要這樣做，教學改變可能不太會發生。因為一來每個人的教育觀點往往不同，所要做的改變可能無法取得家長的一致同意，二來則會斲喪教師改變教學的意願和勇氣。

在美國，若欲得到聯邦贊助研究經費，研究計畫須經倫理審查委員會的同意（Anonymous, 2001; Pritchard, 2002）。Zeni（1998）指出若教師從事的是探究及改善自我專業表現的行動研究應可免除此種審查，因它是一種「優良教學的日常歷程」（the daily process of good teaching），屬於「可接受的實務區」（zone of accepted practice），否則和倫理審查有關的官僚體制可能消減教師透過行動研究改善教學的勇氣與意願[2]。雖然他是針對行動研究是否須經倫理委員會審查做說明，但卻與上述的觀點類似，並可用來支持行動研究不須向家長說明並取得其同意的主張。

不過當這樣說時，亦可能立即面臨如下的反問：教師的觀點就一定比家長的想法高明嗎？筆者認為教師的觀點未必比家長的想法高明。而若依 Carr 和 Kemmis（1986）的主張，甚至還須邀請與欲改變的教育行動有關的家長一起參與研究，因為如此，所得到的共識才較有可能落實。舉例來說，若探究的主題是數學教學，如果家長能參與，那麼教師的課堂教學和放學後家長的指導可能較為一致，從而更有助於學生的學習。

很顯然的，這是一個兩難問題。或許就是因為這樣，楊哲銘等人（2001）在針對「在一般學校教育環境下，有關教育方法或測驗方法的研究，不必經過研究倫理委員的審查」這個問題做調查時，才會得到 42%的人持反對意見，48.5%同意的結果。

要解決這個兩難困境，必須回到研究倫理的核心目的——維護研究對象的權益、避免傷害研究對象的身心，以及求利之前先防弊上面。也就是說，若取得家長同意有助於此一目的的達成，則可試著徵詢並尊重家長的

---

2 Zeni 會去探討行動研究的倫理，緣於他所指導的一篇博士論文計畫被校內的倫理審查委員退掉。他跑去向院長抗議審查所引用的標準，並不適合教師對自己的實務所做的探究。院長的回應是何不試著將原有的標準加以修改，以符合其研究特性。因此，他就去做這方面的工作。

意願。分析起來，它「有可能」有助於此一目的的達成。因當有家長不同意時，表示所提的研究構想「有可能」損及學生的權益或傷害其身心。舉例來說，家長不認同教師所提透過每日跑步來增強學生體能的計畫，意謂著此一計畫「有可能」對其孩子產生不利之影響。而事實上，該名家長之孩子也的確因為心臟有問題而不宜每日跑步，且教師亦不知情。不過要提醒的是家長的意見「亦有可能」不利其孩子或其他學生之身心成長，因家長對教育的認知未必適切。因此，筆者的建議是「徵詢並參考（非全盤接受）家長之意見」，畢竟家長對其子女之身心狀況應有相當程度的了解。而當家長有不同意見時，可能的處理方式有四：第一，與家長溝通，釐清及解決可能的問題後依原構想實施；第二，與家長溝通後發現原先的計畫不適當而放棄；第三，參考家長之意見，視學生之個別差異而調整；第四，依原計畫實施，因家長之意見對學生的身心成長其實不利。就此點之正當性來說，教師有其教學自主權，探究及改善自我教學之行動研究即是教學的一部分。此外，教育部之九年一貫課程亦期待教師能從事行動研究。要說明的是徵詢後亦有可能如 Pritchard（2002）所說，家長雖不認同教師的構想，然因擔心子女受到差別待遇而同意。若是如此，徵詢這個動作就沒有實質的意義與效果。

2. **徵詢並參考能從不同觀點檢視者之意見**

1978 年被提出的「貝爾蒙特報告」（The Belmont Report: Ethical Principles and Guidelines for the Protection of Human Subjects of Research），為保護作為生物醫藥與行為研究對象的「人」（human subjects），揭櫫「尊重研究對象」（respect for persons）、「善行」（beneficence）與「公正」（justice）三大原則（Gibelman & Gelman, 2001; Pritchard, 2002）。其中的善行，指研究者須從事風險效益的評估。在評估時，所有可能的生理、心理或其他傷害都應當考量，以保護研究對象（楊哲銘等，2001）。據此，教師若欲從事行動研究，宜審慎評估研究是否會對學生的身心形成傷害。

Zeni（1998）雖然主張行動研究不須經倫理委員會的審核，但為了避免可能產生的危險，他認為須向能從不同觀點來檢視研究的人（如校長、督學或教授）諮詢。此一主張若從辯證的角度來分析，乃因不同觀點者可能揭露所欲從事的行動研究中的問題所在。另若依批判理論，經歷相同生活脈絡者可能共同受到某種不合理意識型態的束縛而不自知，因此亦可徵詢並參考具不同教育背景或經驗者之意見。要提出的是他人不同之意見亦僅供參考，若所徵詢者有不同之意見，可參上文所述四種方式處理。

3.充分論證後才實踐

在將理論、自我或參與成員的理念轉化為實踐前，宜從不同層面思考是否能維護學生的權益或避免傷害其身心。過程中應儘量做到充分之論證，直到難以透過思辯發現所欲落實之觀點可能的問題所在或不足之處，才將其轉化為實踐。

論證時，「態度」上宜開放的接受各種可能性，不能以奉行不渝的心態面對理論或理念。「方法」上，可參Habermas（1984）所提建立「合理性」（rationality）共識的方法，先透過「可理解性」（comprehensible）問題的質問與說明，徹底釐清與理解所討論之理論或理念，然後針對其「真實性」（truth）（如是否真的如所宣稱的對學生有某種幫助）與「正當性」（rightness）（如是否應該如所宣稱的那樣做、所宣稱的教育目標是否應該追求或是否有所偏）加以質疑與討論。此外，還可就「可行性」（如所提之觀點是否可行）加以質問與論辯。經此過程，或可揭露及解決理論或理念中的問題所在，並決定理論轉化為實踐的方式。所做的轉化，有可能全然根據所討論之理論或理念，因無法發現其中的問題所在或不足之處、有可能是局部引用，亦有可能是在加以調整後援用（潘世尊，2004b）。

此外，論證時可請專家學者、較有經驗之教師或具不同教育背景與觀點者參與，以有助於揭露其中的問題所在。或是論證後請上述人員檢視，並參考其意見。另研究的參與者宜共同創造如 Habermas（1984）所說的「理想言談情境」（ideal speech situation），即讓每個參與者都有相等的機會和權利發言、接受或否認他人的觀點。如此，某一理論或觀點中的問題所在或不足之處才較有可能被揭露與解決。

4.實踐後嚴密評估並審慎調整

論證階段沒有發現某一理論或理念有問題，不代表它就真的真實、正當或可行。有些問題是在實踐後才會發現，像筆者就是在一段時間的嘗試後，才發現當僅以Rogers所提的真誠、接納及同理心作為教學的唯一依據時，可能無法培養學生的毅力與挫折容忍力（潘世尊，2000b）。因此在將某種理論或理念轉化為實踐後，宜蒐集與實踐有關的完整資料作為進一步反省與調整之依據，否則教學實踐可能不利於學生的完整發展而不自知。要提醒的是反省時，不要僅注意實踐是否落實理論或理念，考量實踐對學生各個層面的影響更是重要。另在蒐集與實踐有關的資料時，只要有助於完整資料之蒐集，量或質的方法都可行。

5.保守相關的秘密

在行動研究後可能將研究的歷程與結果公開呈現，以使探究結果對他人產生引導或啟發的功效。在這個階段必須做到保密的工作（即不透露學生確實身分或背景的相關資訊），才不會對學生造成傷害。

二、行動研究參與者權益之維護

在國內由中小學教師所從事的教育行動研究中，有許多是由兩個以上的人共同進行（如李源順，1999；何縕琪，1999；余榮仁，2000；許文勇，2001；陳淑娟，1999；游可如，1996；廖經華，2001；蔡文斌，1999；蔡秀芳，1999；鍾宜玲，1997；鍾添騰，2000；謝瑞榮，1999）。此種行動研究通常起於某個「核心研究者」的邀請與推動（潘世尊，2003b），所邀請的對象可能是（潘世尊，2004c）：(1)與欲實踐的情境有關者；(2)對探究的主題有興趣、有較佳認識或經驗者；(3)具不同教育背景或經驗者；(4)與欲實踐的情境有關者。在推動此種行動研究的過程中，宜如何保障受邀者（或參與者）的權益或避免傷害其身心？

㈠說明研究相關事項並尊重其參與之意願

行動研究的進行會對參與者的思考、行動或生活作息產生影響，因它強調介入與改變。因此宜向受邀者詳實說明種種和研究有關的事項（如研究目的、方法、要進行的活動、研究可能持續的時間、研究可能得到的結果、研究過程中可能面臨的問題，以及對其權益的維護等），以讓其判斷是否參與研究，並尊重其意願。也就是說，研究對象是在「告知同意」（informed consent）下參與（楊哲銘等，2001）。分析研究倫理的發展與美國的現況，告知同意可說最為核心（Anonymous, 2001; Pritchard, 2002）。要提出的是受邀者答應參與後，仍宜尊重其繼續參與之意願，McNiff 等人就指出必須保證參與者有權退出研究（吳美枝、何禮恩譯，2001：56）。

Christians（2000）在討論質的研究的倫理準則時指出，若要確保研究對象是志願參與，則不能讓其感到有任何身體上或心理上的強迫。美國心理協會則指出研究者不宜用過量的金錢或其他不當誘因，爭取或勉強研究對象參與（林天祐，1996）。上述兩個觀點雖然非從行動研究出發，但仍然值得參考。因此要確保受邀者是志願參與行動研究，可行的努力方向是詳實說明與研究有關的種種事項，並確保參與者可以隨時退出。雖然如此，如下三點值得注意：

⑴告知同意有其限制。MacDonald（1995）的研究夥伴在對所參與的行動研究反省後指出，往後在決定是否承諾參與其他協同研究之前會謹慎思考，並要求每個參與者的角色、責任及權利都有清楚的界定與理解。從此一反省可推論推動行動研究的 MacDonald 似乎沒有完全做到告知同意。告知同意此項倫理起於生物醫學之研究，其實施奠基於研究過程與細節已有詳細規劃，並明確知道研究活動對研究對象可能的傷害（莊忠進，2002；Anonymous, 2001）。然行動研究並無法做到這樣，因研究過程中的許多研究行動與教學改變是在研究的過程中才被創造出來。就如 Hope（1998）所說，行動研究是透過參與、反省及有目的的行動而逐漸開展的「旅程」（journey）。同時，參與行動研究者亦未必確實了解在研究的過程中自我

將扮演的角色、應採取的行動或付出的時間（Meyer, 1993）。換言之，行動研究中的告知同意有其限制（Pritchard, 2002），Williamson 和 Prosser（2002a, 2002b）就指出若與其他研究取向相比，告知同意對於行動研究較為困難。因此在徵詢他人是否參與行動研究時，宜提醒可能面對未可知的困境，或是如Kelly和Simpson（2001）所說，確保「同意」可隨著行動研究的進行重新被協商。

⑵受邀者或參與者的選擇未必完全自由。當擬從事行動研究者與受邀者同處於一個工作團體，受邀者可能因人際和諧、行政職階壓力或其他原因而同意參與行動研究。筆者之前的一個行動研究邀請校內實習的三名實習教師參加，我並非主任或組長，亦非他們的實習輔導老師，同時我亦自認以真誠的態度表達可自由決定是否參與，因心裡面認為意願最為重要。然從其中一名成員的自我回顧中得知，人際間的和諧與實習教師所面臨的生存壓力是其一開始答應參與的原因之一（潘世尊，2003a：94）。

此外，即使告訴參與者可自由退出，但從承諾要與他人共同努力以獲致改變的團體中退出是有困難與壓力，甚至不太可能（Badger, 2000; Meyer, 1993）。就此問題，依筆者先前的行動研究經驗（潘世尊，2003a），或可朝如下兩個方向努力：首先，做到參與者之間真正的平等，不因資歷、學歷或行政職階高低的束縛而參與；其次，不用任何手段維持成員繼續參與之意願，不讓成員因某些原因、事情不能或不想參與而感到絲毫的壓力。要提醒的是這樣做了以後，參與者未必就會完全依其意願選擇，因他仍可能受到責任感、道義或友情的驅使，因彼此為同事或好友。

⑶發放「晤談費」的做法是否適當？依鍾宜玲（1997：121-123）的陳述，在她所推動以社會科教學作為探究主題的行動研究中，成員參與團隊聚會的情形一直不佳，在原訂的第十五次聚會更只有一名成員出席。對此情況，她接受指導教授的建議決定發給成員「晤談費」。成員一開始不收，但在她極力的懇談之下才勉為其難的收下。同時，由於這段時間她不斷和成員懇談，讓她自己逐漸覺得不再視出現在成員的面前為畏途，而成員回應邀請的語氣也讓她逐漸覺得沒有什麼勉強。在這種情況之下，出席的情形逐漸好轉。

從詮釋性研究的角度來看，晤談費的發放或可接受，因研究結果是為了滿足研究者的需要。不過從行動研究強調改善參與成員彼此想法和行動的角度來說，晤談費的發放或許值得商榷，因人在自然的情況下並不會花錢請她人改善其想法和行動。誠然，參與的教師可能沒有把晤談費看在眼裡，但往後參與的行動可能只是為了滿足研究者的需求而盡力把這場戲演完（即讓小組運作到滿一學年）。另當參與者收了研究者的晤談費之後，彼此間的關係會平等嗎？會就某個衝突點進行論辯嗎？亦是值得懷疑的問題。

黃政傑（1991）指出：「研究者要記住，他並無強迫個人成為研究對象的權利，他可導之以理、動之以情，甚至於誘之以利，但最後他一定要尊重個人自由參加的意志。」我想，對於行動研究而言，這個「誘之以利」只能儘可能的向成員說明在參與行動研究之後可能得到的專業成長或研究成果，而不適宜在成員意興闌珊的時候試圖用發放晤談費的方式留住成員。當然，如果有研究經費且有需要，是可以補助成員蒐集資料或交通的費用。但若以發放出席費之類的方式來提高成員繼續參與的意願，恐怕值得商榷。

㈡尊重參與者提供相關資料之意願

在行動研究的過程中，參與成員可能要對彼此的發言、教學或自我反省加以分析，以揭露及解決其中的問題所在。在研究後要將研究的歷程與結果加以呈現時，亦須對上述的資料做分析。不過要注意的是在使用上述資料之前須先徵得參與成員的同意，因它可能侵害成員的隱私權。McNiff等人就指出在使用第一手資料時（如參與成員的反省日誌），須先取得其同意（吳美枝、何禮恩譯，2001：56）。Meyer（1993）亦認為當參與者不希望與他人分享某種資訊或研究發現時，不宜將之公開或出版。

㈢創造及維持民主、平等的研究環境

陳惠邦（1998：135-157）在討論行動研究中的倫理關係時，從是否符合「協同」（collaboration）的要求來衡量。他引 Oja 和 Smulyan（1989）的觀點指出，行動研究中的協同包括民主參與、彼此了解、共同決定及共

同行動。據此，要符合行動研究的倫理關係，在行動研究的過程中，所有參與者必須在民主與平等的基礎之上，進行平等溝通、開放自我、交互反省思考、共同分享知識經驗，以及一起參與行動的設計與執行。

由於行動研究過程中的研究活動或教學改變可能影響研究參與者，為保障其權益或避免傷害其身心，大抵宜往此方向來做。雖然如此，筆者認為如下此點或可商榷：是否參與成員都要共同行動才符合倫理規範？受 Habermas（1984）理想言談情境觀點所影響，筆者認為只要參與者有相等的機會和權利決定是否共同行動，那麼就能夠保障其權益。至於是否要共同行動，決定權則在成員身上。那麼，要如何讓參與者有相等的機會和權利？最重要的，就是每個參與成員皆努力創造及維持一個民主、公平的研究環境。在這個環境之下，成員可自由決定是否發言、自由決定接受或否決他人的觀點，或自由決定是否共同行動。另若從實務面來看，就如 MacDonald（1995）所說，每個成員由於時間、興趣及經驗之不同，對所參與的行動研究可能有不同的承諾、角色扮演與期待。在這種情況下，只能提供成員平等的機會，要求每個成員皆要有某種共同的行動反而會對其意志造成侵犯。

此外，Stringer（1999）認為行動研究的倫理與研究方案的「價值」（worth or value）有關，行動研究的方向必須反映參與者的價值。要做到這樣，民主與平等的研究環境就屬必須。否則就會如 Hart 和 Bond（1995, 引自 Badger, 2000）所說，「協同」（collaboration）成為某些成員剝削研究參與者的微妙掩飾。

㈣進行協同寫作

在行動研究後，若欲呈現整個團隊從事行動研究的歷程與結果，可採用「協同寫作」（collaborative writing）的策略。因每個成員雖親身參與行動研究，但由於「不識廬山真面目，只緣身在此山中」的緣故，對其他成員的想法、感受或行動所做的理解可能會有所偏。此外，參與成員可能不希望某些訊息被公開。

協同寫作的進行至少有三種方式（Christensen & Atweh, 1998）：⑴

「累進的寫作」（progressive writing）。先由一人寫初稿，其他成員傳閱並寫上意見，然後做團體討論，以形成研究報告。⑵「分享的寫作」（shared writing）。由成員集體討論，然後再集體將所建立的運作歷程寫下來。⑶「導引的寫作」（directed writing）。以某一成員的經歷和體驗為主體來寫初稿，然後由他人或團體的討論給予回饋，再形成研究報告。身為大學教師的 MacDonald（1995）與兩名小學教師協同探究實習教師教學實習的相關事項，為釐清他對兩名合作教師知覺的詮釋是否適當並增進其詮釋之效度，就先撰寫初稿，然後請他們給予回饋與評論。Williamson 和 Prosser（2002a, 2002b）認為行動研究的發現在公開呈現之前，宜透過「參與者回饋」（participant feedback）的方式加以評估，以確實保障其他研究夥伴。他們並且指出在質的研究中，早就透過諸如「成員檢核」（member check）或「成員效度」（member validation）的概念讓參與者「評論」（comment）而非僅是「修改」（amend）研究者初步的詮釋。上述「導引的寫作」，就可作為具體實踐「參與者回饋」的方式，以保障研究對象的權益或使其免受傷害。

㈤維護參與成員的私密與智慧財產權

在呈現研究的歷程與結果時，要如何才能做到保密的工作，以免損及研究參與者的權益或對其造成傷害？參考McNiff等人的觀點（吳美枝、何禮恩譯，2001：55-56），至少必須做到如下兩點：⑴「資訊的保密」（confidentiality of information）。不洩露任何個人隱私或是承諾要保密的事，如果要運用比較敏感的資料，必須尋求相關人員的同意才行。⑵「身分的保密」（confidentiality of identity）。除非得到同意，否則不能洩露相關人員的姓名與相關訊息。必須提出的是當教師以真實姓名發表研究歷程與結果時，雖然做到如上兩點，但他人亦可能從研究報告中推論出研究參與者的相關資訊與背景。要避免此種情況，以匿名的方式發表或許是可考慮的途徑（Pritchard, 2002）。

除了做到保密之外，參與者是研究團隊的一員，自然有權利將自我參與行動研究的歷程與結果加以發表。團隊的成員若要聯名發表，可考量每個人的貢獻再決定作者的排序，貢獻較大者排序應在前。

三、校內教師與校內外行政人員權益之維護

至少有如下三種情況，教師的行動研究可能會對校內教師及校內外行政人員（如主任、校長、督學、教育局相關人員）之權益產生影響：⑴所欲從事的行動涉及現有體制的改變；⑵所從事的行動引起家長反彈或社會人士不同之意見；⑶研究歷程與結果的發表對其造成困擾。

㈠體制的改變宜取得相關人員的同意

為讓行動研究的進行對參與成員的教學產生較好的改善效果，改變現有的體制有時是必須的。舉例來說，筆者之前在和兩名現職教師及三名實習教師共同從事行動研究的過程中，經由討論，我們決定向學校爭取我由科任教師改任導師。會有這個構想，一個原因是成員中的三名實習教師覺得他們的實習有問題，因為國語與數學的教學及班級經營方式學不到，並且無法在實習的班級試驗從行動研究的過程中所學到的策略。若我由科任教師改任導師，這些問題或可得到某種程度的改善，因他們可利用時間到我的班級學習（潘世尊，2003a：173-174）。我由科任教師改任導師的想法，就涉及體制的改變。

當所欲的行動涉及體制的改變時，除了應找相關行政人員協商之外，還宜尊重其他相關人員的意見，因這可能對其造成不利的影響。以上例來說，我由科任教師改任導師的想法，可能對校長、主任、組長、三位實習教師的輔導教師，以及某個原來擔任導師的教師產生影響，因此我們試著與所有相關人員協商（潘世尊，2003a：175-181）。如果僅找校長、主任討論，然後以行政權威的方式直接執行，可能對其他相關人員（尤其是弱勢的相關人員，如代課教師）的權益造成影響，而使所從事的行動在道德上有瑕疵。要說明的是協商後，相關人員可能因抗拒改變或避免麻煩而反對（Badger, 2000; Deborah et al, 1995），而非行動研究方案不利於學生的身心。

㈡參考校內外行政人員的意見並適時提供相關資訊

當行動研究過程中的行動引起家長反彈或社會人士不同之意見時，可能對校內外行政人員產生影響。要避免此種情況，可在行動研究前徵詢並參考校內外行政人員（如主任、校長、課程督學）的意見。原因就如上文討論學生權益之維護時所說，校內外行政人員或許能從不同的觀點發現所欲從事的行動研究可能的問題所在或不足之處，進而提出可行的調整方向，從而避免未來可能的爭議。

或有會問：校內外行政人員若反對擬進行的行動研究呢？對此問題，筆者認為可持續與其溝通，待釐清及解決可能的疑慮後再實施。當然，過程中亦可能發現自我之計畫不適當而放棄，或者是視學生之個別差異而調整計畫。不過，亦有可能發現校內外行政人員之觀點其實對學生不利。若是如此，筆者認為行動研究宜繼續進行。第一，教師有其教學自主權，探究及改善自我教學之行動研究即是教學的一部分。況且只要在法令允許的範圍內，教師的教學改變並不需要取得主任、校長或教育局的同意。第二，校內外行政人員或社會人士的觀點未必有利於學生的身心成長。換句話說，保障學生的權益更為重要。

雖然認為校內外行政人員的意見僅能供做參考，但若其想要知道與研究的進行有關的事項，宜視情況儘可能詳實的對其說明。如此，他們才能妥善回答家長、校內其他教師或上級主管機關的質疑或詢問。

㈢保守相關的秘密

同樣的，若研究報告涉及校內教師或校內外行政人員，則須做到保密的工作，以免侵害其隱私權，並對其造成困擾。此外，宜對所屬機關的名稱（如校名）保密，實際上可用化名的方式。因當直接使用機關的名稱時，有可能對機關主管造成困擾。若有必要的話，還須採用匿名的方式發表。

肆、教師教育行動研究倫理的特殊性

Winter（1996）認為行動研究者必須注意倫理的問題，因研究行動和所屬的組織密切相關。如果行動失敗的話，不止對改善實踐的目的有所影響，還可能危及組織的運作，因此他提出如下六點倫理原則以供參考。衡諸其觀點，可說都涵蓋在上文所提出的策略中：

⑴確定相關人員、委員及當局有被諮詢，並且，引導研究工作進行的一些原則事先全部都被接受。
⑵所有的參與者須被允許能夠影響研究的工作，而不想參與的人的意願應被尊重。
⑶研究工作的進行必須保持透明，並且對他人的建議保持開放。
⑷在觀察或檢核相關文件之前必須得到許可。
⑸對於他人的行動或觀點的描述，在出版之前須取得其同意。
⑹研究者必須接受保守相關秘密的責任。

於此，擬繼續探討的一個問題是同樣是研究教室中的教學，這些策略與其他不同研究取向的倫理規範相比有否差異？若無，上述探討與結果就屬多餘，因參考現有相關文獻即可。以下擬透過幾個「爭論點」（或「對立點」）（issues）的討論揭示其特殊性：

⑴取得家長同意或參考其意見？研究對象若未成年，則須取得家長或監護人同意，研究才能進行（林天祐，1996）。在量與質的研究它被普遍的接受，因研究者屬於教室現場中的外來者，對學生的身心狀況可能不了解，同時，其研究行動可能對學生的學習產生干擾或不利之影響，因此宜先徵詢並尊重家長（或監護人）與教師之意見，以避免學生的權益受損。

然就教師之行動研究而言，筆者認為僅須「徵詢並參考」家長的意見即可。原因就如上文曾討論過的，教師之行動研究為教學的一環，教師本就具有改變教學的責任與權利。只是說為求所做的改變儘量避免傷及學生的身心，可徵詢家長、校內外行政人員，甚或是專家學者的意見，然後再視情況實施。

⑵取得相關行政人員同意或參考其意見？誠如上述，在量與質的研究中，研究者是教室及學校的局外人。因此若欲進到教室從事研究，除了家長之外還須取得相關行政人員的同意，因研究行動可能會對學校運作或相關人員的權益產生影響。然此點並不適用教師之行動研究，因教師本就為學校的主體之一。此外就如上所述，改善教學是教師的責任與權利。當然，若欲儘量避免所做的改變影響學生的權益，可參酌校內外相關行政人員的意見，然後視情況決定放棄、調整原計畫或照常實施。

⑶客觀驗證實踐的成效或嚴密評估並審慎調整實踐？若用屬於量的研究的「實驗研究法」（experimental method）來探究教學，則它與教師之行動研究可能出現如下類似之處：參考某種理論，然後加以轉化為實踐。在參考理論階段，二者都宜以批判的態度來面對，然後再決定如何將理論轉化為實踐。在教學實踐階段，實驗研究法由於要驗證先前的假定（自變項與依變項之間是否有因果關係存在），因此宜持續採用先前所擬定的教學策略。若不如此，將有違實驗研究之倫理。然就教師之行動研究而言，為避免實踐對學生產生不良之影響，過程中宜詳實蒐集相關資訊作為反省的依據，以揭露並解決所援引觀點中的問題所在或不足之處，並依反省結果調整實踐的方式。

⑷客觀描述、理解與詮釋或積極介入以求改善？若採用質的研究來探究，目的是要客觀描述、理解與詮釋教室中的教與學。因此若發現研究對象的教學有值得商榷之處亦不宜發表己見，因這可能讓研究對象往後的教學染上研究者的觀點，從而破壞客觀描述、理解與詮釋的研究目的。然就以改善教學為目的的行動研究而言，若感到研究夥伴之教學存在某種問題所在或不足之處，宜明確提出並與其討論，否則將不利於學生的身心成長而有違行動研究的倫理。

⑸匿名或分享個別學生的相關資訊／匿名或公開自我與研究夥伴之觀點？匿名是一般教育研究宜遵守的倫理規範（林天祐，1996）。所謂匿名是指使研究者無法從所蒐集到的資料裡面，判斷出提供此資料的個人身分（即無法判斷研究對象中某個個體的身分）（Pritchard, 2002）。舉例來說，當採用問卷來了解學生對教師教學的看法時，問卷的設計應讓研究者無從理解個別學生填答的情形。然就教師之行動研究而言，此點未必適用（Tickle, 2001）。舉例來說，了解個別學生在某項評量上的分數與表現就屬應然，因為如此才能構思個別輔導方案。

此外，就行動研究參與者之間來說，匿名這個要求似乎亦值得商榷。在教師的行動研究中，目的是要改善身兼研究者與研究對象的參與教師的教學想法與行動。要做到這樣，須理解或確認成員的觀點與行動，並分析其中的問題所在或不足之處，然後提出進一步的質問與建議。而若有可能的話，彼此還須透過持續的論辯與實踐以了解到底誰是誰非。如此，似乎不宜採用匿名這個原則。換句話說，參與行動研究者之間宜公開自我與他人之觀點，才有益於問題的釐清與解決。否則要找誰質問與論辯，以達到改善彼此教學的目的？

其實即使要做到匿名此一要求亦有困難，原因就如Williamson和Prosser（2002a, 2002b）所說，參與者同處於一個工作環境，彼此既是同事、亦是朋友，哪些資訊屬於哪個參與者，大家都會了解。因此 Pritchard（2002）就認為在實務人員所從事的研究中，匿名實在不可能。

⑹隱瞞身分、目的與研究程序或告知？林天祐（1996）指出在教育研究的過程中宜儘量選擇不必隱瞞自我身分、研究目的或程序的方法進行研究。如果確實沒有其他可行的方法，必須有充分重要的理由才可以使用隱瞞的途徑。而如果不可避免的使用此種途徑，事後應儘速向研究對象說明原委，在說明時須極為謹慎以免讓對方留下受騙的感覺。

就此點，可分兩個角度來分析：首先，從事行動研究的教師是研究者亦是研究對象，自然清楚知道本身是在從事行動研究而沒有隱瞞的問題。其次，教師之行動研究為教學的一部分，理論上並無須告知任何他人，因此亦無隱瞞的問題。當然，若欲儘量避免教學改變對學生的身心發展產生不利之影響，可徵詢並參考家長或可能提供不同觀點者（如學者、校內外行政人員）之意見。

綜上所述，即使都是探究教室中的教與學，當採用不同的研究取向時，研究倫理的內涵就會跟著不同。會這樣，主要是因為要達到的研究目的不同。高敬文（1999a：250-255）曾在 1992 年與上海的研究小組進行「海峽兩岸家長教養觀的比較」的一個研究（此研究非行動研究）。高氏與其研究小組的成員曾請家長觀看分別在上海和高屏地區某家庭拍攝的錄影帶，然後透過座談會的方式請家長發表意見與感想。會中，有家長提出在教養自己的孩子時所面臨的困難，並請身為座談會主持人的研究者（即高敬文）給予建議。雖然知道參與的家長最關心的話題是什麼，但為了避免混淆「研究者」和「顧問」的角色，他仍依事前與研究小組的商議堅定拒絕回答此類問題。為什麼會這樣決定？他們的顧慮是若給予建議，那麼家長可能會以為那就是正確的答案，如此，可能會讓他們不敢將觀看錄影帶後的真實感覺自然的表達出來。也就是說，這樣做是為了要信守「勿做引導，以免污染研究」的研究守則。因此高氏只能當場向參與的家長道歉，並說明這不是回答那些問題的場合，往後在幼兒園所辦理的親職講座上，再儘可能的幫助大家解決問題。之後，就再向參與的家長重述先前已宣告過的，本研究希望家長提供的是對於海峽兩岸教養實施的一般性概念與印象。

在一段時間之後，高氏對上述想法與做法加以反省。過程中，他提出一個問題來反問自己：我們是否曾認真思考過研究的目的為何？尤其像我們所進行的這類與一般人日常生活息息相關的研究，終極目的為何？如果依教科書所說，「研究的目的在增進吾人對未知事物的理解」、「研究結果的累積代表人類知識的成長」，高氏認為他自己先前的做法無可厚非。但若從我們的研究是為「誰」而做的、研究的結果增進了「誰」的理解、研究知識累積與成長的「用途」為何等問題來看，他似乎又對自己先前的想法與做法感到懷疑。

不過高氏並沒有針對上述質疑提出最後的見解，他要強調的是「研究目的與功能的澄清，與方法論的抉擇有關。而方法論的抉擇，除了會直接影響研究者採取何種研究取向與技術之外，還會影響他們對不同的倫理規範與要求之解釋」。換句話說，研究倫理在不同的時空脈絡會有不同的意涵（余漢儀，1998）。臨床或生物醫藥研究的倫理與社會科學研究不同（Anonymous, 2001），即使在社會科學的範疇內，量化研究的倫理規範亦未必適用質化研究（莊忠進，2002）。因此在思考行動研究的倫理規範時，必須考量其特殊性而不能盲目引用，Pritchard（2002）、Somekh（1995）、Tickle（2001）、Zeni（1998）等亦指出行動研究所引發的倫理問題和量與質的研究不同。其實即使採取同一種研究取向，研究倫理亦會隨著研究主題或對象之不同而有所差異。莊忠進（2002）就指出同樣採用質的研究，當研究對象為犯罪行為時，由於研究倫理可能與法律相牴觸，因此宜做不同之考量。是以即使是行動研究，研究倫理亦會隨著研究範疇、主題或意圖之不同而有變動。

伍、結論與建議

教師在從事教育行動研究的過程中，可能從事反省、行動、蒐集相關資料或公開呈現研究歷程與結果等研究活動。這些活動可能影響「學生」、「研究參與者」、「校內教師與校內外行政人員」，以及「讀者、所引用文獻作者、所投稿期刊」之權益，本文主要探究維護前三類人員權益的可行策略。由於教師之行動研究為教學的一環，教師本就具有改變教學的責任與權利，因此所提策略中的部分（如「徵詢並參考」家長、校內外行政人員或能從不同觀點檢視者之意見）可說是站在鼓勵的立場，期勉教師透過徵詢的動作以更能維護學生的權益或避免傷害其身心。此外，本文還指出同樣是研究教室中的教與學，所提出的策略與量或質的研究的倫理規範不同之處，以揭示其特殊性與價值。整體言之，針對教師教育行動研究倫理加以探究的文獻甚少，因此擬透過行動研究來改善教學之教師應可參本文之觀點。

Smith 指出（1990，引自高敬文，1999a：257），當我們在研究活動中所採取的每一個行動對他人產生衝擊時，都可被研究者視為倫理問題。這就如方德隆（2001）所說：「在進行質性研究或行動研究時，由於研究者與被研究者面對面的互動頻繁，研究倫理的問題必須在整個研究歷程中時時反省與討論。」Williamson 和 Prosser（2002a）亦指出不用訂定行動研究的「倫理守則」（ethical codes），因它無法包含研究者可能經驗的各種情境。若把上述觀點加以推衍，意謂著在研究的過程中，當本身的行動可能對他人產生影響時，就須思考是否能維護對方的權益或避免傷害其身心。因此在實際從事行動研究時，所須注意的倫理規範可能會超出所提出的觀點，因教師實際從事的研究活動可能不只本文所討論的範疇。

最後，本文要提出的是在教育研究之下有不同的研究取向，這些取向的目的各不相同，因而有不同的倫理規範，然要思考的是這些倫理規範是否符合更高層次的「教育研究」的倫理規範？舉例來說，當採用詮釋學的方法探究教室中的教與學，為了達到客觀的描述、理解與詮釋之目的，即使發現研究對象某些教學作為不太適當，亦不宜表達自我之建議。這樣做是符合詮釋學研究的倫理規範，但符合教育研究的倫理規範嗎？由於慮及此點，Carr 與 Kemmis（Carr, 1995; Carr & Kemmis, 1986; Kemmis, 1988）認為教育研究必須是「為了教育」（for education）而非滿足研究者需求之研究，Lomax（1999）亦指出教育研究必須是有「教育性的研究」（educative research），Small（1995）則認為若要使研究不僅是心智的活動，則須謹慎思考誰在研究中得利或被剝削的問題。Winkler（2003）在透過屬於質的研究的「協同敘述研究」（collaborative narrative research）來探究三名教師對課程改革的知覺與經驗之後，就檢討為滿足自我需求的此種研究是否對這三名教師造成剝削。蕭昭君（1999）更在反思研究目的以及研究者宜扮演何種角色等問題後，從透過質的研究探究教室中的教與學轉為投身行動研究[3]。從這個角度來看，就能理解 Williamson 和 Prosser

---

3 蕭昭君（1999）曾針對一個班級的學童在學校的經驗課程進行質的研究。對此研究，鍾聖校提出幾點質疑，其中兩點為：

（2002a）所說，行動研究本身常被認為具倫理或道德之意涵。

⑴研究者觀察四學期，坐視 H 的強烈弱勢狀況及有待滿足之需，未能與任教教師商量，即時為個案提供個別化教學，僅著力描述其問題，是否亦為一種教學研究的倫理？或者表示了自然主義研究風氣先天地也帶著另一種漠視？

⑵原文可說是用文字拍了一部電影，記述臺灣教育無力的一面，寫實而傳真並擬藉此呼籲準教師正視學校中的失敗者，所謂客人。然而，令人不免困惑的是：僅藉著長期觀察學校生活，揭露成功者、失敗者的模樣，改革會有著力點嗎？世界在進步，教育永遠需要隨時進行調整或改革。一代代在教室中出入著不同程度之主人與客人，這難道是陌生的景象嗎？還是令人麻木或無力的景象？為什麼麻木？為什麼無力？為什麼只是觀看？

此一質疑，引起研究者（即蕭昭君）如下的反思（以下僅摘錄其反思的重點）：他對質化研究者的研究倫理的指控，我完全接受，……研究者該不該「旁觀」教育現場？研究者能不能「客觀」於教育現場外？研究者「能」作什麼、「不能」作什麼？研究者跟教育現場該如何互動？這些一直是以人為主要研究範疇的研究者無法逃避的倫理問題。而我身為一位仍在不斷學習的質性研究者，因為經驗不夠或能力欠缺，學習過程中，難免有犯錯的時候，或發現形勢比人強的無奈。針對研究的所有個案，我自己沒有充足的條件去教他，我確實是看著他們被教育系統「放棄」，看到小學現場充滿問題，我沒有、沒法、沒能著力，我確實是一個充滿愧疚的研究者，甚至是一位無恥的師資培育者。……一九九八年春天，導師首肯後，我才因緣俱足可以投身小學實務。

從上文的說明可知，在從研究倫理的角度反思研究的目的及研究者宜扮演何種角色等問題後，蕭昭君接著投身行動研究，而這也意謂著她對研究倫理的觀點有所轉變。

第五章

行動研究的開始、推動與參與者——一些問題與討論

壹、前言

行動研究可以由個人獨自進行，亦可以與他人共同為之。依批判理論之見，人們的思考和行動可能被某種不合理的意識型態系統的扭曲而不自知。因此，與「團隊式」行動研究（指由兩個以上的人共同進行的行動研究）相比，「個人式」的行動研究較有可能受限於自我思考上的盲點，從而無法揭露本身想法和行動中的問題所在。筆者先前獨自進行的一個行動研究就是這樣，只知一味落實Carl Rogers的人本教育理論，忽略了培養學生堅毅、容忍挫折及遵守社會規範亦是重要的教學目標（潘世尊，1997，2000b）。然由於是獨自進行，並沒有他人加以點出或批判。因此，可與他人合力從事行動研究，以儘量避免上述的問題。筆者在另一個與他人共同為之的行動研究中就發現（潘世尊，2003a：280-303）：參與者共同從事的協同反省常能揭露個別成員自我反省結果中的問題所在，從而促使其進一步的反省與調整。

要注意的是團隊式的行動研究欲發揮上述之功效，參與者至少宜做到的目的、態度及運作的協同（潘世尊，2003c）。「目的的協同」指參與成員皆期待透過行動研究來改善彼此的教育想法和行動；「態度的協同」指參與成員皆以自由、民主、公平、開放的心態參與團隊之運作；「運作的協同」則指參與成員皆能通力合作的進行計畫、教學、觀察、檢討及修正等活動。此外，適切的研究歷程、反省的方法與態度、蒐集與分析資料的方式，或是面對外在理論的策略，亦不可或缺（潘世尊，2003a：249-363）。然在這之前，宜注意如下幾個問題的釐清：

⑴什麼時候開始行動研究？黃政傑（2001）將行動研究定義為：

所謂「行動研究」包含了研究和行動兩大部分，係指各行各業的工作者在其工作過程中遭遇到問題，進而探究問題的性質和範圍，瞭解其發生的原因，尋求解決方案，並化爲改革行動以解決問題的過程。

其他如吳明隆（2001：30）、秦麗花（2000：24）、陳伯璋（1990：157）、張世平（1991）亦曾提出類似的看法。或許受此影響，許多教育工作者認為在「遇到問題」之後，才能或才須開始從事行動研究加以解決。不過依筆者在國小服務十年來的經驗，大部分的教師並不感到自身的教學有問題。如此，是否意謂著教師就不用從事行動研究？但不感到自身的教學有問題，真的就是如此嗎？

⑵找哪些人參與？如何邀請？第一次聚會說什麼？在行動研究的過程中，要找哪些人參與？鍾宜玲（1997）、謝瑞榮（1999）在行動研究的過程中，都曾面臨成員以敷衍的心態參與的問題。但在陳淑娟（1999）及陳惠邦、李麗霞（1999）的行動研究中，參與的教師卻是全心投入。會有此種差異，應和其參與者有關。不過衡諸現有文獻，卻甚少針對此等問題進行探討。比較明顯的，似乎只有 Carr 和 Kemmis（1986: 158-174）所說，其「實務」（practices）構成教育情境者（如教師、行政人員、家長）宜參與行動研究，教育情境才能得到改善[1]。此種缺乏探討的情況，可能讓行動研究的生手忽略要讓行動研究順利進行、運作並得到較好的改善效果，參與人員是重要的關鍵之一。

此外，要如何邀請所欲的人員參與行動研究？又，第一次聚會說什麼，才能讓所邀請之人員願意繼續參與？這些，都是值得探討的問題。

⑶團隊聚會的時間如何安排？在許文勇（2001）的行動研究裡面，參與成員一個月開會討論一次。此種頻次，對於他們所欲探究的「發展環境教育融入自然科課程」這個目標而言是否足夠？相對的，若每個禮拜團隊

---

1 依 Carr 和 Kemmis（1986: 158-174）之見，「教育情境」（educational situations）是由教師、行政人員、家長及其他相關人員的「實務」（practices）所構成。因此要改善教育情境的「合理性」（rationality），其實務構成教育情境者〔或稱「教育情境的涉入者」（those involved in education）〕皆宜參與行動研究。

都聚會討論的話，在實際面是否可行？又，如此是否真的較能提升行動研究的品質，從而發展出較佳的教育觀點和行動？

綜上所述，本文主要是要探討和行動研究的開始、推動，以及參與者有關的一些問題。它們看似無關緊要，但實際上卻對行動研究之運作及其品質高低密切相關，然現有文獻卻有若干值得釐清之處或缺乏此方面的探究。

貳、方法

本文主要兼採兩個途徑來探究和行動研究的開始、推動與參與者有關的一些問題：一是探討相關的文獻，一是反省自身所從事過的一個行動研究（潘世尊，2003a）。就後者而言，包含：⑴回顧本身在行動研究的過程中是如何想、如何做？⑵分析本身為什麼要如此想、如此做？⑶揭露本身想法和行動中的問題所在，並試著提出解決或避免之道。

此一行動研究是在筆者的推動下成立，目的在改善本身及參與成員彼此的教學，以及對行動研究的認識。值得提出的是筆者並非預設或分析某個個體的想法和行動有問題，然後邀請他來參與行動研究。筆者的想法是包含筆者本身，每個人的想法和行動都可能潛藏著某種問題所在或不足之處，因此只要有意願都可以參與行動研究。然後，透過行動研究過程中的種種途徑，如反省、教學與觀察、參考相關的理論、蒐集與分析相關的資料，以釐清並解決彼此想法和行動中的問題所在。至於在探究的主題上，第一學期，我們大抵是以個別成員的教學問題或教學想法作為探究的焦點，它起於成員的主動提出；第二和第三學期，低年級國語科教學及數學科教學先後成為我們探究的主軸，其形成是由成員共同討論和決定。

參、行動研究的開始時機

對於「反省」（reflect）這個主題有深入研究的 Donald A. Schön（1983）指出，當自動化的行動帶來困惑、意外或不喜歡的結果時，專業人員才會進行反省。而在反省的過程中，才可能察覺自身真正的問題所在。據此，若沒有遇到意外或特殊的事件，一般人並不會認為本身的想法有問題。並且，在某個時間點認為自己的想法或行動就是對的，是一種自然的現象。不過本身沒有感受到問題，不代表真的就是如此。或許是因為沒有察覺本身已受到某種不合理的意識型態所制約，才不感到自身的教學想法或行動有問題，但實際上它們卻存在著某種問題所在。又或許是因為眼界不夠寬廣才認為自身的教學想法與行動沒有問題，但實際上它們還有某種不足之處，還有加以充實的空間。據此，每個人的教學想法與行動可能存在著兩種「隱而未顯」的問題：其一是可能受到某種不合理的意識型態所制約而存在著某種問題之處；其二則可能尚有不足的地方。

既然如此，只要有改善教學的一顆心，就可以透過行動研究來釐清自身可能的問題所在或不足之處，然後設法加以解決。不必然要在問題浮現之後，才開始從事行動研究。像筆者就是基於這個理由開始從事行動研究，以改善我及參與成員本身的教學，以及對行動研究的認識（潘世尊，2003a：1-5）。而在研究的過程中亦真如預期，逐漸透過討論、反省、教學與觀察、參考相關的理論或研究，以及蒐集與分析種種與團隊的運作有關的資料等途徑，揭露自身及參與成員想法中的問題所在。

Altrichter、Posch 和 Somekh 將決定投入行動研究的人分成三類：⑴心中已有一個非常特殊的問題；⑵心中有許多不同的問題，但並沒有任何一個已形成明確的待探討問題；⑶對於要從哪裡開始研究，他們還沒有具體的想法。為了要對第二和第三類人有所幫助，他們特別為文說明要如何尋找行動研究的起點（夏林清等譯，1997：50）。又 McNiff、Lomax 和 Whitehead 認為如果無法在行動研究的一開始就精確的敘述問題時不用擔心，因為在行動研究的過程中，問題會逐漸的釐清。有時這個階段會花費相當長的一段時間（吳美枝、何禮恩譯，2001：84）。再如 Heron（1988: 40）指出在研究的過程中，尤其是在研究的初期須能容忍高度渾沌不明的狀態。要能這樣，事先必須有自覺和心理準備。上述所舉的三個觀點可以說都支持只要有改善教學的意願，就可以透過行動研究來釐清問題所在或不足之處以作為探究的焦點，然後設法加以解決的想法。

肆、行動研究的參與者

在打算進行行動研究後，要找哪些人參與行動研究？又，要如何邀請？在第一次聚會時，要說什麼？以下先說明筆者在從事行動研究前的想法，然後再說明實際的做法並加以檢討。

一、行動研究前的想法

在實際從事行動研究之前，我想要透過行動研究來改善本身及參與者的教學，以及對行動研究的認識，但要找哪些人參與？經由文獻探討，我得到如下三點想法：

⑴其實務構成教育情境者都須參與行動研究，才能真正達到改變教育實踐及教育情境的目的。就此點，是受到 Carr 和 Kemmis（1986: 158-174）的影響。

⑵參與行動研究的成員必須是自願的，如此，才會願意並用心持續參與團隊的運作。會這樣想，是受到鍾宜玲（1997）及謝瑞榮（1999）等人的行動研究所影響。

⑶宜邀請具有不同背景的人員參與，以免因生活在同一脈絡而共同受到某種不合理的意識型態所制約。此一想法是筆者早先探討相關的文獻後，依據批判理論的相關論述所提出來（潘世尊，2000a）。

要說明的是前兩種說法的出發點並不太一致。前者是從改善整體教育情境和教育活動的角度切入，因而認為創造、維持種種教育情境及教育活動的人都必須參與行動研究。例如若要改善整個學校的教育情境和教育活動的安排，相關的人員，包含校長、校內外的行政人員、教師、家長，甚至是社區人士都應該參與行動研究。又如若要改善班級的教學，那麼和構成班級教學情境或教學活動有關的人，包含學校的行政人員、導師和科任教師及家長等都應參與研究團隊。這種說法可以說具有理想的、鼓勵的性質。因一方面它希望和教育情境及教育活動的構成有關的人都能夠加入行動研究，另一方面亦暗示著必須設法讓和教育情境及教育活動的構成有關的人參與行動研究，教育情境及活動才能真的得到改善。因此，它並沒有考慮意願的問題。至於後者，則是從改善參與成員彼此的思考和行動的角度入手，因而主張成員必須是自願的才會用心參與團隊的運作，從而促使彼此想法和行動的改變。否則就會像鍾宜玲（1997）與謝瑞榮（1999）的研究一樣，面臨某些成員以敷衍的心態參與的問題。

不過，筆者當時並沒有想到這兩種說法的出發點並不一致，因而只是將相關的說法提出來並列。在這種情況下，它們也都在往後實際從事行動研究的過程中，或多或少的影響著我。

二、行動研究中的做法

之所以從事這個行動研究，目的是要改善自我與參與成員的教學及對行動研究的認識。在實際從事行動研究的過程中，我是找哪些人參與、如何邀請，以及在第一次聚會說什麼，以讓團隊得以成立進而達成所欲的目的？

㈠找什麼人參加？

在實際從事行動研究的過程中，我是找哪些人參與，以讓團隊得以成立進而達成所欲的目的？

當時，我是一名男性國小教師，正在某教育系博士班進修。同時，我不是組長亦非主任。由於每週有一天要到離校兩百多公里外的某師範大學修課，所以這三年來（包含 87、88 學年度及 89 年 9 月開始的學年度）我一直擔任科任教師，至於之前則有三年擔任導師的帶班經驗。

當決定透過行動研究來揭露、解決可能潛藏於教學，以及對行動研究的認識之中的問題後，面對的第一個問題是「找誰來參加？」雖然與他人共同進行行動研究較有可能避免個人思考上的盲點，但要找到志同道合的同事畢竟不易，遑論本校全體教職員只有十幾位[2]。雖然我和他們的交情很好，但長久的相處經驗告訴我他們都習於安定，不想要改變教學，以免讓自己感到疲累。其次，他們認為教學就是這樣，有什麼好改變、好研究的。第三，他們覺得教學是自己的事，不喜歡他人涉入，因這樣會讓自己承受壓力。在這種情況下，若向他們邀請不但會沒有用，還可能破壞彼此間的友誼，讓雙方都感到尷尬。

2000 年 9 月，學校來了三位結業於某師院國小師資班的實習教師（任俠、淑梅、莉雪）。年紀上他們比我小四到六歲，不過都有幾年的工作經驗。他們的到來我認為是一個良機，因其可能和校內已習於安定的現職教師不同，有較高的可能性參與行動研究。雖然此時我對如何從事團隊式的行動研究只有初步的認識，但因見機不可失（因覺得不是要進行團隊式的行動研究，就有人願意和你組成研究團隊），就徵詢他們是否願意和我共同透過行動研究來探討及改善我們的教學。要申明的是，由於我是一名科任教師，因此並非他們的實習輔導老師，所以我的建議並不具拘束力。同時，我也一再說明這不能勉強，因為若沒意願就不會主動參與，亦不會設

2　本校位於中部鄉下，是一所只有七班（含幼稚班）的小學校，全校教職員共有十四名。

法揭露彼此想法和行動中的問題所在，並主動尋求解決之道。結果，他們表示同意。於是，透過行動研究來改善我及參與成員的教學，以及對行動研究的認識的研究之旅，於焉展開。而在第一次聚會中，我們決定先以淑梅音樂教學上的問題作為探究的主軸。因淑梅提出此種需求，而任俠和莉雪又表示他們對音樂科教學亦甚感興趣[3]。

其後，在我的說明與邀請下，外校一名有十七年左右教學經驗的男主任（郭主任），於我們團隊第三次討論開始加入。會邀請他，是因為他對音樂教學甚有研究。我認為他若能加入，應該能夠提升我們探究的品質[4]。

---

3 依任俠的自我回顧，他之所以參與此一行動研究，有五個原因：

會接觸行動研究，起於開學之初的星期三下午，「陌生的」潘老師找我及另外兩位實習教師聊天，詢問我們是否願意與他組成一個教學行動研究團體。剛開始，有點愕然，因為我未曾聽過「教學行動研究」這個名詞。不過在潘老師的解釋後，我決定加入這個我未知的、惶恐的團體。現在分析起來，當時會答應參加是因為如下幾個理由：⑴我是個實習老師，面對正式教師的要求，為了避免尷尬，我無法拒絕。⑵剛來一個陌生的學校，總想在人際關係上廣結善緣，於是，想認識新朋友的動機促使我加入。⑶我想要在教學專業上有所成長，而潘老師提到團體行動研究可以藉由團體力量的幫助，創造出新的教學模式，或是解決教學上的問題與盲點。⑷潘老師看起來頗有熱忱，而且表示可以先嘗試看看，如果將來不願意參加，隨時可以退出。對可以自由選擇這點，我相當心動。⑸潘老師一再強調絕對不是強迫的，而且願意負責大部分的文字記錄工作，讓我覺得很舒服。因為除了參與討論與自行反省的時間外，我並不需要多負擔額外的責任（任俠自我回顧——90/3~90/6，3 頁）。

依對淑梅的訪談，她會想參加這個行動研究有三個原因：

第一個是，一開始到一個新的環境，沒有國小的教學經驗，連代課的經驗都沒有，所以想要從團體中，去摸索該如何教學。第二個是覺得之前在補習班（教書）太封閉，都是自己摸索，然後再修改，摸索的時間太長，如果大家一起的話，成長速度會比較快。……還有就是覺得不想要可以退出，感覺上沒有壓力。不過，這不是最重要的，最重要的是前面那兩個原因（對淑梅訪談——91/1/30）。

至於莉雪，因未對其訪談，而她亦未如任俠般，就其本身為何會參與提出書面回顧，因此並不清楚其原來之動機。

4 郭主任會加入，依其自我之分析有兩個原因：

透過團隊式的行動研究，一來符合長久以來對教師自我導向的自我成長習慣養成的殷切期盼；再則更可以透過對話、批判反省，分享成員不同的思維模式、經驗和想法，改變自己的心智習性而不僵化，促進自身的教學專業能力的提升（郭主任論文——90/4~90/11，71 頁）。

雖然沒有邀請原有的同事，但心裡面亦期待往後他們會發現行動研究不錯，並且主動要求加入。這種想法的產生仍是教學經驗告訴我：要同事們主動接受一種新的想法並不容易，不過若能做出令他們感到不錯的結果時，他們就有可能改變原先的態度。結果，一名教一年級且有二十多年教學經驗的同事（曹老師），真的想在中途加入我們團隊。不過由於我們聚會的時間是在下班以後，她是一名家庭「煮」婦，因此無緣參加。到了下學期，我們聚會的時間變成上班時間中的空堂，她自然而然的就成為我們的成員[5]。

除了上述固定的成員外，我還在成員的同意下，邀請某些人「局部參與」行動研究。像在第六和第七次聚會中，大家不斷質疑成員中的任俠讓學生「自主學習」的教學觀點。會這樣，或許是任俠之外的我們因經歷相同的生活脈絡，而共同受到某種不合理的意識型態所制約。在第七次聚會後的自我反省裡，我想到要避免這種情況，可以邀請具有不同生活背景的

5　曹老師為什麼會參與團隊的運作？她在自我回顧中提到：

在參與討論之初，心裡著實有些疑慮和不安，因為從 76 年離開學校以後沒有再進修，加上長期處在較封閉、缺乏互動交流的教學環境中，深怕討論時跟不上大家而影響整個小組的運作。所幸，經過幾次的討論，隨著小組成員的熱誠投入，彼此的接納與回饋，我才沒半途就打退堂鼓。此外，還有幾個決定性的因素讓我更加堅定參與的意願，這些因素包括：

內在因素：(1)覺得這是自己教學接受檢視的機會，也可藉此澄清自己的教學對學生的學習是不是有幫助的疑慮（記得和潘老師討論時他曾經表示：雖然教得很認真，但是不一定對學生的學習真正有幫助……）。(2)想藉機和其他同仁交流、分享教學經驗或班級經營上的做法和心得。(3)想吸收教學新知，對教學做深入的探討，充實改善教學。(4)想尋求志同道合的夥伴，共同創新教學，一起成長。

外在因素：(1)面對家長的質疑和誤解常感到無力，如家長不會想要知道老師怎麼教，卻更關心孩子的作業寫得夠不夠多，考試有沒有考滿分，所以希望能夠透過對教學深入的探討作為澄清家長心裡疑慮和誤解的有力依據。(2)校外有關教學的研習多半不夠深入，無法提供我在教學上實際遭遇到的難題有效的解決之道。如在低年級注音符號教學時ㄥ和ㄣ不易分辨以及聲調第 2 聲和第 3 聲容易混淆的情形如何有效的指導改善？又如如何引導低年級學生提早寫作？(3)社會環境愈趨複雜，教育改革加速在進行，體認到吸收新知改善教學的必要（曹師自我回顧——90/7~91/5，1-2 頁）。

他人參與我們的討論，以提供不一樣的觀點。因此我先徵詢成員的意見，然後在成員的支持下，試著邀請天人教育基金會埔里工作站的黃主任參加下一次的討論。會想要邀請他來參加，主要是認為他在教育上的想法和經驗，可能和任俠之外的我們有所不同。從他的觀點中，也許能激發我們從不同的角度來思考學習與教學。在我的說明與邀請下，黃主任參加了第八次的討論。其實在此一行動研究開始之前，我就曾邀請具有不同教育經驗與背景的他加入，只是他最後沒有依約參與。

又如第十一次聚會結束後，我們找機會與校內的行政人員及相關的教師溝通，並發家長同意書給家長。之所以如此，是因為我們團隊打算在第二學期「共同帶一個班」的決定涉及學校的行政運作、校內的某些教師及家長的意願，必須取得他們的同意才有可能實施。之所以要「共同帶一個班」，一個原因是成員中的三位實習教師感到在其實習的班級缺乏國語、數學的教學經驗，以及實際的班級經營機會。在具體的實施上，我們打算：⑴由我擔任一個班級的導師，大家以此班級作為實踐的對象，以探討班級經營及教學之道；⑵任俠、淑梅及莉雪三位實習老師在原實習班級所上的課，以及被學校所分配到的課都會照上，以爭取實習輔導老師及學校的認同（他們主動表示要這樣做）；⑶由我出面和校長溝通上述的構想，以爭取校長的支持；⑷在取得校長的支持後徵詢同事的意願，看是否有導師願意和我交換科任教師的職務；⑸以三次期中考試為分界，每一次考試期間共同探討一個學科的教學；⑹每個月輪由一人擔任實質的導師，期間，大家亦共同探究班級經營之道。然最後因未取得全部家長的支持（因校長表示只要有一位家長反對就取消）而作罷。

㈡如何邀請？

要如何邀請他人參與行動研究？在實際的行動研究之前，我並沒有想過這個問題。在行動研究的過程中，無論是找可能有意願的、具有不同背景的，或者是與欲實踐的情境有關的人參與，我的做法都是直接聯繫、說明、溝通與邀請。

㈢第一次聚會說什麼？

同樣的，在文獻探討階段我並沒有想過第一次聚會要說什麼？一直到行動研究開始的前夕，這個問題才湧上心頭。在思考之後我擬定四個重點：

⑴為什麼做行動研究？擬告訴成員透過行動研究可以找出自己的思考和行動被不合理的意識型態束縛的地方，然後重建出更合理的想法和行動。也就是說，透過行動研究，可以產生先前經由文獻探討所提出來的理論、專業、教育、理論與實踐結合，以及解放等五個層面的價值（潘世尊，2000a，2000c，2000d）。此外，透過行動研究還可以解決教學上的問題或者是發展某學科的教學模式。

⑵如何做行動研究？擬告訴成員要得到上述的結果，必須循環的進行反省討論、計畫、行動、觀察等活動。首先，這些活動的進行必須由我們大家共同從事才行。其次，在這些活動中，最重要的是要有良好品質的討論，才能得到較好的教育觀點和教學策略。要有品質良好的討論，必須在民主、平等、開放的環境下進行批判。如果沒有民主與平等的關係，就會因為壓迫而無法得到較好的共識。我在教育上的年資雖比較久，但亦會儘量注意此點。除此之外，大家要能自我開放，不要因害怕講出來的話會讓別人產生不好的感覺而不敢表達，同時也不要因為害怕把話講出來會傷害到自己而加以隱藏。再來，必須試著去批判，也就是能夠把別人說法中的不合理之處指出來，然後再對其進行論辯。

⑶我將扮演何種角色？再來，擬告訴成員在一開始我將扮演「引導者」的角色，以協助成員掌握行動研究的相關概念並讓團隊更有效的運作。

⑷成員的任務與權利為何？在任務方面，擬建議成員寫反省日記，把參與團隊過程當中的點點滴滴，如對於團隊運作的感受與想法，或是團隊對本身的影響等事項記錄下來。會這樣建議有如下三個原因：第一，自我反省對團隊的運作相當重要。一方面，它是達成較合理性共識的內在力量；另一方面，當把自我反省的結果提出來後，會促使其他成員進一步的反省與改變（潘世尊，2000a）。第二，透過反省日記的書寫可以促使成員規律、經常的做自我反省。第三，可以從成員的反省日記中擷取相關的訊息，

以在未來較真實、完整的呈現我們這個團隊運作的面貌。

至於在權利上，將告訴成員在行動研究的過程中可以自由決定是否繼續參與或退出。會提出此點，首先是為了要讓成員真的是在有意願的情況之下參與行動研究，其次則是心裡面認為即使團隊的運作中途夭折，我也可以從中找出夭折的原因，以作為自己及他人未來行動研究的參考。

三、行動研究後的檢討

以下，仍然分就「找什麼人參加」、「如何邀請」及「第一次聚會說什麼」這三個層面來檢討筆者先前的做法。

㈠找什麼人參加？

要找什麼人參與行動研究？在行動研究前經由相關文獻的探討，我心中並列三種人選，分別是：其實務構成教育情境且與我的研究工作有關者、有意願從事行動研究者，以及具有不同教育背景或經驗者。但分析我在實際行動研究中的做法，我是把「意願」擺在第一位。這種做法是否適當？又，我為什麼這樣做？以下藉著幾個問題的討論來回答這兩個問題。

1. 成員的意願真的重要嗎？

在分析相關研究的過程中發現，有些行動研究進行得很順利，有些卻推動得備極艱辛，造成此種差異的一個主因是參與的成員是否具有較高的意願參與行動研究。鍾宜玲（1997）的成員是千拜託、萬拜託之後才答應幫忙[6]；謝瑞榮（1999）的成員是透過行政權威的要求成立[7]。結果，鍾宜玲的團隊一度瀕臨解散，謝瑞榮的成員以敷衍的心態參加，並在能夠自由

---

6 鍾宜玲之所以要千拜託、萬拜託他人參與，是因為不想只邀請志同道合之士組成團隊，以擴大行動研究的參與面。

7 謝瑞榮擔任輔導主任，並負責該校七名實習教師的輔導工作，因此就要求他們參加成長團體。除了這個團之外，他亦在校內成立一個以現職教師為主體的成長團體。由於這個團體納入校內教師進修，因此開放學校的同仁自由報名參加。此處所說，是指由實習老師所組成的成長團體。

決定探究的內容後，選擇討論如何理財、星座等和教育不太相關的主題。相對的，在陳淑娟（1999）和蔡文斌（1999）的研究中，都先擬定某種條件，然後請人推薦符合條件並有意願的人選，再邀請對方參加。結果，參與的成員就較為投入，而研究的進行也較為順利。據此，若要讓團隊的運作較為順利，最可靠的策略是找尋可能有意願透過行動研究來促進專業成長的人參加，筆者的想法與做法就是這樣。而在行動研究的過程中，心裡面也一直有一種聲音告訴自己——不強求團隊一定要持續的運作下去。所以在運作的過程中，若成員真的沒有意願而想退出，我認為並沒有關係。因為亦能從中找到團隊的運作會失敗的原因，以作為未來的參考。因此，當郭主任在第一學期運作的過程中有幾次缺席時，我並不會設法要他多參與。但整體而言，我們團隊成員參與的情形可說相當不錯（參表 2-2）。在第三學期開學之初，甚至是由他們主動要求再繼續團隊的運作。

當然，成員的意願並不是他會持續參與及投入的唯一原因。在行動研究的過程中，若覺得沒有什麼收穫的話，原本興致勃勃的也可能變成沒有意願而打退堂鼓。像成員中的任俠、淑梅及莉雪本來都是興沖沖的參與天人教育基金會的教學討論會，但當一再的察覺此種討論只是各說各話並對自己沒有幫助時，就不想再去參加。又如在成虹飛（1996）的研究中，參與的成員都是自願的，但經過一個學期的運作之後，許多成員卻表示實在不想再談行動研究這件事。會這樣，筆者認為一個重要的原因應是成員沒有從行動研究的過程中，得到原先所欲的收穫或啟發。

2. 是否邀請具有不同背景的人參與？

誠然，成員是否有意願相當重要，但如果以其為唯一考量因素的話，有可能產生的第一個問題是：由於成員的成長、求學及教學經驗等背景過度接近，而使得彼此都共同受到某種不合理的意識型態的束縛而不自知。除此之外，具有相同背景成員的想法和行動還可能共同存在著某種不足之處。例如我們團隊第二學期在探究國語科教學時，我提出要試著讓學生學會閱讀的策略及培養學生有關於閱讀的後設認知，但成員卻認為這並不可行。會這樣，我分析出來的一個原因是我以外的他們因沒有聽過閱讀策略及閱讀的後設認知之類的概念，所以會在先前對國語科教學認知的影響之下，排斥剛接觸到的東西。不過，在不斷的論辯、教學、觀察及反省之後，他們變得接受可以以此作為教學的目標之一，甚至認為國語科教學必須如此（潘世尊，2003a：382-444）。

要克服上述的問題，可行之道是找具有不同背景的人參與行動研究。這個想法筆者在行動研究前的文獻探討階段就曾提出來，而在行動研究的過程中，亦不時湧上心頭。不過衡諸整個研究歷程，我並沒有積極的往此一方向去努力，僅有的相關作為只有兩次。

第一次是在團隊成立的前夕，邀請可能具有不同教育觀點的天人教育基金會的黃主任加入，不過他並沒有依約參加。第二次是在第七次討論後，仍然是邀請天人的黃主任。不過，這一次只請他參加第八次的討論。因該次討論的主題與是否讓學生自主學習有關，與我們相比，他因具有不同的教育背景與經驗，所以有可能揭露我們想法中的問題所在。

為什麼在行動研究的過程中，沒有積極邀請具有不同背景的人參與？最主要的原因是沒有實際感覺到有這個需要性和迫切性。不過當沒有這麼做時，從批判理論的角度來講，我們所提出來的想法和做法就有可能存在著某種問題所在或不足之處而不自知。

要說明的是，找具有不同背景的人，不等同於找具有對立觀點的人。在國內由中小學教師所進行的行動研究中，大部分和我一樣，沒有在意識上刻意找具有不同背景的人參與。因此，這是我及其他有志於行動研究的教師須特別注意的地方。

當欲找具有不同背景的人參與時，有兩種方式：其一是像我在團隊成立之前邀請天人教育基金會的黃主任一樣，請其加入團隊；另一種則是在團隊運作的過程中，請具有不同背景的人局部參與團隊的運作（如觀察成員的教學或發言並參與幾次的討論），我邀請天人教育基金會的黃主任參與第八次討論的做法就類似這樣。除了這兩種方式之外，另一種可行的做法是利用書信或電子媒體和具有不同背景的人討論。Hanrahan（1998）在完成博士論文的過程中，並沒有刻意邀請具有不同背景的人組成一個正式的行動研究團隊。他的一個方式是利用信件和支持或反對他的意見的學者溝通，或者是利用網路把自己的想法送上以討論行動研究為主的網站，然後和會進這個網站的人討論。和Hanrahan一起溝通、討論的這些人，他認為構成一個鬆散的社群，並且彼此扮演「批判的朋友」（critical friend）的角色。雖然參與討論的人數時多時少、雖然沒有和研究者面對面的互動，但對研究者而言，他們的意見卻促使他不斷的自我反省。

3. 是否邀請與欲實踐的情境有關的人參與？

當只有以意願作為邀請成員的唯一考量時，可能面臨的第二個問題是：討論出來的想法或行動策略可能沒有辦法落實，因落實此種想法或行動策略所涉及到的他人或許會不同意這樣做。余榮仁（2000）想要透過行動研究解決校內教師評鑑制度的問題，不過他的團隊所提的評鑑方案在臨時校務會議中被否決。會導致這樣的結果，分析起來，一個重要的原因應是余榮仁和團隊以外的校內教師欠缺溝通與討論。因此，若欲改變的行動涉及他人時，必須設法讓其參與團隊的運作，否則所做的決定可能會無法落實。

在行動研究的過程中，我仍然沒有積極的往這個方向去努力。例如在團隊剛成立時，我們的成員裡面有三位實習教師。若這三位實習教師要把討論出來的想法用到實習的班級時，勢必要顧及其實習輔導教師原有的理念與做法。在這種情況之下，最好是請他們的實習輔導教師參與團隊，以共同創造出更理想的教學想法和行動。不過我在一開始就沒打算這麼做，因認為他們可能不會參加，而且認為若邀請他們參加的話，可能會破壞彼此間的友誼。甚至，當覺得討論出來的想法比三位實習教師的輔導老師的想法更能幫助學生的時候，亦不會鼓勵實習教師公開的在班上嘗試。結果，許多想法就沒有機會透過實踐來檢驗其是否真的對學生有幫助。雖然沒有積極的往這個方向去努力，但在團隊運作的過程中也有一次這樣做，即找時間與校內的行政人員及相關的教師做討論，並發家長同意書徵求家長的意見，以落實我們這個團隊想要「共同帶一個班」的想法。

當然，不是說與欲實踐的情境有關的他人溝通，原有的想法就一定能夠實踐。在我們不斷的努力之下，我們想要共同帶一個班的構想最後仍沒有辦法落實。另如成虹飛（1996：67-73）的成員（主要為師院大三的學生）由於對校內安排的實習課不滿，因而希望在團隊運作的第二學期時，教育實習課能由研究者帶領小組的成員自成一班來上，而不必隨著原先所屬的班級上課。由於這個構想牽涉到校內原有實習制度的改變及人事和會計的相關事宜，成虹飛及其成員就分別和教務長、系主任、課務組長、人事主任、系教評會委員及原來擔任實習課的教授溝通，以尋求他們的支持。但最後，仍在系務會議上被擋了下來。因此，即使邀請或是設法與欲實踐的情境有關的人參與討論，原先所討論出來的想法也不一定就能落實。但問題是，如果沒有與相關的人員溝通，更有可能無法實踐大家的想法。

4.是否考量參與者在探究主題上的程度？

在所參考的一些行動研究中，大多數的召集人在探究主題上的背景都強過其他的參與者。就個人所召集、推動的這個行動研究而言（潘世尊，2003a），可說亦是如此。此種「不相稱」的背景往往產生如下的結果：⑴召集人本身在探究主題上的成長有限，變成只是「為了別人好」的人；⑵其他參與者在探究的過程中偏向於請教和學習；⑶其他參與者想法和行動的改變，像是在落實召集者的觀點或認同的理論。而這就是當只有考量意願時，可能面臨的第三個問題。

其實，若召集者能時時反省自我的觀點並引導成員檢討他所持的理論，同時，其他參與成員的思考和行動亦能從行動研究的過程中得到改善，那麼仍符合行動研究強調「改善」及「反省」的精神，並且強弱雙方都有可能從中得幫助。不過若能找一些在探究的主題上較具知識或經驗的人參加，不只召集者，其他的參與者亦將得到更大的成長。陳惠邦、李麗霞（1999）在解決提早寫作教學的問題時，找一些有經驗的教師或專家來「取經」；蔡秀芳（1999）為了要協助合作教師發現教學問題並加以改善，找另一名有經驗的教師及教授組成研究團隊。鍾添騰（2000）要解決國小閱讀教學的問題，則找校內兩名對閱讀教學有經驗及興趣的同仁參與。

就我們團隊而言，在第一次聚會後邀請外校的郭主任參與，因他對我們決定要探討的音樂科教學有很深的研究。不過在探究的焦點轉移後（約第四次聚會後），就沒有再往這個方向去努力。會這樣，主要是因為在當時並沒有清楚的意識到應考量這個因素。因此回顧整個教學探討的歷程，可以說是我提供給成員的多、從成員那邊吸收的甚少，因成員對相關的教學和學習理論不但幾乎沒有接觸，在先前的教學過程中亦缺乏深入的反省。

於此要特別說明的是，可以請程度較好者加入或局部參與團隊運作的說法，並非意指就是請這些人擔任「指導者」。事實上，他們的觀點未必就對。找他們來的主要用意是要對成員原有的想法造成衝擊或者是擴大成員的視野，從而建構出超越原先觀點的想法和行動。

5.是否與他人合力來引導行動研究？

團隊式的行動研究雖標榜每個參與者都是研究者，不過仍以召集與推動研究團隊的那名研究者為核心。道理很簡單，因其他成員可能對行動研究沒有什麼認識或經驗。那，行動研究中的「核心研究者」宜扮演何種角色？依筆者之見，行動研究中的核心研究者宜從「引導者」的角色切入。因為如此，一方面可讓行動研究順利的進行並提升行動研究的品質，另一方面還可以避免讓團隊運作淹沒在由無止盡的挫折所交織而成的巨浪中（潘世尊，2003a：317-332，2003c）。在這種情況下，可考量的一個問題是：是否與他人合力來引導行動研究的進行？

或有會問，這樣做有什麼好處？謝瑞榮（1999）邀請在校內帶領媽媽成長團體的同事組成研究小組，以共同帶領一個成長團體。此小組在成長團體聚會後，會檢討聚會時討論的情形，並提出修正的行動策略以在下次聚會實施。另外，該小組每次帶團時，只有一位擔任帶領者，另一位則負責觀察的工作，以蒐集團體運作的訊息作為檢討的基礎。陳惠邦、李麗霞（1999）的研究則是另一種合力引導行動研究的方式。陳惠邦對行動研究的相關概念甚具素養，因此負責研究的促進和推動；李麗霞對所探究的寫作教學學有專精，所以在此方面的探討承擔更積極的角色。上述合力引導行動研究進行的方式，對團體運作的情形會掌握得更好、對團隊運作過程的檢討可能突破單一研究者思考上的盲點，同時，亦可減輕單一研究者的負擔。換句話說，當只有一個人引導行動研究的進行時，可能受限於個人思考上的盲點，並且所蒐集的資料可能較為有限。因此，它是只考量參與者有否意願時，可能出現的第四個問題。

在組成行動研究團隊之前，我並沒有意識到可以這麼做。不過在團隊運作邁入第二學期之初，則曾邀請成員中的郭主任一起引導我們這個行動研究。會想要這麼做，是因為郭主任基於完成碩士論文的需要，在評估後決定要以我們團隊作為研究對象。由於我對行動研究甚為認同，因此鼓勵他以行動研究，並採用和我合力來引導我們這個行動研究的方式完成。之所以如此，一方面認為可能由於集思廣益而使團隊的運作突破我個人思考上的限制，另一方面則可以分工合作以蒐集更完整的相關資料，從而更能改善團隊的運作及參與成員彼此的想法和行動。不過他最後婉拒我的建議，並決定採用「參與觀察」的方式進行研究。

雖然在先前的行動研究中，沒有實際與他人合力來引導行動研究的進行，但在未來卻值得加以嘗試。在具體的實施上，可邀請對探討的主題有較好程度或對行動研究較有經驗者，合力來引導行動研究的進行。

㈡如何邀請？

誠如上文所述，當把目標設定在改善參與成員的想法和行動時，參與者是否有意願是最重要的因素。那，透過何種方式可以邀請到有意願的人加入？在行動研究前的文獻探討階段，我沒有想過這個問題。在實際的行動研究中，我的做法是先鎖定可能有意願的校內外人士作為邀請的對象，然後設法與其建立初步的關係，之後再伺機向他們簡單的說明自己的構想並邀請他們參與。分析起來，此種方式較可以邀請到符合本身需求的成員，因此應是可以參考的。此外，在參考國內一些行動研究後發現筆者的做法較為單薄，因為還有一些有效或較能適應其他情境的做法：

⑴利用書面說明構想並做邀請。如果沒有預定的人選或是在規模較大的學校服務，可以用廣發邀請函的方式尋找可能有意願的人員參與。成虹飛（1996：15-16）是一名師院教授，他想要和有志於成為「理想的教育者」的學生透過行動研究共同追求理想的教育實踐。為了找尋有此意願的學生，他於學期末課程即將結束之際在班上發下邀請的傳單。傳單裡，簡單的說明研究的性質、目的、特色、參與者的任務、可能的研究結果，以

及團隊能接納的人數等事項，結果約有十名學生參加。黃志順是一名想和校內同事共同追求專業成長的國小教師，他也是利用書面的方式，透過一張小邀請卡邀請全校有志於從事此方面工作的教師參加。最後，有十幾名同事參與行動研究的工作（黃志順等，1999）。

當運用書面的方式進行邀請時，可以針對比較多的對象進行邀請，同時亦不需要先和欲邀請的對象建立關係，因此是一種比較簡便的方式。

⑵請人幫忙推薦。陳淑娟（1999：79）想找一名有意願的教師，共同運用行動研究探究國小的「數學討論教學」。在她研究所同學的推薦下，找到了她同學的一名同事作為研究的夥伴。蔡文斌（1999：60-61）想在新港鄉找一名即將擔任國小三年級「鄉土教學活動」的教師，以共同探究鄉土教學這個主題。在新港文教基金會的幫忙尋找及推薦下，終於找到了一名有意願參與研究的教師。據此，要尋找對探究的主題有意願的教師，請人幫忙推薦是可參考的一個方式，並且這種方式亦較可以找到符合需求的人加入。

⑶在教師集會的場所說明構想並做邀請。游可如（1996：33-34）想找有意願的教師應用並檢討「合作—省思」的數學思考教學模式。他的做法是在某師院附小的教學研究會向教師們說明他的構想並徵求教師的意願，結果有一名教師表示願意加入。

要說明的是，上述策略是可以綜合運用的。高敬文（1999b）想在某師院附小推動行動研究計畫，以協助教師改進教學或行政上的問題。這群教師可以以幾個人合成一組或個別的方式與其合作，然後就選定的主題進行行動研究。為了邀請教師參加，他一方面利用書面的方式說明構想，另一方面則透過座談會再詳細的說明自己的想法並與可能有意願的二十位教師溝通。最後，約有十五個人參與研究。高敬文的做法，就是同時運用書面及公開說明的方式進行邀請。

此外，若在意願之外尚欲找「符合團隊需求」的人參加（如想邀請具有不同背景的、與欲實踐的情境有關的、對探究的主題有較好程度的，或是願意一起帶團隊的人參與），可以優先考慮運用鎖定人選，然後直接聯繫、說明與邀請，或者是請人幫忙推薦的方式邀請，因為這樣子成功的機會較高。

於此，要再檢討的是筆者為什麼會只採用「鎖定特定人選再直接邀請」的策略。回想起來，原因有二：⑴我認為特定人選以外的同事應沒有意願；⑵既然沒有意願，不如只針對特定人選來邀請以免造成同事間的尷尬。其實，特定人選之外的同事未必沒有意願，像一年級的曹老師就表示她其實早就想加入我們團隊，並且真的在第二學期開學之初加入。另，行動研究可能改善本身及參與教師的教學，所以即使公開邀請造成同事間的短暫尷尬亦可接受。況且，未必就會如此。據此，未來在從事行動研究時，可參考如上所提出來的策略來邀請可能有意願參與行動研究者。

㈢第一次聚會說什麼？

當某些人因上述策略的邀請而參與第一次聚會時，要說些什麼？這個問題相當重要，因它關係到受邀者是否願意再繼續參與團隊的運作。不過在實際從事行動研究之前雖曾參閱一些文獻，但卻未思及這個問題。一直到第一次聚會之前，才迫於需要去思考要怎麼做。實際上，我是簡單陳述為什麼要從事行動研究、要如何做行動研究、我將扮演的角色，以及成員的任務與權利。

為什麼要說這些？首先，是要讓成員判斷是否有意願參與此種研究；其次，是要讓成員對行動研究的相關概念有所理解，以讓團隊往後更有效的運作。而從成員中的任俠的自我反省來檢討，當時我所做的陳述似乎沒有什麼明顯的問題，並且能夠引起他繼續參與的意願（潘世尊，2003a：94-95）：

> 在潘老師的解釋後，我決定加入這個我未知的、惶恐的團體。現在分析起來，當時會答應參加是因爲如下幾個理由：第一，……。第二，……。第三，我想要在教學專業上有所成長，而潘老師提到團體行動研究可以藉由團體力量的幫助，創造出新的教學模式，或是解決教學上的問題與盲點。第四，潘老師看起來頗有熱忱，而且表示可以先嘗試看看，如果將來不願意參加，隨時可以退出。

對可以自由選擇這點，我相當心動。第五，潘老師一再強調絕對不是強迫的，而且願意負責大部分的文字記錄工作，讓我覺得很舒服。因爲除了參與討論與自行反省的時間外，我並不需要多負擔額外的責任。

陳惠邦在其推動的行動研究第一次聚會時，亦闡述「教師為什麼要做研究」及「教師如何做研究」這兩個問題，不過他是以專題演講的方式為之。依陳惠邦自身的陳述，他在一個小時的報告中，不知不覺的搬出了許多的學者和學術用語，讓在座的國小老師一臉嚴肅、噤聲不語。就連他的研究夥伴也在日記上寫到，聽陳惠邦談馬克斯、解構、建構、專家教師地位、顛覆等名詞，感覺到害怕與強烈的不安，因為這些就像是一團紫色迷霧一樣，令人似懂非懂（陳惠邦、李麗霞，1999：15-16）。據此，在說明行動研究的相關概念時，宜以淺顯易懂的用語為之。

雖然我的做法似乎沒有問題，但在進一步檢討之後，發覺之前的想法或做法仍有改進的空間：

⑴在第一次聚會中，宜加入「什麼是行動研究」的說明。這個想法是受到高敬文（1999b：49）研究的啟發。他在舉行座談會向可能參與的教師說明自己的構想之前，先以「參與計畫說明書」做邀約。在該計畫書的前段，就述明了行動研究的意義。從此點我想到在第一次聚會向成員說明時，至少要先讓成員大略知道什麼是行動研究，才繼續說明為什麼要做行動研究。

⑵沒有慮及向受邀者說明往後可以隨時退出這一點，對團隊的成立有什麼重要性？我之所以會一再的向成員說明每個人隨時都可以退出，主要是認為成員必須有意願才會用心的參與。當真的沒有意願時，勉強他繼續參與也沒有用。不過從任俠上面所說的那段話和下面另一名成員淑梅的話中可以發現：心裡面感覺到能夠自由選擇是否繼續參與，是促使他們參與團隊的一個原因之一（潘世尊，2003a：95）：

第一個是，一開始到一個新的環境，沒有國小的教學經驗，連代

> 課的經驗都沒有，所以想要從團體中，去摸索該如何教學。第二個是覺得之前在補習班太封閉，都是自己摸索，然後再修改，摸索的時間太長，如果大家一起的話，成長速度會比較快。……還有就是覺得不想要可以退出，感覺上沒有壓力。

或許，沒有向他們說明往後可以隨時退出，他們也會因追求專業成長的心而答應參與團隊的運作。不過，當這樣說了以後，卻可以讓他們因為了解自己的權利及心裡面感覺到沒有壓力、感覺到很舒服，因而更願意參與行動研究。

伍、團隊聚會時間的安排

團隊聚會的時間要如何安排？以下，仍先說明筆者個人在行動研究前的想法，然後說明在實際行動研究過程中的實際做法並加以檢討。

一、行動研究前的想法

有關於團隊聚會時間的相關問題，在實際從事行動研究之前並沒有思考過。心中有的，僅是大約一個禮拜聚會一次的想法。為什麼會這麼想？意識上並不太清楚。至於聚會的時間要定在什麼時候才對團隊的運作較為有利，亦沒有想過。

二、行動研究中的實際做法

就第一學期而言：我們團隊第一次聚會是星期三下午，約從下午一點三十五分開始。該次聚會結束後，在我的提議下大家決定往後亦利用星期三下午的一點半聚會，而如果該時間學校舉辦週三進修的話，則在進修結束後開始討論。不過在第一次聚會後的隔週學校就舉辦校內研習，教導主任並於研習即將結束之際宣布：實習老師們必須利用每個星期三下午配合學校進行課程統整的探討。也就是說，我們原先規劃的時間變得不可行。在與成員磋商後，我們將聚會的時間改在星期五下午學生放學後開始（學生約四點十分放學）。接下來，第二和第三次聚會都於此一時間進行。不過在第三次聚會中，成員們又想出一個較好的時間，即星期二下午學生放學後的時間（學生亦約於四點十分放學）。因在星期五聚會有一個缺點，即住在外縣市的成員可能要回家鄉，並且許多活動及旅遊計畫也常會排在禮拜五。因此，我們就將聚會的時間加以調整。

至於在頻次上，第一到第五次聚會我們每週聚會一次，之後改為兩週聚會一次，若碰到學生考試之類的重要活動則順延一週。因此在第五次聚會後，我們約兩到三週聚會一次。會改變一週聚會一次的做法是起於我的提議，因我發現要把討論中的對話轉譯成逐字稿必須花費四、五天的時間，如此成員並沒有足夠的時間透過對逐字稿的閱讀來反省自我先前的想法及檢討他人的觀點。

就第二學期的運作來說：在第一次聚會，我們決定要以星期二下午大家都有空堂的時間聚會，時間是從一點半開始。一開始我們又變成一週聚會一次，不過在第四次聚會後我又察覺到和上學期相同的問題，即成員並沒有足夠的時間透過對逐字稿的閱讀來反省自我先前的想法及檢討他人的觀點，因此我又建議改成兩週聚會一次。在這種情況下，從第五次聚會開始我們變成二到三週聚會一次。

三、行動研究後的檢討

或有會問，團隊聚會的時間宜如何安排這個問題，真的需要如此大費周章的討論嗎？如前文部分所述，團隊聚會時間的安排和行動研究目的的達成有關。因此，要回答「是否值得」這個問題，要從行動研究的目的著手。那，行動研究的目的是什麼？

其實，行動研究的目的究竟為何，目前學者間的看法亦相當紛歧（Viviane, 1993; Watkins, 1999）。為了釐清這個問題，筆者曾加以探討，並且得出行動研究是以「改善參與成員彼此的想法和行動」為核心目的的想法（潘世尊，2003a：236-249）。要達此目的，參與成員必須交互的揭露自身內在價值與信念體系中的問題所在，並進一步的重組出新的價值與信念體系。當價值與信念體系重組後，教學想法和行動就會跟著改變。要做到這樣，參與成員協同進行反省是不可或缺的方法。因為如果沒有反省，問題不會被揭露，重組和改變也不會發生。因此，不同學者對行動研究的方法雖然看法不一，但卻可以抽取出反省這個基本要素。據此，在行動研究的過程中，參與成員協同進行反省可說是必須要做的一件事情。在這種情況下，不得不面對的一個問題是：協同反省的時間宜如何安排，才較能夠協助參與成員釐清及解決彼此想法和行動中的問題所在？

分析筆者個人在實際行動研究中的做法，有關於聚會時間的安排可分成「聚會的頻次」及「聚會的時點」這兩個向度。因此，以下就分就這兩個向度做進一步的檢討：

㈠聚會的頻次

就筆者所推動的這個行動研究而言，是在團隊運作的過程中逐漸發展出聚會的頻次——約兩週聚會一次。此種做法與頻次是否適當？

鍾宜玲（1997：111）在其行動研究小組成立後，因擔心所蒐集的資料會不夠，所以在第一次聚會經成員同意，把原訂聚會的時間由兩週一次改為一週一次。很明顯的，那個時候她對聚會頻次的考量是「所蒐集的資料夠不夠理解行動研究運作過程中的種種事項」。這種做法筆者並不認同，因聚會的目的是要協助參與成員揭露並解決彼此想法和行動中的問題所在，而非讓研究者蒐集夠多的資料以完成其「理解」的目的。因此，在考量聚會的頻次時，必須著重於是否能夠協助參與成員揭露並解決彼此想法和行動中的問題所在。那，要如何才能做到這樣？

由於行動研究的進行沒有固定的流程（潘世尊，2003a：267-280），因此必須配合團隊實際的運作型態、所從事的活動或需要來安排及調整聚會的時間，不宜在研究之前或研究的一開始就將聚會的時間定死。像我們團隊本來是一週聚會一次，但為了讓成員有足夠的時間從事分析及自我反省的工作，就將聚會的時間拉長為兩週一次，而若碰到學校有重要活動的話則跟著順延。

據此，團隊聚會的頻次宜從行動研究運作的過程中逐漸發展出來，而一週聚會一次的頻次可能太過。不過，若每次聚會相隔的時間太長的話亦不適當（如四週）。在許文勇（2001）的研究裡，他讓參與的教師每個月利用一次週三下午進修的時間開會討論。這種隔一個月聚會一次的做法筆者就認為太長，因為實際的行動研究經驗顯示一個教學問題的探討常常要花很長的時間，若一個月只聚會一次，那麼一個學期只聚會四到五次，如此要探究出比較深入的東西恐怕會有困難。況且，當時間相隔一個月時，每個成員可能透過行動、觀察或反省提出了相當多的問題而難以在一次聚會中消化。另外，還有一種可能的問題是因聚會的時間相隔太長而使得成員參與的熱度降低，並且忘了他本來是想要探討哪些問題。

因此在從事行動研究的一開始，可約略以兩週聚會一次的頻次開始，之後再視實際的運作情況及需要做調整。因為每次聚會相隔時間太短的時候（如一週），如上所述，成員將沒有足夠的時間反省自我先前的想法或是分析他人的觀點。況且，在聚會之後可能要進行實踐或是觀察等活動，而在實踐或觀察之後又須整理相關的資料，並且其他成員亦須對所整理出來的資料加以反省或分析，以作為進一步協同反省的基礎。因此，時間太短的話根本就不足夠做這些工作。

綜上所述，我們在團隊運作的過程中逐漸發展出聚會頻次（約兩週聚會一次）的做法應可參考。而在行動研究之初可從兩週聚會一次開始再視情況調整的觀點，則是在行動研究後的檢討才提出來。

(二)聚會的時點

之所以要討論何時聚會這個問題，另一個重要的原因是它和成員是否願意持續參與行動研究有密切的關係。以我們成員中的曹老師為例，她在第一學期之所以沒有參與，就是因為我們聚會的時間她必須回家善盡媽媽及家庭「煮」婦的角色。

就筆者所推動的這個行動研究而言，在何時聚會是經由大家共同協商之後才決定的，並且還會視成員的需要及外在環境的變化而調整。像第二學期團隊決定把聚會的時間改在星期二下午，就是因為該時段大家都變成有空堂。分析起來，這樣的做法並沒有問題，因此應是可以參考的。雖然如此，仍有其他不錯的做法可供參考，像許多研究者（如高敬文，1999b；鍾添騰，2000；謝瑞榮，1999）就把行動研究和教師本來就必須參加的週三進修相結合。鍾宜玲（1997）及筆者本來也是要這樣做，只是沒有得到行政人員的支持。這樣做的好處是可以吸引較多的教師參與行動研究，因為週三下午本來就要參加進修的活動，既然如此，何不選擇自己有興趣的行動研究來參與。因此在推動行動研究的過程中，可以設法使聚會的時間和週三進修相結合。

陸、結論與建議

本文的主要目的在探討和行動研究的開始、推動及參與者有關的一些問題，包含：什麼時候開始行動研究？找哪些人參與行動研究及如何使其參與？團隊聚會的時間如何安排？經由相關文獻的探討及對筆者自身所從事的一個行動研究的反省，本文得到如下的「暫時性結論」：

首先，什麼時候開始行動研究？筆者認為如下三種情況都可以開始：⑴面臨具體的問題；⑵感到有問題，但問題究竟為何還須釐清；⑶尚未感到有問題，但有改善現況的意圖。因此，只要有改善教學的一顆心，就可以透過行動研究以釐清自身想法和行動中的問題所在，未必要在遇到問題後才開始。

其次，找哪些人參與行動研究及如何使其參與？若目標是改善自我在內的參與成員的想法和行動，並且欲讓行動研究的運作較為順利，最可靠的策略是找尋有意願的人參加。若要避免成員共同受到某種不合理的意識型態所制約，最好邀請具有不同背景的人參與。方式上，可以請其加入團隊或局部參與行動研究的運作，或是利用書信或電子媒體與其討論。若欲改變的實踐涉及他人，宜邀請相關的人員參與。在方式上，可以請其加入團隊、在需要時請其局部參與團隊的運作，或者是設法與其溝通，否則所欲的改變可能無法落實。若欲使行動研究的運作對自身及參與成員產生更大的幫助，可邀請對探究主題較具知識或經驗的人加入團隊或局部參與團隊的運作。最後，若欲使團隊運作突破個人思考的限制並蒐集更完整的資料，可邀請他人合力引導行動研究的進行。

若欲尋找並邀請具有意願的人參與行動研究，可單獨或混用如下四種策略：⑴鎖定人選，然後直接聯繫、說明與邀請；⑵利用書面說明構想並做邀請；⑶請人幫忙推薦；⑷在教師集會的場所說明構想並做邀請。此外，若在意願之外尚欲找符合需求的人（如具有不同背景的、與欲實踐的情境有關的、對探究的主題有較好程度的，或是願意一起帶團隊的人）參與，可優先考慮如下的方式：⑴鎖定人選，然後直接聯繫、說明與邀請；⑵請人幫忙推薦。

當受邀者參與第一次聚會時，可針對如下幾點做說明，以讓受邀者判斷是否願意繼續參與團隊的運作，並協助其了解行動研究的相關概念，以讓團隊往後能夠有效的運作：⑴什麼是行動研究？⑵為什麼要做行動研究？⑶要怎麼做行動研究？⑷自己將扮演何種角色？⑸參與者有何任務和權利？

在說明時，宜以淺顯易懂的話語為之。此外，在說明參與者的任務與權利時，可以強調現在和往後都可以自由決定是否繼續參與，以確保參與者真的都是自願的。

最後，團隊聚會的時間如何安排？由於反省是行動研究必定要進行的活動，所以團隊須安排聚會的時間以協同的進行反省。

在「聚會頻次」的安排上：最重要的是必須以是否足以協助參與成員揭露並解決彼此想法和行動中的問題所在為考量。此外，還須配合團隊實際的運作型態、所從事的活動或需要來安排及調整，不宜在研究之前或研究的一開始就定死。不過在從事行動研究之初，可約略以兩週聚會一次的頻次開始，之後再視實際的運作情況及需要調整。

在「聚會時點」的安排上：最重要的是須經大家共同協商之後才做決定。不過為了提高教師參與的興趣，可設法使聚會的時間和週三進修結合。

值得提出的是上文指出在行動研究的過程中，可考慮邀請具有不同背景、與欲實踐的情境有關、對探究的主題有較好程度，甚至是願意一起引導行動研究的人參與。若一定要這樣做的話，那麼參與者至少要有四、五位才行？問題是非要如此才能把行動研究做好嗎？游可如（1996）與陳淑娟（1999）雖然都只與一名教師共同從事行動研究，但卻都提出頗值得參考的數學教學模式或教學策略。更有甚者，有些人單憑己力就做出不錯的行動研究。因此，未必一定要備齊上述人馬才可以展開行動研究。上述結論是要提醒若要提升行動研究的品質，可以考慮從上面幾個方向思考行動研究的參與者。其中，最重要的仍然是有沒有意願。因為當沒有意願時，一切都是枉然。

Carr 和 Kemmis（1986）認為社會情境的構成者都須參與行動研究，因為：(1)他們的思考和行動可能受到某種不合理的意識型態所束縛；(2)所得到的共識才較有可能落實從而改善實踐。依此推衍，不管有無意願或有無改善現況的一顆心，教育情境的構成者（如教師、校長、行政官員、家長、社區人士、書商）都須參與行動研究，並且須立即且時時進行。此外，由於生活在相同脈絡的社會情境的構成者可能共同受到某種不合理的意識型態所束縛，所以宜邀請具有不同背景者加入。很明顯的，這與「以意願為先」，再視需要邀請相關人員參與的結論有所差異。會這樣，是因為筆者的興趣在於如何透過行動研究來改善自身及有意願的參與成員的想法和行動，而沒有如 Carr 與 Kemmis 那樣的意圖。因此在參考上述的結論時須注意此點，而有興趣者亦可以探究如何使社會情境的構成者參與行動研究，以深化 Carr 與 Kemmis 上述的觀點。

總的來說，本文探討的問題雖然看似微不足道，但和行動研究的推動、持續運作及探究品質密切相關。不過衡諸國內現有的專書發現（吳明隆，2001；吳美枝、何禮恩譯，2001；夏林清等譯，1997；秦麗花，2000；陳惠邦，1998；蔡清田，2000a），甚少對這些問題系統的加以探究。因此，有志於行動研究者可以參考本文所提出來的一些觀點。不過在參考時須以批判的態度為之，視本身所從事行動研究的特性來選用或加以調整後引用，因每個行動研究的情境都不相同。而就是這樣，才稱本文所得到的結論為「暫時性結論」。

或有會問：本文以自我反省為方法，反省結果對他人而言是否有參考價值？另，本文所探討的僅是粗淺、簡單的技術問題，如此是否有學術價值？就第一個問題而言：就如同批判理論所言，生活在相同脈絡下的人們可能共同受到某種意識型態的制約，因此自我反省後所揭露潛藏於筆者先前行動研究過程中的問題，亦可能在其他人的研究中出現。而分析國內許多行動研究發現（王玉敏，2001；何縕琪，1999；林碧雲，2001；許文勇，2001；陸朝炳，2001；彭麗琦，2000；謝瑞榮，1999），許多研究者亦如筆者一樣沒有考量到相關的問題。若是如此，它就有參考的價值。就第二個問題來說：⑴即使這些是粗淺、簡單的問題，但若沒有思考到，就不知道考慮這些能提升行動研究的品質，甚至不知如何開始行動研究。⑵雖然本文所談的是技術層面「如何做」的問題，但卻一再分析「為什麼」要如何或不宜如何做。「如何」的問題屬於方法的層面，「為什麼」則是方法論的範疇。換句話說，本文所論述的層次應並不僅只於技術的層面。

第六章

行動研究的主題——一些問題與討論

壹、前言

Altrichter 等人（夏林清等譯，1997：50-88）將有意願從事行動研究者分為三類：第一，心中已有特殊、具體且迫切需要關注的問題；第二，心中感到許多問題，但問題究竟為何還不具體；第三，尚未感到問題，從何處開始尚未有想法。為協助第二、三類之行動研究者，他們提出許多「澄清研究起點」的策略。若加以歸納，包含透過自我反省、與他人討論、蒐集和分析與情境有關之資料、行動及分析行動等策略來發現值得探討之問題。此外，蔡清田（2000a：109-132）對於如何形成行動研究的問題亦在參考 Altrichter 等人（1993）、Kemmis 和 McTaggart（1982），以及 McNiff 等人（1996）之著作後有詳細分析；有興趣之讀者可參上述著作。本文所要探討的是由筆者自身的行動研究經驗（潘世尊，2003a）所引發的一些問題，包含：

⑴行動研究探究的主題讓參與者共同決定嗎？

⑵更換或重定主題是否適當？

⑶種種被參與成員視為理所當然的教學想法或行動能否作為主題？

⑷探究的主題是否每次聚會都更換？

因此，方法上，本文主要是反省筆者自身在該行動研究中的思考與行動。在架構上，先陳述筆者在行動研究前的想法，再說明筆者於行動研究中的實際做法並加以檢討。

此一行動研究由筆者所推動，目的在改善自我及參與成員對教學及行動研究的認識。換言之，筆者是想揭露及解決潛藏於自我及參與成員想法和行動的問題，而非已經面臨某種問題並希冀透過行動研究來解決。參與此一行動研究的成員主要有五位，分別是於本校實習的三名實習教師（任俠、淑梅、莉雪）、本校一名一年級教師（曹老師），以及外校的一名男主任（郭主任）。研究持續的時間約一個學年又半個學期（約從民國 89 年 9 月至民國 90 年 12 月中旬）。在從事這個行動研究的過程中，除了探討「行動研究的主題」之外，我還關注其他層面的問題，例如如何組成行動研究團隊、宜以何種方法與態度進行反省、行動研究中核心研究者宜扮演何種角色等。這樣做，是要較全面的探究行動研究，以發展能夠提升行動研究品質的觀點[1]。

貳、行動研究前的想法

在從事行動研究時，要如何形成探究的主題？當時的想法有：

⑴可以以「種種被教師視為理所當然的教學想法和行動」作為探究的主題。

⑵可以以「某學科的教學觀點」作為探究的主題。

⑶可以以「教學上的問題」作為探究的主題。

會認為可以以「種種被教師視為理所當然的教學想法和行動」為主題，是受到 Carr 和 Kemmis（1986）所說，必須針對種種被教師視為理所當然的想法和行動加以批判的觀點所影響，因認為其可能受到不合理的意識型態系統的扭曲而潛藏著某種問題所在。

會認為可以以「某學科的教學觀點」為主題，是從先前的行動研究經驗中察覺，當以某學科的教學作為探究的主題，並循環的進行反省、計畫、行動、觀察之類的活動時，有可能發展出一套教學觀點以在未來供自我及他人參考。像筆者在第一次的行動研究中，就發展出一套可用於人數較少班級的國小數學教學模式和教學策略（潘世尊，1997）。在第二次行動研究後，又在先前發展出來的教學觀點的基礎之下，建構出可用於不同班級

---

1 此一行動研究的其他資訊，可參第二、五章的說明。

及教材特性的數學教學模式和教學策略（潘世尊，2000b）。

至於會認為可以以「教學上的問題」為主題，主要是因為最早接觸到的相關論述如此說（如張世平，1991；陳伯璋，1990：158），自然而然的就把它接受下來。

值得提出的是究竟要以何者作為主題，筆者當時認為應由參與行動研究者共同決定，才會符合彼此的需求而願意投入行動研究的運作。此外，每個成員都是平等的，團隊探究的方向應由大家共同決定。

參、行動研究中的實際做法

筆者所推動的這個行動研究，是如何形成探究的主題？

一、發軔——淑梅音樂教學的問題

在第一次聚會，我依先前的構想向成員提出可以從如下三種方向中選擇一種作為探究的主題：⑴某學科的教學觀點；⑵學校之內，種種被大家或我們視為理所當然的教育現象或教育活動；⑶所面對的教學問題。

就第一個方向而言，雖然大家認為不錯，但因彼此教學的科目並不相同，要做到這樣並不容易，因此就沒有成為我們努力的方向。

就第二個方向來說，實習教師中的淑梅說如果我們討論出來的結果和她的輔導教師的做法不同，則討論出來的結果也會沒用。當時我心想若依 Carr 和 Kemmis（1986）之見，淑梅他們的實習輔導教師也應參與行動研究，才較能避免探討出來的觀點無法落實的問題。不過基於我和他們多年的同事之誼，我認為他們應該不會參加，所以就沒有向他們提出這個想法。結果，這個取向也暫不考慮。

至於第三個方向，淑梅說她覺得自己的音樂教學有問題[2]，例如學生上課時有不參與的情形，並且向她說不想學音樂。淑梅說完後，莉雪也說她對音樂教學有興趣。之後，我徵詢任俠的看法，任俠亦表示他也想要探討音樂科教學。既然他們似乎都對音樂教學有興趣，我就順從其意。淑梅在音樂科教學上的問題，就成為我們一開始探究的主題。

雖然如此，我仍依對行動研究的了解告訴他們：以後不見得就一定要這樣進行下去，在未來，仍可以視我們的需要加以調整。另，我還建議成員是否要觀察淑梅的教學以揭露其音樂教學其他可能的問題所在，因有些問題教學者本身可能亦沒有察覺。希望藉此，對其音樂教學更有幫助。結果，任俠和另一名成員莉雪主動表示他們有時間及願意做這方面的工作。

第二次聚會的一開始，任俠就報告他觀察淑梅的幾個教學問題。在我以「一時不議二事」的原則引導下，成員針對他所報告的第一個問題（淑梅在音樂教學的過程中，學生呈無政府狀態）進行討論，並先後提出幾個解決策略。在聚會之末，我徵詢成員是否要試驗其效果。當時的想法是可以透過試驗來揭露潛藏於所提策略中的問題，以作為進一步反省及調整的依據。結果，任俠表示願意試試看。

在這種情況下，第三次聚會理應針對任俠實踐的結果加以檢討，不過由於忘了此點，因而在該次聚會前苦思會中宜探討什麼問題？在第二次聚會後的自我反省中，我察覺到參與成員彼此的教學想法及第二次聚會中的討論存在著某些問題。此一察覺，讓我想到可以引導成員在第三次聚會的一開始，對之前的討論方式及彼此的教學想法加以檢討，以找出值得繼續探討的問題。而在我的引導下，任俠與初加入且專長音樂教學的郭主任先後表示上次討論只在意尋求解決問題的策略而忽略問題的成因。因此，我們決定轉而思考為什麼學生會因為不想學而呈無政府狀態？由於成員中的郭主任對音樂教學甚負素養，因而此次討論中，他提出了許多可以使音樂教學與學生的生活經驗相結合，進而提升其興趣的具體實例。

2　淑梅除了在二年級實習之外，亦擔任四、五、六年級的音樂教師，另兩位實習教師同樣有負責實習班級之外的課。

此外，該次聚會之末，在莉雪的提議下，我們共同討論往後探討的方向。過程中，大家「各自表述」自身關注的焦點。總的來說，成員所提出想要探討的問題仍圍繞在音樂教學這個大方向上：

郭：學生一定要學什麼這個是不是下禮拜再說……

我：另外一個就是淑梅那個音樂教學評量的問題[3]……

淑：我能不能再加一個，老師本身的那個（任俠：課程設計的能力如何），對，如何培養？

我：我們可以就你比較有興趣的問題回去想一下，像第一個問題，就是到底學生要不要學音樂、音樂要學什麼的問題，事實上這個問題困擾了我好幾年……

郭：現在一個就是教師如何提升課程設計能力那個嗎（莉雪：對），一個就是評量的部分，還有一個就是（莉雪：基本能力，學生基本能力），學生一定要學嗎（任俠：學生到底要學哪些東西）？就是教育的本質〔莉雪：（笑著說）一定要學〕……

雖然我們提出幾個想要探討的問題，但第四次聚會並沒有真的對它們加以探討。會這樣，是因為我在第四次聚會的一開始，除了提示大家可針對上次聚會之末我們所提想探討的幾個問題加以討論之外，還告訴成員亦可依實踐及反省的結果檢討之前我們所得到的教學共識，以深化探究的結果。會這樣，是因我在第三次聚會後的自我反省中，發現該次聚會忘了針對任俠實踐及其自我反省的結果加以檢討。

成員的選擇是後者，不過在討論的過程中，我始終覺得他們並沒有依實踐檢討、調整先前所得到的「共識」（即第二次聚會中被不同成員提出來的教學策略）。為什麼這樣覺得？我當時的想法是在第二次討論，我們

3 淑梅在討論過程中提到，學生只在意成績和排名，但她不喜歡這樣。因此，我認為她可能想要探討這個問題。

得到一些如何處理學生失序的策略，這些策略可說是當時的共識。若在此種共識的引導下去行動，然後根據行動的結果修改先前的共識，就會發展出愈來愈合理且愈能幫助學生成長的共識。要做到這樣，成員須依實踐檢討先前討論出來的教學策略，然後再把自我反省的結果提到協同反省中討論，以去除自我反省中的問題所在。不過，我覺得任俠的發言始終沒有依其行動的結果檢討、調整先前討論出來的教學共識。同樣的，其他成員的發言亦是如此。因此，就不斷引導他們往我所認同的方向去討論，但他們發言的方向卻始終沒變。

當我不斷引導成員依實踐檢討我所謂的共識時，成員的發言涉及班級文化、同儕關係、轉學生及特教生等多個層面和課堂失序之間的關係，並論及何以先前所提出來的某些策略為何會沒有用。此外，任俠還偶爾離題談及他的一些教學經驗。或許是因為覺得討論失去明確的焦點，或者是感到談的方向不符合自我的需求，郭主任提議是否要縮小焦點並訂出明確的主題，任俠則跟著提出先訂定幾個主題，然後一週更換一個討論主題的建議。他們的提議我並不太認同，趁著成員討論到其他話題的時間，我把心中的想法加以釐清和整理：

首先，如果照任俠的意見來做的話，團隊運作將變成只是在討論，而不是循環的進行反省、計畫、行動及觀察等活動。此外，這種方式還將形成討論過後就算了，以及許多問題沒有解決就換其他主題的局面。

其次，我們團隊的運作並不是沒有主題。在第一次聚會，我們就決定探討音樂科教學。先前的討論及此次所提到的班級文化、轉學生、特教生等原因，都是圍繞在何以音樂教學中學生會呈現失序狀態的這一個問題。

第三，團隊運作至今的經驗讓我覺得此時不宜明確的訂定未來要探討的主題，因為：

⑴想探討的主題可能在討論的過程中才逐步發展出來。比如說我們這個禮拜原本要討論的那幾個問題[4]，在上次聚會之前我們也不知道需要討論

4　指第三次聚會之末，大家所提出來想要探討的，為什麼要學音樂、音樂課學生要學什麼等問題。

它們。因此不用刻意的再訂定待探討的問題，在團隊運作的過程中，大家想探討的問題自然就會浮現。

⑵在行動研究的過程中，必須時時依實踐的結果修正或重組原先的想法。也就是說，某一主題會不斷的被提及和討論。因此，不宜明確劃分哪一個階段要探討什麼問題、另一個階段又要探討什麼問題。如此，才能持續的依實踐的結果修正或重組先前討論出來的想法。

⑶我們尚未清楚知道我們到底想要探討什麼，因此不適合明確的定出這個階段要探討什麼、下個階段要探討什麼。

在稍微釐清及整理好自我的想法後，我趁機把討論的焦點拉回到是否要再確定主題上面，因為這個問題還沒有解決。我約略把上述的想法表達出來，他們的回應是，會做此種建議，一方面是擔心問題不斷的衍生，但卻沒有針對某個焦點深入探討；另一方面則考量到我們所擁有的能力和時間並不允許我們逐一深入探討每個問題：

郭：……我提這樣的一個想法就是說，我有一點擔心我們會不會變成，就是我們的問題愈來愈多？愈積愈多，當然我們比如說，我們上個禮拜那三個問題，……我們要排入這一個議程，可是又延伸出其他的問題出來，或是說發現到新的問題，就一直往後、往後這樣，會不會一直累積新的問題這樣？

任：（笑著說）甚至就會毫—無—結—論……

郭：另外一個，……比如說我們現在是有好幾個重點在做喔，然後每一個重點都好像還滿重要的，那會不會就是說，因爲……一個就是時間上的關係，另外一個就是說我們本身能力上的關係，會沒有辦法同時很深入的去做，就是說失序，或者是說教學方法，或興趣這樣，就沒有辦法……

任：就跟我們之前寫論文一樣，我們老師一直要求我們要focus，一直切嘛（郭：嗯），切到說，好，你就做這一段就好，你就不要做太多……（郭：嗯嗯），對啊。像我們之前不是談教師基本素養，這每個東西都是一堂課、一門課ㄟ……，一

> 個學期的課，甚至是上下學期的，對啊，那我們怎麼能去討論得很深入？……我是覺得我也贊成要找主題……

在他們說完後，由於覺得整個氣氛似乎偏向於要再訂定主題，因此就接著問他們要怎麼找主題比較好？結果，莉雪和任俠先後提出可能的方向。對於莉雪的提議，我覺得不可行並表示看法；任俠的提議，因為在討論的當時沒有聽清楚他的建議，因此沒有給予明確的回應。結果，是否要再訂定主題的提議就不了了之。

事實上，當成員從行動中察覺何以所運用的策略會沒有用，或者是發現學生之所以失序的新原因時，表示他腦海中的想法已產生了重組。只是說，他所做的重組沒有和我所謂先前討論出來的教學共識做聯結。事實上，他也不可能做此種聯結。因我所謂先前討論出來的共識其實是我歸納、統整成員於第二次討論所提出來的教學策略，它們根本就不是共識，所以並沒有進到成員的腦海之中成為支配他們思考和行動的「行動理論」（theories of action）[5]。如此，他們的反省自然就不會對這些「共識」加以檢討和調整。

不過，這個道理在第六次聚會後才領悟出來。因此，在第五次聚會，我又不斷引導成員依實踐及自我反省的結果檢討、調整先前我們討論出來的「共識」。因我在第四次聚會後，不斷思考何以成員無法依實踐檢討及調整共識的原因，並想到了幾點改善的策略。而這讓團隊的氣氛愈來愈沉重，任俠甚至說在參加這次聚會之前，他實在不知道到底要說什麼、聽什麼。在這種情況下，為了讓團隊能夠持續的運作下去，我立即放下引導成員依實踐檢討先前共識的想法，並轉而接受成員再確定探究主題的提議，因郭主任再度提起是否要再重新訂定探究的主題。

在一番討論後，大家還是決定以音樂教學作為探討的主題。因此，我提議是否要開始探討我們之前想談的「音樂教育本質」的問題。此時，郭

---

5 「行動理論」（theories of action）是由 Argyris 和 Schön（1974）所提。他們認為，人們的思考和行動受到其腦海中的行動理論所支配。

主任表示想先把剛才沒討論完的、班級文化與學生失序間的關係的問題談清楚。而在我們討論完該問題後，任俠又提出想先談他對體育教學的看法。也就是說，雖然決定要探討音樂教學，但實質上卻沒有這樣做。並且，一直到我們的行動研究暫時結束，都沒有再針對音樂教學進行探討。

二、轉移——任俠的教學觀

從第六次聚會一直到第一學期結束，我們團隊探究的焦點可以說主要受到任俠的實際教學與教育觀點的影響。像第六和第七次聚會，我們主要針對他讓學生「自主學習」的想法做討論。第八次聚會，除了繼續探討和讓學生自主學習有關的想法之外，還針對他引導學生解決自然科教學上的問題的做法加以探討。第九和第十二次聚會，我們針對建構主義的相關論述做討論，並進行兩場教學演示與檢討。會這樣，是因為他在引導學生解決自然科教學上的問題時，受到建構主義相關論述的影響。值得說明的是第十次聚會之前，我針對任俠「自主學習」的相關想法加以討論，並以文章的形式提出了一些看法。其中某些觀點有些成員並不認同，所以在第十次聚會中就提出來對我加以質問。因此，該次聚會雖是針對我的教學觀點做探討，但仍起於任俠的教學想法。

我們團隊在這段期間會以任俠的教學想法作為探討的主軸，主要是因為他投入相當多的時間做自我反省與教學嘗試，並每每於聚會的一開始，就勇於將反省及實踐的結果在討論中公開呈現。而由於他的觀點與做法常與其他成員有很大的差異，使得當他把自我的想法與做法公開呈現後，自然就成為成員質問與論辯的對象。

三、確立——低年級國語科教學

值得提出的是在上述第一學期的運作過程中，我們往往無法得到共識，然後透過計畫、行動、觀察及反省等活動加以調整，進而建構出更合理性的教學觀點。何以如此？我在第八次聚會後想到，我們團隊是因為「沒有共同做一件事」（如安排校外教學參觀或校慶活動），所以不需要得出某種共識以讓事情能夠進行。換句話說，不管他人的觀點如何，回到教室後，每個成員仍可以依自我所認同的想法來教。在這種情況下，我們自然不會對所探究的問題加以徹底釐清以形成共識。而即使成員心中的教學想法相同或相似，我們也不會知道，因我們不需要把想法轉化為具體的行動以共同從事某一件事。因此，要徹底釐清所探討的問題並形成共識，然後再透過計畫、行動、觀察及反省等活動以建構更合理性的教學觀點和行動，必須符合的條件是「共同做一件事」。

受到這個想法的影響，在第二學期第一次聚會，我提出兩種可能符合上述想法的運作途徑供成員參考：

⑴大家輪流教某個班級的某個科目。以某班某一科的教學為主（如以一年甲班的國語教學為主），大家先進行理念上的討論，如這科的教學目的是什麼、教材為什麼要這樣設計、要怎麼教學等。之後，根據討論的結果由我們其中的一個人進行教學。在教學之後做反省及調整，然後再換另一個人依調整後的想法及策略進行教學，如此循環進行。

⑵大家依討論出來的共識回到自己教學的班級實踐。先選定一個大家都有教的科目做討論，然後依討論的結果擬定教學策略並回到各自的班級教學。之後，大家再以各自的教學經驗為基礎做討論，並據以調整原先的想法。

除此之外，任俠亦提出可以以所面對的教學問題作為探究的方向。在經過討論後，大家表示要以我所提的第一個途徑為主軸。接著，我詢問大家要以哪一科的教學作為探究的焦點。曹老師表示，她想以國語科的教學為主，因她比較有把握，並且也有一些體驗想要和大家分享。在曹老師提出她的想法後我也躍躍欲試，倒不是因為我的國語科教學很厲害，而是我從來沒有好好的對它做過探究。利用這個機會，我剛好可以充實這方面的知識和能力。在徵詢其他人的意見後，大家亦表示同意，因為上學期我們並沒有探究過國語科教學。因此，如何進行國語科教學就成為我們這學期要探究的主題。並且，在整個學期的探究過程中，都沒有再轉變。可以說，它是我們經過一個學期的摸索與探究後，大家共同想要探究的主題。

要如何探究國語科教學？筆者認為先不要急著擁抱某種理論來指導自我的教學，因自我未必需要該理論。因此，筆者建議可從國語科教學的目的、教學內容及方法等向度反省自我先前的教學想法與行動，並分析自我為什麼會有這些想法與行為，以揭露支配的意識型態？然後，對這些想法加以批判，看看它們是否合理？是否真的有助於學生的成長？若否，針對問題重新建構出更合理的觀點。過程中若力有未逮，則再參考相關的理論或研究。而經此過程重構新的教學觀點後再加以落實，並不斷針對實踐的情形進行檢討，以調整出對學生的成長更有幫助的觀點。

受此建議的影響，成員中的任俠及曹老師深入反省自我在國語科教學上的想法與行動。當然，筆者本身亦是如此。因此，我們探究的問題以成員公開呈現的自我反省（如曹老師所呈現其對國語科教學目的、教學流程及教學方式的自我反省），以及經由自我反省、協同反省、對成員教學想法與行動相關資料的分析所揭露的問題為主。此外，經由教學及觀察，我們亦發現若干值得進一步探討的問題。如筆者在觀察成員中的淑梅教學的過程中，發現宜進一步探討如何引導學生學會使用某個語詞的問題。

肆、行動研究後的檢討

行動研究宜如何形成探究的主題？我或我們成員在行動研究過程中的做法是否適切。

一、探究的主題讓成員共同決定嗎？

與個人式的行動研究相比，視需要與他人共同從事行動研究較有可能突破個人思考上的盲點，從而提升行動研究的品質。而當與他人共同從事行動研究時，每個參與成員的想法或意向就和行動研究的主題密切相關。

分析國內若干團隊式之行動研究，有些是由召集、推動行動研究的那名研究者事先選定探究的主題，然後向教師說明並邀請其參加（如陳淑娟，1999；陳惠邦、李麗霞，1999；游可如，1996；蔡文斌，1999；鍾宜玲，1997；鍾添騰，2000）。另有些如成虹飛（1996）、謝瑞榮（1999）的研究，是由參與成員決定探究的主題，筆者的行動研究（潘世尊，2003a）亦是如此。這兩種方式前者所占比例高出甚多，然何者較為適當？

說真的，當我們團隊在第一次聚會決定以音樂科教學作為探討的主題時，在情感上我並不會很喜歡。如果我僅是被邀請來參與而非這個團隊的召集人，可能不會再繼續參與團隊的運作，因這並不符合我的興趣與需求。但既然大家都表示要探討這個主題，我就只能說好。此處，值得探討的問題是：先組成團隊，然後再由成員決定探究的焦點，是否是一種適當的方式？又，既然探討音樂科教學對我並沒有幫助，但我卻沒有將自己的心聲表示出來，我這樣做對嗎？

從理論上來講，我是應把自我的需求提出來成為眾人考慮的對象之一，因我也是團隊的一員。但實際上，我卻以其他成員的需求為優先。會這樣做，主要的原因有二：第一是當時覺得至少能從行動研究的過程中，改善對行動研究的認識。因除了改善教學之外，這也是我另一個目的。第二則是認為這樣子成員參與的意願會比較高、團隊的運作才會較為順利，而我，也才能從中改善對行動研究的認識。反正，我們這個團隊也未必會一直探討音樂科教學。

不過，從上文的陳述可以明顯知道，這種方式可能產生的問題是團體決定要探討的主題，可能不符合行動研究的推動者或某些成員的需求。如果一開始就透過自我反省釐清本身的問題所在，然後據以決定想要探究的主題（如數學領域或國語領域的教學），並邀請對此主題有興趣、能力或經驗的人來參與以提升行動研究的品質，就不會產生這種問題。

因此，若研究者把改善自我的教育實踐列為最優先的目的，宜先透過反省（Carr & Kemmis, 1986）或如 Altrichter 等人（夏林清等譯，1997：59-196）所說蒐集與分析相關資料、行動與分析行動、與他人討論等策略，以釐清本身想要或需要改善的地方或問題。之後，再邀請對此主題有興趣、經驗或能力的人參與行動研究，以突破個人的盲點並提升研究的品質（潘世尊，2004c）。如此，才不會產生其他成員想要探究的主題和自我的需求不符的情形。而若如筆者一樣，最想探討的是「如何進行行動研究」這個主題，則有兩種選擇：⑴先透過自我反省、與他人討論、蒐集及分析相關資料等方式先訂出自我需要探究之主題，然後邀請有意願及能提升行動研究品質者參與。這樣做的好處是來參加的成員都有共同的興趣，比較不會因探究的主題不符需求而脫離團隊。⑵不預先訂定待探討的主題，由成員共同決定探究的焦點。這樣做的好處是可以從中了解成員是如何發展探究的主題，以及這種發展過程對整個行動研究歷程的影響是什麼。

二、更換或重定主題是否適當？

如上所述，第四次聚會時，成員中的郭主任建議是否要縮小焦點另訂更明確的主題。這個提議我認為不太妥當，因當時的行動研究經驗讓我覺得在還沒有釐清我們到底想要探討什麼之前，再去決定探究的主題並沒有用，因為它還是會被更換。因此，就積極向成員說明我的想法並爭取他們的認同。值得探討的是，不在當時明確決定探討主題的想法是否適當？

如果當時我接受郭主任的提議，那麼團隊的發展有兩種可能性：⑴針對當時重新訂定的主題持續的探討；⑵當時重訂的主題還是沒有成為真正的主題，就像我們在第五次聚會終於又再決定要以音樂科教學作為主題，但後來卻一直沒有對其探討一樣。因為一直到第二學期的行動研究，我們才真的發展出大家都共同想要探討的主題（即國語科教學）。不過分析起來，無論是哪一種情形都可以接受。這代表說，如果成員在行動研究的過程中都認為要再明確的釐清探究的方向時，應該可以照這樣來做。只是說，仍必須引導成員保持彈性和開放。如此，最後才可以找出大家真正想要或需要探討的主題。此外，還須鼓勵成員儘量表達自我的需求。從筆者所推動的這個行動研究來看，探究的主題深受敢勇於表達自我需求的成員所影響。像任俠在第一學期聚會的過程中，就一直把話題拉向他的教學。在這種情況下，若一直隱藏自我的需求，可能會因探究的主題與自我的需求不符而影響參與的意願。

要說明的是，如果行動研究之初就先訂定明確的主題再邀請他人參加，未必就不會面臨「是否要重訂主題」的問題，因為彼此真正想要或需要探討的有可能要在一陣的摸索、試探與質問之後才會呈現出來。Altrichter、Posch 和 Somekh 就認為（夏林清等譯，1997：51-58），要找出一個可能有意義的問題是需要一些時間。而郭玉霞亦指出（郭玉霞、許淑玫，2001），「在錯綜複雜的情境中，研究者無法在事先就把所有問題看清楚，在行動研究進行中，新問題一一浮現，正是對當初研究者架構（frame）問題方式的挑戰」。因此，「事先訂定的研究目的可隨著後來在行動中發現的新問題來調整。」他們的觀點可說與上述的想法不謀而合。據此，探究的主題並非一定要保持不變。參與行動研究者須保持一顆開放的心並勇於表達自我的需求，才能透過不斷的思考、摸索及調整的過程，找出彼此真正需要或想要探究的主題。

三、種種被視爲理所當然的教學想法或行動能否作爲主題？

在實際從事行動研究之前，筆者認為行動研究主題的形成有三個方向，其中之一是以「種種被教師視為理所當然的想法和行動」作為探究的主題。其實，這是當時我最在意的一種方向，因深受 Carr 和 Kemmis（1986）的影響。因此當我們團隊於第一次聚會決定以音樂教學上的問題作為探究的主軸後，我於其後的自我反省中，思索如何才能在探討音樂教學時，亦落實對種種被教師視為理所當然的想法和行動加以批判的想法（潘世尊，2003a：107-109）：

> 行動研究要以什麼作爲探究的對象及要如何探究？受到 Carr、Kemmis 及 Habermas 等人論述的影響，我偏好對種種視爲理所當然的教學想法和行動進行批判。因爲在批判後若能重建出更合理的想法和行動，我們的行動研究將進展到解放的層次。在這種想法的影響下，當團隊決定把探究的重心放在音樂教學上的問題時，

心裡面一直擔心這樣好像會讓我們的研究淪爲 Carr 和 Kemmis（1986）所說的技術層次的行動研究。因爲在探究的過程中，我們似乎只要找出能夠解決問題的手段就好，不用透過批判來揭露原有想法中的不合理之處並加以重組。

不過，在幾經思考後想到：教師之所以會感到教學有問題（如不滿意學生某種行爲或反應），可能是因爲學生的表現與其腦海中有關於教育目的或教育價值的觀點不同。問題是，教師腦海中的想法未必就是對的。也就是說，教師認爲的問題不見得就是問題。因此，在面對教學問題時，可以先釐清腦海中對教育的眞正看法及此種看法是否有問題，而不必急著從技術的層面尋找問題的解決之道。否則，所發展出來的解決策略未必對學生有幫助，因學生的行爲或學習表現原本就沒有什麼需要改變的。

據此，我們在思考要如何解決音樂教學上的問題時，宜先探討、批判我們對音樂教育目的或價值的看法，以確定問題到底是不是問題。若在批判後確定眞的是問題的話，那麼就接著發展解決策略。而若在批判後發現之所以會感到有問題，是因爲我們腦海中原有的想法值得商榷的話，那麼，就加以修改和重組，然後再據以發展新的教學策略。如果能夠這樣，那麼，我們的行動研究就會超越技術的層次，從而進展到實踐的行動研究。

此外，若把上述的想法擴大來看，亦可以說必須先對種種被成員視爲理所當然的音樂教學想法和行動加以批判，以揭露其是否被某種不合理的意識型態所支配。若有的話，則進一步協助成員重組出更爲合理的觀點。問題是，如何才能掌握種種被成員視爲理所當然的音樂教學想法和行動，然後加以批判？

在幾經思考後突然靈機一現：我們團隊決定要觀察淑梅的音樂教學，不就是把被教師視爲理所當然的教學作爲記錄下來，以作爲反省批判的對象嗎？如果在觀察記錄的旁邊，再加上教師所說自己爲何如此而教，那不就是教師視爲理所當然的教學想法了嗎？而當把這些當做反省批判的對象時，雖不見得就是針對「種種」

被教師視爲理所當然的教學想法或作爲進行反省批判，但總可以說是往這個方向前進。據此，我設計出「教師教學表現與想法觀察訪談表」（參表 6-1）給他們先用用看。此一表格的完成必須透過觀察記錄教師的教學表現、透過訪談掌握教師的教學想法。此外，教師課堂中的想法或表現和學生的反應脫離不了關係，因此，所記錄的內容亦應包含學生的表現。

▣ 表 6-1　教師教學表現與想法觀察訪談表 ▣

時間：　　　　地點：　　　　授課教師：　　　　觀察者：

教學表現	學生回應	教師想法	備註／說明／分析

從上所述可以發現，在當時，我可以說一心一意想要落實 Carr 與 Kemmis 所說，對種種被教師視為理所當然的想法和行動加以批判的觀點。因此，才會設法去搜尋所謂種種被教師視為理所當然的想法和行動以作為探究的主題。不過隨著對成員所提出的教學問題的探討及對 Habermas 四個質問在實際討論中意涵的體悟[6]，此種想法不但逐漸被淡忘，還了解到它應該是一種態度而非探究的主題。也就是說，對種種被教師視為理所當然

6 Habermas（沈力譯，1990）指出，為了得到「合理性」（rationality）的共識，在溝通的過程中必須針對彼此的說詞從「可理解」（comprehensible）、「真實」

的想法和行動加以批判這句話，所揭示的是必須以質疑、批判的態度和方式面對種種的想法和行動，而非真的要選定某些被教師視為理所當然的想法或行動作為探究的主題。

要說明的是會認為可以以種種被教師視為理所當然的教學想法和行動作為探究的主題，是受到 Carr 和 Kemmis（1986）的影響。但在 Kemmis 和 McTaggart（1982: 18）先前的著作中，就曾提出如何選擇探究主題的建議。他們的建議諸如「我想要去增進……」、「有一些人不高興（學生、家長或同事），我能做些什麼來改變嗎？」、「我對……感到困惑」、「在這個情境下發生了什麼？」等，而非如何去蒐集種種被教師視為理所當然的想法和行動作為主題。很顯然的，是我誤解了他們的觀點。

四、探究的主題是否每次聚會都更換？

在行動研究的過程中，成員中的任俠曾於第四次聚會時建議先訂定幾個主題，然後一週更換一個討論主題。其實，國內亦有若干行動研究（如成虹飛，1996；陳惠邦、李麗霞，1999；鍾宜玲，1997；謝瑞榮，1999）採用類似的方式。當時，我表示這種方式不適當，因認為它會影響探究結果的深度，並不符合行動研究持續透過反省與實踐來探究問題的精神。就以謝瑞榮（1999）的研究為例，每次閱讀不同的文章然後進行討論。這種一次換一個焦點的方式，成員所接觸的層面雖會較廣，不過若能針對相同的主題持續探究，將得到更具深度的結果。因在探究某個主題的過程中，問題會不斷衍生。這些問題若未透過持續的反省與實踐來解決就要更換探討的主題，如何深化探究的結果並改善教育實際。因此，筆者認為在主題確立後宜持續加以探討，並透過自我反省、協同反省、教學與觀察、蒐集與分析相關資料等方式揭露此一主題下值得探討之問題。一直到相關問題皆徹底釐清與解決後，才更換探究之主題。

(true)、「正當」(right) 及「真誠」(sincere) 等向度進行質問與論辯。第十次聚會後，在轉譯討論當時對話的過程中，我頓悟 Habermas 這四個質問在實際討論中的意涵（潘世尊，2003a：166- 169），過程請參第十章的說明。

伍、結論與建議

本文主要在探究與行動研究的主題有關的一些問題。在探究後，本文認為若把改善自我的教育實踐列為最優先的目的，宜先釐清自我想要或需要改善的地方或問題，然後再邀請有興趣、經驗或能力的人參與，以提升行動研究的品質。若最想探討的主題是行動研究的相關概念，可行的方式有：⑴先訂出某個主題，然後邀請有意願的人參加，好讓參與者都有共同的興趣而較能持續參與；⑵不預先訂定待探討的主題，由成員共同決定探究的焦點，以從中了解成員是如何發展探究的主題及其對整個行動研究歷程的影響。

要注意的是，探究的主題並非一定要保持不變。參與行動研究者必須保持開放，並透過不斷的思考、摸索與調整，以找出彼此真正需要或想要探究的主題。而在主題選定後，宜持續探討以強化探究的深度，不宜每次聚會都更換。此外，對種種被教師視為理所當然的教學想法和行動進行批判，意指須以質疑、批判的態度面對種種的想法和行動，而非真的要選定某些被教師視為理所當然的想法或行動作為探究的主題。

最後要附帶一提的是在探究某個主題的過程中，宜持續透過自我反省、協同反省、教學與觀察、蒐集與分析相關資料等方式，以揭露和所探究的主題有關的問題。如此，才能深化探究的結果及改善參與成員彼此的教育想法和行動。

第七章

行動研究中核心研究者的角色扮演

壹、前言

依 Kemmis（1988）的看法，行動研究中的「外來者」（outsider）可能提供物質、組織、情感或知識上的協助，不過依其介入程度之不同，可將其角色分為如下三種：

⑴行動研究的控管者。指外來者關注某一理論（如建構主義）或研究的應用性及效能，然後據以決定行動研究的目的，並分派參與成員解決已被他明確訂定的問題。過程中，還透過諸如團體動力學的手段來維持研究的進行。當扮演此種角色時，可說是以自我的目的為目的，並完全管控行動研究的進行。參與成員所做的，只是找出策略或方法來完成其所欲的目的，因此可稱此種研究為「技術的行動研究」（technical action research）[1]。

⑵行動研究的協助者或顧問。指外來者以改善其他夥伴的實務表現為目的，並以「合作的關係」（cooperative relationships）與其夥伴相處。過程中，協助其夥伴揭露他們自身關注的焦點、形成行動策略、監控行動及對上述的歷程加以反省與調整。此種角色，可稱為行動研究的「歷程顧問」（process consultancy）。

在此種研究中，彼此間的關係及研究的進程雖主要仍由外來者調節，但對於參與成員來說，由於必須釐清自身的問題所在然後重構新的行動策略，因此可稱為「實踐的行動研究」（practical action research）。之所以將此種研究稱為實踐的行動研究，還可透過如下兩點做更清楚的說明：

首先，它是在實踐理性的引導之下進行。Kemmis 在討論 Aristotle（亞里士多德）對理性的看法時指出，技術理性是指「預設了既定的目的，並依循已知的律則，利用已有的物質與工具以達成目的」（溫明麗譯，1997：

1　「行動研究的控管者」並非 Kemmis（1988）的用語，它是筆者衡量其原意後所加。

16）。相對於此，實踐理性沒有預設的目的、工具或方法。也可以說，就是衡量現況以找出目的與問題，然後據以發展能夠達成目的、解決問題的方法及工具。由於參與成員是在實踐理性的引導之下進行研究，因此可稱為實踐的行動研究。

其次，參與者的行動是一種實踐。何謂實踐？ Kemmis（1988）認為當實際的表現是在行動者釐清自身的想法與行動之後，自我「告知」（informed）要做及自我「承諾」（committed）要透過謹慎的思考而為的行動時，它就是一種「實踐」（praxis）。從這個觀點來看，實踐可以說是行動者很清楚本身為何如此而做，並且試著透過自己認為可能的途徑以達成目標的行動。在此種行動研究之下，參與者的行動符合實踐的意涵，因此可說是實踐的行動研究。

⑶與參與成員融為一體而沒有外來者之分，並與大家共同分享及承擔促動研究的責任。指外來者將促動研究的責任轉移到成員的身上，並與其處於平等的地位，彼此都擔任「批判的朋友」（a critical friend）的角色，願意及能夠對他人的想法和行動進行質疑，從而共同建構出更合理性的教育觀點和行動。由於參與成員在意識及行動上共同承擔解放的責任，以使彼此脫離不合理的風俗、習慣或官僚體制的束縛，因此可稱為「解放的行動研究」（emancipatory action research）。

在此種行動研究中，研究的進行不再被外來者所偏好的觀點所左右，因其他參與者亦能夠分享啟蒙的任務。不過要提醒的是即使參與成員都處於平等的地位，並在意識及行動上往解放的方向努力，但亦未必就能得到真正的解放。另，到底有沒有得到解放並無法知曉，因只要是人，就無法知道什麼才是絕對的「真」或絕對的「善」[2]。

---

2 或有會問：本文參Kemmis（1988）的觀點依「外來者」介入程度之不同區分為技術的、實踐的、解放的行動研究，此種劃分是否適當？因原先提出上述三種行動研究類型的Grundy（1982）係根據行動研究的目的及知識的旨趣關係來定義。其實，本文及Kemmis是依外來者之外的參與者的目的來劃分行動研究的類型：在技術的行動研究中，參與者的目的在找出策略或方法以完成外來者所訂定的目標；在實踐的行動研究中，參與者是在外來者的協助之下，以釐清自身的問題、目標

在上述三種角色中，外來者較適宜扮演哪一種？筆者在探討後認為與其他成員共同分享及承擔研究的責任是最理想的狀態，不過在行動研究的開始宜由協助者或顧問的角色開始，再逐步的往此方向前進（潘世尊，2001）。會這樣想，是從成虹飛（1996）的行動研究中所得到的體悟。成虹飛在和一群師院生進行以討論為核心型態的行動研究中，一開始就試圖從分享的關係開始，不去主導小組行動的方向，讓參與的夥伴自主的決定。他所做的，僅是儘量鼓勵大家應把「養分」放到「大碗公」裡面[3]。但分析起來，由於成員對行動研究的目的、方法或態度的認識有限，在討論的過程中又沒有得到相關的協助，使得行動研究不但無法得到較佳的教育想法，還讓成員充滿了失敗、壓力及想要逃避的感覺。

在得到上述的結論後，我接下來思考行動研究中的「核心研究者」宜扮演何種角色的問題。所謂的核心研究者可能兼具如下兩種特質或擁有其一：第一，召集與推動行動研究的進行；第二，和其他成員相比，較了解行動研究的相關概念或較具實際的行動研究經驗。行動研究雖然認為每個參與者都是研究者，但分析若干的行動研究發現（王玉敏，2001；何縕琪，1999；林碧雲，2001；高敬文，1999b；許文勇，2001；陳淑娟，1999；陳惠邦、李麗霞，1999；郭玉霞、許淑玫，2001；陸朝炳，2001；游可如，1996；彭麗琦，2000；蔡文斌，1999；蔡秀芳，1999；鍾宜玲，1997；鍾添騰，2000；謝瑞榮，1999），研究的進行主要受到核心研究者的影響，並且每個行動研究裡面至少都有一個核心研究者。

會思考核心研究者宜扮演何種角色這個問題，是因為未來我可能扮演

並重構新的行動策略為目的；在解放的行動研究中，參與者（外來者亦是參與者）的目的在交互啓蒙，以求共同得到解放。以此觀之，此種劃分與Grundy的觀點實乃相符。其他亦有學者如 Mckernan（1991, 引自 Kember, 2002）採類似的做法，將行動研究分為「科技—問題解決取向的行動研究」（scientific-technical view of problem-solving）、「實踐—慎思取向的行動研究」（practical-deliberative action research）及「批判—解放取向的行動研究」（critical-emancipatory action research）。

3　成虹飛（1996）把行動研究比喻為「大碗公」，如果每個人都把「養分」放到大碗公裡面，那麼它的菜色就會十分豐富，大家就能從中獲益。

這個角色。首先，我想召集、推動一個行動研究來改善本身及參與成員的教學，以及我們對行動研究的認識（如行動研究的過程中如何討論、如何面對外在的理論、如何提升研究的品質、如何處理相關的資料、核心研究者宜如何扮演其角色）。其次，我對於行動研究的相關概念已有某種程度的認識，並且有實際從事行動研究的經驗（潘世尊，1997，2000b），而校內可能受邀參與行動研究的教師又對行動研究缺乏認識[4]。

受到 Kemmis 上述觀點的影響，我將行動研究中的核心研究者可能扮演的角色亦分為三種，分別是行動研究的指導者、引導者及分享者，並且亦在探討後認為宜從行動研究的引導者開始再進到分享者（潘世尊，2001）。因為如此，一方面可避免參與成員因不了解行動研究而使團體產生嚴重挫敗的局面；另一方面，則可以讓行動研究更能釐清及解決我們的問題所在或不足之處。此種觀點是否適切？又，到底宜如何扮演引導者的角色？對此問題的回答成為我關注的焦點。其實，其他有志於行動研究者亦須深思這個問題，因在推動行動研究的過程中，所扮演的就是核心研究者的角色。不過衡諸國內外的相關文獻發現，所探討的主要是研究者如何從事行動研究，而沒有考慮到行動研究的參與者可能有核心研究者與一般研究者之分，以及核心研究者宜如何扮演其角色的問題。

貳、研究規劃與實施

以下，分就「何以採用行動研究」、「核心方法」及「資料的蒐集與分析」等層面，簡要說明筆者是透過何種規劃與實施來探究核心研究者宜如何扮演其角色的問題。

---

4 當時筆者是一名國小教師，不過目前已至某科技大學幼兒保育系擔任助理教授。

一、何以採用行動研究

之所以透過行動研究的途徑來探究行動研究中的核心研究者宜如何扮演其角色的問題，是在以「理論」（theory）與「實際」（practice）為焦點來分析文獻探討、自然科學、詮釋及批判四種研究取向後所決定（潘世尊，2001，2003a：17-40）。而會這樣決定，兩個主要的原因是：⑴對於行動研究的參與者（從量或質的研究的角度稱為「研究對象」）能產生實質上的幫助；⑵行動研究後所提出的觀點由於包含行動過程中可能面臨的種種困難及解決之道，因此較能引導、啟發本身及他人未來的行動研究。而在實際運用此種途徑進行探究後，還發現它可以揭露光憑文獻探討難以想到的問題。要說明的是透過行動研究來探討核心研究者宜如何扮演其角色的問題只是我關注的焦點之一，其他還包含如何組成行動研究團隊、如何發展或選定探究的主題、行動研究中如何討論、如何面對外在的理論等問題。這樣做，是要從較全面的角度發展能夠提升行動研究品質的觀點。

二、核心方法

就如前言部分所說，我先透過文獻探討的途徑得出行動研究中的核心研究者宜從引導者的角色切入的觀點。因此在透過行動研究來探究之前，我先約略擬定引導的策略[5]，然後在行動研究的過程中不斷針對本身的所思所行、參與成員的思考和行動，以及團隊的運作加以反省，並據以調整先前有關於核心研究者宜如何扮演其角色的想法和行動。

上述在行動研究過程中的反省若從 Schön（1983）的角度來看，可稱做「行動中的反省」（reflection-in-action）。而此種反省就如 Newman（1999）所言，可能受到反省當時的情境脈絡所限。因此，就在行動研究之後，再對先前行動研究過程中自我的所思所行（包含所做的反省）、成

5　所擬定的策略參下節的說明。

員的思考和行動，以及團隊的運作再加以反省。此種反省若亦從 Schön（1983: 243）的角度來看，可稱做「對行動中的反省進行反省」（reflection on reflection-in-action）。

綜合上述，筆者主要是透過一個行動研究（潘世尊，2003a）及其後的再反省來探究行動研究中的核心研究者宜如何扮演其角色的問題。之前，則透過文獻探討的途徑思考核心研究者的角色扮演問題，以作為實際從事行動研究的基礎[6]。

三、資料的蒐集與分析

就行動研究而言，資料的分析至少涉及「行動研究中」及「行動研究後」兩個階段。而行動研究後的分析又包含「行動研究歷程的呈現」及「行動研究後的檢討」兩個層次。以下亦簡要說明筆者的做法：

㈠行動研究中的資料分析

在行動研究的過程中，筆者時時分析相關的資料以作為進一步調整的基礎。分析時，重點在於：⑴澄清、理解我或成員為什麼會這麼想或這麼做？⑵揭露我或成員先前的想法和行動中的問題所在？⑶針對所揭露的問題思考可行的解決之道。會如此分析，是因行動研究的主要目的在於「改善」現況。而此種分析，就是行動研究過程中的反省，亦如Schön（1983）所說的「行動中的反省」。

為使所做的分析確實揭露先前想法和行動中的問題所在，筆者持續蒐集如下的資料，因為從中可以推論、了解本身在某個時間點對於核心研究者宜如何扮演其角色的想法與做法：⑴團隊運作歷程的記錄；⑵團體討論的「準」逐字稿[7]；⑶我和成員私底下的對話記錄；⑷我對相關理論或研究所做的整理與討論；⑸成員的自我反省記錄。

---

6 此一研究的相關背景請參第二、五、六章中的說明。

7 之所以用「準」逐字稿，是因為對團體討論中的對話所做的文字轉譯工作並沒有達到百分之百的程度。整體來說，契合率約百分之九十幾。沒有全部轉譯的，主要

㈡行動研究的歷程呈現

在行動研究的過程中，我是如何扮演核心研究者的角色？分析自身的做法然後加以呈現，是行動研究後資料分析的首要工作。針對此點，筆者主要採取如下的策略：⑴將自身先前值得提出來的思考和行動加以歸類並賦予類別名稱；⑵在各個類別中，依思考和行動發生的先後次序加以呈現；⑶將每個類別中重要的思考和行動賦予標題並整理出支持性的資料；⑷突顯自身思考和行動轉變的關鍵點。

在做這方面的分析與呈現時，亦以先前提到的資料為基礎，再加上「我對每一次討論所做的分析與檢討」，以及行動研究過程中「我對自己所思所行的反省」。總之，和我的思考及行動有關的資料都是蒐集、分析的對象。

㈢行動研究後的檢討

就行動研究後的檢討而言，筆者試著進行如下三個動作：⑴揭露並解決自身先前想法和行動中的問題所在或不足之處。過程中，還參考相關的理論或研究及成員的觀點，以協助突破個人思考上的盲點；⑵思索並突顯自身思考和行動中值得參考之處；⑶分析最後所提出來行動研究中的核心研究者宜如何扮演其角色的觀點的地位，並思考未來努力的方向。和前面兩點不同，此點檢討放在「結論與建議」的部分。

此種檢討即是行動研究後的再反省，亦是如 Schön（1983）所說「對行動中的反省進行反省」。在資料上，主要是以先前所整理出來的行動研究歷程為基礎，再輔以成員的觀點及相關的理論或研究。

是發語詞、語尾助詞、一再被連續重複的話，以及同一時間多人發言中的某些部分（僅揀取聽得清楚或重要的部分來轉譯）。

參、行動研究前的想法

就行動研究而言，每個成員都可以說是研究者。不過就如上文所述，可能仍以推動整個研究團隊的那名研究者為核心。而就筆者即將從事的行動研究而言，我就是那名研究者。身為此名核心研究者宜扮演何種角色？如上所述，我認為除了扮演研究團隊的「參與者」之外，亦須承擔「引導者」的角色。那，要如何引導？我初步提出來的一些想法為（潘世尊，2003a：70）：

⑴以從文獻探討途徑所得來的行動研究觀點爲基礎，協助成員對行動研究的相關概念有所認識。

⑵並且，亦以從文獻探討途徑所得來的一些想法爲基礎來引導團隊的運作。

⑶進一步引導成員透過「協同反省」（collaborative reflection）的方式，對我所引介的行動研究觀點，以及我們團隊實際的運作加以檢討與調整。

⑷同時，亦引導成員對我所引介的行動研究觀點，以及我們團隊的運作進行「自我反省」（self-reflection），並將反省的結果公開呈現到協同反省中，以作爲進一步檢討及調整的基礎。

⑸引導成員書寫反省日誌，作爲自我反省的方式之一。

對於上述的想法，有如下三點可以提出來進一步說明：

第一，我的引導是以文獻探討為基礎。要引導行動研究的進行，須對行動研究的相關概念有某種程度的掌握。在文獻探討後（潘世尊，2000a，2000c，2000d），我針對行動研究的目的、參與成員的組成、探究的焦點及其決定、團隊的運作歷程、協同反省的方法與態度、研究者的任務，以及面對外在理論的方式等向度提出觀點（潘世尊，2003a：41-68），以作為引導的基礎。

第二，引導者角色的扮演只是起點。在一段時間的引導之後，若團體成員都對行動研究的相關概念有所掌握，自然而然的我就不會再單獨扮演引導者的角色。此時，我和其他成員都將成為「責任的分享者」，大家共同來帶這個團隊並交互引導團隊的運作。如此，團隊的運作將較能避免因個人思考上的盲點而產生問題。因此，引導者這個角色的扮演，目的是希望最後能成為責任的分享者。

第三，由於我對行動研究的認知可能存在著某些問題所在，因此尚須引導成員透過自我反省及協同反省加以檢討與調整，以發展出更適宜的行動研究觀點。

肆、行動研究中的實際做法

雖然有上述的想法，但實際上到底要怎麼做心裡面仍然是模模糊糊的。不過，或許是心裡面一直惦記著必須對團隊的運作加以引導的緣故，我的所思所行就一直往這個方向走去。

分析起來，我的引導可歸納為三個重點，分別是「協助成員掌握行動研究的相關概念」、「讓成員共同發展行動研究的相關概念」，以及「促使團隊順利且有效的運作」：

一、協助成員掌握行動研究的相關概念

在行動研究的過程中，我是透過如下幾個策略來協助參與成員掌握行動研究的相關概念（潘世尊，2003a：101-208）：

㈠在團隊聚會中說明我對行動研究相關概念的認知

為了讓成員知道要怎麼從事行動研究，在團隊聚會的時間，我一再向成員說明行動研究的相關概念。若從說明的時機來看，我所做的說明可分成如下幾類：

⑴在團隊第一次聚會簡要說明行動研究的相關概念。在第一次聚會之前，我就思考在聚會中要介紹哪些行動研究的相關概念？在思考之後提出四個重點，分別是「行動研究對大家有什麼幫助」（即為什麼要做行動研究）、「如何做行動研究」、「我將扮演的角色」，以及「成員的任務和權利」。這些重點，在第一次聚會的一開始就提出來向成員說明。像任俠就回顧到：

> ……我想要在教學專業上有所成長，而潘老師提到團體行動研究可以藉由團體力量的幫助，創造出新的教學模式，或是解決教學上的問題與盲點（任俠自我回顧——90/3~90/6）。

值得提出的是說明這些，除了要協助參與成員約略掌握行動研究的相關概念之外，還希望作為他們判斷是否繼續參與行動研究的依據，因從鍾宜玲（1997）、謝瑞榮（1999）等人的研究中發現，參與成員意願的高低和行動研究的品質有密切的相關。

⑵在大多數聚會的一開始，說明我先前對成員的思考和行動及團隊的運作分析之後所發現到的問題。在行動研究的過程中，有很多次都是在聚會的一開始，就向成員說明先前我透過自我反省所發現到的問題。舉例來說，在第五次聚會的一開始，就根據我對第四次聚會中對話的分析結果，向成員說明「我們發言的時候經常離題」、「我們發言的時候常只是在自我表述自己的看法，而沒有對他人的觀點提出質問」、「大家沒有將討論出來的想法納到腦海之中，成為支配自己教學的行動理論」，以及「自我反省時沒有將行動的結果和先前討論出來的想法做聯結」等問題。做這些，是希望能協助參與成員掌握行動研究的相關概念及改善團隊的運作。

⑶配合引導的進行說明為什麼這樣引導的理由。為了讓團隊能有效且順利的運作，我會視情況對團隊的運作加以引導。在引導之前、之中或之後，有時會說明為什麼這樣引導的理由。這樣做，一方面可以協助成員更了解行動研究的相關概念；另一方面，則可以避免成員可能產生的誤解。

舉例來說，在第二次聚會的一開始，成員中的任俠就報告好幾點他所觀察到的另一名成員淑梅的教學問題：

> ……第一，老師在問問題，如問本錄影帶的片名時，除了回答者之外，其他的學生呈無政府狀態；第二，學生之間常有衝突，衝突常是由該班的特教生引發；第三，快下課時學生常無心上課；第四，學生回家後沒有練習；另外，還有就是……（第二次聚會——89/9/15，星期五）

這種一次談這麼多問題的情況我發覺不太好，因為若沒有聚焦的話，將無法進行深入的討論。因此，我打算引導成員先針對其中的一點進行討論。在做這個引導之前，我就先說明：

> 如果我們一次說這麼多（點），可能沒有辦法做深入的討論，我們是不是可以先討論一個問題，一個問題解決之後再討論其他的問題？（第二次聚會——89/9/15，星期五）

對於我「引導並說明為何如此引導」的做法，郭主任亦曾提到：

> 潘老師在討論聚焦這個部分，除了在實際討論中實際協助成員拉回主題外，並會趁機適時加以說明，以讓成員逐步熟悉聚焦的做法。如上述中的「一次只討論一個觀點」、「一次只關注一個問題」、「鎖定課堂教學主題」等都是提供成員討論聚焦參考的策

略（郭主任論文——90/4~90/11，114-135 頁）[8]。

⑷當不認同成員的想法或行動時，說明我對行動研究的觀點。在團隊運作的過程中，若覺得成員的想法和行動與我所認同的行動研究觀點不一致的話，有時會積極的向成員說明我的理念以爭取其認同。例如在第四次聚會時，任俠建議是否要將團隊的運作改成每週訂定一個主題，然後往後的聚會就依所訂定的主題來討論。這個提議我並不認同，因為一個小問題的解決都需要一段不短的時間，何況是一個主題。而若真的這樣做的話，在討論某個主題的過程中所被提出來的問題將淪為說過就算了的局面，因為下次聚會又要換另一個主題了。因此，我不斷的向成員說明自己上述的觀點以爭取他們的認同。

⑸當成員因不斷被質問而產生情緒上的反彈時，立即說明行動研究的相關概念。透過質問，可能促使對方反思自己的想法，進而察覺其中的問題所在並加以重組。不過若不習慣被質問或者是對質問的目的不了解的話，不斷的質問可能會讓對方產生情緒上的反彈。因此在我們行動研究的一開始，就不斷利用機會向成員說明質問的重要性，以及要如何面對他人的質問。像在第五次聚會結束後我們準備去聚餐，其間在閒聊時，我就順著談論的話題藉機向他們說明宜以何種方法和態度來協同反省，以及宜如何面對他人的質問。

雖然如此，偶爾成員仍會因他人的不斷質問而在心裡面產生情緒上的反彈。若察覺此種情況，我會立即再說明為什麼要這樣做來加以化解。像第十六次聚會中，大家一直質疑任俠的生字教學觀點，最後他笑笑的說到：

8　在我們團隊運作進入第二學期之初，成員中的郭主任正在思索碩士論文的方向。當時，我建議他可以和我合作，透過二人之力共同來帶這個行動研究團隊。這樣做，一個好處是團隊的運作較不會受到我的思考所限。不過郭主任最後告訴我他打算採用「參與者觀察」這個角色，並把自己的研究定位為「個案研究」。也就是說，他想透過參與一個行動研究的方式來理解行動研究的相關概念。當確定這個路徑之後，意謂著他放在教學探討上面的時間將較少。雖然如此，我也覺得不錯，因為郭主任的研究報告可以提供另一隻眼，讓我更理解自身到底是如何進行行動研究。

「……我覺得我已經了解了，嗯，我已經算是跟團體一樣了。」雖然他是笑笑的說，但我覺得這個笑是一種苦笑。也就是說，任俠雖然口頭上說他的想法已經跟團體一樣，但心裡面並不是真的如此。好像是，既然我們大家都要他改變自己的意思，「好吧，那我就滿足你們的要求」。當察覺此點時，就立即說明為什麼要這樣質問以化解他的反彈。而在說明後，總是能取得不錯的結果。像任俠在我的說明之後，就說了「那如果今天一敞開來講的話」這樣的一句話，意謂著他不再把不滿或不認同放在心中。

⑹當成員提出與如何從事行動研究有關的問題時，盡己所知加以說明。在團隊聚會的過程中，當成員提出與如何從事行動研究有關的問題時，我會盡己所知加以說明，以協助其掌握行動研究的相關概念。像第十九次聚會，成員中的郭主任問了一個引導者要如何扮演其角色，或者是要處於何種立場或角度，以避免不自覺的一直表達自己想法的問題。在他問完後，我就盡自己的了解加以回答。又如在第二十次聚會時，淑梅提到了之前她輪到擔任引導者的角色時[9]，所面對「無法思考自己對所討論的問題的觀點」的問題。對此問題，我就將前幾天剛好思考過的，「應先把注意力放在發言者身上」的想法說出來讓他們參考。

㈡在閒聊中說明我對行動研究相關概念的認知

在整個行動研究的過程中，我不斷利用與成員在私底下閒聊的機會，順著談論的話題引入如何從事行動研究的相關概念。像第一次聚會後的某個早上和任俠及淑梅閒聊時，就順著談話的主題向他們說明「應如何面對理論」、「為何要揭露腦海中支配思考和行動的『東西』」，以及「為何要對種種視為理所當然的想法和行動加以批判」等概念。又如在第四次聚會結束後大家一起去吃飯，在用餐的過程中，大家談論的話題仍與如何教學及如何進行行動研究有關。順著談到的話題，我亦向成員引介行動研究的相關概念，包含在行動研究的過程中我要扮演的角色、協同反省時為什麼要

9　何以其他成員亦會擔任引導者？請參本節第五點「讓成員輪流擔任引導者並對其引導做檢討和回饋」中的說明。

從歷史的角度切入、什麼叫做意識型態，以及突破意識型態束縛的途徑等。

㈢以書面說明我對行動研究的認知並提供相關的資料

如前所述，在行動研究的過程中，我不斷對自我與成員的想法和行動，以及團隊的運作加以檢討。在檢討後，常會提出和如何從事行動研究有關的問題或觀點（參表 7-1）。為了讓成員了解我的想法，從第二次聚會開始，就持續的把我幾乎所有的反省所得印給每個成員各一份參考。

此外，我還提供與行動研究有關的資料供成員參考。針對此點，郭主任依訪談成員的結果下了如下的結論：

> 潘老師在社群中是一個很重要的資訊提供者，這可能與其學經歷背景有關（博士班在職進修），所以很自然的提供相關資訊給社群成員，不管是教學方面或討論質問技巧方面，都能適時提供成員參考、閱讀（郭主任論文——90/4~90/11，134 頁）。

㈣示範說明我對行動研究相關概念認知下的實際做法

在第五次聚會中，發現成員的發言不時離題，且沒有針對他人的觀點進行質問與論辯。此時，一個想法突然湧上心頭：我可以示範協同反省的方法與態度給成員參考，並說明為什麼要這樣做。因此，在接下來的討論中，我就順著成員的話題做示範及說明。例如當不同意任俠所提「要培養學生的體適能，須要讓學生學會體育技能」的觀點時，就示範質問的方法及態度，並在感到成員不太適應時說明為什麼要這樣做。

又如第十四次聚會，團隊決定要以國語科教學作為探究的焦點。為了避免讓成員的主體性喪失，以及作為成員建構國語科教學觀點的第一步，會中建議成員先去探索自身的國語科教學經驗及想法。如此，才不會在釐清本身的問題所在及真正的需要是什麼之前，就盲目的直接取用某種理論。而為了要協助成員知道如何釐清自身的國語科教學經驗和想法，以及揭露其中的問題所在與不足之處，就把我所做的自我反省提供給成員參考，並說明為何如此而做。

▣ 表 7-1　我對第四次討論的分析、檢討片段 ▣

團體討論時的對話	我初步的分析與檢討
郭：比如說，假如是這樣的話，直接問的話，可能沒有辦法問出來……	
任：哦，對對對。那我有私底下約談那個人，然後他就跟我講說，你知道覺得這樣好不好，然後他就說知道。然後我就說，你為什麼沒有常常說請、謝謝、對不起？他說，啊，大家都不說啊！他知道這樣說話也許是不好，那他在私底下才會承認，在公開場合他不會。	
郭：那也有這班級氣氛啦、班級文化、同儕的影響。	
任：對對對。	
我：那我要問的就是說，你剛剛談的這幾點啊，那它跟我們上一次所討論出來的想法或策略，你覺得它有什麼搭上線的地方？	發覺任俠只是在陳述其體驗，並沒有依實踐的體驗來反省先前討論出來的東西，因此問這個問題，試圖引導他往這個方向去思考。
任：就是說我們第一次就是說，就是放錄音帶給他們聽嗎（我：對對對），那他們聽完之後，每個人的回答就是不認錯。	
我：你上次不是說沒錄到？哦，後來又有錄到……	
任：有，有，有錄到他們一節課裡面說話的情況，我就放給他們聽（淑：放給全班聽），放完之後我就停下來三、五分鐘，我就停下來說，你們這樣的說話方式你們剛剛也有聽到囉，然後這種方式你們覺得怎麼樣？他們就說：沒有什麼不好啊。所以他們就是不認錯啊，你怎麼跟他們說道理？	
郭：那你在問的時候，你是在當眾問、還是在私底下問？	郭主任可能認為當眾問和私底下問的結果會不同，因此他問這個問題。當這樣去思考問題時，所思考到的將僅是技術的問題，並無法突破原先的想法。
任：當眾問。	
郭：那當眾問會不會更有那一種……	
任：同儕的那一種	
郭：就面子問題，他更不敢承認這樣……	
任：有可能，所以後來我有私底下約談一個，對，然後就順便了解他們班分化的原因，後來才導出那個轉學生的問題。他們的班級會失序，很多時間都是由那個黃××引起的。	
郭：轉學生……	

總的來說，在行動研究的過程中，始終以我所認同的行動研究概念參與團隊的運作。因此也可以說，我是不斷的在示範行動研究相關概念的實施方式。只不過較少像上面所提到的，在心裡面刻意要做示範及說明。

㈤讓成員輪流擔任引導者並對其引導做檢討和回饋

在第六次聚會，我徵詢成員是否願意輪流擔任協同反省時的引導者？會這樣問，是希望透過這種方式協助成員掌握行動研究的相關概念，進而能夠交互引導團隊的運作。

結果，成員表示願意試試看，並從該次的討論就開始這樣做。

值得提出來的是雖然由成員輪流擔任引導者，但我並沒有刻意壓抑自己。也就是說，若發現團隊的運作有問題，我仍會提出自我的觀點並加以引導。會這樣做，是認為身為行動研究團隊的一員，只要是對成員的想法和行動的改善有所助益，就要去說和去做而不用忌諱本身是擔任什麼角色。而在這種想法的影響之下，常常形成名目上是由成員輪流擔任引導者，但實際上卻多由我來引導的局面。

雖然沒有達到預期的理想，在第二學期運作之初，我仍然想透過讓成員輪流擔任引導者的方式，以協助其掌握行動研究的相關概念。要說明的是，一樣都是讓成員擔任引導者，但對於實施方式的想法已有不同。當時我的一個構想是：

⑴在每次聚會的一開始，請成員先討論一下「要如何引導討論的進行」這個問題。在討論這個問題的時候，我可以用「如果由你來引導的話，你覺得要怎麼引導團體的討論會比較好」這個問題，來引導成員對此問題進行討論。

⑵在討論過「要如何引導討論的進行」這個問題後，成員可以說就對要如何引導和討論有了初步的概念。之後，就輪流由成員中的一個人擔任主要的引導者，並在其引導之下進行教學討論。

⑶在實質的教學討論暫告結束之後，再請大家對先前的討論和引導做檢討，以作爲下次他人引導時的參考。

上述的構想在第十八次聚會中提出來徵詢成員的意見，結果成員表示願意試試看，並且亦從該次的聚會就開始這樣做。不過和第一學期不一樣，此時我在成員引導的時候，儘量讓他們學習及體會引導之道而不急著表達看法。這樣做，是要讓成員儘快掌握行動研究的相關概念並提升引導的能力。這，與上學期的想法和做法之間是否存在著矛盾之處？又，哪一種方法較為適當？當時並沒有思考過這些問題。

另，還有一點必須說明的是，在團隊聚會結束之後，我還會對聚會中成員的引導做分析。而在分析之後，可能會提出質問或申述我的看法（參表 7-2）。除了將所做的書面分析提供給每個成員各一份參考之外，在下次聚會的一開始，也就是在討論「要如何引導討論的進行」的時間中，會再把我之前所做的分析提出來共同檢討，以協助成員更清楚的掌握行動研究的相關概念。

就讓成員輪流擔任引導者這點，郭主任在他的論文裡面亦提到：

> 在潘老師的省思中常見他時時的在反省自己的角色和定位，甚至他原先希望的團體運作是每個成員都能相互引導，而不是由他一人主導。……因他有這番自我定位的體認和觀點，所以，在社群運作過程中能持平等、開放的態度，並引導成員輪流擔任討論的引導人（郭主任論文——90/4~90/11，132 頁）。
> 潘老師對自己的定位和社群運作的期望是希望其他成員亦能相互引導，分享責任。所以，他在第六次討論時即將引導團體討論的棒子交由其他成員擔任，並參與討論及適時協助，而非抽手不理（郭主任論文——90/4~90/11，135 頁）。

二、讓成員共同發展行動研究的相關概念

雖然在研究的一開始選擇以引導者的角色來帶這個團隊，但心裡面亦

▣ 表 7-2　我對第十八次討論的分析、檢討片段 ▣

團體討論時的對話	我初步的分析與檢討
任：如果我們把它分兩種的話，如果是少一筆少一畫，我是認為那是很容易就可以重複加強練習，我認為啦，你可以用重複練習幫他糾正那個字，加強他的記憶嘛……	3.任俠把討論的問題導向他關心的方向（學生是少筆畫或寫錯別字），然後直接說明他的觀點，但他人的觀點，別人並不容易直接的接受。因為當被灌輸某種觀點的人如果不認為自己的想法及做法有問題及需要改變時，他是不容易改變的。因此，較好的方法是：質問他人的觀點，讓他人透過反思來澄清自己的想法。在當時或在事後，他若發現自己的想法有問題時，就有可能改變自己的觀點，並重建出新的想法。 4.另外，當急於表達自己的觀點時，他人的想法連被澄清的機會都沒有。因此，如果是我的話，在一開始我可能會問說：你是怎麼做錯字訂正教學的、為什麼你會這樣做，或是為什麼你要這樣做？ （2001/3/30：針對上述我對任俠引導方式的分析，我把我的想法告訴任俠，任俠也感同意。他說，他的個性就是太急了，很想把自己的想法說出來。由於這種個性，以前在公司上班的時候，他哥哥都叫他聽就好了。）
曹：對……	

任：可是如果是錯別字的話，你也是讓他們這樣訂正錯誤嗎？	（可理解性的質問）
曹：對，我也是一樣……	曹師回答。
任：可是如果是錯別字的話，那效果對他們怎麼樣？	（可理解性的質問）
曹：比如說像你講的這樣，那錯別字的話，練一個語詞可能會比較有意義……	曹師說明如果是錯別字的話，要如何教學效果會比較好。
任：甚至是重新去了解那個字的字義會比較好。因為像我看徐老師，他就是不管怎麼樣都是一個字六遍，那我就很懷疑說，你這樣單寫一個字的話，那功能性，這樣子有沒有辦法達成他的那個目標，改錯目標， 曹：不過很難，因為就這邊小朋友他的生活環……	任俠說明其觀點：讓學生重新了解字意。

告訴自己要保持開放的一顆心，因為個人對行動研究的掌握可能有問題、可能還不是很完整。因此，我試著引導及促使成員對我們團隊的運作做自我反省，然後再將自我反省的結果付諸討論。這樣做，除了希望改善我所引介的行動研究觀點之外，還希望共同建構出更合理性的想法。就像郭主任所說的：

> 潘老師……希望他所提出的看法和觀點能獲得成員的批判、質疑，進而共同建構一個較佳的運作模式（郭主任論文——90/4~90/11，132 頁）。

雖然有上述的理想，但實際的做法卻很少，僅有的幾次作為如：第一次聚會行將結束之際，我向成員說明在團隊運作的過程中最好能寫反省日記，以對團隊的運作（及我們對教學所做的探討）加以反省。在第二次聚會結束前，又再向成員說明我想要透過行動研究改善對行動研究的認識的意圖，並請成員若有意願的話，可透過自我反省檢討團隊的運作方式，然後再將自我反省的結果提出來討論。另，在第二次聚會後，我把討論中對話的逐字稿提供給成員各一份，並在上面具體建議他們可以據以檢討團隊的運作方式，以及我所引介的行動研究概念。

總的來說，我是透過幾次的口頭和書面說明，請成員透過自我反省檢討團隊的運作，然後將檢討的結果付諸討論。而在成員沒有明顯的回應後，並沒有積極的往這個方向去努力。

三、促使團隊順利且有效的運作

成員中的曹老師在行動研究結束後，於其自我回顧裡曾寫到[10]：

潘老師在團體討論中扮演的角色，我感覺他既是主導者也是引導者和被質詢者。因爲，這一次國語科教學行動研究是由他號召的[11]，可是，他這個主導者，平常是隱藏著，當討論進行中遇到瓶頸或關鍵的時刻，如討論是否要達到共識的問題、團體運作方向的問題……等，他就會適時現身，以超然的態度（如像第三者又像與會的研究者）爲大家分析說明目前的狀況，並提供可參考的研究資料或解決方式，引發大家思考討論，而最後自然往共同需求的方向前進，在討論過程中，大家常常容易由討論的主題延伸到相關的問題，這時，潘老師又會緊緊的扣住主題，適時的切入，讓大家更充分的理解被質詢者的教學想法和觀點，當大家開始輪流當引導者，潘老師又隱然成爲質詢者或被質詢者。感覺上，在整個討論裡，什麼時候跳進來參與，什麼時候該跳出去旁觀，潘老師似乎都能夠保持清醒的立場和態度（曹師自我回顧——90/7~91/5，35 頁）。

---

10 曹老師在行動研究告一段落之後，用接近一年的時間，對其參與行動研究的歷程寫了一篇五萬多字的自我回顧。此外，成員中的任俠亦曾對其參與行動研究的歷程寫了三萬多字的自我回顧。值得說明的是，他們寫這些，並不是要得到學位或外在的獎勵。

11 我們團隊第二學期是以國語科教學作為探究的焦點，而曹老師是在第二學期才加入，所以她才會採用「這一次國語科教學行動研究」的用語。

從這一段話裡面，可以約略看出我是如何促使團隊順利且有效的運作。不過，若更具體的說，我是以如下的方式來達成目的：

㈠提出可行的運作方式或方向徵詢成員的意見

在團隊運作的過程中，有時會涉及到往哪個方向或採用何種方式來運作的問題。尤其是每次聚會的一開始或將結束之際，更常會涉及到此類問題。此時，會依我對行動研究相關概念的認知，提出可行的運作方向或方式來徵詢成員的意見。之所以這樣做，是認為我與成員之間的關係是平等的，所以凡是與團隊的運作方向或運作方式有關的問題都應由成員共同決定。

像第三次聚會後，我發現該次聚會我們忘了將任俠的教學實踐及其自我反省的結果提出來討論（任俠的實踐是依第二次聚會中，成員所提出來的幾個教學策略為之）。在這種情況下，我們將不會進一步揭露彼此先前想法和行動中的問題所在。因此，在第四次聚會的一開始，我就針對此點提出來加以說明。除此之外，我亦提醒大家在第三次聚會之末，我們曾透過討論的方式決定這一次聚會要討論「為什麼要學音樂」、「音樂課學生要學什麼」等問題。說實在的，我的心裡面是偏向於應先根據任俠實踐及自我反省的結果檢視原先我們所提出來的一些想法，不過還是提出上述的兩種途徑徵詢成員的意見。因為在平等的精神下，討論的方向應由成員共同決定。結果，成員也覺得可以從實踐的結果及對其反省開始，因為這樣，探究的結果才會愈來愈深入。

又如在下學期第一次聚會之前，為了讓團隊建立共識進而循環的進行計畫、行動、觀察及反省等活動，我想出如下兩種可行的運作途徑並徵詢成員的意見：

⑴大家輪流教某個班級的某個科目。以某班某一科的教學爲主（如以一年甲班的國語教學爲主），大家先進行理念上的討論，如這科的教學目的是什麼、教材爲什麼要這樣設計、要怎麼教學

等。之後，根據討論的結果由我們其中的一個人進行教學。在教學之後做反省及調整，然後再換另一個人依調整後的想法及策略進行教學，如此循環進行。

⑵大家依討論出來的共識回到自己教學的班級實踐。先選定一個大家都有教的科目做討論，然後依討論的結果擬定教學策略並回到各自的班級教學。之後，大家再以各自的教學經驗爲基礎做討論，並據以調整原先的想法。

在會中，我將上述的想法提出來供成員參考。此外，任俠亦提議我們可以以每個人自身的教學問題為焦點。在討論後，成員選擇我所提出的第一條途徑，並決定以國語科教學作為探究的焦點。就此點，郭主任的觀察結果支持上述的說明：

潘老師引導團體討論的方向，雖然想法是他提出的，但仍只建議成員，徵詢成員的意見後才取得共識一起做（郭主任論文——90/4~90/11，136 頁）。

㈡順著團隊的運作引導並做說明

在行動研究的過程中，我常會順著團隊的運作來引導並做說明。而在引導時，則以我對行動研究相關概念的認知為基礎。

舉例來說，第一次聚會，我們決定從淑梅音樂教學上的問題開始探討。在該次聚會後，我思考在透過協同反省來解決教學問題時，如何才能從技術進展到實踐，甚至是解放的層次。在思考後，我想到了一些策略。在第二次聚會中，當討論到淑梅的教學問題時，就根據之前的思考所得來引導。首先，引導成員先確認淑梅的教學問題是否真的就是必須解決的問題。因為教師會感到教學有問題，是因為學生的表現與其腦海中的教育觀點不同，但教師的觀點未必正確。其次，在確認問題真的是必須解決的問題後，再接著引導成員思考問題的解決之道。

㈢當不認同成員的想法或行動時依我所認同的行動研究觀點引導並做說明

在團隊運作的過程中，有時會不認同成員和如何從事行動研究有關的想法或行動。此時，一個處理方式是依我所認同的行動研究觀點來引導團隊的運作，並且，在引導之前、之中或之後做說明。像在協同反省的過程中，若發現成員的發言離題的話，總是會在成員的發言暫告一段落之後，設法將討論的焦點拉回到原先的主題。會這樣，是認為在協同反省的過程中必須鎖定焦點來討論。否則，協同反省將無法得到較深入的結果。而在做了這樣的動作之後，亦常會向成員說明為什麼要這樣做。

㈣當不認同成員的想法或行動時設法避免團隊往該方向去運作

當不認同成員和如何從事行動研究有關的想法或行動時，另一個處理方式是積極說明我的觀點以取得成員的認同，以避免團隊往該方向去走。就像上面曾經提到的，在第四次聚會中不認同任俠所提重新訂定主題的提議，就積極說明我的看法，以讓成員接受為什麼不適合採取每週訂定一個主題的方式，以避免團隊真的這樣做。

伍、行動研究後的檢討

筆者個人在行動研究過程中的想法與做法是否適當？又，身為行動研究中的核心研究者，到底該如何扮演其角色？

一、從引導者的角色切入

身為一個行動研究的召集者和推動者，可能扮演指導者、引導者或分享者等角色。當扮演指導者時，團隊的運作將完全依我所認知到的行動研究概念來進行，成員所能做的，最多僅是尋找能夠落實我所擁有的行動研究觀點的策略或手段。問題是，我對行動研究的認知可能存在著某種問題所在或不足之處。因此，最理想的狀態是扮演分享者的角色，大家共同承擔促動研究的責任。如此，就能夠交互的揭露彼此想法和行動中的問題所在或不足之處，從而使得團隊的運作更為理想。不過此種角色的扮演必須具備一個基本條件，即參與成員都對行動研究的相關概念有某種程度的認識。若不如此，在研究的一開始就把如何推動行動研究的責任完全放給參與成員的話，整個團隊可能淹沒在由無止盡的挫折所交織而成的巨浪中。

如果用比喻的方式來說，行動研究就如一艘船，能夠把大家帶到理想的遠方，問題是當船員都沒有接觸過船與航行技術時，如何能靠共同的摸索越過重重的波濤巨浪而抵達夢中的教育樂土。因此，當夥伴都對行動研究沒有什麼認識時，研究團隊的召集者及推動者宜先扮演引導者的角色，以協助參與成員掌握行動研究的相關概念。Johnston（1994）在對行動研究的相關概念及若干實際的行動研究分析後指出，行動研究對教師而言並非一種「自然的歷程」（natural process），因它所強調的系統探究、協同合作及批判反省等特質都和教師慣有的思考及工作型態不同。因此，以「催化者」（facilitator）的角色適當介入，從而協助教師掌握行動研究的特質是必須的。雖然Johnston所論述的是外來者介入行動研究的必要性，但所標舉的理由亦可以用來支持核心研究者宜引導團隊運作的說法。

雖然論證的結果支持行動研究的核心研究者在一開始宜扮演引導者角色的看法，但當以此種角色來推動行動研究之後，成員的看法為何？成員中的郭主任在碩士論文裡依他探究的結果指出：

成員在對話中一直抱持平等、開放的態度，就好像曹老師說的：

「非常好，非常好，大家都眞的很誠意，而且眞的是很開放，也不會說我對你提出質疑的時候，然後你就覺得，不會啦，大家心態上是滿開放的，啊大家在討論的時候也都有平等。」（郭主任論文——90/4~90/11，114-115 頁）

為什麼能夠這樣？他曾舉淑梅和任俠之間的一小段對話來說明：

曹：非常好，非常好，大家都……

淑：那就是潘老師一直強調大家都是平等的，沒有說誰比較不重要……

任：對，這個很重要……

淑：我覺得讓大家比較會開放自己，不會有壓抑或者是說有什麼忌諱、保留……（郭主任論文——90/4~90/11，114-115 頁）

從這裡面可以看出，淑梅認為我們團隊之所以能夠以平等、開放的態度來對話，在某種程度上與我的引導有關。而從郭主任其他的訪談裡面，亦可以看出成員肯定我所扮演的角色。像曹老師就說：

常常我們討論的時候他（指我）眞的有做到引導的角色啊，常常如果岔題了就會把它拉回來，有時候我們不知道講到哪裡去了，他很容易的把它拉回來這樣，他這個做得很好（郭主任論文——90/4~90/11，135 頁）。

又如郭主任本身指出：

成員在對質問的方法尚未熟練前，常有延伸話題或偏離主題的現象，不過在潘老師不斷的說明和指導下，並從實際討論歸納、聚焦、質問等方面逐漸引導，……（成員）對於討論、質問的狀況也較能掌握，甚至偶有經典之作出現（郭主任論文——90/4~

90/11，115-116 頁）。

另外，為了了解「一個行動研究團隊是否真的需要一位引導者」，郭主任還曾在我們團隊運作的第二學期末段訪談成員。其實，當決定以我們團隊作為探究的對象後，郭主任就一直想要探討這個問題。例如他在第十九次聚會後的自我反省裡，曾先後兩次提到他想要釐清引導者及成員之間應扮演何種角色的問題。像他就寫到：

> 我會一再提出這個問題，最主要的目的是欲了解、釐清在團體中引導者及成員適當的角色爲何？是開放、平等的互動過程？或是視實際需要適度介入（引導者）？或強勢主導（此種情況應會被排除，因爲成員可能因參與度低而無法持續運作下去）？引導者及成員各應扮演何種角色，才能使團隊持續、順暢運作？（郭主任自省——19-90/4/11~90/4/24）

對於郭主任的問題，成員中的莉雪回答：

> 要，一個團體開始成立一定要有一個出來登高一呼的人，因爲怎麼樣，一開始的時候如果沒有一個人出來幫忙引導大家的話，大家比較會無所適從（郭主任論文——90/4~90/11，133 頁）。

任俠的回答則是：

> 我覺得是需要的，在大家討論的時候，比如說讀書會，還是需要一個出來當引言的或是在過程中當主席這樣，我覺得是需要的（郭主任論文——90/4~90/11，133 頁）。

而根據對成員訪談的結果，郭主任所下的結論是「大部分的社群成員是認為團體應有一位引導人來帶領，尤其是在剛開始之初尤甚」（郭主任論文——90/4~90/11，133 頁）。

綜合上述的討論，在行動研究的過程中，召集及推動行動研究的那名核心研究者可能扮演指導者、引導者及責任分享者等三種角色。其中，最理想的狀態是擔任責任分享者的角色，與成員共同引導團隊的運作。不過在成員對行動研究沒有什麼認識之前，宜從引導者的角色出發。Heron（1988: 40）在討論行動研究的效度時曾指出，研究的發起者在一開始或許會居於主導的地位，不過他須設法往成員參與決策的方向前進，而不能一直這樣持續下去。這個觀點，可以說與上述的結論類似。

二、引導的方向

當說一個行動研究團隊的核心研究者宜從引導者的角色出發時，馬上會面臨的一個問題是：要引導什麼？從上文可知，我的引導是要往如下三個方向前進：

⑴協助參與成員掌握行動研究的相關概念。要從事行動研究，最起碼的要求是要對行動研究有所認識。舉例來說：有批評者認為 Habermas 想要以「理想的言談情境」（ideal speech situation）為基礎來創造一個較合理性的社會，但此種情境應是在已經合理性的社會中才會出現（余英時，1994）。也就是說，此種批評認為在現實的社會中，理想的言談情境可能並不存在。這個批評的確高度反映了現況，但若反過來想，溝通環境之所以沒有達到理想言談情境的境界，一個可能的原因是參與溝通者並不知道應以此種態度和方式進行溝通。或許在經過引導後，大家就能夠了解理想言談情境對於達成較佳共識的重要性，並學習去創造這個環境。而若這個可能性不存在的話，那麼理想的言談情境恐怕就不容易出現。因此，設法協助參與成員掌握行動研究的相關概念是必須的。

⑵讓參與成員共同發展行動研究的相關概念。在協助參與成員掌握行動研究相關概念的過程中，是以我對行動研究的認知為基礎。問題是，我的想法未必正確。因此，最好設法讓參與成員共同發展行動研究的相關概念，以建構出更合宜的行動研究觀點。

⑶讓團隊能夠順利且有效的運作。要從事行動研究，目的之一是要建構出更合理性的教學想法和行動。要達此目的，必須設法讓團隊能夠順利且有效的運作。

綜上所言，在引導時可以往如下三個方向來做，分別是：協助參與成員掌握行動研究的相關概念、促使參與成員共同發展行動研究的相關概念，以及促使團隊能夠順利且有效的運作。

三、引導的方式

在行動研究的過程中，要透過何種方式針對上述三個方向做引導？以下，分就引導的態度與方法兩個層面來檢討我先前的引導方式然後提出觀點：

㈠引導的態度

為了了解我所扮演的角色，郭主任曾在私底下個別問成員「我是不是我們團隊的主導者？」對此問題，莉雪的回答是「可是他主導也沒有很強勢的主導」，任俠的回答是「應該說是引導而不是主導，主導已經代表很主觀」、「剛剛我想到一個可以用Rogers的那個催化者去形容，催化是一個團體的產生跟一個前進這樣，我覺得用那個比較好一點」，曹老師的回答則是「潘老師我覺得他本身也做得很好，又可以跳出去，又可以跳進來，他也不會說他是來指導的，我們的感覺不會」（郭主任論文——90/4~90/11，36-136頁）。因此，他在論文中寫到：「潘老師另一讓成員稱道的是，他並沒有表現出一副指導者的姿態」、「成員並不認為潘老師扮演強勢主導者的角色」（郭主任論文——90/4~90/11，133-135頁）。

「引導」和「指導」之間可以說只有一線之隔。從郭主任的碩士論文看來，成員感受到我是扮演著引導者而非指導者的角色。那，要以何種態度來引導，才不會逾越引導的界限而變成是在指導？在回答這個問題之前，先看看郭主任碩士論文中的其他描述。他在92頁中寫到：

> 本社群是由潘老師號召而成，在整個運作的過程中，他對運作的相關學理認識較其他成員深入，對討論的過程及事後的反省也較投入。因此，在社群運作的方式和方向上，經常由他提出意見再提供團體討論決定。

又如在 98 頁裡寫到：

> 潘老師對於運作的方式並無既定的想法，抱持的是開放的心態，這對促進團體的討論及成員的暢所欲言是相當有助益的。

從這兩個地方看來，當我在引導時是抱持著開放及不預設立場的態度，所以能徵詢成員的意見而沒有要求成員一定要怎麼做。要說明的是，所謂抱持著開放及不預設立場的態度，是發生在有幾種運作方式或方向可以選擇的時候。在團隊運作的過程中，若不認同成員和如何從事行動研究有關的想法或行動時則會據理力爭。因為從事行動研究的目的是要改善自己在內的參與成員的想法和行動，當發現成員想法和行動中的問題所在時，自然要勇於加以揭露。舉例來說，在第四次聚會中，當不認同任俠所提改採每週探討一個主題的提議時，就極力說明自己的觀點以爭取成員的認同。因此，開放及不預設立場的態度並非意指成員怎麼做、怎麼想我都加以接受。對於成員的想法和行動，我是以批判的態度來面對。

當然，我所持的行動研究觀點可能有誤而使得所做的引導產生問題。若是這樣的話，必須在發現自己想法中的問題所在之後才會加以調整。

像第四和第五次聚會時，我不斷透過說明和示範的方式，引導成員根據任俠實踐及自我反省的結果檢討先前「我們討論出來的想法」，因任俠的實踐就是依先前「我們討論出來的想法」。希望經由這種方式，揭露先前「我們討論出來的想法」中的問題所在並加以修改或重組。不過無論我怎麼引導，成員都沒有往這個方向去做。由於我不死心的持續加以引導，因而讓團隊的氣氛陷於低迷之中。為何成員無法如我所說的那樣做？究其原因，是因為我所謂「我們討論出來的想法」僅是我歸納、整理出來的共識而非真的是共識。如此，成員自然不會依實踐的結果對其加以檢討。不過，一直到第六次聚會後，才發現這個問題並將自身的想法加以調整。

又如在行動研究之初，我就想到不一定要等到建立共識後，才進行計畫、行動及觀察等活動。因為透過行動和觀察，可以發現先前行動和想法中的問題所在並作為進一步探究的依據。但不知怎麼的，卻漸漸遺忘這個想法，並且變成認為必須在得到共識後，才循環的進行計畫、行動、觀察及反省等活動。因此，雖然郭主任曾多次建議是否要對教學進行觀察，我雖不反對但卻也沒有積極的去促成。一直到第二十次聚會，才又在郭主任「不一定要有共識才進行行動與觀察等活動，也可以透過觀察來發現彼此想法中的問題所在」的提議之下察覺自己的觀點有誤，並進一步的引導成員往郭主任所提的方向去做。

雖然，最後發現了自身想法中的問題所在並加以調整，但也經歷了一段不算短的時間，尤其是上面所舉的第二個例子。會這樣，一個原因是沒有積極的反省批判自己種種的觀點。因此在引導的過程中，尚須預設著本身的觀點可能有誤、可能須要調整，並且時時加以反省。否則，自身想法和行動中的問題所在可能不會被揭露，因而持續的做著錯誤的引導。

綜上所論，可以以如下的態度來引導：⑴當團隊的運作方式或方向可以選擇的時候，抱持著開放及不預設立場的態度和成員共同決定；⑵當不認同成員和如何從事行動研究有關的想法或行動時，據理力爭；⑶在引導的過程中預設本身的想法可能有誤、可能需要調整，並且時時加以批判。要提出的是，當以這些態度來引導時，參與成員發言的機會和權利並不會被剝奪，同時，他們亦可以自主的決定接受、質疑或否定我所做的引導。因此，我與成員之間的關係仍然是平等的。否則，是否意謂著當不認同成員的想法和行動時，亦須接受對方的觀點。因為一旦質疑或引導，就會破壞彼此之間的平等關係。而若真的必須如此，行動研究如何能夠達到改善的功效？

另，上述的討論是針對行動研究進行的過程中，如何讓團隊順利且有效運作的態度。至於在讓成員掌握及共同發展行動研究相關概念的過程中要以何種態度來進行，則還沒有討論到。因此，接下來要針對這兩點做說明：

首先，要以何種態度協助參與成員掌握行動研究的相關概念？從我的作為中可以歸納出兩種態度，分別是「把握各種可能的機會說明」，以及「知無不言、言無不盡」。像我就不斷透過團隊聚會、私底下閒聊或書面的方式來說明。在說明的時候，則儘可能詳實、完整的陳述本身對行動研究相關概念的認知而不隱瞞。分析起來，這兩個態度似乎沒有問題，因此應是可以參考的。

其次，要以何種態度讓成員共同發展行動研究的相關概念？雖然我認為這個工作相當重要，因它可以揭露及解決我所引介的行動研究觀點中的問題所在，不過並不認為成員非要從事這個活動不可。因為成員若能從教學探討中得到收穫，那麼就達到行動研究所要追求的，改善參與成員的想法和行動的目的。只是說，如果成員能共同發展行動研究的相關概念並據以探討教學的話，教學將得到更進一步的改善。因此，我是以「引導但不強求」的態度設法讓參與成員共同發展行動研究的相關概念。這個態度表現在實際的作為上，就是當透過口頭及書面說明的方式請成員透過自我反省檢討團隊的運作，但成員都沒有積極的回應時，亦能以平常心來看待。

這個態度是否有問題？從實際面來看，我和成員之間的關係是平等的，如何能夠強求？況且，行動研究是不能勉強的。當成員有意願去做某事時，才會真的對他的思考和行動產生真正的影響。因此，引導但不強求的態度亦應是可以參考的。

㈡引導的方法

以下，亦分別就如何協助參與成員掌握行動研究的相關概念、如何讓參與成員共同發展行動研究的相關概念，以及如何順利且有效的引導團隊的運作等三方面來檢討我引導的方法：

1. 如何協助參與成員掌握行動研究的相關概念？

從上文可知，我主要採用五個策略來協助參與成員掌握行動研究的相關概念。總的來說，這五個策略都是可以參考的。除此之外，在高敬文

（1999b：53-57）的研究裡，他把研究的初期界定為「觀念研習」，約用四次聚會的時間向參與的教師說明行動研究的相關概念。在筆者所接觸到的研究報告中，他花最多的時間做這個工作，而個人也認為這個做法可以學習。因為當成員對行動研究有更深的認識時，所從事的行動研究可能會更順利且有效。因此，可以在「在團隊聚會中說明對行動研究相關概念的認知」這個策略裡面加入：在團隊聚會的初期舉辦多次的觀念研習，以清楚的說明行動研究的相關概念。此外，還有兩點值得提出來說明和討論：

⑴讓成員輪流擔任引導者並對其引導做檢討和回饋這個策略，是所提到的五個策略裡面，唯一能讓成員掌握行動研究的相關概念，又發展出能夠實際從事行動研究的能力的有效手段。因為當擔任引導者的角色時，首先，他必須思考應如何引導團體的運作；其次，引導的經驗會促使他去調整心中原有對於行動研究相關概念的想法；第三，成員對於他的引導的檢討又會促使他去反思及調整自我原先所持的觀點。經此過程，他的心中慢慢的就會形成「應如何進行行動研究」的藍圖。用認知心理學的術語來講，即是他的心中會形成「如何進行行動研究」的「後設認知知識和策略」。此時，他可以說就具有實際從事行動研究的能力。

只不過在一次的引導之後就換人的做法將減損此一策略的功效，因為在引導後的自我反省結束之後，沒有機會透過行動來檢驗反省後所建構出來的想法並加以調整。因此，在我們團隊運作的第三學期，我就建議改為一個人擔任半學期的引導者，以讓成員能有一段較長的時間循環的進行反省及引導的活動。事實上，我可以說就是經此過程從而更深入的掌握行動研究的相關概念，以及發展出實際從事行動研究的能力。

⑵在成員引導的時候，是否要刻意壓抑自己？從第一學期我的作為及我們團隊的運作來看，若不如此，成員將沒有學習的機會。因此，可暫時按下自我的想法。當這樣說時，或有會問：如此，是否會讓團隊的運作陷於混亂且無效的狀態？思考起來，的確可能如此。因此，宜在成員都對行動研究的相關概念有某種程度的認知之後才這麼做。以我們團隊第二學期的運作來看，雖然我刻意的壓抑自己，但卻沒有出現混亂的狀態。會這樣，可能就是由於經過一學期的運作，成員都已對行動研究的相關概念有初步

認識的緣故。

2.如何促使成員共同發展行動研究的相關概念？

如上所述，是透過口頭和書面說明的方式請成員透過自我反省檢討團隊的運作，然後將檢討的結果付諸討論。不過，成員沒有積極的回應。

或許，成員有做這方面的自我反省，只是說沒有主動的將反省的結果在聚會中提出來討論。若是這樣的話，有一個方法可以加以改進，就是在每次聚會訂定一個固定的時間（如聚會的一開始），請成員針對我所引介的行動研究概念及團隊的實際運作加以檢討。現在會有這樣的想法，是受到「讓成員輪流擔任引導者並對其引導做檢討和回饋」這個策略的啟發。因為在使用該策略以協助參與成員掌握行動研究的相關概念時，就利用聚會的一開始請大家針對某成員上一次的引導做檢討；在實質的教學討論暫告一段落之後，又請大家針對該次討論中另一成員的引導做檢討。也就是說，透過這樣的一個方式，可以促使成員對我所引介的行動研究概念及團隊的運作做檢討。而在檢討的過程中，就有可能揭露其中的問題所在，從而建構出超越原先想法的行動研究觀點。

據此，若要引導成員共同發展行動研究的相關概念，可以採用如下兩個策略：首先，透過口頭和書面說明請成員透過自我反省檢討團隊的運作，以作為協同反省的基礎。其次，在每次聚會訂定一個固定的時間（如聚會的一開始），請成員針對團隊的實際運作進行協同反省。當然，如果成員沒有意願的話，亦不用勉強進行上述的活動。

3.如何促使團隊順利且有效的運作？

為了讓團隊能夠順利且有效的運作，我採用如前文所述的四個策略來引導。總的來說，這四個策略是可以參考的。除此之外，可以進一步討論的是：若成員對團隊運作的看法一直和本身所認可的行動研究觀點相左的話，要如何處理？

在第四次聚會時，郭主任提議是否要再確定探討的主題。這個提議我並不認同，因為之前團隊運作的經驗告訴自己，探究的焦點會從團隊運作的過程中慢慢的凝聚出來；並且，當大家還沒有釐清彼此真正想要探討的是什麼的時候，決定了也沒有用。因此，就不斷向成員說明我的觀點以爭取他們的認同。不過，郭主任並沒有放棄他的想法，因為在第五次聚會中他又提出相同的提議。最後，我放棄了自身的觀點轉而接受他的建議。會這樣做，是因為當我不斷的引導成員根據任俠實踐及自我反省的結果檢討先前討論出來的「共識」時，感到團隊的氣氛愈來愈沉重，因而驚覺到必須暫時放下自己的想法，否則團隊可能無法再順利的運作下去。不過，在一陣討論後，成員仍然決定要維持第一次聚會中所訂下的，以音樂教學作為探討的主軸。此時，郭主任卻表示在探討音樂教學之前，他想要先把剛才沒有談完的班級文化的問題討論完。在郭主任的問題解決後，任俠又表示他想先談談他體育教學中的問題。而在下次聚會（即第六次聚會）的一開始，任俠又提出他本身所面對的新問題，並讓團隊持續的針對他的觀點進行討論。到了第二學期，我們又重新決定以國語科教學作為探究的主軸，並持續對其探討一個學期。也就是說，雖然當初重新決定要再探討音樂教學，但卻一直沒有對其加以探究。這種情況就如我之前所體悟到的，探究的焦點會從團隊運作的過程中慢慢的凝聚出來；並且，當大家還沒有釐清彼此真正想要探討的是什麼的時候，決定了也沒有用。

舉這一段過程，是要說明當本身對行動研究的認知與成員的觀點相持不下時，可以先採取成員的觀點來做。這樣做有兩個好處：第一，可以讓團隊低迷的氣氛得到舒展、激烈對抗的氣氛得到緩和，從而使得團隊能夠繼續的運作下去。第二，可以透過實踐來檢驗並調整彼此的想法。如果成員的想法是對的，那麼就繼續照此想法運作下去；如果成員的想法有問題，在實踐之後，自然就會發覺其中的問題所在並加以調整。

陸、結論與建議

本文的主要目的在探討身為行動研究的核心研究者，在研究的過程中宜扮演何種角色的問題。是主導者、引導者或分享者？又，要如何扮演該種角色？

在探討後認為，若參與成員都對行動研究沒有什麼認識，那麼實須引導團隊的運作。所做的引導必須讓團隊能順利有效的運作，並且要促使參與成員掌握及發展行動研究的相關概念。

一、協助成員掌握行動研究的相關概念

要從事行動研究，最起碼的要求是要對行動研究有所認識。因此，必須設法協助參與成員掌握行動研究的相關概念。

在態度上：宜把握各種可能的機會向成員說明本身對行動研究相關概念的認知。在說明時，須知無不言、言無不盡，儘可能詳實、完整的陳述自己的想法而不隱瞞。

在方法上：⑴可利用團隊聚會的時間、與成員在私底下閒聊時，或是透過書面的方式說明本身對行動研究的認知並提供相關的資料；⑵可在聚會中示範說明本身對行動研究相關概念認知下的實際做法；⑶可讓成員輪流擔任引導者並對其引導做檢討和回饋。就第三點而言，在實體的實施上：可在每次聚會的一開始請成員先討論要如何引導討論的進行，然後輪流由成員中的一個人擔任主要的引導者，並在其引導下做教學討論。而在實質的教學討論暫告結束後，再請大家對先前的引導做檢討。另，在聚會結束後，可分析成員的引導，並視情況透過書面或口頭提出質問或申述自身的觀點。要提出的是，若要讓成員輪流擔任引導者，宜在成員都對行動研究的相關概念有初步的認知後才進行。成員在引導時，則可刻意壓抑自我以提升成員學習的機會。此外，還可讓個別成員有較長的一段時間擔任引導者，以透過循環的進行引導、反省、調整等活動提升此方面的能力。

二、促使成員共同發展行動研究的相關概念

雖然身為行動研究中的核心研究者，但所擁有的行動研究觀點未必適

切。因此，最好促使參與成員共同發展行動研究的相關概念，以建構出更合宜的行動研究觀點。

首先，在引導的態度上：宜把握「引導但不強求」的原則。當透過口頭及書面說明等方式請成員從事這方面的活動但卻沒有得到積極的回應時，亦以平常心看待。因成員若能從教學探討中得到收穫，就達到行動研究所要追求的，改善參與成員的想法和行動的目的。

其次，在引導的方法上：可透過口頭和書面說明的方式請成員透過自我反省檢討團隊的運作，以作為協同反省的基礎。然後，可以在徵得成員的同意後，於每次聚會訂定一個固定的時間（如每次聚會的一開始），請成員針對團隊的實際運作進行協同反省。

三、促使團隊順利且有效的運作

要建構出更合理性的教學想法和行動，必須設法讓團隊能夠順利且有效的運作。在做此方面的引導時，可參考如下的策略：

首先，在態度上：當團隊的運作方式或方向可以選擇的時候，抱持著開放及不預設立場的態度和成員共同決定。當不認同成員和如何從事行動研究有關的想法或行動時，則據理力爭。不過，過程中須預設本身的想法可能有誤、可能須要調整，並時時加以反省批判。否則，團隊的運作可能受到自身某種有問題的想法所影響而不自知。此外，亦須了解當以如上的態度來引導時，參與成員發言的機會和權利並不會被剝奪，並且亦可以自主的決定接受、質疑或否定所做的引導。也就是說，與成員間的關係仍為平等。如此，才不會在引導或不引導之間擺盪。

其次，在方法上：可依本身對行動研究相關概念的認知提出可行的運作方式或方向徵詢成員的意見。此外，亦可順著團隊的運作，依本身對行動研究相關概念的認知來引導並做說明。

值得提出的是當不認同成員和團隊的運作方式或方向有關的想法或行動時，可以視情況依本身所認同的行動研究觀點來引導並做說明以取得成員的認同，或者是視情況據理力爭以避免團隊往該方向去運作。不過，情況亦可能演變至相持不下的局面，此時，可先採取成員的觀點來做，以讓團隊低迷的氣氛得到舒展、激烈對抗的氣氛得到緩和，從而使團隊能夠繼續運作下去。而這樣做，亦有透過實踐來檢驗並調整彼此想法的作用。

誠如本文之前一再提到的，就行動研究而言，所有的參與者都是研究者，研究的焦點在於參與者本身的想法和行動，因此沒有研究者與研究對象之分。但所謂「蛇無頭不行」，若沒有人召集，行動研究怎麼會開始；沒有人推動，行動研究如何會持續，甚至如何會知道到底要怎麼做？因此，行動研究的進行可說與「核心研究者」密切相關，但分析國內的相關專書發現（吳明隆，2001；吳美枝、何禮恩譯，2001；夏林清等譯，1997；秦麗花，2000；陳惠邦，1998；蔡清田，2000a），幾乎沒有針對「行動研究中的核心研究者宜如何扮演其角色」的問題明確的加以探究。是以希冀本文的提出一方面能提醒研究者注意這個問題，另一方面能對他人未來的行動研究發揮引導或啟發的功效。

總之，有志於行動研究者在從事行動研究之前須衡量自身是否扮演「核心研究者」的角色，若是的話則宜從「引導者」的角色切入，至於「引導的方向」與「引導的方式」（包含引導的態度與方法）則可參考本文所提出來的觀點。不過要提醒的是每一個行動研究都有其特殊性，因而宜以批判的態度來參考然後再視情況引用，或者是加以調整後引用。另，核心研究者究竟宜如何扮演其角色的問題，還可持續透過行動研究更加深入的探究，因不同的研究情境可能發展出不同的觀點。

第八章

行動研究與外在理論

壹、前言

從行動研究的角度來看，「理論」（theory）大抵具有兩點意涵：

首先，它是指原本存於行動研究參與者之外的系統觀點或思想架構，像批判理論、結構主義、建構主義或後現代主義的相關論述就屬於此類理論。在國內，有許多行動研究是以落實某種理論作為研究的主要目的。所謂的落實某種理論，指研究者想透過行動研究達成如下三種目的中的一種或一種以上：

⑴想讓參與成員學會某種教育理論之下的教學策略，如學會建構主義或 STS 教育理念之下的教學策略。彭麗琦（2000：82-115）所進行與課程統整有關的行動研究就有點類似這個樣子，因她在團隊第一到第五次聚會，讓成員透過閱讀後的討論、觀賞錄影帶及校外參觀等方式熟悉 STS 和課程統整的理念，第六次聚會開始，就要成員進行試作與試作後的討論。

⑵想在某個理論的引導之下，與參與成員共同尋求落實該理論或理念的策略，或者是發展該理論或理念之下的應用模式，例如共同發展統整課程理念之下的課程設計。游可如（1996：5-7）試圖與合作教師落實劉錫麒所發展出來的「合作—省思」數學思考教學模式，並期待經由持續的反省加以修正或發展，她的行動研究可說屬於此類。

⑶想要驗證某種理論或理念的教學效果。許淑玫在回顧所從事的行動研究後就說（郭玉霞、許淑玫，2001），之所以從事行動研究，一個隱而未宣的理由是要檢驗「ARCS」動機設計模式在閱讀課程中促進學生學習動機的效果。又如上述游可如（1996：5-7）的行動研究，依其陳述，目的之一亦在檢視「合作—省思」理論在國小數學科教學的應用與限制。

分析國內由兩個以上的人所共同從事的行動研究，此類研究占有最高的百分比。就 2000 年年底前的國科會專案研究來說，此類研究約占 43%；

就2001年6月之前的博碩士論文來說，亦占了三分之一強（參表8-1）。因此就現實面來說，這種「外在的理論」對於目前的行動研究具有相當大

▣ 表8-1 博碩士論文以落實「外在理論」為主要意圖的行動研究之例 ▣

（2001年6月前）

研究者	年度	論文名稱	要落實的理論或理念
游可如	1996	成為自己數學教室中的學生——研究者與教師在國小教室中的協同行動研究	合作—省思數學教學模式
何縕琪	1999	國小教師主題統整教學歷程之分析暨合作省思專業成長模式之建構	主題統整的課程安排與教學
洪美蓮	2000	女性主義教學的實踐——女性歷史單元教學活動之發展	女性主義教學
謝昭賢	2000	以合作行動研究發展STS教師專業能力	STS教育理念
林嘉玲	2000	數學遊戲融入建構教學之協同行動研究	建構主義
彭麗琦	2000	學校本位教師進修之研究——以發展生活科課程方案為例	課程統整、STS理念
蔡永巳	1996	國二理化科試行合作學習之合作式行動研究	合作學習理念
林碧雲	2001	轉化課程的試煉——兩性教育融入社會學習領域課程之行動研究	兩性教育融入社會學習領域、課程統整
許文勇	2001	國小教師發展環境教育融入自然科課程之行動研究	環境教育融入自然科課程、多元智慧理論、課程統整
鄭章華	2001	影響國中數學教師進行教學改變之因素——合作協助者之立場作為與成效分析	建構主義
楊明達	2001	國小科學教師專業成長之行動研究——以5E學習環教學模式為例	5E學習環教學模式
廖秀微	2001	運用團隊學習促進教師STS教學實踐之行動研究	STS教育理念
邱玉萍	2001	國小教師課程探險之旅——妙妙國小統整課程發展之協同行動研究	統整課程
黃坤謨	2001	國民小學課程統整與教學實施之行動研究——以高雄市民權國小為對象	課程統整

的影響。

其次，理論可以是指存於行動研究參與者腦海中的一些「東西」。這些東西從詮釋學者 Gadamer 的角度來看稱做「傳統」（tradition）或「成見」（pre-judice）[1]，從批判理論的角度來看稱做「意識型態」（ideology），而若從 Argyris 和 Schön（1974）的角度來說則稱做「行動理論」（theories of action）。成見（或傳統）、意識型態或行動理論個體本身可能很清楚、也可能沒有意識到，但無論如何，他們都支配著個體的思考和行動（洪漢鼎、夏鎮平譯，1995；Argyris & Schön, 1974; Carr & Kemmis, 1986）。因此，此種「內在的理論」對行動研究格外具有深遠的意義，因行動研究的主要目的就是要改善參與成員彼此的想法和行動。

綜上所述，無論是外在或內在理論都和行動研究有著密切的關係。要如何面對它們從而提升行動研究的品質就成為一個重要的課題，但衡諸現有的論著卻甚少對此進行討論。因此，本文擬先針對行動研究的過程中宜如何面對外在理論的問題進行探究，並提出觀點以供參考。

貳、以自我反省為核心

在行動研究的過程中要如何面對外在的理論？對此問題，本文主要是反省我本身所從事過的三個行動研究然後提出觀點。具體而言，本文的主要意圖有二：

(1)揭露我本身在先前行動研究的過程中，面對外在理論的方式及其問

1　所謂傳統，是指個人所處的生活環境中自古流傳下來的觀念，如中國人所認為的說話要符合人情、行事要外圓內方、做人要合倫理規範等觀念即是。生活環境中種種傳統的意義體現在語言中，當我們學到語言時，傳統就進到我們的腦海之中，成為支配我們理解的「成見」（pre-judice）。因此所謂的成見，是指流傳下來既成的意見，不一定就是偏見或具有負面的意涵（陳榮華，1998）。

題所在。

⑵針對我先前的問題提出解決或避免之道，以引導、啟發自身及他人未來的行動研究。

由於下面某些觀點的提出是基於對我本身三個行動研究經驗（潘世尊，1997，2000b，2003a）的反省，因此必須對它們稍加介紹：

⑴第一次的行動研究——1996 年，我曾以所認同的建構主義及 Carl Rogers（1902-1987）的人本教育理論為基礎進行國小一年級數學科教學的行動研究。在一開始，先分析比較建構主義與 Rogers 人本教育理論的異同，然後提出整合二者的教學觀及教學模式，以作為進一步教學的基礎。在教學的過程中，則不斷的從學生的回應及自我的感受和感想中加以調整。在最後，雖發展出有異於文獻探討階段所提出來的教學模式和教學策略，但分析起來，其內涵並沒有超越或挑戰建構主義與Rogers的理論。會這樣，一個原因是當時的意圖主要在「落實」及「驗證」所信奉的理論，因而使得行動研究過程中的反省缺少批判。在這種情況下，連揭露其中的問題所在都不能，遑論要超越它們。

⑵第二次的行動研究——其後，在新的學年中，我擔任一個六年級班級的導師。由於先前的行動研究取得成功的經驗，因此就再接再厲的以之前所發展出來的教育觀為基礎在這個班進行行動研究。當時，期待經由此種不斷實踐與調整的過程，發展出適合本土、結合建構主義與Rogers人本教育理論的教學模式與策略。

要說明的是當時我的意圖仍在「驗證」與「落實」所信奉的理論，不過與第一次行動研究不同的是到後來亦調整原先所奉行的理論。會這樣原因有很多，其中一個是學生的表現讓我察覺Rogers所看到的「人」只是一個面而非全部。例如他說每個人都潛藏著「自我實現」（self-actualization）的傾向（Rogers, 1983），這我始終都同意，但人亦存在著自我中心、不願意受約束等傾向卻非他所關注的焦點。當我以Rogers所講的真誠、接納及同理心的態度對待學生，大部分的學生覺得被「解放」，「自我中心」和「不願意受約束」的傾向就盡情的展現出來。其結果，就是不斷的表現出情緒性、不負責、干擾他人，甚至是侵犯他人身體的行為。當察覺這些時，腦海中支配著我的教學想法就逐漸鬆動和產生變化，教學作為就隨之調整。

⑶第三次的行動研究——這一次行動研究，主要的意圖是改善我本身及參與成員的教學，以及對行動研究的認識。為了達到這個目的，我組了一個行動研究團隊，希望和成員共同發展教學與行動研究觀點。這一點，可說與之前以個人獨自從事行動研究的方式不同。

值得提出的是在這次行動研究之前，受到夏林清（2000a）及 Carr 和 Kemmis（1986）的影響，我試著思考在行動研究的過程中宜如何面對外在理論的問題，並產生不同以往的想法。

夏林清（2000a）認為：

> 行動研究者……不是在學院象牙塔中需靠「戲耍」理論之能力來維生的學者，他也不需要作哪個大師的傳人。他需要的是能在一次又一次的實驗行動或方案中，以自己對實踐場域、對象及生命現象所採取的姿態立場，以及特定的情感與認識爲進行研究的起點，通過與實踐場域及對象細緻的對話，從而推進一獨特的發現歷程，形成對研究焦點更深厚一層的理解。……研究者和特定理論系統的對話是一種參看比照而非取用的性質，……當自己實踐行動中所存在發生的知識脈絡尚未能被自己辨識發現之前，就取用了他人的理論來指導自己的實踐，所謂實踐知識的脈絡又在哪兒呢。

從夏林清上述的觀點裡面我體悟到：當我在先前的行動研究中直接取用建構主義與Rogers的人本教育理論時，我先前對學生特性的了解、對教育環境的認知、對教育的目的、內容和方法的見解及體驗都已經被忽略而消失不見，問題是它們真的如此沒有價值嗎？

其後，當逐漸接觸到 Wilfred Carr 與 Stephen Kemmis 等人的觀點之後（如 Carr & Kemmis, 1986; Kemmis, 1988），體認到我當時所扮演的角色

可說只是一個「發展出某種理論應用策略的技術性工作者」而已[2]。問題是，所奉行的理論未必就對「所有學生」或「學生身心不同層面」的成長有所幫助，我先前的行動研究就說明此種情形。另外，還思考到當老師把本身所擁有也許是很好的教學想法棄置不用，而去逢迎一個似乎較有水準及地位的理論，並汲汲營營的去發展它的教學策略時，就注定將永遠走在學者或專家的後頭。但學者或專家所提倡的理論一定比教師的想法更能幫助學生學習嗎？學者或專家所發展的理論就能落實嗎？如果教師對自我的教學想法和行動好好的探究並加以改善的話，難道無法建立出能夠具體實踐，並超越專家或學者所說的教學理論嗎？

不過，這也不是說我就認為理論一點價值都沒有。我的想法是：當覺得自己的教學有不足之處或感到某些問題實在不知如何解決時，就可以參考相關的理論或研究。其功效就如Green（1999）所說，「文獻」（literature）能讓我們站在不同的視角，從而對我們慣有的思考方式提出質疑，或是從我們熟悉的情境與事物中提出新的觀點。

綜合上述，在當時我認為不能以「奉行不渝」的態度面對外在的理論。在參考的過程中須時時加以批判，若有不適用或不當之處就要馬上加以調整，如此才不會受到自己亦不知道對學生的學習到底適當或不適當的理論所完全支配。更具體的說，就是不需要完全拒斥屬於人類智慧結晶的理論，惟須以批判的態度來面對。不過，當我以此種想法來面對「與探究的教學主題」及「與如何從事行動研究」有關的理論時，卻產生兩種不同的運作歷程：

第一種運作歷程：透過自我辯證就發現所參看理論可能的問題所在並加以調整，它主要發生在參考「與團隊探究的教學主題有關的理論」時。

此處的自我辯證是指我本身對所參看的理論加以質疑批判與討論，過程中可能涉及真實性、正當性（指應該或不應該、對或不對）或可行性等

---

2 Carr 和 Kemmis（1986）認為在行動研究的過程中，若僅尋求達成既定目的的策略，所從事的行動研究將停留在「技術」（technical）的層次，並且無法揭露及解決可能潛藏於目的中的問題所在。據此，我將汲汲尋求某種理論應用策略的行動研究者（或教師）稱為「技術性的工作者」。

層面的問題。在質疑批判的當時，我只要感到某個地方可能有問題就提出來加以質問，而非在意識上刻意往這些向度提出問題。只是說事後分析起來，所做的質問可能涉及這些層面。經由此種自我辯證的過程，可能發現所參看的理論的問題所在（如：理論所說未必真實；即使理論所說是真實，亦不應該如該理論所說的那樣做，因還有其他更需要追求的教育價值；理論的真實性和正當性都沒有問題，但卻難以應用到實際的教育情境，亦即可行性有問題），並提出超越的觀點[3]。

舉例來說：我們團隊第十六次聚會時，成員甲提到了他對「生字教學」的觀點。對於他的想法，我在討論的過程中雖提出了許多質疑，但在聚會後的自我反省裡卻又覺得有些道理，因為照他說的那樣教的話，似乎能讓學生在較快的時間內閱讀較多的書籍。為了更清楚成員甲的主張，我就試著去參考與生字教學有關的論述。過程中，主要參考王志成（1997）對香港著名語言文字學家安子介觀點的介紹，以及王基倫（1996）、老志鈞（2000）、江淑惠（1997）、胡永崇（2001）、劉俊榮（2002）、羅秋昭（1999）等人對「集中識字法」的說明與討論。在參考後，除了將安子介的觀點和集中識字法加以整理之外，並對其加以批判。所做的批判有兩個重點：一是思考其是否有值得學習之處或值得商榷的地方，另一個則是提出他們觀點中值得進一步探討的地方。

例如，我對於安子介的觀點在教學上的應用提出如下可接受或值得商榷之處（潘世尊，2003a：387-389）：

---

3 Habermas（1984）認為在溝通的過程中，必須針對「可理解」（comprehensible）、「真實」（true）、「正當」（right）及「真誠」（sincere）等四個向度的問題進行質問與論辯。因此，將我本身所做的某些質疑批判歸為真實性及正當性的問題是取自 Habermas 的觀點，至於將另外一些質疑批判歸為可行性的問題，則起於個人的行動研究經驗。
另，何謂辯證？陳伯璋（1990：78）認為辯證是「指陳現存客觀實體的矛盾和不合理，然後從其反面企求加以否定及超越的種種努力」。透過真實性、正當性及可行性的質問與論辯，有可能揭露所參看理論中的矛盾所在或不合理之處進而提出超越的觀點，因此是一種可行的辯證方式。

第一，安子介的結論似乎是合理的[4]。

第二，身爲國小教師的自己可能沒有能力及足夠的時間依安子介的觀點來編訂國語科教材，如從常用的兩千字中選取最常用的一些字編輯低年級的教材、次常用的字編輯中年級的教材、再次常用的字則編寫高年級的教材。這部分的工作，由出版教科書的公司來做比較適當[5]。

第三，當以目前的教材進行教學時，可行的方法是利用時間安排補充的教材及教學活動，以協助學生掌握課本沒有涵蓋到的常用字。在安排教材時，可參考安子介所編之《安子介現成千字文》。

再如，我對集中識字法加以批判後提出如下的觀點（潘世尊，2003a：389-391）：

第一，集中識字法的教學可能會讓學生厭倦[6]。

---

4 安子介從對信件、文章、新聞報導及報紙評論等文件的分析中，發現最常用的漢字約 3,650 個。1982 年，他依此項研究結果公布《3,650 個常用字頻度表》。之後，他又從中選出使用頻率最高的2,000字編成《安子介現成千字文》（啓蒙篇），並於 1991 年出版。據他的研究，在這 2,000 個字中，學會了前面 240 個字，便可以認讀一般書報用字的 58%；學會了前 500 個字，便可認讀一般書報中的 74.7%；學會了前 1,000 個字，便可認讀 88.8%；學會了前 1,500 個字，便可認讀 94.6%；學會了這 2,000 個字，便能認讀 97.4%。據此，他下了如下的結論：「漢字中高頻度的單字很集中」、「學高頻度的單字，是學習漢字的捷徑之一」（王志成，1997）。

5 此點屬於「可行性」的質問。

6 中國大陸有學者（如張田若）提出「集中識字、大量閱讀、分步習作」的教學體系（引自王基倫，1996）。因此，所謂「集中識字法」大抵就如劉俊榮（2002）所說，是一種由下而上的教學方式，以識字為優先，再進行大量的閱讀。其實，這是中國傳統的啓蒙教學方法（王基倫，1996；老志鈞，2000；江淑惠，1997）。為了讓兒童在短時間之內就學會大量的字以提升其閱讀能力，教學只求讓學生會讀及會寫，解釋和應用則分開學習（羅秋昭，1999：122-123）。1958 年中國大陸黑山北關學校重新發展集中識字法以來，有許多教育機構從事此方面的實驗研究第二，集中識字法可能幫助學生在短暫的時間內就看得懂較多的字，並藉此來閱讀較多的書，但學生的理解能力是否較好？分析及批判的能力是否較好？學生利用文字來表達自己的想法和感受的能力是否較好？學生將觀察到的事件說出來或寫下來的能力是否較好？這些，答案可能都是否定的[7]。

第三，在進行國語科教學的過程中，可以儘量的讓學生學習較多的生字，以對其閱讀有幫助。不過在教學時不能獨重此點，必須兼顧其他語文能力的培養。

最後，我綜合對安子介觀點及集中識字法的批判，再提出如下與生字教學有關的觀點（潘世尊，2003a：392）：

> 綜合對安子介的觀點及集中識字法的反省，在進行教學時不宜採用集中識字法。最重要的理由是，國語科教學的目的不是只要讓學生能夠閱讀就好。不過，這並非否定閱讀能力的重要性。在教學的過程中，可適時的參考及補充安子介所編的《安子介現成千字文》，以協助學生掌握較常用的生字，進而能夠閱讀較大量的書籍。

第二種運作歷程：是在經歷一段時間的實踐及反省之後，才發現所參看理論中的問題所在並加以調整，此種歷程主要發生在參考「如何進行行動研究的相關理論」時。

要如何才能提升行動研究的品質？在邀請志同道合的夥伴成立行動研

或發展相關的教學方式（劉俊榮，2002）。江淑惠（1997）更指出：「集中識字是八十年代以來大陸識字教學的主流之一」。

另，此點屬於「正當性」的質問，即集中識字法或可讓學生快速學會大量的生字，但卻不應該這麼做，因它會讓學生厭倦學習。

7　此點屬於「正當性」的質問，即集中識字法或可讓學生快速學會大量的生字，但卻不應為此犧牲其他向度的學習，因它們亦甚為重要。

究團隊之前我先參考相關的文獻，尤其是 Carr 與 Kemmis（如 Carr, 1994, 1995; Carr & Kemmis, 1986; Kemmis, 1988, 1996; Kemmis & McTaggart, 1982, 1988, 2000; Kemmis & Wilkinson, 1998），以及 Argyris 與 Schön（如 Argyris, 1996; Argyris & Schön, 1974; Schön, 1983）的相關論述。雖然我知道要以批判的態度來參照，但卻無法發現其中的問題所在。因此，我就以他們的觀點為主來推動行動研究。不過在經過一段時間的實踐與反省之後，我逐漸體察其中某些部分的問題所在並加以調整。

舉例來說：在文獻探討階段，我認同 Carr 和 Kemmis（1986）所說，在行動研究的過程中必須「協同」（collaborate）且循環的進行「反省」（reflect）、「計畫」（plan）、「行動」（act）及「觀察」（observe）等活動的想法，雖然如此，我也預設這個觀點或許需要調整。不過一直到我們團隊第二學期運作的末段，我才體驗到只要對改善參與成員的想法和行動有所幫助就可以進行相關的活動，不一定要依反省、計畫、行動及觀察的流程來進行行動研究（潘世尊，2003a：203-208）。

要說明的是上述第一種歷程是透過反省就發現所參看理論中的問題所在，第二種歷程則是加入實踐這個動作，並經由反省與實踐持續的交互運作後，才發現所參看理論中的問題所在。會有此種差異，原因之一應是我之前對「教學理論」這個領域已累積豐富的實務與研究經驗，因此較能透過自我辯證就發現其中的問題所在，而對於「一群人如何共同從事行動研究」這個問題我則正在學習當中，因此須累積相當的經驗後才能發現所參看理論中的問題所在。

參、面對外在理論之道

就我第一、二次的行動研究而言，是以奉行不渝的態度發展能落實理論的策略；就第三次行動研究來說，則是以批判的態度來面對，然後透過反省與實踐的手段來揭露其中的問題所在並加以調整。據此分析，「在行動研究的過程中要如何面對外在理論」這個問題至少涉及「態度」與「方法」這兩個層面。

以下，就針對我先前面對外在理論的態度與方法加以檢討以揭露其中的問題所在。在檢討時，會以我本身的做法為基礎進一步探討相關的理論或研究，希望藉此能對「如何面對外在理論」這個問題提出可供參考的觀點。

一、態度

就如前言所述，在國內團隊式的行動研究中[8]，以落實某種理論為主要意圖的占有最高的百分比。在行動研究的一開始及過程當中應如何面對相關的理論，是一個相當重要但卻又被大多數的研究者忽略的問題。我在第三次行動研究之前與之中的看法及做法是否適當？

分析上文所舉之例，若沒有以批判的態度面對相關的理論，那麼潛藏於安子介的觀點與集中識字法中的問題所在可能不會被揭露。但相對的，若沒有參看他們的理論，則我對生字教學，乃至於整個國語科教學的視野不會得到如當時所得到的進展。因此，若在需要的時候參看相關的理論，在參看的過程中又能以批判的態度來面對，那麼屬於人類智慧結晶的理論將對研究團隊的成員提供更大的幫助。

不過，大多數的行動研究者並沒有注意到此點，從研究者想要落實某種理論的行動研究占最高百分比之現況就可見一斑。為什麼會這樣？我想，陳惠邦（1998：192-200）在討論「教育行動研究與實證主義」之間的關係時所指出來的，行動研究發軔於對實證主義的挑戰，但在發展的過程中卻一直受到實證主義的影響，其結果，使得行動研究只是將其他領域的理論或專家學者所提出來的觀點應用到教育情境中的說法是相當值得參考的。這個觀點，可說和夏林清（2000a）批評我在先前的行動研究中（潘世尊，

8　指由兩個以上的人所參與或共同進行的行動研究。

2000b），一味的想要落實 Rogers 的理論和建構主義的做法是受到「實證邏輯研究典範」的影響的觀點相符合。

或有會問，透過行動研究落實某種理論有何不好？從我先前的行動研究經驗及他人的行動研究來看，當研究者只是一心一意的想要落實某種理論時，可能會產生如下的問題：

⑴所發展的策略不見得對學生的成長有幫助。如果研究者堅信的理論是對的，那麼發展出來的教學策略將對學生的成長有益。問題是，誰能夠確定他所信奉的理論就是絕對的教育真理，或是對所有學生的身心成長有全面的幫助？我想，沒有人能夠做此種宣稱。不過許多研究者卻沒有意識到此點，因而以「奉行不渝」的態度面對外在的相關理論。如此，將無法釐清存於其中的問題所在，並且可能犯了所發展的策略對學生的成長沒有幫助的危險。我在以前就是這樣，僅知一味的發展整合 Carl Rogers 的人本教育理論與建構主義的數學教學模式，任憑他人的諸多質疑亦不改初衷。一直到後來才從學生的身上發覺，當完全應用 Rogers 的理論進行教學時，將無法培養學生容忍挫折或堅毅等能力（潘世尊，2000b），問題是教學已經過去了。

⑵難以創造出超越外在理論的教育觀點和行動。在想要落實外在理論的研究中，彭麗琦（2000）的研究是一個典型。她是一名國小校長，想要落實課程統整及 STS 的教育理念。前幾次聚會（研究者在前五次聚會安排校內教師研讀與 STS 及課程統整有關的論文，並參觀某個國小的做法），該校教師紛紛對實施課程統整可能產生的問題提出質疑，如有教師質疑「統整時各科出現的分量如何平均顧及、課程內容在縱和橫的向度如何連貫、學科知識是否會被切割、每次以節慶為主題，基本學力會不會不足」等問題（彭麗琦，2000：84）。

面對質疑她沒有回應，並在第六次聚會就要求教師依相關的理念練習設計課程。在一連串的行動、檢討及調整後，教師們也許能設計出符合課程統整及 STS 理念的課程，但如果回過頭來再向他們提出上述幾個質疑，他們（包括研究者在內）可能仍無法回答。也就是說，在經過行動研究後，參與的教師們只知如何做，並不清楚為什麼要這樣做。

其實，若能夠試著去釐清到底為什麼要這樣做，有可能建構出較清楚與較佳的教育觀。以上述幾個質疑為例，若能進一步討論，可能會引出不同教育觀點的論辯，如「學習學科知識」對「學會日常生活所需的基本能力」這兩種教育取向的論辯。在深入探討之後，參與成員可能會對不同教育觀點對學生可能的各種影響有較清楚的認識，從而創造出適合學生和班級特性的教育觀點和課程安排。

只知一味的學習或調整落實理論的方式，可稱做「單路徑學習」（single-loop learning）。在落實外在理論的研究中，大部分都採用此種思考路線。而除了檢討行動是否落實理論之外，亦能對理論本身進行反省時，思考就有兩個路線，此時就進到了「雙路徑學習」（double-loop learning）（夏林清譯，2000b：72-73；Argyris & Schön, 1974）[9]。當做到雙路徑學習時，有可能重組出更佳的教育觀點及此觀點之下的行動方案。不過許多研究者並沒有察覺行動研究有這個可能性，心中所想的只是要如何才能落實理論。

雖然如此，也有一些研究者能突破此點。廖經華（2001）一開始亦試著和同事積極發展「統整課程」，不過後來卻發現其中有許多的疑點需要澄清。於是他結合了八位教育夥伴，以行動研究的方式對「課程統整」的理念進行討論、實踐、批判與反省。後來，參與的成員逐漸建構「課程統整」與「統整課程」的新知識：第一，教師如果對於「課程統整」沒有加以反省批判，將使教育活動淪為教育的「大拜拜」；第二，「課程統整」是課程組織的一種方法、是回歸教育本質的一種手段，但它不是教育的目的；第三，課程設計者必須配合教學情境的需求，以選擇適合的統整模式。

和彭麗琦的研究相比，廖經華這個團隊中的成員對於「課程統整」的相關概念和可行的做法必定會有更清楚的認識。其實，這兩年尚有許多博碩士論文以「課程統整」的概念作為行動研究的主題，如何縕琪（1999）、

9　雙路徑學習的原意大抵意指除了思考問題的解決策略外，還探求及檢討腦海中支配自己思考和行動的「行動理論」。至於單路徑學習，則指直接思考問題的解決策略，沒有慮及問題是否起於自己腦海中的行動理論有問題（夏林清譯，2000b：72-73）。

邱玉萍（2001）、許文勇（2001）、黃坤謨（2001）等，不過大部分亦都只在尋求落實理念的途徑，而沒有如廖經華的研究一樣尚對課程統整的理念進行反省與重組。此外，游可如（1996）在探究數學教學的過程中，除了檢驗「合作─省思」數學教學模式之外還試著對其檢討，而在檢討之後亦提出一些新的想法及教學策略。能夠這樣，關鍵就在於他和合作教師對欲落實的理論進行反省。

⑶所引用的理論未必切合教與學的需要，並讓參與的教師成為技術性的工作者。或許，參與行動研究的教師的教學是有些問題，但問題是什麼、要如何解決才算對症下藥，須在一連串的探究之後才會逐漸清楚。因此，問題的解決之道未必要從研究者想要落實的理論中求，不過研究者往往沒有考慮此點，筆者在以前亦是如此。

之所以如此，就如上述夏林清（2000a）所批評的是受到「實證邏輯研究典範」的影響。因在此種典範之下，研究者總會先取用某種理論，然後試圖透過教學實驗來驗證這個理論。雖然我在行動研究的過程中可能會不斷調整落實理論的應用策略，但總括來講還是想要驗證其可行性。

這種做法除了會產生上述兩個問題之外，還會讓參與行動研究者成為發展某種理論應用策略的技術性工作者。在這種情況之下就會如前所述，參與的教師之前對學生、教學，或所面對的教育情境的體悟都將被捨棄而不見。所有的作為，似乎變成只是汲汲營營的去發展某種似乎較有水準、較有地位的理論的應用策略。

要再澄清的是，上述的討論是要強調研究者不能以奉行不渝的態度面對理論，而非要全盤否定其功效。當覺得教學有不足之處或感到某些問題實在不知如何解決時，就可以參考相關的理論。否則，有可能在一陣探討之後才發覺他人早已提出更佳的想法。陳淑娟（1999）在研究的過程中會視合作教師的問題所在提供相關的理論或研究和其一起研讀討論，從而幫助彼此提升「數學討論教學」的能力。劉錫麒（和紀惠英）想透過行動研究落實「合作─省思」的數學教學模式（劉錫麒，1995），在落實理念之前他進行如下兩個活動：首先，由研究者挑戰合作教師的信念；其次，由合作教師批判研究者所提出的教學理論。他們面對理論的態度，和上文所提的游可如（1996）與廖經華（2001）的研究一樣都值得參考。

綜合上述的討論，我在第三次行動研究之前所提出來的「不能以奉行不渝的態度面對外在的理論」、「在需要的時候參看相關的理論，惟須以批判的態度來面對」的觀點應是值得參考。

二、方法

在提出「需要的時候參看相關的理論，惟須以批判的態度來面對」這個觀點之後，接下來要思考「如何」的問題。也就是說，實際上究竟宜如何做，才是以批判的態度參看外在的理論？

如上文所述，我在第三次行動研究之前的文獻探討階段，就設定要以批判的態度面對相關的理論，不過卻是在一段長時間的實踐及反省之後，才發現所參看「與行動研究有關的理論」中的某些問題所在並加以調整。會這樣，一個原因是之前沒有實際從事團隊式的行動研究的經驗，因而根本就無法發覺其中的問題所在。這種情形就如我們團隊在探討國語科教學時，成員中的實習教師因完全沒有相關的教學經驗，因而不太容易發現某資深教師教學想法中的問題所在一樣（潘世尊，2003a：382-443）。問題是，沒有能力發現所參看的理論中的問題所在，並不代表它就真的沒有問題。

面對這種情況，我認為可以依所參看的理論去實踐，因在實踐的過程中，相關的經驗、知識或能力都會逐漸提升，此時，如果持續對所參看的理論加以反省，就有可能發現其中的問題所在或不足之處，並依所增進的相關知識加以調整。像我在第三次行動研究時，發現行動研究未必要如 Carr 和 Kemmis（1986）所說，依反省、計畫、行動及觀察的流程來進行的歷程就是這樣。

不過要注意的是，實踐必須在經過批判並且有充分的論證之後才能進行。如此，有可能是全部引用所參看理論的觀點，因無法發現其中的問題所在或不足之處、有可能是局部引用、另亦有可能是在加以調整後援用。但無論如何，都不再是盲目取用對學生不知適當與否的理論。在這種情況下，所進行的教學行動才會真正往「實踐」的方向前進。因所謂實踐（德語原文是praxis）具有道德與倫理之義，之所以如此，是因為它是在善的、具有倫理價值的「理論」的指導之下進行（高宣揚，1999：77）。而當在充分的論證以揭露及解決所參看理論的問題所在或不足之處後，所據以開展的教學行動應較符合善及倫理的要求。換句話說，將較符合「實踐」的精神[10]。

分析國內的行動研究，許多都是沒有經過充分的論證以徹底釐清某一理論對學生可能造成的利弊得失之前，就急著以奉行不渝的態度設法加以落實。我先前的行動研究就是這樣（潘世尊，1997，2000b），在沒有經過充分的自我論辯以釐清Rogers的觀點對學生可能造成的各種影響之前，就一味的想要去發展落實該理論的各種教學策略。所幸後來體悟到這個問題，並在第三次行動研究時不再這樣做。

黃政傑（2001）在分析課程行動研究所遭遇的問題時，曾提出類似的觀點，他說：

> 課程行動研究既爲學校所主導，其決定攸關學生的權益。……若此一行動研究的改革方案設想不足，方法不當，設計欠佳，則學生將成爲課程改革的受害者，有如實驗室的白老鼠一般，這是很不幸的一件事。

這一段話，可以說是相當值得行動研究者參考的警語。要澄清的是，這樣說並非否定行動研究所著重的，透過行動來檢驗理論是否有問題的精神。這裡要強調的是必須是在論證階段，也就是協同反省或自我反省的階

---

10 實踐除了具有上述的意涵之外，另依Kemmis（1988）的觀點，當實際的表現是在行動者理解自己腦海中所擁有的想法之後，自我「告知」（informed）要做，以及自我「承諾」（committed）要透過謹慎的思考而為的行動時，它就是一種「實踐」（praxis）。從這個觀點來看，實踐可以說是行動者很清楚自己為何如此而做，並且試著透過自己認為可能的途徑以達成目標的行動。在我們的社會中當用到實踐一詞時，通常與Kemmis上述的觀點相吻合。

段，真的無法發現所參考的理論有問題時才透過實踐來改善現況，並進一步發現潛藏於其中的問題所在。Heron（1988: 40）曾提出十一點和行動研究的效度有關的觀點，其中一點是維持反省和經驗二者之間的平衡而不宜過度偏重一方。把握這一點，的確可以做到行動研究所強調的，從行動中發現問題進而改善行動的精神。不過若沒有經過充分的論證，僅為了求取反省和行動之間的平衡而去行動的話，有較高的可能損及學生的權益或傷及學生的身心發展。雖然，亦有可能透過之後的反省將原先不適切的理論加以調整，但對學生所造成的負面影響或許不是那麼容易就被抹滅。

因此，「在充分的論證後透過實踐來檢驗所參看的理論」，應是穩健且能讓外在理論有助於行動研究的可行方法。

㈠論證時，可先理解所參看的理論然後批判其真實性、正當性及可行性

若「在充分的論證後透過實踐來檢驗所參看的理論」這個觀點值得參考，那麼接下來要探討的第一個問題是：在實踐之前的論證階段，要如何批判所參看的理論才能得到充分的論證？

就我第三次的行動研究而言：首先，是去思考所參看與教學有關的理論是否有問題，然後加以質疑與討論；其次，以所做的討論為基礎提出超越所參考的外在理論的觀點，以作為進一步實踐的依據。而若加以分析，我對外在理論的質疑可能涉及真實性、正當性及可行性等層面。當然，它們建基於對該理論的理解之上。我的做法值得參考或商榷，或者是否有何需要再精緻化之處？

Habermas 針對人類活動中產生「合理性」（rationality）共識的溝通條件加以分析後認為，在「理想言談情境」（ideal speech situation）之下，參與溝通者若能針對可理解、真實、正當及真誠這四個向度進行質問與論辯，則有可能得到「合理性」（rationality）的共識（陳文團，1996）。此種共識，可能超越溝通雙方原有的觀點。換句話說，Habermas認為參與溝通者的說法可能存在著某些問題，若將問題加以分析歸納，可能分屬可理解、真實、正當及真誠這四個層面。如果將此種觀點加以延伸，外在理論

與讀者就如溝通的雙方，並且，外在理論對讀者所面臨的教學情境而言，可能潛藏著可理解性、真實性及正當性等層面的問題[11]。讀者在參看外在理論的過程中，若能揭露這些問題並加以解決，則能產生超越理論並有助於實際所面臨的教學情境的觀點。因此從 Habermas 的觀點來看，我於第三次行動研究的過程中，對外在理論的批判方式應是可參考的。

於此要進一步說明的是Habermas（1984）認為在溝通的過程中，提出觀點者是想要他人理解及接受自己的觀點，雖然說話者在說話的當時沒有清楚的意識到此點，但此種情形就存在那邊。當對談者不清楚或不同意他人所提出的觀點時，就會提出質問。所提出的質問，可歸為可理解、真實、正當及真誠這四個向度。同樣的，在提出質問的當時，並非在意識上清楚且刻意的從這四個向度來提問。當感到對方某種說法或態度有問題時，就會從那個地方切入。因此，當參與溝通者都不認為他人的觀點或態度有問題時，表示大家都能夠共同理解及接受某種觀點。此時，暗含著參與溝通者認為此一觀點符合可理解、真實、正當及真誠的要求。不過，這也不是說參與溝通者在意識上清楚的從這四個向度為標準來分析及衡量是否同意某種觀點，只能說他感到沒有問題並且同意罷了（潘世尊，2003a：167-169）。

此種溝通現象蘊含如下兩點啟示：⑴參看外在的理論時，若感到某個地方有問題就應提出來加以質問，才能建立超越所參看理論的觀點；⑵若不知如何質問或無法發現問題，則可以思考所參看的理論是否具有可理解性、真實性及正當性等層面的問題。若有的話，則加以質疑與討論，以作為如何實踐的依據。而就實務面而言，宜先理解所參看的理論，再依序提出真實性與正當性的問題。所謂正當性的問題，涉及應不應該、對與不對或不同教育價值的選擇等層面。若理論所說並非真實（如教育現象或學生反應並不會如理論所說的那樣），那麼根本就不需要考慮正當性的問題。

---

11 人在溝通的過程中，嘴巴所說和心中真正的想法可能不同，因此會產生真誠性的問題。由於外在理論不會出現此種情形，因此讀者並不會對外在理論產生真誠性的質疑。

舉例來說，我在第三次行動研究的過程中，有成員認為學生之所以必須學習自然，是因為學了自然以後可以了解自然現象，以去除恐懼、迷信、預知自然現象及增加生活的情趣。學了自然以後的確有可能產生此種效果，問題是是否可以依此理由就要求學生一定要學自然（潘世尊，2003a：168）？此種問題即屬於正當性的質問，它的提出與論辯是在確認學了自然可以協助學生了解自然現象，以去除恐懼、迷信、預知自然現象及增加生活情趣的想法之上。

當理解所參看的理論，並針對其真實性與正當性加以質疑與討論，意謂著理論「內部」的問題得到澄清與解決。不過，這對於強調實踐的行動研究而言尚不足夠，因它尚未考慮理論是否適用或如何應用於所面臨的教育情境的問題。因此，必須接著從理論的「外部」思考它是否可行的問題。若結果為否，則仍然不能將理論轉化為實踐；若結果為是，尚須思考是全部引用、部分引用，抑或是加以調整後援用。

綜合上述，我在第三次行動研究之前與之中批判外在理論的方式大抵值得參考，因它們可以揭露理論內部與外部的問題並提出超越的觀點，從而作為往後實踐的依據。只是說，具體的做法有再值得精緻化之處。而在經過上述進一步的討論之後，行動研究者在實踐之前的論證階段可透過如下的方式與程序批判所參看的理論：⑴在參看外在的理論時宜先求理解，以作為進一步批判的基礎。⑵在參看的過程中，若感到某個地方有問題就提出來加以質問與討論。⑶若不知如何質問或無法發現問題，則可以依序思考所參看的理論是否具有真實性及正當性等層面的問題。若有的話，則加以質疑與討論並提出觀點。⑷在真實性與正當性的質疑之後，宜進行可行性的批判，以評估所參考的外在理論是否可行。而若可行，尚須考量是全部引用、部分引用，抑或是加以調整後援用等問題，並針對應用方式提出觀點。

㈡實踐時，宜蒐集與實踐有關的完整資料作為反省的依據，然後依反省的結果調整所引用的理論

在實踐前的論證階段，若透過如上的方式針對所參看的理論加以批判，

並發展出某種應用理論的方式、策略或模式，接著必須思考的問題是：實踐時，如何檢驗並調整所參考的理論？之所以必須思考這個問題，是因為論證與實證的結果可能不一樣，論證無法發現的問題，可能在實證後逐一浮現[12]。而這是在確立「在充分的論證後透過實踐來檢驗所參看的理論」這個觀點值得參考後，應解決的第二個問題。

就我本身第三次的行動研究而言，雖然一開始無法透過論證發現所參看「與如何從事行動研究有關的理論」的問題所在，但經過一段時間的實踐與反省後，終於發現所參看理論中的某些問題（如行動研究的進行未必要依反省、計畫、行動及觀察的流程來進行）。據此，反省是發現問題並導致改變的重要手段。在 Brisbane 與 Bath 舉行的「第三世界國際會議」（Three World Congress）中曾討論「行動研究與歷程管理」（Action Research and Process Management）這個議題。在討論該議題的過程中，與會的專家學者雖對行動研究的定義及評鑑標準有很大的爭論，但卻都一致主張如果論述的產生並非透過自我省思，那麼無論其是否在某一情境具有特定的價值，都不能視產生此種論述的研究為行動研究（吳美枝、何禮恩譯，2001：1）。反省對於行動研究而言如此重要，是因為行動研究是要揭露問題並導致改變，而沒有反省就難以做到這樣。同樣的，如果沒有反省就難以察覺所參看理論中的問題所在並加以調整。

於此要注意的是要做到適切的反省，在落實理論的過程中宜以完整且嚴謹的方法評估實踐可能造成的各種影響，然後再透過「自我反省」（self-reflection）或「協同反省」（collaborative reflection）加以檢討與調整。不過，同樣的，許多行動研究者沒有完整蒐集與實踐有關的資料，以作為進一步自我反省或協同反省的基礎。在這種情況下，反省的結果將無法真正揭露所參看的理論及實踐中的問題所在或不足之處。

就筆者前兩個行動研究來說（潘世尊，1997，2000b），在落實 Rogers 的理論的過程中，所在意的僅是學生是否如 Rogers 所說能夠較了解及接納

---

12 此處的實證是指透過實際的行動來驗證論證階段所提出來的觀點，是否真如原先所預期的那樣。

自己的性向和能力，而一直忽略學生其他層面的行為表現。一直到第二次行動研究的中段，學生出現相當嚴重的「自我中心傾向」的行為後，才驚覺到不能完全以Rogers的觀點作為教學的依據，因為讓學生遵守團隊生活的規範，或是讓學生具有堅毅與容忍挫折的性格亦相當重要，但這些卻非其論述之重點，問題是對學生的影響已經造成。就這點而言，到了第三次行動研究（潘世尊，2003a），我們團隊做得亦不夠。雖然我們成員沒有協同的依某種共識進行教學與觀察，但個別成員仍然有依討論中被提出來的教學觀點去行動，並將教學體驗再提出來作為討論的對象。在這個過程中，其他成員的想法就有可能受其影響。問題是，教學者的自我觀察是否完整的掌握學生的學習情形？教學者的自我評估是否真確的揭露存於學生表現中的意義？我想，可能會有改善的空間。

因此，在實踐的過程中宜設法蒐集與實踐有關的完整資料，以作為進一步協同反省及自我反省的依據。至於在方法上，只要有助於此一目的的達成，量的方法或質的方法都可行。

肆、結論與建議

本文主要在探究行動研究時，宜如何面對「外在理論」這個問題。經過對作者自身所從事過的三個行動研究的反省後，本文認為行動研究者宜以如下的態度與方法面對外在的理論：

在態度上：不能以奉行不渝的態度面對外在的理論。行動研究者宜開放的反省自我，然後在需要的時候參看相關的理論。惟參看時，須以批判的態度來面對。

在方法上：必須在充分的論證後透過實踐來檢驗所參看的理論。也就是說，在經過充分的論證以揭露及解決所參看理論中的問題所在或不足之處後，才轉化為具體的教學行動。所做的轉化，有可能全然根據所參看的理論來行動，因無法發現其中的問題所在或不足之處，有可能是局部引用，另亦有可能是在加以調整後引用。上述的說法，尚須把握如下兩個要點：⑴在將理論轉化為實踐之前的「論證」階段，宜先理解所參看的理論，然後可針對其真實性、正當性及可行性加以質疑與討論。經此過程，可以揭露及解決所參看理論中的問題之處，並決定理論轉化為實踐的方式。⑵在將理論轉化為實踐之後的「實證」階段，宜蒐集與實踐有關的完整資料作為自我反省或協同反省的依據，然後依反省的結果調整所引用的理論。在蒐集與實踐有關的資料時，只要有助於完整資料的蒐集，量或質的方法都可行。

若能透過如上的態度與方法面對外在的理論，那麼外在理論與行動研究者之間就處於「相互辯證」的關係。也就是說，外在理論能揭露行動研究者的不足之處或問題所在，並協助行動研究者發展出超越原有的觀點和行動；同樣的，透過縝密的反省和實踐，行動研究者亦能揭露外在理論的不足之處與問題所在，並讓理論更加完備與合理。

值得附帶一提的是在行動研究的過程中，亦宜以此種態度與方法面對參與成員的理念或意見。因為對於個別成員而言，其他成員的觀點就好像是「外在理論」一樣。另，若想要透過行動研究發展某學科（如國語科）的教學觀點，亦可以參看上述的觀點。也就是說，從自我反省開始而不要急著去擁抱或落實某種理論。在反省後，若發現本身的教學觀點存在著問題所在或不足之處，才參考相關的理論以協助問題的解決。而在實踐的過程中，又不忘蒐集相關的資料並持續透過反省加以調整。透過這種方式，能讓外在的理論及個人內在的經驗與想法對教學改善同時提供助益。我本身在第三次的行動研究中（潘世尊，2003a：377-466），就是透過此種方式發展國小中、低年級國語科「課」的教學觀點。不過分析國內現有以學科教學為主軸的行動研究，卻較少以此種方式來面對外在的理論。

就如前言部分所言，外在理論與行動研究的進行有密切的關係。但衡諸相關的文獻，卻甚少系統的針對「行動研究者宜如何面對外在理論」這個問題加以探究。而就國內實際的行動研究而言，研究者亦甚少思考此等問題，因而產生研究者想要落實某種理論的行動研究占有相當高的百分比的情況。因此，希冀本文一方面能喚醒行動研究者注意這個問題，另一方面則能對他人的行動研究產生些許的啟發。

第九章

行動研究的歷程

壹、前言

教育部（2004）所推動之九年一貫課程鼓勵教師從事「行動研究」（action research），然行動研究宜以何種歷程來進行？

依陳惠邦（1998：242）與 Atkinson（1994）之見，有許多學者（如 Brown, Henry, & McTagarrt, 1982; Cohen & Manion, 1984; Ebbutt, 1985; Elliott, 1981; Kemmis & McTaggart, 1988; McNiff, 1988; Somekh, 1995）致力於行動研究歷程的模式化，這些學者所提出的模式所具有的共同特徵是都以「偵察或觀察」（reconnaissance/observation）、「計畫」（planning）、「行動與監看」（acting/monitoring）、「反省與評鑑」（reflecting/evaluating）等四個階段或要素來區分行動研究的歷程，這四個階段或要素並且以「循環」（cyclic）或「螺旋」（helical）的形式進行。此外，分析吳明隆（2001：96-104）與蔡清田（2000a：77-252）所提之研究歷程可說亦是如此。Kemmis（Carr & Kemmis, 1986: 186; Kemmis, 1988）認為行動研究宜循環地進行「反省」（reflect）、「計畫」（plan）、「行動」（act）及「觀察」（observe）等活動，其觀點清楚彰顯上述特徵，因此此類歷程或可稱為 Kemmis 式的模式。

相對於此，亦有學者認為行動研究沒有固定的歷程，甄曉蘭（1995）就說：

> 不同於其他研究方法，合作行動研究並無特定可「套裝」的程序與方法，其研究策略和所應用的方法完全依參與者共同關心的問題而定，因應環境的不同和情境的轉換，所有的步驟與方案可就實際需要而做機動性的調整。

Noffke（1995）亦指出在進行行動研究時，並不都是要依循所謂的「勒溫循環」（Lewinian cycle）[1]，要進行什麼活動須依個人主觀的判斷。筆者一開始以上述 Kemmis 之觀點從事行動研究，但最後卻體悟到宜視需要進行相關的研究活動，不須依某種固定的歷程來進行（潘世尊，2003a：101-208）。

據此，不同學者間對行動研究歷程的看法至少可歸為兩種類型：⑴依某種較為固定的歷程來進行，並循環的進行若干活動；⑵可視需要採取相關的活動而沒有固定的歷程。分析國內若干由中小學教育人員所從事的行動研究，對行動研究歷程的看法大都採用上述第一種觀點（何縕琪，1999：93-106；許文勇，2001：45-46；陳淑娟，1999：74-78；游可如，1996：15-21；彭麗琦，2000：58；蔡文斌，1999：61-64；鍾添騰，2000：40-48；謝瑞榮，1999：35-39），僅有少數論及第二種可能性（鍾宜玲，1997：78-80），然何者較為適當？又，或者有其他更為適當的歷程？對此問題加以探究實屬重要，因不同歷程的長處與限制可能各不相同，而對行動研究結果與品質的影響亦會有所差異。

以下擬先檢討上述兩種歷程，以進一步揭示探討此一問題的重要性及行動研究歷程宜有的特性。之後，試著對行動研究的歷程提出觀點。過程中，先思考行動研究的目的為何？為達目的，宜進行何種研究活動？又，這些研究活動宜以何種歷程來進行，才較能達到行動研究的目的？

---

1 Lewin（1946）認為行動研究的歷程為循環的進行「計畫」（planning）、「發現事實」（fact-finding）與「執行」（execution）等活動。此一流程被 Kemmis（Carr & Kemmis, 1986: 186; Kemmis, 1988）所採用，並進一步精緻化為「協同」（collaborate）且循環的進行反省、計畫、行動及觀察等活動。因此，「勒溫式的循環」可以是指類似上述 Lewin 或 Kemmis 所主張的研究歷程。

貳、兩種歷程的檢討

Ebbutt、McNiff、Atkinson、Frost 及 Somekh 等人都曾對 Kemmis 式的模式提出批評（陳惠邦，1998：243-249）。所謂Kemmis式的模式，依Atkinson（1994）的分析包含兩個原則：⑴研究歷程包含四個不同的活動階段，如觀察、計畫、行動與反省。⑵不同階段的活動循環進行。此外，筆者認為此種模式還揭示不同階段的活動依序進行（如計畫後再行動，行動後接著反省）此項特色。歸納上述批評，主要圍繞在此種模式太過理想化、理性化、形式化及簡化，忽略了實際行動研究過程中的複雜性，以及不同的行動可能需要同時進行。像 McNiff（1988）就認為它只針對「在某個時間如何處理某個問題」提出觀點，但實際的行動研究卻可能同時面對許多不同的問題。Atkinson（1994）亦以自我之經驗指出在行動研究的過程中由於時間有限，行動可能起於直覺而非縝密的計畫、行動後可能沒有觀察與評估。另他亦指出反省、計畫、行動、觀察等活動可能在同一個時間被進行，而非分成四個不同的階段。在這種情況下，陳惠邦（1998：245）認為一位打算從事行動研究的教師很容易被 Kemmis 模式中的理想化、形式化及簡化的過程架構所迷惑。筆者在反省自身所從事的行動研究時就發現（潘世尊，2003a：104-208），在研究的前半段，Kemmis式的模式讓自身的思考僵化，變成一再設法使團隊建立初步的共識，以落實循環的進行反省、計畫、行動及觀察等活動的運作流程。同時，它亦讓自我過度簡化行動研究的運作，因而忽略在同一段時間可分別進行反省、計畫、行動或是觀察等活動，以更有助於研究目的的達成。然當筆者在研究的後半段放下此種歷程，並視需要機動的和參與教師進行協同反省、自我反省、教學、觀察或提供自我反省所得供成員參考等活動後，彼此對國語科教學的觀點由差異極大逐漸變得一致，因潛藏於彼此教學想法和行動中的問題所在逐漸被揭露與解決。就是因為這樣，筆者體悟到只要對釐清及解決參與成員彼此想法和行動中的問題所在有所幫助，就可以進行相關的研究活動，而非一定要依某種歷程來進行。這個體悟，與Frost（1995）所說行動研究宜以「隨機化的方式」（opportunistic way）進行的觀點相近。

若是如此，與 Kemmis 式的模式相對的，行動研究可視需要進行相關活動而沒有固定歷程的觀點似可接受。然分析起來，它亦可能面臨如下的問題：

⑴沒有揭示行動研究到底可進行哪些相關活動。如此，行動研究的生手可能不知道可透過哪些活動以達行動研究之目的。對此問題，Kemmis 式的歷程就具參考價值，因從中至少可以知道或許需要進行反省、計畫、行動及觀察這四類活動。然要提出的是這四種活動雖然重要，但卻未必足夠。舉例來說，在行動研究的過程中亦可能需要參考相關的文獻。潘世尊（2003a：386-392）在與一群教師共同從事行動研究時曾探討「生字教學」。過程中，有成員提到「集中識字法」的相關概念。當對集中識字法缺乏認識時，如何能理解彼此真正的想法並揭露其中的問題所在，因此他就去參考相關的論述與研究。

⑵內涵過於鬆散並且沒有架構不同研究活動間的關係，因而引導的功效較為不足。從此點來看，Kemmis 式的歷程仍值得參考，因為：

第一，它對於要透過何種歷程來從事行動研究提供了一種初步的參考。對於有志於從事行動研究的教育工作者而言，能夠從 Kemmis（1988）的觀點中知道若透過循環的進行反省、計畫、行動及觀察等活動的歷程，有可能釐清並解決彼此想法和行動中的問題所在。McTaggart（1996）就指出對於剛開始探究自我實踐的研究者而言，勒溫式的研究循環有時是具有啟發作用的。Atkinson（1994）亦認為 Kemmis 式的模式對行動研究的進行有幫助，因它揭示行動研究宜循環進行，以及包含觀察、計畫、行動、反省四個階段的活動，只是說需要加以修改以符合實際行動研究中的複雜與混亂狀況。要說明的是 McTaggart 亦批評一些研究者認為必須依勒溫式的螺旋循環來做才算行動研究，更荒謬的是還認為碩士論文只要做一個循環，但博士論文卻要做幾個循環。因此，引 McTaggart 這個觀點並非意指他認為一定要依勒溫式的螺旋循環來做行動研究才行。

第二，它揭示如何才能讓教育行動和教育情境確實得到改善。黃瑞慧（2000）想要「啟蒙」合作教師的多元文化教育觀點，在行動研究的過程中，他利用種種方法促使合作教師察覺自身想法中的問題所在，甚至還試圖引導合作教師重組其想法。不過，察覺與重組想法就是行動研究的終點嗎？

1981 年，澳洲的 Deakin 大學舉辦「行動研究國際學術研討會」（National Invitational Seminar on Action Research）。會中，參與的學者同意教育行動研究的方法和原則為：循環的進行計畫行動策略、實施行動策略、對行動進行系統的觀察、反省然後改變原有的行動策略等活動（也可以說就是循環的進行計畫、行動、觀察及反省等活動）（Carr & Kemmis, 1986: 164-165）。會提出上述的看法，是基於行動研究必須確保使參與成員的實務表現和實務表現所構成的情境得到改善。而為了彰顯此點，Carr 和 Kemmis（1986: 144）還曾討論批判理論的一個問題。他們認為批判理論所關注的是揭露社會行動中不合理性及不合正義之處，因此它仍屬於詮釋的社會科學的範疇，並且在批判之後不必然導致行動的轉變。至於批判的社會科學是由 Habermas 所建立，主張社會中某個組織或情境的成員必須形成自我解放的社群，然後透過協同的自我反省、自我啟蒙，以及在各股力量競相角逐的情境中自我決定、行動及奮鬥，以克服社會生活和制度中不合理性及不正義之處。因此，批判的社會科學可以解決批判理論未必導致行動的轉變的問題。而根據批判的社會科學所建立的教育行動研究，可以透過循環的進行反省、計畫、行動及觀察等活動往改善教育行動的方向前進。筆者認為 Carr 與 Kemmis 上述的觀點實可接受，因為如此，教學才會得到實際的改善。而在游可如（1996：18-20）與陳淑娟（1999：74-77）的行動研究中，也的確透過類似的研究流程改善研究者及合作教師在數學教學上的想法和行動。

第三，它揭示交替進行反省與行動的重要性。就行動研究而言，反省與行動可說是最重要的活動。透過反省，可以揭露參與成員彼此想法和行動中的問題所在；經由行動，能夠具體的改善教育現況，並察覺反省結果的問題之處。Altrichter、Posch 和 Somekh（夏林清等譯，1997：269）就指出經由行動與反省之間持續的運作，實踐理論中的弱點會逐漸的被檢驗出來，而有用的行動策略亦得以被探索與伸展開來。Winter（1996）亦認為在促成改變的歷程中，反省和實踐是互補並且交互依賴的兩個活動。經由實踐，才能知道反省所建構出來的理論是否可行；透過「反思性批判」（reflexive critique）和「辯證性批判」（dialectical critique）這兩個反省方法，才能揭露並解決實踐中的問題所在。Heron（1988: 40）在說明如何提升行動研究的效度時，則指出必須維持反省和經驗（及行動）之間的平衡而不過度偏重一方。而由Kemmis（1988）所提循環的進行反省、計畫、行動及觀察的歷程，就清楚的揭示如何讓反省與行動進行交互的辯證以達行動研究之目的。

綜上所述，「視需要進行相關的研究活動而沒有固定的歷程」與「Kemmis 式的模式」可說分屬一條線的兩端：前者太過鬆散，因而引導性不足；後者稍嫌僵化，因而較難顧及行動研究過程中的複雜狀況。雖然如此，它們亦各具價值並具互補之特性，截長以補短或可成為衡量行動研究宜有歷程的規準。據此，行動研究的歷程不宜過度僵化而與行動研究的複雜性不符。不過，亦不能過度鬆散而缺乏引導性，它至少須揭示行動研究可透過哪些研究活動以達研究之目的、這些研究活動間的關係及其實施時機，以及反省與行動間的相互辯證關係。

參、研究目的、活動與歷程

行動研究的目的是什麼？為達目的，宜進行何種研究活動？宜以何種歷程進行這些研究活動，才較能達到行動研究的目的？

一、從研究目的到研究活動

在目前，學者間對行動研究的目的可說尚未取得一致的看法（溫明麗譯，1997：159；Noffke, 1994; Viviane, 1993; Watkins, 1999）[2]。若從研究者的角度出發，教育行動研究的目的似可歸為三個層面：⑴改善與研究者自身有關的教育實際；⑵增進研究者自身的能力；⑶發展或提升研究者自身的知識與理解。要達到上述三種目的中的任一個，都可以以「揭露及解決研究者本身（與教育或行動研究有關的）想法和行動中的問題所在」作為核心且實質追求的目的（潘世尊，2003a：239-243）。因為如此，研究者本身的想法和行動將產生轉變與改善，從而能夠：第一，改善其教育實務及實務所構成的教育情境，或解決所面對的教育問題；第二，未來將較具適切的解決教育問題的能力，或較具透過行動研究處理複雜教育問題的能力；第三，對自我的教育實務或觀點將更加了解，並更具相關的教育知識與實踐理論。

或有會問：問題若起於他人（如家長或校內行政人員），是否亦須如此？舉例來說，當發現家長只重考試分數而忽略學生到底是哪個地方不會，應改變的是否是他人而非自我？當面對這個問題時，教師可思考本身之前是否與家長溝通相關的問題？若有的話，溝通方式與內容為何？又，為什麼會沒有效，問題在哪裡？在往後，宜如何調整溝通方式與內容才能改變家長的觀念？換句話說，此等問題的解決仍有賴揭露及解決自身想法和行動中的問題所在來達成，因它和自我的教育想法或行動密切相關。若是如此，宜進一步思考的是行動研究的過程中可能要進行哪些研究活動，才能達到此種核心目的？

㈠反省

從 Argyris 和 Schön（1974）的角度來看，人們的想法和行動受到其腦

2　行動研究的目的可參第二章的說明與討論。

海中的「行動理論」（theories of action）所支配。而若依批判理論，則是受意識型態所束縛。據此，研究者應須揭露及解決自身行動理論或意識型態中的問題所在，才能達到轉變想法與行動的目的。要做到這樣，「反省」（reflection）是不可或缺的研究活動。因為透過反省，才能了解腦海中支配自我的行動理論或意識型態究竟為何，何以自己會受此種行動理論或意識型態的支配，此種行動理論或意識型態的問題所在或不足之處在哪裡，又，宜如何解決？Schön（1983: 61）就指出反省是「實務工作者」（practitioner）理解情境與自我的行動理論，以及改善專業實踐的核心「藝術」（art）。而在實務上，他提出可透過「行動中的反省」（reflection-in-action）、「對行動的反省」（reflection-on-action）及「對行動中的反省進行反省」（reflection on reflection-in-action）達到上述目的（Schön, 1983）。於 Brisbane 與 Bath 所舉行的「第三世界國際會議」中，在討論行動研究此一議題時，與會人員亦接受若沒有反省，即使研究結果再怎麼有價值也不能算是行動研究的想法（吳美枝、何禮恩譯，2001：1）。

行動研究中的反省可分為個人為之的「自我反省」（self-reflection）與研究參與者共同進行的「協同反省」（collaborative reflection）（潘世尊，2000a，2000b，2003a：280-303）。就自我反省而言，可能因「不識廬山真面目，只緣身在此山中」而使反省結果受限。而若依批判理論，個體理性的自我反省亦會受到不合理的意識型態所束縛（余英時，1994）。欲突破此種困境，研究參與者可在Habermas所謂「理想言談情境」（ideal speech situation）之下進行「批判的自我反省」（critical self-reflection），透過人際間的理性論辯以揭露及解決彼此想法和行動中的問題所在或盲點（Carr & Kemmis, 1986: 134-144），此種反省即為筆者所謂之協同反省。

Macmahon（1999）認為透過反省形成共識後，宜透過「計畫」（plan）形成一套慎思熟慮、系統、一貫且嚴謹的行動策略。Carr和Kemmis（1986: 164-165）亦指出行動研究中的行動必須是「策略性的行動」（strategic action），它是在反省後透過計畫而產生。依此，反省似乎屬於回顧性的揭露問題，計畫則為前瞻性的構思問題解決之道。另有論者認為在行動後，宜「評估」或「評鑑」行動的結果（吳美枝、何禮恩譯，2001：78；陳伯瑋，1990：162-163；甄曉蘭，1995；蔡清田，2000a：81）。筆者認為計畫與評估皆屬必要，然卻都可歸到反省的範疇之下。首先，透過反省理解自我的行動進而揭露其中的問題所在，就是在評估或評鑑。Grundy（1994）指出教育改變須「透過反省被評估」（be evaluated through reflection），才能確認其價值或使其成為教育安排的一部分。換句話說，他亦將評估放在反省的範疇之內。其次，揭露問題後，進一步透過反省思考所提出的解決之道是否適當或宜如何調整，就具有計畫的意味。

(二)行動

若要使研究者的教育實務及由實務所構成的教育情境確實得到改善，則須將反省後所重組的想法轉化為具體的教育實踐，就如Kemmis（1988）所說的反省後宜「行動」（action）。要說明的是反省要得到較明確的結果，有時需相當長的時間。以潘世尊（2003a）的行動研究為例，經過一學期的反省才對國語科「課」的教學有較明確且系統的觀點，然後再將其轉化為教學實踐。

此外，反省結果未必可行或真的對學生的學習有幫助，因此亦宜透過行動發現其中的問題然後再透過反省加以調整。值得注意的是在由兩名以上教師所共同從事的行動研究中，有時僅憑反省並無法解決彼此的歧見。此時，或可透過行動以了解到底誰是誰非或彼此想法中的問題所在，從而促成觀點的轉變。在筆者所推動的行動研究中（潘世尊，2003a：139-153），某成員堅持讓學生「自主學習」，即讓學生自由決定是否參與課堂學習。對此觀點，其他成員在協同反省的過程中不斷對其質問，但他始終不認為自身的想法有問題。不過當他依自我的想法去教學並發覺學生連最基本的問題都不會時，就驚覺到原先堅持的教學觀點可能需要調整。從此點來看，行動未必在反省得到明確的結果或共識後才進行。

(三)蒐集與分析相關資料

在將反省結果轉化為行動的過程中，宜詳實蒐集與分析相關資料（如行動對學生不同層面的影響）作為進一步反省與調整的依據，因先前的反省結果未必適當。陳惠邦（1998：237）就指出在行動的過程中須蒐集完整的資料並試著找尋衝突或對立之處，以發覺行動及共識中的問題所在並設法加以調整。實務上，可參如下技巧（夏林清等譯，1997：89-195；陳惠邦，1998：252；蔡清田，2000a：192-210；Winter, 1989）：(1)將和實踐有關的種種事項以日記的方式詳細的記錄；(2)蒐集和實踐有關的文件；(3)運用觀察、問卷或訪談；(4)使用錄音機和錄影機做記錄；(5)運用「如影隨形法」（shadow study），即運用各種人物或可能的訊息管道密集持續蒐集相關資料；(6)使用「三角測量法」（triangulation），指運用不同方法蒐集和同一事件有關的資料，或是對某個事件，從不同的當事人中蒐集資料。

Kemmis（1988）認為行動研究主要利用「詮釋性研究」（interpretive research）（如俗民誌研究、個案研究、歷史研究）的「技巧」（technique），因它必須了解行動，以及其結果在整個教育情境脈絡中的意義。Somekh（1995）亦指出行動研究在蒐集資料時主要依質的技巧進行。然筆者認為只要有利於問題的釐清與解決，亦可採用量的方法與技巧蒐集及分析相關的資料，以作為反省的依據。就如同McNiff等人（吳美枝、何禮恩譯，2001：22）所說，一般人對行動研究的誤解是不能在行動研究中使用統計，「事實上，你當然可以」。在蔡清田（2000b）「綜合大學教育學程課程發展之行動研究」中，就透過問卷調查蒐集所需的資料並運用統計的技巧加以分析，然後依結果針對課程規劃、革新、設計、實施及評鑑等五個部分的課程發展行動加以反省檢討。

要注意的是資料的蒐集未必在將反省結果轉化為行動後才進行。有些問題單憑反省無法發現、有時研究者間觀點上的歧異僅憑反省難以釐清到底誰是誰非或說服對方（潘世尊，2003a：162-166，410-415）。因此在反省之前或之中若能透過觀察或訪談等方法適時蒐集相關資料，將更能理解自我或他人的想法，並更能揭露與解決其中的問題所在，從而避免單只進行反省而沒有發現潛藏的問題，而使行動無助甚至有害學生的身心成長。Altrichter 等人（夏林清等譯，1997：11）與 McNiff 等人（吳美枝、何禮恩譯，2001：82）可說亦持類似觀點。前者指出在「釐清情境」與「發展行動策略」之間，宜蒐集與分析相關資料；後者則說明宜先蒐集證據以想像解決的方法，而在實施解決方法之後亦宜蒐集證據以評估成效。

(四)其他

除了上述，為達目的，研究者還可能從事如下的活動：

(1)邀請他人參與行動研究（潘世尊，2004c；蔡清田，2000a：82-83）或徵詢他人之意見（夏林清等譯，1997：66）。依 Carr 和 Kemmis（1986: 158-174）之見，與欲改變的教育行動有關者宜參與行動研究，反省結果或共識才較有可能落實。舉例來說，若探究的主題是數學教學，如果家長能參與的話，那麼教師的課堂教學和放學後家長的指導可能較為一致，從而更有助於學生的學習。此外，從批判理論的角度來看，若要避免反省受到不合理的意識型態所制約，可邀請具不同教育背景者參與行動研究，筆者在行動研究的過程中就曾如此（潘世尊，2003a：151-158）。若欲使行動研究對自身或參與成員產生更大的幫助，可邀請對探究主題較具知識或經驗者加入，陳惠邦、李麗霞（1999）、蔡秀芳（1999）、鍾添騰（2000）都曾這樣做。而若欲使行動研究的進行更為有效，可邀請對行動研究較熟識或有經驗者合力引導行動研究的進行，謝瑞榮（1999）就採用類似的做法。

除了邀請他人參與之外，亦可採用徵詢的方式，以有助於自我盲點之揭露與突破。就如同 Altrichter 等人（夏林清等譯，1997：66）所說，他人之觀點能對我們的反思提供起點，能幫助激發我們的「隱含知識」（tacit knowledge），或刺激我們蒐集額外訊息。Hanrahan（1998）在完成博士論文的過程中，就利用信件和支持或反對他的意見的學者溝通，或利用網路把自我的想法送上以討論行動研究為主的網站，然後和會進這個網站的人討論。與 Hanrahan 一起溝通、討論的這些人，他認為構成一個鬆散的社群，並且彼此扮演「批判的朋友」（critical friend）的角色。雖然參與討論的人數時多時少、雖然沒有和研究者面對面的互動，但對研究者而言，他們的意見卻促使他不斷的自我反省。

(2)維持行動研究的有效運作。當與他人共同從事行動研究時，行動研究須有效運作才能達到研究目的。要做到這樣，行動研究中的「核心研究者」[3]在研究之初宜引導行動研究的運作（潘世尊，2003b）。此外，研究者還須視情況機動調整探究的主題或問題、調整聚會的時間與頻次、提供相關資料供研究夥伴參考、維持研究夥伴間的關係或是克服外在環境的阻礙（潘世尊，2003a：101-363）。

⑶參考相關文獻。在行動研究的過程中，可配合探究的主題參考相關的文獻。此外，當覺得自我的教學有不足之處或感到某些問題實在不知如何解決時，亦可參相關理論或研究。其功效就如Green（1999）所說，「文獻」（literature）能讓我們站在不同的視角，從而對我們慣有的思考方式提出質疑，或是從我們熟悉的情境與事物中提出新的觀點。要注意的是參考時，須以批判的態度來面對，而非以奉行不渝的態度加以落實（潘世尊，2004b）。如此，文獻與研究者之間才能處於「相互辯證」的關係。更具體的說，文獻能揭露研究者的不足之處或問題所在，並協助其發展出超越原有的觀點和行動；相對的，經由縝密的反省與實踐，研究者亦能揭露文獻的不足之處與問題所在，並使其更加完備或合理。

綜上所述，在行動研究進行的過程中，研究者可能從事如下的活動：反省、行動、蒐集與分析相關資料，邀請他人參與行動研究或徵詢他人之意見，維持行動研究的有效運作或參考相關文獻等。若以國內若干教育行動研究來檢驗（成虹飛，1996；李源順，1999：25-37；何縕琪，1999：93-108；余榮仁，2000：86-96；許文勇，2001：47；陳淑娟，1999：71-78；陳惠邦、李麗霞，1999；游可如，1996：13-25；彭麗琦，2000：52-59；蔡文斌，1999：58-73；蔡秀芳，1999：18-30；鍾宜玲，1997：84；鍾添騰，2000：44-59；謝瑞榮，1999：47-60），曾被採用的研究活

---

3 所謂的核心研究者可能兼具如下兩種特質或擁有其一：第一，召集與推動行動研究的進行；第二，和其他成員相比，較了解行動研究的相關概念或較具實際的行動研究經驗。行動研究雖然認為每個參與者都是研究者，但分析若干行動研究發現（何縕琪，1999；林碧雲，2001；許文勇，2001；陳淑娟，1999；陳惠邦、李麗霞，1999；游可如，1996；彭麗琦，2000；蔡文斌，1999；蔡秀芳，1999；鍾宜玲，1997；鍾添騰，2000；謝瑞榮，1999），研究的進行主要受到核心研究者的影響，並且每個行動研究裡面至少都有一個核心研究者。行動研究中的核心研究者宜如何扮演其角色的問題，可參第七章的說明與討論。

動亦大抵在此範圍之內。雖然如此，仍保留還有可能因需要而進行其他研究活動的可能性。

二、從研究活動到研究歷程

上述活動宜以何種歷程來進行，才較能達到行動研究的目的？誠如之前所提，反省是行動研究最為核心的研究活動。在從事任何一項研究活動（如參考相關文獻、訪談、觀察）後皆須反省，才能釐清及解決自我想法和行動中的問題所在或不足之處，否則所從事的研究活動將不具實質意義。要提出的是反省後所發現的問題有時單憑自我的思考並無法解決，此時就可視需要再進行可能有助於此一問題解決的活動。若是如此，反省與其他研究活動間的關係應是不斷交錯進行（參圖 9-1）。

圖 9-1 雖然初步反映反省與其他研究活動宜有的關係並甚具彈性，然它並未明確揭示反省與行動處於相互辯證的地位並宜交替進行，才能確實達到改善教育現況的目的。要提出的是在交替進行反省與行動的過程中，仍宜視需要進行相關活動，才有助於問題的釐清與解決。圖 9-1 雖指出在反省的過程中可如此做及可進行哪些研究活動，卻未揭示在行動的過程中

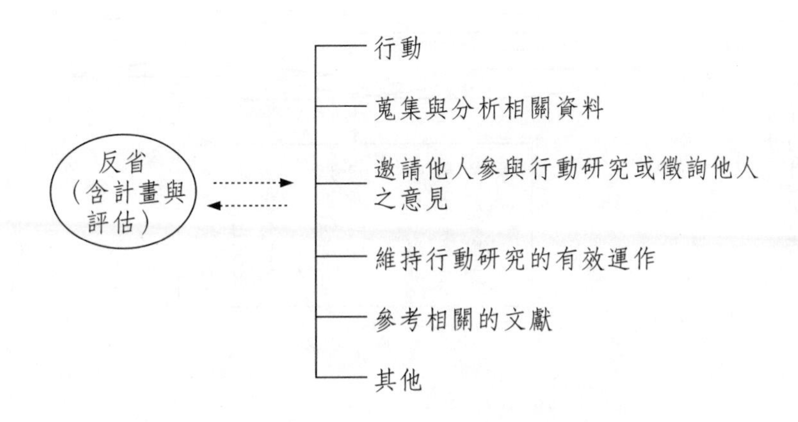

▣ 圖 9-1　反省與其他研究活動間的關係 ▣

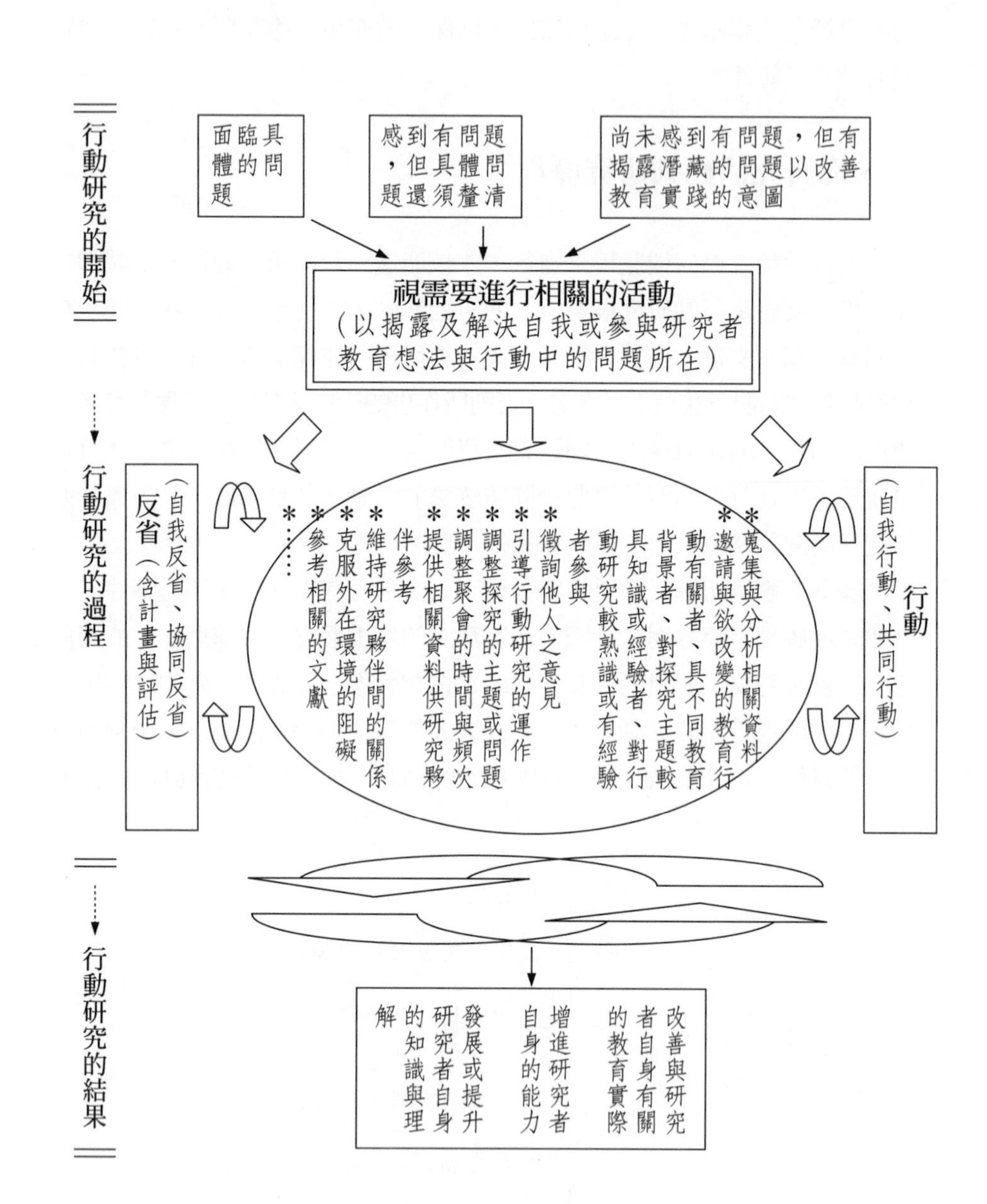

■ 圖 9-2　教育行動研究的歷程 ■

亦可如此。換言之，它沒有明確指出行動與其他活動間宜有的關係。在這種情況下，就會產生諸如沒有清楚呈現蒐集與分析相關資料時機的問題（誠如上文曾說明過的，反省的過程中可視需要蒐集與分析相關的資料，而在行動階段更需如此，然圖 9-1 就未揭示後者）。

為解決上述問題，筆者將圖 9-1 修改成圖 9-2 的歷程。此一歷程可說是以交替的進行反省及行動作為大架構，然後視需要進行相關的活動。例如在協同反省時，可透過行動及觀察等活動來發現值得進一步探討的問題或者驗證誰的觀點較為合理。要說明的是當採用此一歷程來從事行動研究時，實際顯現出來的仍可能是沒有固定歷程的樣貌，事實上它只是彰顯行動研究過程中的複雜性而已。

在 Somekh 所提的行動研究歷程中，第一個步驟為澄清研究起點（夏林清等譯，1997：11；Somekh, 1995）。蔡清田（2000a：109-132）在說明行動研究的程序時，亦從研究問題的釐清與確認開始。參考他們的觀點並引用筆者自身的探究結果（潘世尊，2004c），在此歷程中加入行動研究的三種開始時機，以具體說明何時可以開始行動研究以增強其引導性。此外亦加入「研究歷程與結果的呈現」（或研究報告的撰寫），以使整個歷程更加完整。因對行動研究而言，將研究的歷程與結果呈現以對他人產生引導或啟發的功效或讓他人檢驗亦屬重要（夏林清等譯，1997：10；潘世尊，2003a：10；蔡清田，2000a：247）。

肆、結論與建議

本文的主要目的在探討教育行動研究的歷程。分析所提出的歷程，應符合先前檢討兩類歷程後所提行動研究歷程宜有的特性：(1)不過度僵化而與行動研究的複雜性不符；(2)不過度鬆散而缺乏引導性；(3)揭示行動研究可透過哪些研究活動以達研究之目的、這些研究活動間的關係及其實施時機，以及反省與行動間的相互辯證關係。Williamson和Prosser（2002a）引Winter與Munn-Giddings的觀點指出行動研究的歷程為循環的進行計畫、行動、評估及反省的活動，雖然如此，研究歷程宜保持彈性，以讓研究者能依需要在不同的階段間移動。此一觀點雖亦大致符合上述三點，但卻不如本文所提出的歷程清楚與完備。有志於行動研究者應可參本文所提出的歷程，然要注意的是此一歷程是由思辨而來，其可行性與效用尚待實際的行動研究來檢驗。同時，亦可透過行動研究加以充實或調整。

第十章

行動研究中的協同反省

壹、前言

量的教育研究目的可說在於驗證假設，進而解釋、預測與控制教育現象；質的研究目的則在於描述、理解或詮釋教育現象。至於行動研究，目的可說是要「揭露及解決問題以求改善」。據此，要達成行動研究的目的，研究者必須揭露本身想法和行動中的問題所在並加以解決。要做到這樣，「反省」（reflect）是不可或缺的活動。在 Brisbane 與 Bath 所舉行的「第三世界國際會議」中，就明白指出若沒有反省，即使研究結果再怎麼有價值也不能算是行動研究（吳美枝、何禮恩譯，2001：1）。

依筆者之見，行動研究中的反省可分為「協同反省」（collaborative reflection）與「自我反省」（self-reflection）。所謂的協同反省是指由行動研究的參與者所共同進行的反省。此外，在行動研究的過程中，參與者可能還會在協同反省之外進行個別式的反省。此種反省，筆者將其稱為自我反省，以表示與協同反省有別。依筆者的行動研究經驗（潘世尊，2003a：280-303），協同反省常能發現個別成員自我反省結果中的問題所在，從而促使其進一步的反省與調整；但相對的，自我反省亦常能發現協同反省中某些成員的盲點或不足之處，並讓團隊透過協同反省對其做進一步的探究與重構。因此，若能妥善兼用二者，應更能揭露及解決彼此想法和行動中的問題所在，從而發展出更有益於學生身心成長的教學觀點與行動。

雖然自我反省與協同反省對於行動研究而言都甚為重要，然因反省的主體有所不同（前者是一個人、後者是一群人），反省的方式或宜注意之事項勢必有所差異。不過依筆者的了解，雖有許多論述討論行動研究中的反省（如夏林清等譯，1997：259-270；陳惠邦，1998：159-188；Winter, 1996），卻未有明確的將其區分為協同反省與自我反省並分別加以探究。由於察覺此點，筆者曾透過文獻探討的方式分別探究自我反省與協同反省之道（潘世尊，2000a，2000c，2000d）。雖然如此，亦預設探討的結果可能存在著某種問題所在，如內部可能互相矛盾、所提出的觀點不完整或實際上未必可行。因此，筆者擬做進一步的探究，以去除可能的問題所在。本文的重點為對協同反省的探討，包含協同反省的方法與態度。希望藉此，能供有志於行動研究者些許的參考。

貳、方法

在進一步探究「協同反省」時，筆者是以行動研究開始。在具體的實施上，則擬（潘世尊，2003a：34-37）：

⑴協助成員掌握協同反省的相關概念。以筆者本身先前經由文獻探討所得來的協同反省觀點（潘世尊，2000a，2000c，2000d）為基礎，協助參與行動研究的成員對協同反省有初步的認識。

⑵引導協同反省的實際運作。亦以筆者本身經由文獻探討所得來的協同反省觀點為依據，來引導協同反省的實際運作。

⑶與成員共同發展協同反省的相關概念。由於我本身對協同反省的認知可能存在著某種問題所在，因此擬引導成員對我所引介的觀點及我們實際的協同反省加以檢討與調整，以共同發展協同反省的相關概念。而這可說是以「團隊式的行動研究」作為進一步探究協同反省的核心手段。

關於上述構想，有如下兩點必須說明（潘世尊，2003a：34-37，2003b）：第一，當參與成員都對協同反省缺乏認識與經驗時，若加以引導（包含「協助成員掌握協同反省的相關概念」及「引導協同反省的實際運作」），參與成員應較能透過協同反省得到某種收穫，因而願意繼續參與行動研究。同時，它亦能避免因成員都對協同反省缺乏認識與經驗，而讓團隊的運作淹沒在由無止盡的挫折所交織而成的巨浪中。第二，引導者角色的扮演只是起點。在一段時間的引導之後，若參與成員都對協同反省的方法與態度有所掌握，自然而然的我就不會再單獨扮演引導者的角色。此時，我和其他成員都將成為「責任的分享者」，彼此交互引導協同反省的進行。如此，將較能避免因個人思考上的盲點，而使協同反省的運作產生問題。

雖然希望透過團隊式的行動研究與參與成員共同探究協同反省，但亦預設成員有可能只想要探討教學，而對於協同反省的探討沒有興趣。若是如此，我本身將採取兩種策略：第一，和成員共同透過行動研究探討教學，以改善自身的教學想法和行動；第二，在教學探討之外，以先前對協同反省的認識為基礎來參與或引導成員們對教學的協同反省，然後透過持續的自我反省與實踐調整本身對協同反省之認知。就此途徑而言，可說是透過「個人式的行動研究」來探究協同反省，而實際上筆者就是採用此一途徑。雖然它較可能受到筆者個人的思考所限，但因其他參與行動研究的成員關注的主要焦點就是教學。

值得提出的是筆者在行動研究結束後，尚再針對先前行動研究過程中本身的所思所行再加以反省。希望藉此能揭露及解決其中的問題所在，從而提出更完整、合理及可行的協同反省觀點[1]。

綜上所述，筆者是透過行動研究及其後的反省來探究行動研究中的協同反省。

參、行動研究中的體悟與轉變

以下先說明筆者在行動研究前的想法，再說明筆者於行動研究過程中的體悟與轉變：

1　此一行動研究的參與者請參第五章的說明。

一、行動研究前的想法

在行動研究前的文獻探討階段，經過幾次觀點的轉移（潘世尊，2000a，2000c，2000d），最後我對協同反省的認知為：

在協同反省的方法上：
協同反省的方法是「對話辯證」，它是指將矛盾和不合理的地方揭露出來，然後再克服矛盾和不合理之處以求獲得合理結果的種種努力。在實際的施行上，如下三點是參與反省者必須做到的：
(1)澄清參與反省者的行動理論[2]。將參與反省者的教學想法、態度、價值觀或信念清楚明確的揭露出來，作爲批判辯證的依據。
(2)揭露支配反省者教學理論的意識型態。批判理論從鉅觀的角度切入，認爲人的特性離不開他在生活上所經歷過的政治、社會與經濟脈絡。因此，在澄清教學理論之後，必須從歷史的角度切入，才能揭露支配教學理論的意識型態。
(3)形成合理性及正義的共識。針對被揭露出來的意識型態，批判辯證其不合理之處，並超越所揭露的意識型態，形成合理性及正義的教學共識。
要做到上述三點，「質問」是很重要的技巧。透過質問與爲了回應質問的論辯，可以逐漸眞確的掌握自我與他人的行動理論、明白自我與他人行動理論的產生起源，以及獲得突破性的共識。而當能夠透過如上的方法進行對話辯證，Habermas（1984）所提，欲使溝通理性達到合理性共識的四個條件，即「可理解」（comprehensible）、「眞實」（true）、「眞誠」（sincere）及「正當」（right）的溝通可說已包含在內。

---

2 Argyris 和 Schön（1974）從哲學分析及對多種專業人員的研究中，提出「行動理論」（theories of action）。對於行動者而言，其腦海中的行動理論具有控制及規範其行動的功能。

在協同反省的態度上：
參與協同反省者宜把「追求教學之眞理」放在第一位，進而願意接受溝通可能帶來的衝突並願意去除人際心理間的防衛性，從而開放自我的溝通。其次，參與成員宜視人人的意見平等，並願意做自由、民主、平等、無宰制的溝通（即視每個成員都有相同的機會和權利質問他人、針對他人的質問進行說明與論辯，以及接受或否認他人的觀點）。

值得提出的是上述筆者對協同反省的認知，可說將 Habermas 前後期的論述混在一起。當時，我的想法受到 Carr 和 Kemmis（1986）所寫《朝向批判：教育、知識與行動研究》（*Becoming Critical: Education, Knowledge and Action Research*）這本書的影響極深。在該書中，Carr 與 Kemmis 試圖以 Habermas「批判的社會科學」（critical social science）作為教育行動研究的方法論基礎，因此介紹並討論 Habermas 的許多主張。在這種情況之下，我所整理出來和行動研究有關的一些想法自然具有 Habermas 相關論述的影子。但由於是初次接觸到 Habermas 的理論，因此並沒有掌握得很好。最大的問題是我沒有釐清 Habermas 在不同時期論述的重點有所不同，使得所提出來的協同反省觀點亦產生混淆的現象。

1970 年左右或之前，Habermas 強調要對研究對象進行批判。方法上，受到 Karl Marx 與 Sigmund Freud 的影響，認為宜從歷史的角度切入對研究對象的意識型態進行批判，並對其無意識動機進行重構。如此，才能協助研究對象的思考和行動脫離不合理的風俗、習慣、制度或規範的束縛（引自 Carr & Kemmis, 1986）。據此，協同反省時，參與者宜交互的對他人的意識型態進行批判，以及對他人的無意識動機進行重構。

之後，Habermas 逐漸轉變論述的重心，認為社會情境的涉入者必須在「理想言談情境」（ideal speech situation）之下，針對彼此的觀點進行「可理解」（comprehensible）、「真實」（true）、「正當」（right）及「真誠」（sincere）等向度的質問與論辯，才能創造出「合理性」（rational）的共識（Habermas, 1984）。在這種觀點之下，協同反省的目的可說是要創造出合理性的共識。而要達此目的，參與反省者宜共同營造理想的言談情境，並在此情境下，互相針對彼此的觀點進行可理解、真實、正當及真誠等向度的質問與論辯。

不過筆者當時並沒有如此清楚的概念，同時也對於可理解、真實、正當及真誠等概念在實際協同反省中的意涵缺乏認識。因此，所提出應如何進行協同反省的觀點就如上文所述般將Habermas前後期的主張混在一起。一直到透過行動研究來探究協同反省一段時間之後，筆者才逐漸理解此種情形，並調整本身對於協同反省的認知。

二、行動研究中的體悟與轉變

以下，分就協同反省的方法與態度來說明在行動研究的過程中，筆者相關想法的轉變：

㈠協同反省的方法

要用何種方法來協同反省？筆者在落實上述文獻探討階段所提出來的觀點的過程中，除了發展出更為精細或具體的方法，亦釐清先前觀點中的問題所在並加以調整。此外，協同反省的實際參與及其後的自我反省，還讓筆者提出若干文獻探討階段未曾慮及或提出的方法（參表 10-1）。

1. 以質問為核心來進行「澄清與理解」及「論辯與超越」兩個層次的活動

就協同反省的方法而言，最重要的是發展出「以質問為核心來進行『澄清與理解』、『論辯與超越』兩個層次的活動」的觀點。會發展出這個觀點，一方面是受到文獻探討階段對協同反省的認知所引導（如參與反省者宜先「澄清」彼此的行動理論，並「揭露」支配此種理論的意識型態，然後「形成」合理性與正義的共識。此一過程，宜透過質問與論辯來完成）。另一方面，則是實際參與協同反省的經驗及對此經驗的反省，讓筆者逐漸精鍊及調整先前對於協同反省的認知。其中，最重要的是在我們團隊第十次聚會後的自我反省中，體會 Habermas 所提可理解、真實、正當及真誠這四個質問在實際溝通行動中的意涵。

■ 表 10-1 協同反省的方法——行動研究中的轉變 ■

行動研究前的想法	行動研究中的轉變	轉變的性質
澄清參與反省者的行動理論。 揭露支配反省者教學理論的意識型態。 形成合理性及正義的共識。	1. 以質問為核心來進行「澄清與理解」及「論辯與超越」兩個層次的活動。	1. 釐清文獻探討階段想法中的問題所在（即混淆Habermas前後期的論述）並加以調整（指以Habermas後期的論述為基礎，發展出更為系統的協同反省方法）。 2. 在文獻探討階段想法的引導之下，發展出能達到「澄清與理解」此種要求的具體方法。
	2. 把注意力放在發言者的身上，以抓取其行動理論及其中的問題所在。	受到文獻探討階段所提，宜先澄清對方的行動理論，並揭露其中的問題所在的想法所支配，在實際協同反省的過程中，自然就這樣做。但在第十九次聚會後的自我反省中，才明確提出此一方法。
	3. 發現對方想法中的問題所在時，宜先質問後表達自身的觀點。	1. 受到文獻探討階段所提宜以質問為核心，以及本身的教學方法所支配，在協同反省的過程中時常如此。 2. 經由自我反省發現：協同反省的過程中，當感到他人的觀點有問題時，有時亦會直覺的表述自身的想法。 3. 上述兩種方式何者較為適當的問題，困擾著筆者。一直到第十九次聚會後的自我反省中，才將它們融合並明確的提出此一方法。所提出的方法，深受當時教學想法的影響。
	4. 一時不議二事。	受到先前求學經驗的影響，在第二次聚會的過程中，因情況需要自然表現出來。並且在其後的自我反省中，明確提出此一方法。
	5. 聽到耳熟能詳的概念，亦追問提出者的原意。	在第七次聚會後的自我反省中，發現本身及其他成員的問題所在，然後提出此一方法。
	6. 追問對方不切題的回答。	第三次聚會後，分析、檢討自我及成員的表現後提出。

(1) Habermas 四個質問在實際溝通行動中的意涵

Habermas指出若欲得到合理性的共識，在溝通的過程中，必須針對彼此的說詞從可理解、真實、正當及真誠等向度進行質問與論辯（沈力譯，1990）。筆者雖在文獻探討階段就接觸相關論述，但由於沒有掌握它們在實際協同反省中的意涵，因而實際上並未據以引導本身及成員的協同反省。真正支配筆者的是參與反省者宜從歷史的角度切入，以釐清他人的行動理論並揭露其中的問題所在，然後重組出超越的觀點之類的想法。一直到我們團隊第十次聚會後，在轉譯討論當時參與成員彼此對話的過程中，才體會 Habermas 這四個質問在實際討論中的意涵。

在該次聚會中，我們曾討論類似「是否強勢要求學生參與學科學習」的問題。過程中任俠提到：「我為什麼要儘量勉強他們（指學生）學習，就是因為升學主義啊。因為他們要學會既定的學習內容，這不是團體的共識嗎？」對此觀點，另一名成員莉雪質疑「不能只開眼界嗎？」她的意思是我們可以僅根據讓學生開拓視野的理由，就要求學生一定要參與學科的學習。會後，轉譯及分析討論中的對話到這個地方時我突然想到，莉雪所提的這個理由是否有足夠充分的「正當性」以作為要求學生一定要參與學科學習的依據。基於此種質疑，我立即在轉譯成文字後的任俠和莉雪對話的右側，寫下如下的質問：

> 對要求學生學這件事而言，開眼界是否是一個充分正當的理由？即憑著這理由，我就可以要求學生一定要學。而理由若不充分正當時，憑什麼要求學生一定要學？

在寫下此點後，我突然領悟這不就是 Habermas 所謂「正當性」的質問嗎？並且，還進一步想到協同反省過程中彼此的交互質疑，似乎亦可歸類為對他人觀點的可理解性、真實性及真誠性的質問。也就是說，可以用 Habermas 所提達到共識的四個「要求」（claims）來歸類論辯過程中彼此的質疑。就在這種領悟之下，我以這四個要求為基準，將此次討論過程中成員種種的交互質問加以分析與歸類（參表 10-2）。而此一過程，讓我對這四個要求及理想言談情境的意涵有如下更深的體認。

▣ 表 10-2　以 Habermas 的四個質問將討論中的對話分析歸類示例 ▣

協同反省中的對話	筆者的分析與自我反省
任：所以這個部分我有寫下來（本次討論題綱第三點），學生是否在小學階段即如此可憐的面對殘酷的升學主義。我有提過，他不能晚點學嗎？所以我真的不想勉強他們在這個階段就學那麼多。他們有些我已經覺得很可憐了，尤其我算到都市小學裡面，二年級就開始補習的那些人。	從此處引出「為何要學生學」此一主題。 任俠先提出他的觀點——要學生學是為了符合升學主義的要求，結果引發莉雪、郭主任及淑梅的質問。
淑：可是我感覺，一年級跟二年級，也沒有人學得那麼痛苦啊？ 莉：而且你的儘量勉強參與學習，跟升學主義有什麼關係。	莉雪質問（對可理解／真實／及正當性的質問）。
任：有啊，我為什麼要儘量勉強他們學習，就是因為升學主義啊。因為他們要學會既定的學習內容，這不是團體的共識嗎？	任俠的回答。
莉：不能只開眼界嗎？	莉雪提出要求學生要學的理由。對要求學生學這件事而言，開眼界是否是一個充分正當的理由。即憑著這理由，我就可以要求學生一定要學。而理由若不充分正當時，憑什麼要求學生一定要學（對此一理由正當性的反質問）？
郭：那你的教育目的可能又不太一樣？ 淑、莉：對，跟我們不太一樣哦？ 淑梅提出的觀點（參淑梅對上次討論的回應，240頁）： (1)培養生活所需的能力和知識。 (2)增廣視野，降低因無知所造成的恐懼、迷信。 (3)作為進階學習的工具。如升學、考試。	郭主任亦質問（正當性的質問）。不知郭主任要求學生要學的理由為何？

在溝通的過程中，提出觀點者是想要他人理解及接受其觀點。雖然說

話者在說話的當時沒有清楚的意識到此點，但此種情形就存在那邊。當對談者不清楚或不同意他人所提出的觀點時，就會提出質問。所提出的質問，可歸為可理解、真實、正當及真誠這四個向度。同樣的，在提出質問的當時，並非在意識上清楚且刻意的從這四個向度來提問。當感到對方的某種說法或態度有問題時，就會從那個地方切入。

①可理解性的質問。當參與溝通者不理解他人的觀點時，可能會提出問題以求了解。

②真實性的質問。在溝通的過程中，如認為他人的觀點並不真實，或並不會真的如對方所說的那樣，人們亦會提出質問。此種質問的提出，隱含著要求他人提出「事實性的資料」以證明其觀點的意味。因此，若被質問者無法提出證據力夠強的事實性資料，則質問者不會同意其主張。舉例來說：在第十次聚會中，我和成員間對於「應不應刻意獎勵學生」這個問題產生激烈的論辯。何謂「刻意獎勵學生」？例如教美勞時，心中其實感到某個學生並沒有做得很好，甚至欠缺此方面的天分，不過為了鼓勵他更認真參與，因而向他說「你做得不錯」。此種刻意獎勵學生而失之真誠的教學作為，我和莉雪認為有很大的可能會讓學生迷失自我，並誤判自我的性向和能力，因而選擇其實並不適合他的方向來努力。

因此，宜以真誠的態度面對學生的表現。當真的覺得學生表現不錯時才獎勵，而不要刻意用獎勵來形塑其行為。任俠、淑梅和郭主任則認為即使刻意獎勵學生，學生也不太可能因此就迷失自我。因為除了老師的言行之外，他們還會從與他人的比較中，了解自我的性向與能力。況且，刻意獎勵學生可以激勵學生的學習興趣，何樂而不為？刻意獎勵學生並不會如我所說的讓學生迷失自我，可以說是任俠、淑梅與郭主任對我所提出的真實性的質問。由於我沒有提出事實性的證據來支持本身的論點，因而無法取得對方的信服。相同的，他們亦是如此。在這種情況下，共識自然不會產生。

③正當性的質問。在溝通的過程中，如認為他人的觀點並不正當時，亦會提出質問。此種質問的內涵，主要涉及到對或不對、應該或不應該，以及可以與不可以等向度。例如在我們第十次聚會中，有某成員認為學生

之所以必須學習自然，是因為學了自然以後可以了解自然現象，以去除恐懼、迷信、預知自然現象及增加生活情趣。依筆者之見，學了自然以後的確有可能產生此種效果（即真實性沒有問題），然是否可以依此理由就要求學生一定要學自然？筆者此一質問即屬於正當性的質問。被質問者如果無法提出具有說服力的觀點，共識仍然無法達成。

④真誠性的質問。在溝通的過程中可能感到他人不真誠、內心真正具支配力的觀點和口頭的說法不一致而提出質問。舉例來說，我們團隊在第六和第七次聚會中，任俠以外的成員不斷質疑其「讓學生自主學習」及「不要求學生一定要參與學科學習」等主張。會這樣，或許是任俠之外的我們因經歷相同的生活脈絡而共同受到某種不合理的意識型態所制約。為了避免此種情況，筆者在徵得其他成員同意後，邀請具有不同求學及教育工作背景的天人教育基金會的黃主任參加第八次聚會。針對是否要求學生參與學習這個問題，黃主任說明他們的做法是向學生分析學了某些東西的好處在哪裡，或者是安排有趣的課程以吸引學生走進教室學習。而即使學生不因此而走進教室參與學習，他們亦不會強制要求。對其觀點，筆者問到「為什麼要吸引學生走進教室學習？」黃主任的回答是「因為學習本身很好玩，你從不會變會，你很有成就感」。但從對話的過程中，筆者認為他們之所以要吸引學生進教室學習，一個重要卻不願意承認的原因是要讓學生能夠適應社會升學、考試或就業的要求。否則，為什麼「數學和自然都是上教育部的審訂本」；否則，為什麼會說「不然上國中會很慘」之類的話語。筆者此種質問即屬於真誠性的質問，它起於對黃主任「心」（吸引學生學習是為了適應社會的要求）「口」（吸引學生學習是因為學習本身好玩、學會了會有成就感）不一的懷疑[3]。其實不只筆者，成員中的淑梅、任俠及莉雪亦覺得黃主任如此，因而紛紛向他提出真誠性的質問。黃主任的回應則是「我們不太喜歡把學習扯上需要，雖然學習的確會產生某些效果，但是也不是對應某些需要」。由於黃主任本身不認同我們的懷疑，而我們又堅持他的確心口不一，自然的我們不會得到共識。

3　此處的「心」，發言者本身未必清楚的意識到。

在溝通的過程中，當參與溝通者都不感到他人的觀點有問題時，表示大家都能夠共同理解及接受某種觀點。此時，暗含著參與溝通者認為此一觀點符合可理解、真實、正當及真誠的要求。不過，這也不是說參與溝通者是以這四個向度為標準來分析及衡量是否同意某種觀點，只能說他感到沒有問題並且同意罷了。

目前的問題是在溝通的過程中，參與溝通者是否都能夠自由、開放的提出自我的觀點，並對他人的想法做可理解、真實、正當或真誠性的質疑？參與溝通者如果處於不平等權力關係的溝通情境，就無法達到此種要求。因為在此種情境下，溝通將被不平等的權力關係所操弄和控制。因此，自由、民主、公平、正義的理想言談情境是必要的條件。在此種情境下，所達成的共識才是參與溝通者都共同理解及認同的，其更深層的意涵則是此種共識是大家都「認為」可理解、真實、正當及真誠。之所以將認為加上引號，同樣是因為此種認為通常是一種感覺，而不是在意識上清楚的從這個四個向度來考量。

經由上述的領悟與分析，筆者更清楚的明白 Habermas 四個要求及理想言談情境這兩個觀點的提出並非純由哲學思辨而來。先前對陳文團（1996）所說，Habermas「針對人類活動中共識的種種特徵予以分析，以了解共識的本性及共識如何產生」的說法並沒有深刻的體認。此時，已可以清楚的掌握這兩個概念的產生是源於對現實世界中，產生合理性共識的溝通條件的分析。

⑵「先」透過質問來「澄清與理解」

在體悟可理解、真實、正當及真誠等質問在實際溝通中的意涵之後，筆者進一步提出協同反省的系統方法為：以質問為核心來進行「澄清與理解」及「論辯與超越」兩個層次的活動。透過可理解性的質問與說明，可澄清、理解彼此的想法與做法；經由真實性、正當性或真誠性的質問與論辯，可建立超越原先有的觀點和行動。據此，協同反省時，首先要進行的活動是澄清與理解。因若沒有澄清與理解彼此的想法或做法，如何能夠找出其中的問題所在，進而透過質問與論辯建立超越原先觀點的共識。

欲達澄清與理解之目標，可透過如下的途徑來達成：從可理解性的問題入手，凡是不清楚的地方就問。在問時，先問對方是如何想、如何做，或是與對方的想法或做法有關的事實性問題，以確實掌握其想法、做法與可能的結果。之後，再問對方為什麼會這麼想或這麼做，以了解並揭露支配對方的意識型態或行動理論。過程中，不能只問「如何」或「事實性」的問題而沒有問「為什麼」。否則，將無法確實達到澄清與理解的目標，因支配對方思考和行動的意識型態或行動理論，將不會被觸及與揭露。

要說明的是，會提出可運用「如何」、「事實性」與「為什麼」類型的問題作為達到澄清與理解的手段，是基於第八次聚會中筆者本身的做法及其後的自我反省。而這些做法，可說是在落實文獻探討階段所提協同反省方法（宜先澄清參與反省者的想法或做法，並揭露支配的意識型態）的過程中，逐漸發展出來的。

①「先」問「如何」。在該次聚會的一開始，任俠就說明在第七次聚會後，他決定不再讓學生自主決定是否參與學習，並改採建構組和講述組的方式進行自然科教學：

> 我本來是完全開放的，那我也不願意接受那種灌輸、直接講述的教學，我就把它折衷了。ok，一邊是你們自己去建構，這個建構等一下請潘老師解釋一下；然後，另外一邊就是我個別教學，把他們一些自然科的觀念建立起來，現在的分組方式就變成這樣子……

任俠說明完後，莉雪、淑梅和我不斷提出問題來問他。就我的問題而言，可分為「如何」及「為什麼」這兩種類型。而在一開始，我的問題集中在任俠實際上到底是怎麼教，亦即先問「如何」類型的問題。像我所提的前十一個問題裡面，就有十個屬於此類。例如我曾先後問到「你是怎麼分組的」、「你的講解組是個別教學嗎」、「你直接告訴他（指學生）怎麼做嗎」、「你的建構組教學是怎麼樣」、「你有提供什麼引導嗎」、「你有問學生為什麼要這樣操作嗎」。經由這些問題的提出與說明，我逐漸理解任俠是如何透過他所謂的建構組和講述組進行自然科教學。

②「後」問「為什麼」。在初步理解任俠的教學實際之後，我開始提出「為什麼要這樣教」之類的問題。例如我曾問「你為什麼要提示學生阿基米德的故事，你希望他們發展出來的能力是什麼」[4]、「你先講阿基米德的故事，然後再引導 1cc 等於 1cm 立方，你為什麼會這樣轉」。透過這些問題，我進一步了解是什麼樣的想法支配任俠的教學。

③交雜的問「如何」與「為什麼」。經過「如何」與「為什麼」這兩類問題的不斷提出與說明，我逐漸釐清任俠的做法及想法。不過在接下來的討論中，仍不時交雜的問任俠是如何教及為什麼要這樣教。會這樣，一個原因是對任俠的教學作為及支配其教學的意識型態或行動理論的理解還不夠，因而自然的又會視需要問他到底是如何教及為什麼要這樣教。

④問「事實性」的問題。除了自然科教學之外，該次聚會我們還曾針對「是否強制要求學生參與學科學習」之類的問題做討論。過程中，我建議可以聽聽天人基金會黃主任的意見，以達到邀請他來參與的目的。結果，形成大家一面倒的質問其觀點的局面。就我而言，在和黃主任對話的前段，所提出的問題大都屬於「如何」及「事實性」的問題。由於「如何」類型的問題已在上文舉例說明過，這裡要說明的是「事實性」的問題。例如我問說：「會不會出現說，大部分的學生（指天人小學的學生）都一直在外面玩，不進教室？」「你們那邊有沒有進度的壓力？」透過這類型的問題，我亦逐漸了解天人小學的一些現況。

⑤「從歷史的角度切入」到問「為什麼」。文獻探討階段受到批判理論的影響，認為人的思考和行動離不開其經歷過的政治、社會與經濟脈絡。舉例來說，一個教師會說「教育就是要讓孩子快樂的學習，不能讓孩子感到有壓力，否則孩子會形成容易緊張和焦慮的性格」，可能是起於他從小在威權壓迫的環境下長大的親身體驗。因此，協同反省時宜「從歷史的角度」切入，才能釐清對方為什麼會這麼想或這麼做，進而揭露支配他的意識型態。然在實際的協同反省中，要如何才能落實這個想法？在第一次聚會後的自我反省中，我想到當對方提到他的教學想法是什麼或他是怎麼教

4　任俠當時教學的內容是請學生設法利用燒杯、直尺及水測出小石頭的體積。

時，就追問是生活歷史中的哪些事項或經驗讓他這麼想或這麼做。例如當有人說教育就是要讓孩子快樂學習時，就問他在生活的過程中，是什麼經驗讓他認為必須如此。在得到這個想法後，第二次聚會開始我就試著依此來做。不過後來逐漸發覺在協同反省的過程中只要不斷追問對方「為什麼這樣做」或「為什麼想要這樣做」，就可以揭露支配他的意識型態，而未必要如第一次聚會後所想的，刻意追問是生活歷史中的哪些事項或經驗讓對方這麼想或這麼做。

其實在文獻探討階段，就認為在協同反省時宜先澄清參與成員腦海中的想法，然後揭露其是受到何種意識型態的支配。而其後，也不斷試著依此方向來參與或引導協同反省的進行。只是說一直到第八次聚會，才較系統的運用「如何」與「事實性」及「為什麼」這兩種類型的問題來達到目的。而在該次聚會後的自我反省中，更清楚往後可以依此來做。

(3)「後」透過質問來「論辯與超越」

在了解對方的想法與做法及支配的意識型態或行動理論後，若察覺其中存在著某種問題所在，則必須加以質問。之後，彼此必須針對質問進行論辯，如此才有可能建立超越原先觀點的想法。在具體的做法上：

首先，在感覺到對方的說法或做法有問題、怪怪的或不認同時，就質問。而若不知如何質問或暫時沒有察覺對方說法中的問題所在，可以：①思考對方的說法是否是「真實的」？若覺得答案為否，則進一步提出「真實性」的質問。②思考對方的說法是否是「正當的」？若覺得答案為否，則進一步提出「正當性」的質問。③思考對方的說法是否是「真誠的」？若覺得對方心口不一，則進一步提出「真誠性」的質問。

其次，在質問之後，參與協同反省者就針對質問進行論辯：①若質問屬於「真實性」的質問，在論辯時可能要提出可以佐證或支持所提出來的想法的事實性資料，才能夠說服對方進而取得共識。②若質問屬於「正當性」的質問，在論辯時必須讓對方知道其想法或做法是不應該的、不對的，或是較不具教育價值的；或者是要證明本身的想法與做法是應該的、對的，或較具教育價值的。否則，並無法達成共識。③在進行「真誠性」的質問時，宜從歷史的角度切入來問，以了解及揭露對方的思考和行動是受到何種生活經驗的影響。在質問之後，對方或許就能清楚了解及說出其現在為何會如此想和如此行動。若仍有困難，可對對方是受到何種意識型態或無意識動機的支配提出推測並與其討論。若還不行，可對對方何以會受到某種意識型態或無意識動機的支配提出推測並與其討論。

針對上述，亦有如下兩點值得提出來進一步說明：

第一，在感到對方的想法有問題時，以質問的方式來因應而不直接表述自身想法的觀點，是受到批判理論及本身教學想法中的部分所影響。文獻探討階段受到批判理論相關論述的影響，認為協同反省的適當方法是「對話辯證」，其內涵意指參與成員須揭露對方想法和行動中的矛盾與不合理之處，然後再試圖加以克服以求獲得合理的結果。問題是何以筆者會認為在揭露對方想法和行動中的矛盾與不合理之處後，宜透過質問及其後的論辯來建立超越原先想法的觀點？分析起來，應是受到 Habermas 的相關論述及本身教學想法中的部分所共同影響。

Habermas（1984）認為在溝通的過程中，必須從可理解、真實、正當及真誠等四個向度進行質問與論辯。因此，筆者心中直覺在論辯的過程中，質問是核心的手段。此外，筆者的教學想法為若要促使學生改變其觀點，首先要讓其感到認知衝突、感到自身的想法需要調整，才能重新適應所面對的經驗世界。而要做到這樣，最重要的是透過對話以了解其想法中的問題所在，進而安排能讓其感到認知衝突的情境。而要了解對方想法中的問題所在、要安排能讓其感到認知衝突的情境，最有效的利器是「質問」。因為透過質問，會促使他人「反思」（reflect）自身的想法進而發現自身想法中的問題所在，並重組原先的觀點。甚至，質問還有引導個體知識建構方向的功用（潘世尊，1999）。要說明的是，這些教學想法主要受到「根本建構主義」（radical constructivism）（Von Glasesfeld, 1995）所影響。

第二，所提達到真誠性要求的策略，是受到 Habermas 相關論述、文獻探討階段所提的協同反省方法，以及實際協同反省經驗的共同影響。Habermas 認為個體不可欲的需求會被社會的權威或規範給制度化且系統的排除在語言之外[5]，因而無法進到個人的意識之中，並成為一種無意識動機支配人們某種行動（引自張世雄，1987）。對此情況，他援引 Freud「心理分析」（psychoanalysis）的方法，以把被壓抑的無意識動機給揭露出來，從去除符號化變成「恢復符號化」（resymbolization），使得個體能夠了解真正的自我，並從事由自我的理性所自主的實踐和溝通。在心理分析的過程中，必須運用語言建構出一個可以被意識理解的詮釋，以讓個體了解支配自身行動的無意識動機是什麼。此外，還必須蒐集患者生活中的相關資料，重建出假設性的「生命史」（life history）及「因果關聯」，以揭露個體在發展的過程中，何以某些部分會成為無意識動機。當這樣做時，患者就有可能經由自我反省重新意識到那些被壓抑的動機，並重建出更合理的想法[6]。因此在追問對方是如何做及為什麼這樣做的過程中，若感到對方所說其實並非真正支配他的意識型態時，我提出可依如上的策略來做。

要說明的是在具體提出上述的策略之前，我在實際協同反省的過程中，就有類似的作為。舉例來說，在第六、七次聚會中，任俠一直標舉自我之教學為讓學生「自主學習」，在第六次聚會他就說「這是我的神主牌」，然任俠的整體發言讓我認為支配他思考和行動的或許不止於此。因他既將自由學習奉為最高的準則，則對於學生因分組而起的紛爭應該不會覺得是問題，因這亦要透過自由學習讓學生自行去解決。然他卻不時表示學生間的紛爭深深困擾著他，這意謂著他可能還受到其他的教育觀所支配。這個教育觀可能是「某些規範也是重要的」。不過，此種想法是被隱藏在他的意識之下，他自己也沒有清楚的察覺到。據此，我想要加以揭露。

我的方法仍然是把所發現的問題轉成質問，以促使任俠感到認知衝突，從而進一步的反思自身真正的想法。值得提出來的是在我質問的過程中，成員中的郭主任亦往這個方向去做。在我們兩個人的連續質問下，任俠似乎亦察覺其想法有問題：

5　此種情形稱做「去除符號化」（desymbolization）（張世雄，1987）。

6　依 Habermas（1971）早期的論述，此點是促使他人脫離不合理的意識型態束縛的核心手段。但到了 1980 年代（Habermas, 1984），卻僅是達到真誠性要求的方法。筆者是在釐清 Habermas 前後期論述的重點有所不同時，才了解此點。

我：我想問一個問題，你說你很想讓學生自由學習（任俠：嗯），那你有沒有預期說你給學生自由，你預期學生的表現會怎麼樣？

任：野獸……

我：既然這樣子的話，那你怎麼還會覺得是問題？因為你的預期本來就是這樣子啊。

任：可是……，學生給我的反應會讓我很難過，就像小澂他每次都會哭，然後他們就擺明就打架了，這東西不是我的底限以內的……

郭：那你的底限是什麼？

任：我的底限是他們吵架，ok；他們就算是最後鬧到不玩，我覺得這個也是我可以接受的，到最後你自己就自由活動，這個都是我可以接受的。只是說不能到打架，或者說有人哭了，那這就不是我的底限以內了。

郭：那你本來的預期不就是野獸嗎，那野獸不包含打架或哭鬧嗎？

任：對喔，可是這樣……實在是逾矩了……

在任俠發現本身的想法似乎有問題後，緊接著，我再提出對他腦海中真正支配他的想法的推測讓其參考。經由短暫的對話，任俠似乎肯定我的推測，也就是原來他腦海裡面也認為學生是需要規範、也不是完全自由的：

我：對，你腦海裡面是不是有一種也不是很清楚的想法，為什麼你會覺得學生的表現有問題，一定是跟你腦海中某種對教育目的的想法或預期……

任：有牴觸……

我：所以你才會感到有問題啊。你一直都說我要給學生自由，你也說給學生自由學生會變成野獸，那這樣講的話，學生的那些表現應該不是問題啊。那現在你會覺得有問題，你的心中是不是隱隱約約有一種想法，就是說，你覺得學生還是需要

——規範的？

任：（思考一下）對啊（眾人大笑）我現在就說，反過來了啊。

我：所以說……

任：那也不是說完全的自由，我也是有底限。那有底限的時候，就不是完全的自由。

筆者會進行上述的活動，可說是受到文獻探討階段所提，協同反省時宜先抓取並揭露真正支配對方的意識型態的觀點支配。換句話說，若於協同反省的過程中，感到對方所說其實並非真正支配他的意識型態時，就會設法揭露以讓其了解。而就是這樣，才會逐漸發展出如上例所述之策略。因此我在第十次聚會後所提達到真誠性要求的具體方法，其實亦受到之前的實際做法所影響。

2. 把注意力放在發言者的身上以掌握其行動理論及其中的問題所在

筆者在行動研究的過程中發現：成員中的任俠在協同反省的過程中，常沒有在意或注意他人的觀點。會這樣，是因他多把關注的焦點放在自我的身上，別人的話語只是他提取自身經驗或想要說的話的線索。其實一般人在閒聊時也常會這樣，老是要把談話的焦點拉到本身關注的那個點上面。值得提出的是當任俠這樣做時，郭主任亦常會接著他所開啟的新話題發表意見或提問題。然後，他們就針對此話題展開討論。如果此種過程持續發生，那麼談論的話題就如樹枝一樣不斷衍生，但卻沒有一點觀點被釐清、沒有一個問題被解決。

由於受到文獻探討階段所提，協同反省時，必先澄清對方的行動理論並揭露其中的問題所在的想法所支配，我大都把注意力放在發言者的身上。雖然我這樣做，但卻沒有清楚的意識到此點。一直到第十九次聚會後的自我反省，為了回應成員所提的類似問題，才明確提出應先把注意力放在發言者的身上，不用急著表達自身想法的觀點。因為如此，才能澄清及理解他人的想法，以及才能發現他人想法中的問題所在並加以質問，從而達到論辯與超越的層次。

或有會問：若一直把注意力放在發言者的身上，那自身想法中的問題所在不就沒有被揭露及解決的機會？筆者的看法是若每個人都能這樣做的話，那麼彼此將交互的協助對方揭露想法和行動中的問題所在。也就是交互啟蒙，從而共同得到解放。

3.發現對方想法中的問題所在時先質問後表達自身的觀點

在討論的過程中，若發現他人想法中的問題所在時，該如何處理？從實際行動研究的一開始，我的想法和做法就偏向於把所發現的問題轉成質問來問對方，而不是直接陳述自我的觀點。會這樣，就如上文曾提及的，主要受到兩個因素的影響：一是文獻探討階段所提出的，協同反省必須以質問為核心；另一個則是當時我本身教學想法中的部分——透過質問可以了解學生想法中的問題之處、可以讓他感到認知衝突、可以促使他反思本身的想法，進而發現其中的問題所在並加以重組，並且還可以引導他想法重組的方向。

不過筆者在協同反省的過程中卻逐漸發現，當成員直接表達本身不同的觀點時，亦可能促使他人反思及調整原先的想法。而在與成員進行協同反省的過程中，當察覺他人的想法有問題時，我有時亦會直接表達自我之想法而非透過質問的方式來因應。像第八次聚會，在透過「如何」及「為什麼」這兩類問題來了解任俠教學想法和行動的過程中，我逐漸察覺其中的問題所在。此時，除了和先前一樣把所發現的問題轉成質問，就還曾直接說明本身的教學觀點。會這樣，並非起於事先的規劃，而是在討論當時的直接反應。

⑴直接說明自我的教學觀點。例如當發現任俠建構組的學生之所以無法成功解題，可能的原因是他的引導沒有切合學生的能力時，我直接說明本身的想法：

> 爲什麼你這樣引導學生沒有辦法解題，可能的原因是在你的引導背後，你希望他們發展出來的能力和他們現在有的能力之間有很長的距離……

⑵把所發現的教學問題轉成質問。在稍後的討論中發現，任俠的引導會沒有切合學生的能力，可能是因為他沒有問學生為什麼要這樣操作。如此，所做的引導自然不容易切合學生的能力，因根本沒有了解學生的問題所在。在察覺此點後，我先後問任俠：「你有跟學生談，問他們為什麼要這樣做嗎？」「你沒有跟學生談，你知道他們的問題在哪裡嗎？」「你的引導有切合學生的需要嗎？」

⑶交雜的質問或說明自我的教學觀點。在協同反省的過程中，筆者常交替運用上述兩種方式。例如我在做出上述質問的稍後，又直接說出任俠的問題所在，並陳述自我的教學觀點：

> 你本來是用阿基米德的故事來引導，然後再用 1cc 等於 1cm 立方公分來引導，你覺得你的引導愈來愈具體，愈能幫他們解決問題，這樣子的確有可能幫助他們解決問題，不過就是說，當你不知道他的能力到底在哪裡，或是他的問題在哪裡，你的引導雖然覺得愈來愈具體，但可能就無法切合學生的需要，無法幫助他們解題……

在察覺上述的現象後，「當發現他人的問題所在時，到底該如何處理」的問題一直困擾著我。一直到第十九次聚會後，才在對先前的一些體驗加以反省後，釐清此一問題並提出如下的想法。而會思考這個問題，緣於成員中的郭主任於該次聚會問我協同反省時，要如何避免不自覺的一直表達本身想法的問題。

⑴質問他人的問題所在及表達自我不同的觀點是一體兩面

當發現他人的問題所在，然後把所發現的問題轉成問題來問對方時，所做的質問可以說反映了本身持有不同的觀點。相對的，直接說明本身不同意的地方並提出不同的觀點，也可以說是在對他人說法的真實性或正當性加以質疑。因此，在發現他人的問題所在後，質問他人的問題所在及提出自我不同的觀點可說是一體兩面。

⑵質問他人的問題所在及表達自我不同的觀點的功能有異

這兩者雖是一體兩面，但並非等同，最重要的是他們所能發揮的功能有所差異。依根本建構主義（Von Glasersfeld, 1995），質問他人的問題所在有三點功能：①被質問者必須反思自我的想法才能回答他人的問題，在這個過程中，他可能察覺本身想法中的問題所在，進而主動加以調整。②可能促使他人感到認知衝突進而調整自我之想法。不過，是否感到認知衝突是由被質問者的內在感受所決定。③可以引導他人想法調整的方向。

至於提出自我不同之觀點則有如下的功能：①所發表的觀點雖可能讓對方反思本身的想法，但未必會發揮此種功用。②所發表的觀點可能使他人感到認知衝突進而調整自我之想法，但同樣的，是否產生認知衝突全憑他人本身的感受而定。③將自我不同之觀點明確的陳述出來，可以提供他人較具體、清楚及完整的參考。④將自我不同之觀點明確的陳述出來後，有可能引起他人的反質問，進而促使本身反思及調整原先的想法。

⑶「先」質問「後」表達自我的觀點

總結上述的討論，當察覺對方想法中的問題所在時，宜先質問然後再發表自我不同之觀點。因為這樣做，較可以促使對方反思自我之想法，而反思本身的想法進而察覺其中的問題所在是重組想法的第一步。至於在質問後的論辯過程中，則可以提出自我不同之觀點，以作為成員建構出新的教學觀點的參考。

這個想法的提出仍是受到當時筆者本身的教學想法所影響。我在教學的過程中，總是先質問學生的問題所在，以促使其了解自我的想法是有問題的，然後進而調整及重建自己的想法。而若學生真的無法重建出更合理的想法，則用講解、說明或示範的方式，將相關的知識或解題策略提供給學生參考或學習。

*4.*一時不議二事

在我們團隊第一次聚會時，經過討論後，決定要以成員中淑梅的音樂教學作為探究的起點。為了更加了解她的問題所在，任俠和莉雪利用時間去觀察她的教學。由於這個緣故，任俠在第二次聚會的一開始，一口氣提出了淑梅教學中的幾個問題。任俠這個動作引發我提出「一時不議二事」的建議：先討論一個問題，一個問題解決之後再討論其他的問題。會有這個想法，主要是受到某教授上課方法的影響，因若沒有鎖定焦點來討論的話，討論將會沒有結果。而在往後的協同反省中，我亦一直依此來引導成員。像在第四次聚會後的自我反省中，我發現討論時的對話經常呈現失焦的現象。常常是有人講了一段話之後，其他人只針對這段話中的某部分、某句、某個概念，或某個他有興趣的部分接下去發言。在他發言後，下一個人又是這個樣子。結果，使得討論的範圍像樹枝一樣不斷擴散而失去焦點。在發現這個現象後，我就在第五次聚會向成員說明宜注意這點。

5. 聽到耳熟能詳的概念亦追問提出者的原意

在第六和第七次的討論中，我和其他成員在沒有釐清任俠「自主學習」主張的真正意涵之前，就不斷加以質問，結果往往形成雞同鴨講的局面。會這樣，一個原因是自主學習的概念之前經常聽到，然後就以自以為是的想法加以解讀，問題是每個人對此概念的認知可能不同。在第七次聚會後的自我反省中，我發現這個問題，並提出在協同反省時，即使聽到耳熟能詳的概念亦宜加以追問（如問「如何」與問「為什麼」）的策略。換句話說，亦宜透過質問來做到澄清與理解，以掌握提出者真正的用意。

6. 追問對方不切題的回答

在質問對方的過程中，有時被質問者會轉移話題。當被質問者無法妥善回答他人的質問時，最常會出現這種情況。此時，必須追問成員不切題的回答，否則將無法達到澄清與理解、論辯與超越的目標。

像在第三次討論時，郭主任舉例說明音樂教學須跟學生的生活經驗相結合。這個說明引發我的質疑，因數學教學經驗告訴自己，要讓教學和學生的生活經驗相結合實在是非常困難的一件事情，因此我問他音樂教育要如何才能跟學生的生活經驗相結合？在我提問後，郭主任馬上做了一段很長的回答，但我覺得並不切題，因此進一步追問他所說的似乎跟與生活經驗結合這個觀點沒有關係。結果，郭主任靜下來思考一下，然後提出幾個具體的例子（例如用「吹泡泡」的遊戲來讓學生學習呼吸）說明他的想法。

經由這個過程，讓音樂教學與學生的生活經驗相結合的觀點得到進一步的釐清，而其可行性也得到支持。

㈡協同反省的態度

要以何種態度參與協同反省？在行動研究的過程中，筆者於文獻探討階段所提出的想法並沒有改變。不過在參與協同反省的過程中，經由自我反省增添如下兩點體悟：

1. 視種種被視為理所當然的想法和行動可能潛藏著問題

行動研究要以什麼作為探究的對象，以及要如何探究？文獻探討階段受到Carr、Kemmis及Habermas等人的影響，我認為宜對種種被成員視為理所當然的教學想法和行動進行批判。在第一次聚會後我想到，種種被視為理所當然的想法和行動在哪裡？在思考後，我認為當透過觀察把教師的所作所為記錄下來並問為什麼要這麼做時，不就是蒐集到種種被教師視為理所當然的教學想法和行動嗎[7]？

不過隨著協同反省經驗的增加，我逐漸領悟對種種被視為理所當然的想法和行動加以批判，所揭示的是一種反省的態度。其目的在提醒種種被視為理所當然的想法和行動都有可能潛藏著問題所在，而非真的需要蒐集種種被教師視為理所當然的想法和行動。而在提出「以質問為核心來進行『澄清與理解』及『論辯與超越』兩個層次的活動」此一方法後，更加確認上述的想法。因為在協同反省的過程中，當不斷針對他人的說詞或教學行動進行可理解、真實、正當及真誠等向度的質問時，就可說是對種種被其視為理所當然的想法或行動加以批判。其實在文獻探討階段，筆者就受到批判理論的影響，認為種種被教師視為理所當然的想法和行動可能潛藏著問題，因此須以批判的態度來面對。只是說在行動研究的一開始，思考偏了方向，因而想試著蒐集它們以作為批判的對象。

7　此處亦可參第六章的說明。

2. 在質問中保持開放

在第六次聚會中，我和其他成員輪番對任俠「讓學生自主學習」的觀點提出猛烈的質疑。會後我想到，雖然不斷質問可能讓對方自行去除想法中的不合理之處，但亦可能讓質問者本身陷於封閉的狀態，因而沒有真正理解他人的想法或是發現他人想法中值得參考之處。像我和其他成員就誤解任俠「讓學生自主學習」的真正想法。要避免這樣，在質問時亦應要：⑴傾聽理解別人的觀點；⑵保持開放，不在討論之前就堅持本身的觀點一定是對的，接受本身的觀點有可能是不合理並需要調整的想法。綜合言之，就是在發現或感到問題的時候勇於質問，而在質問之後又以開放的心去思考對方的說明或答辯是否有理。

肆、行動研究後的檢討

以下，仍分就協同反省的方法與態度，針對筆者在行動研究過程中所做的轉變或所提出的觀點加以檢討：

一、協同反省的方法

要以何種方法進行協同反省？在以文獻探討階段所提出來的協同反省方法為基礎，經過持續的實踐、反省及調整之後，筆者提出如上所述的六點。而其中，又以「以質問為核心來進行『澄清與理解』及『論辯與超越』兩個層次的活動」此點為核心。因透過它，可系統的達成行動研究的目的：揭露、解決問題以求改善。至於其他五點（把注意力放在發言者的身上、先質問後表達自我之觀點、一時不議二事、聽到耳熟能詳的概念亦追問提出者的原意、追問不切題的回答），可說屬於輔助或配合的策略。因此，以下的檢討主要針對此點進行。

㈠可參考的批判方式——以質問為核心來進行「澄清與理解」及「論辯與超越」兩個層次的活動

依 Kemmis（1988）之見，行動研究中的反省必須是一種「批判的自我反省」（critical self-reflection）。因為透過批判，可以揭露自身的問題所在，然後設法加以解決。據此，人際間協同反省的核心手段可以說是批判。然要如何批判？

陳伯璋（1990：78）認為批判的方法是「辯證」（dialectics），而所謂的辯證是「指陳現存客觀實體的矛盾和不合理，然後從其反面企求加以否定及超越的種種努力」。Simon-Schaefer（1994，引自黃鉦堤，2001：139-140）亦指出「辯證一詞在哲學的歷史中曾因不同的哲學家所使用而有著不同的意義，即使如此，其具有的共同點是這個字的原始意義：『交談』（sich unterhalten）或是『對話』（dialog），透過來回的對話與反駁，期望雙方能在一個共同可接受的點上相遇」。依筆者之見，上述觀點有如下兩個可再充實的空間：首先，在實際的協同反省中，到底要如何施行不夠明確；其次，缺乏陳述如何澄清及理解支配對方的想法以作為辯證的基礎。上述兩點問題，或可透過 Habermas（1984）的溝通行動理論來解決，因為：第一，在感到對方的說法有問題時，提出真實性及正當性質問的觀點，具體指出可從何處指陳現存客觀實體的矛盾和不合理之處；第二，在不清楚對方的觀點或懷疑對方心口不一時，提出可理解性及真誠性質問的觀點，明確說明可如何澄清及理解真正支配對方的想法，以作為進一步辯證的基礎。據此，批判意謂著針對可理解、真實、正當及真誠等四個向度的問題加以質問與論辯。在實際的運作上，則可以如筆者所說的，以可理解、真實、正當及真誠等四個向度的質問為核心，來進行「澄清與理解」及「論辯與超越」兩個層次的活動。

另一個從批判的社會科學切入的學者 Winter（1996）指出，在批判意識型態的時候，最核心的兩個方法是「反思性批判」（reflexive critique）和「辯證性批判」（dialectical critique）。

首先，何謂反思性批判？Winter認為透過「質問」（question）可以促使他人回想自身對情境的詮釋和判斷，以及何以會有某種行動，並且可能發現自身想法中的偏見所在（如固著或受限於某一點）並加以修改。在實施的具體步驟上：⑴透過訪談、觀察、文件分析等手段蒐集成員的想法和行動，以作為反思性批判的基礎。⑵將所蒐集到的成員的想法和行動轉成問題。在實際的運作上，可以說就是以所蒐集到的資料為依據來問成員為什麼會這麼想或這麼做？在問的過程中，可以針對被成員視為理所當然的想法和行動提出另類的觀點來問。舉例來說，當發現成員認為要用記分或發獎品的方式激勵學生主動舉手發言時，可以以另類的觀點問：「用記分或發獎品的方式會不會造成學生功利的心態？」或者是問「如果以後不記分或發獎品的話，學生還會主動舉手發言嗎？」

其次，何謂「辯證性批判」（dialectical critique）？ Winter 指出，個體的思考和行動會受到他們生活的社會世界所形塑。社會世界是由不同、相對但卻又相互依賴的成分所構成的整體，因此個人整體的思考和行動亦是由不同、相對但卻又相互依賴的成分所構成。由於在整體中存在著矛盾的成分，所以思考和行動就存在著改變的可能性。不過，要促成此種改變的發生必須進行辯證性的批判。在具體的運作上：⑴探究構成整體的思考和行動的成分及彼此之間的關係。⑵探究整體的思考和行動背後各個組成成分之間的矛盾結構。

分析Winter上述的觀點：反思性批判意指先理解他人的想法或做法然後質問其中的問題所在；辯證性批判則可以說是去釐清他人到底為什麼會有某種想法和行動以發現其中的問題所在，然後再加以質問。若是這樣，筆者所提，以可理解、真實、正當及真誠等四個向度的質問為核心，來進行「澄清與理解」及「論辯與超越」兩個層次的活動的觀點應可將其涵蓋，並形成協同反省時批判的核心方法。

㈡以質問為核心的批判可行並較能導致改變

依筆者的分析，國內許多行動研究的參與者在教學討論的過程中，多只在「分享」彼此的想法或經驗，而沒有針對某一個觀點進行批判。有許多的研究，如鍾宜玲（1997）、陳惠邦、李麗霞（1999）、謝瑞榮（1999）及彭麗琦（2000）更提到參與成員缺乏批判的勇氣、害怕被批判，以及不會批判。為何如此？綜合他們的說法，可能是成員參與的意願本就低落、成員間的關係生疏、成員間的知識或教學經驗的水平不一、成員習慣於接受書本或專家學者的觀點，或者是受中國人重視人情與面子的影響。當然，這些原因都是可能的。不過，還有一個可能的重要因素是：行動研究的參與者並沒有機會學習批判的態度與方法。我們不能預設每個人天生就知道如何開放自我、如何承擔批判帶來的壓力，以及如何做批判。這些也許需要引導才能學會，而不是說要批判就會批判、要開放就能開放。但在大部分的行動研究中，卻看不到參與者有機會接觸此方面的資訊或參與相關的學習活動。同時，亦少見行動研究的推動者積極往這個方向去努力。

或有會問，一定要批判嗎？當強調批判時，可能遭受如下兩個質疑：

⑴批判是否會帶來不平等？成虹飛（1996：85-95）把研究者與研究對象間的關係分為「主客對立、傳譯、啟蒙、分享」等四種。其中，分享的關係較受到他的認同。此種關係是以 Gadamer 的「哲學詮釋學」為基礎，所尋求的是「主體與主體」間生命經驗的共同分享與了解。要做到這樣，應嘗試和不同的觀點進行開放的對話，以尋求 Gadamer 所說的「視野的交融」（fusion of horizons）。除了開放的對話之外，接受沒有一種觀點更具優越性的想法亦是重要的條件。據此，他不喜歡「啟蒙」的研究關係。因在此種關係中，研究者必須批判研究對象，但他又無法確認自己的意見是否就是對的。從上述的觀點來推論，他對溝通、討論的看法可能是：一群人在平等的關係下分享自身的經驗與想法。過程中儘量做到交互的理解，若覺得他人的想法或做法有值得參考之處則把它吸納進來；若不同意別人的觀點亦不用批判，因每個人的觀點都平等，並且自我的觀點未必就對。

不過要注意的是當協同反省僅是這樣時，行動研究強調的改變只有在「感到他人的想法值得參考時」才會發生。並且，真正支配個體行動但本身卻又沒有意識到的「隱含的知識」（tacit knowledge）、行動理論或意識型態將不會被揭露，進而促使個體重組自身的想法和行動。因為分享與理解並沒有此方面的功效，它需要人際間的批判才行。

何以批判能夠如此？從Piaget的理論及根本建構主義的角度來看（Von Glasersfeld, 1995）：當進行可理解性與真誠性的質問時，被質問者必須反思自身腦海中的想法以向對方說明。過程中，除了會更清楚真正支配本身的想法到底是什麼之外，還可能發現其中的問題所在並加以重組。當進行真實性及正當性的質問時，被質問者可能會產生認知衝突及身心狀態失去平衡的現象。為了去除衝突以維持有機體的平衡，個體必須反思自身的想法並找出其中的問題所在，然後重組出能夠合理解釋外在環境的想法。簡言之，當運用「以質問為核心」的批判時，較有可能促使對方產生改變。

誠然，批判者的觀點不一定較對，但只要是在理想言談情境之下進行，就不會有壓迫與宰制的情況發生。也就是說，被批判者是否要調整其想法，主控權仍在其身上。既然如此，批判又有較高的可能協助對方揭露、解決其想法和行動中的問題所在，那為何不去做？

其實，依筆者於行動研究過程中的體悟，分享自我之觀點也不是沒有功效。例如將自我之教學經驗和想法說出來後，其他參與成員可能加以吸收和轉化。因此，當透過以質問為核心的批判協助其他成員揭露自身想法中的問題所在，但成員又無法自行重組出更合理的想法時，就可以透過分享的方式提供自身的觀點或經驗供其參考。若能接受此點，則在協同反省的過程中宜先進行以質問為核心的批判，而在有需要的時候，再將自身的經驗或想法分享給成員參考。

⑵批判是否能在超越的立足點之外進行？誠如Gadamer（引自陳榮華，1998）所說，任何意識都是歷史效應意識。因此，要在此種意識之外，另找出可以精確且完整的看出批判對象問題所在的立足點並不可能。因當把自我所擁有的此種意識拋卻時，人們就什麼都沒有，那如何能夠批判？當然，人們根本無力脫離此種意識。而既然每個人都背負著某種歷史效應意識，因此即使如 Habermas 所說，批判者能以對自我所擁有的意識或傳統保持一種「設定距離」（a controlled distance）的態度進行批判（引自林鎮國，1994），但也無法說自身的想法就是對的，並宜稱別人的教學想法和行動就有問題。

這個問題能否克服？也就是說，是否可以幫助批判者找出一個能超越他自身所擁有的意識的立足點，以讓他進行全然正確的批判。回答這個問題之前先來想想，人類是經過多少的努力，才離開本身所在的地球上到月球。但站在月球上的某個點來看地球，亦只看到地球某個面而已。而人們連跳脫本身的意識都不可能，遑論要精確且完整的看出他人的問題所在，並宣稱所做的批判就是對的。既是如此，批判是否就沒有存在的必要？

對此問題，或可再用 Piaget（引自 Von Glasersfeld, 1995）的觀點來說明。Piaget 指出人際間的社會互動是促使個體主動「調適」（accommodate）其概念結構的最大力量。據此，批判者的觀點雖未必是真理，卻可能促使被批判者重新反思他腦海中的想法，進而透過調適作用重組出新的教學想法和行動。因此，不必然要站在超越的立足點之外才能進行批判。不過，批判者亦應覺知不宜固守自身的觀點，因若如此，對批判對象的理解可能會有所偏，而無法發現真正的問題所在。在批判的過程中必須保持開放，了解本身所擁有的想法不一定就對，並試著從不同的觀點來理解和批判研究對象。如此，才能促使批判對象做出適切的反省和調整。

二、協同反省的態度

在行動研究之前和之中，筆者總共提出如下幾點和協同反省的態度有關的想法：⑴願意追求教學之真理；⑵願意接受溝通可能帶來的衝突；⑶願意去除人際心理間的防衛性，從而開放自我的溝通；⑷視人人的意見平等；⑸願意做自由、民主、平等、無宰制的溝通；⑹視種種被視為理所當然的想法和行動可能潛藏著問題；⑺在質問中保持開放。在對其檢討之後，筆者將「視人人的意見平等」此點刪除，並增添一些對於「平等」的看法：

㈠從視人人的意見平等到可能潛藏著問題

分析起來，「視人人的意見平等」以及「視種種被視為理所當然的想法和行動可能潛藏著問題」這兩點之間似乎有所衝突。依 Gadamer 的觀點，視人人的意見平等是指視每個人的看法都是合法的、有價值的。既然如此，那如何還能夠質問？因為一旦質問，似乎就意謂著質問者認為自身的觀點超過被質問者。於此，可思考的一個問題是：真的應該視每個成員的想法都是平等的，進而承認或接受其合法性與價值嗎？

依筆者之見，答案應是未必。因若是這樣，就沒有改善教學的必要性，但許多教師的教學實際卻又存在著許多值得商榷之處。在這種情況下，或可接受批判理論所提，人們的想法和行動可能被不合理的意識型態所制約，因而存在著某種問題的觀點。雖然，我們無法百分之百的肯定誰的觀點就比較對或誰的想法就一定有問題，但若接受批判理論的假定並存著改善現況的一顆心，就可能透過理想言談情境下的質問與論辯，從而交互的揭露及解決彼此想法和行動中的問題所在。

據此，協同反省過程中的平等，筆者認為不宜指人人的意見平等，亦即不宜視每個成員的教育觀點都合法、有價值且應被接受。較可接受的平等觀點應是指：⑴每個成員的想法可能都潛藏著問題；⑵每個人都有相同的機會和權利質問他人、針對他人的質問進行說明與論辯，以及接受或否認他人的觀點。在這兩個平等概念的作用之下，參與成員就有可能釐清並解決彼此想法和行動中的問題所在，從而建立起更合理性的共識。據此，可將「視人人的意見平等」此點刪除。

其實，在實際從事行動研究的過程中，筆者本身就是不斷質問他人的觀點，而非如文獻探討階段所提視人人的意見都合法、有價值且可接受。此外，要說明的是當參與成員願意做自由、民主、平等及無宰制的溝通時，代表著每個成員都有相同的機會和權利質問他人、針對他人的質問進行說明與論辯，以及接受或否認他人的觀點。因此不將後者重複列為協同反省宜有的態度。

㈡質問、請教及發言量不均未必帶來不平等

誠如前文討論「批判是否會帶來不平等」這個問題時所述，陳惠邦、李麗霞（1999：55）從行動研究的過程中，領悟到許多成員的心態是「不管你的用語如何簡易，怎樣誠懇強調你跟我們是平等的，一旦你質疑就打破平等，表示你仍然比我們高出一等」。的確，一旦質問對方，就意謂著認為對方的想法有問題。不過筆者認為只要如上文所說，彼此之間有相等

的機會和權利質問他人、針對他人的質問進行說明與論辯，以及接受或否認他人的觀點，那麼就不會有宰制及操弄的情形發生。也就是說，彼此之間的關係仍然是平等的。因此，當發現他人想法中的問題所在時宜勇於質問，而不必擔心質問會帶來不平等。

除此之外，可探討的是協同反省的過程中，「請教」是否代表著不平等？某些成員一直向對於探究主題比較在行的人請教（尤其是向召集及推動行動研究的那名研究者請教），在行動研究中是常出現的情形。例如在鍾宜玲（1997）的研究中，參與者常向她請教社會科教材中的疑難之處；在謝瑞榮（1999）的研究中，實習老師頻向現職教師「請益」；在高敬文（1999b）的研究中，參與的教師則屢屢向他提出應如何進行行動研究的問題。像這樣，符合平等的精神嗎？

謝瑞榮（1999：74-75）認為討論的型態如果偏向於「單向式的問與答」（即成員提問，研究者或較有經驗的老師回答），團體就無法跳脫「不平等」的藩籬。「因教室內的問題對我們來說是輕而易舉，但對他們（指實習教師）卻是困難重重」。然依筆者之見，對某個主題較沒經驗或缺乏認識的成員，向較具經驗與知識的其他成員請教應是自然的現象。陳惠邦、李麗霞（1999：55）就依推動行動研究的經驗指出，當成員間的知識有落差時，居於較低水位者在一開始會成為被傾注的對象，在彼此的水位趨平之後才會開始互相滲透。

此種一方偏向於請教、另一方偏向於提供建議的情形，從 Habermas（1984）理想言談情境的觀點來看，若請教與回應的過程中，彼此都有相同的機會與權利發言或接受、否認、拒絕他人的觀點，彼此的關係應仍平等。況且，如果「請益」真的對成員的教學有幫助的話，不就符合行動研究追求改善的意圖嗎？

雖然如此，筆者認為亦應引導習於請益者時時反省批判他人的說法，因他人的觀點不見得適合自身班級的教學。同時，亦可以思考是否能協助這些成員儘快改善與探究的主題有關的背景。否則，較具背景的成員收穫將會有限。

最後，筆者擬探討的是「發言量不均」是否代表著不平等？筆者於本身所推動的行動研究第二次聚會後發現：成員的發言量不一。對此現象，筆者在思考後決定不刻意的去消除。因經驗告訴我，有些人生性本來就較不喜歡發言，若硬要他們說，可能會讓他們因有壓力而對參與團隊的運作怯步（潘世尊，2003a：117-118）。衡諸國內的行動研究，亦有許多研究報告曾經提及其團隊中的成員發言量不一的問題，例如彭麗琦（2000：88-92）就指出其團隊成員中的代課教師或資淺教師總是較少發言。而在陳惠邦、李麗霞（1999：19-38）的行動研究中，亦常出現「有人說太多、有人說太少、有人沒有發言」的現象。

依筆者之見，只要符合理想言談情境的要求，即使成員間的發言量不平等，亦算是平等的溝通情境。當然，協同反省的過程中，宜儘量鼓勵少發言的人發言，因依 Piaget 的觀點，人際間的互動是促使個體「調適」其想法的最大力量（引自 Von Glasersfeld, 1995）。當每個人都能發表本身的看法時，可能會提供更多元的觀點，從而促使彼此建構出較佳的教學策略。不過亦不宜使用強制的方式，如鍾宜玲（1997）用「指名回答」的方式請較少發言的老師回答，筆者就認為值得商榷。因為這樣做時，指名者與被指名者之間就真的處於不平等的關係。

伍、結論與建議

本文的主要目的在探究行動研究中的協同反省。方法上，主要是以一個行動研究及其後的再反省為途徑，探究的重點則包含協同反省的方法與態度：

一、協同反省的方法

協同反省時，可依如下方法進行：⑴以質問為核心來進行「澄清與理解」及「論辯與超越」兩個層次的活動；⑵把注意力放在發言者的身上，以抓取其行動理論及其中的問題所在；⑶發現對方想法中的問題所在時，先質問後表達自身的觀點；⑷一時不議二事；⑸聽到耳熟能詳的概念亦追問提出者的原意；⑹追問對方不切題的回答。其中，以「以質問為核心來進行『澄清與理解』及『論辯與超越』兩個層次的活動」此點為核心：

首先，透過澄清與理解，以找出彼此想法和做法中的問題所在。在方法上，從可理解性的問題入手。先問對方是如何想、如何做，或是與對方的想法或做法有關的「事實性」問題，以確實掌握其想法、做法與可能的結果。之後，再問對方為什麼會這麼想或這麼做，以了解並揭露支配對方的意識型態或行動理論。過程中，不能只問「如何」或「事實性」的問題而沒有問「為什麼」。否則將無法確實達到澄清與理解的目標，因支配對方思考和行動的意識型態或行動理論將不會被觸及與揭露。

其次，在了解之後，若察覺成員的想法或做法存在著某種問題所在，則須進行論辯與超越，以建立超越原先觀點的想法。方法上，最重要的是當感覺對方的說法或做法有問題、怪怪的或不認同時就質問。若不知如何質問，可思考對方的說法是否真實、正當或真誠？若覺得答案為否，則進一步提出真實性、正當性及真誠性的質問。在質問之後，參與溝通者就進行論辯。

若質問屬於「真實性」的質問，在論辯時可能要提出可以佐證或支持所提出來的想法的事實性資料，才能說服對方進而取得共識。若質問屬於「正當性」的質問，在論辯時必須讓對方知道其想法或做法是不應該的、不對的，或是較不具教育價值的；或者是要證明自身的想法與做法是應該的、對的，或較具教育價值的。否則，並無法達成共識。 在進行「真誠性」的質問時，可運用如下的方法：⑴從歷史的角度切入來問，以了解及揭露對方的思考和行動是受到何種生活經驗的影響。在質問之後，對方或許就能清楚的了解及說出自身現在為何會如此想和如此行動。若仍有困難，可以再用下面的方式；⑵對對方是受到何種意識型態或無意識動機的支配提出推測並與其討論；⑶對對方何以會受到某種意識型態或無意識動機的支配提出推測並與其討論。

因此，「以質問為核心」是指只要感到他人的說詞不清楚或有問題就馬上質問，並配合所做的質問進行澄清與理解或論辯與超越的活動。而當這樣做時，就是一種合宜且可行的批判方式。

二、協同反省的態度

要得到較佳的協同反省品質，在態度上，參與成員宜把「追求教學之真理」放在第一位，進而願意接受溝通可能帶來的衝突及願意去除人際心理間的防衛性，從而開放自我的溝通。其次，參與成員須願意做自由、民主、平等、無宰制的溝通，並視他人的想法可能潛藏著某種問題所在，因而時時加以質問。要注意的是參與成員在質問的過程中，還須願意保持開放，以能察覺自身想法和行動中可能的問題所在。最後，參與協同反省者宜了解只要每個人願意做自由、民主、平等、無宰制的溝通（即視每個人都有相同的機會和權利質問他人、針對他人的質問進行說明與論辯，以及接受或否認他人的觀點），則「批判質問」、「請教」或「成員間的發言量不均」等現象的出現，並非代表成員間的關係不平等。

誠如「前言」部分所述，反省是達成行動研究目的的核心手段，然現有文獻卻少針對參與成員間的協同反省加以探究。因此，本文雖僅初步的對協同反省的方法與態度加以探究，仍應可供有志於行動研究者參考。當然，本文的觀點可能不完整或值得商榷，因其提出僅透過一個行動研究及其後的再反省來達成。舉例來說，如何克服中國人特有的溝通方式與態度，本文就缺乏深入的探討。其實在文獻探討階段，筆者就曾發現中國人有許多溝通方式和態度可能影響行動研究的品質（潘世尊，2000d）。但在實際從事行動研究的過程中，卻幾乎沒有感到這種狀況。會這樣，原因可能為（潘世尊，2003a：489-490）：⑴由於我事先即已知道中國人可能有的溝通方法與態度，所以一再透過各種方式引導、說明、示範相關的概念並身體力行，使得成員了解宜以何種方式和態度參與協同反省，並放膽依此去做。(2)由於成員本身特質[8]及彼此間的熟識關係[9]，使得大家能夠開放自我的對話而不會有所顧忌。然不論究竟為何，都使得我所提出來的觀點未深入觸及中國人特有的處事方式與態度這個問題。讀者在參考時須特別注意此點，並於協同反省的過程中，視自身所處之情況加以調整。而在未來，亦可再透過行動研究的途徑持續探究行動研究中的協同反省，以加深、加廣對協同反省的認識。

8 如任俠、曹老師、郭主任及我本就屬於比較會主動表達自我的想法，並且比較沒輩分、階級觀念的人。

9 如任俠、淑梅和莉雪是師資班同學，又如我和曹老師在之前就常利用課餘時間對教學問題做討論。

第十一章

行動研究中教學問題的協同反省

壹、前言

「反省」（reflection）可以說是達成行動研究目的的核心手段，因透過反省，首先可揭露自身想法或行動中的問題所在，其次得以尋求可行的問題解決之道。

依筆者的行動研究經驗（潘世尊，1997，2000b，2003a，2003d），在行動研究的過程中，研究者可能想透過反省解決他感受到或意識到的教學問題。所感受或意識到的教學問題，可能是「學生學習上的問題」或「要如何教的問題」。所謂「學生學習上的問題」，是指學生學習表現上的問題，如不積極參與學習、不負責或上課中干擾他人；「要如何教的問題」是指宜透過何種方式教學的問題，如宜如何進行國語課文、生字或作文的教學？

教師何以會感到學生的學習有問題、教師的感受是否適切（即學生的學習是否真的有問題）？若學生的學習表現真的有問題，宜透過何種思考方式尋求問題解決途徑？又，在面對如何教學的問題時，宜如何思考才能發展出較佳的教學策略？

釐清這兩個問題，將有益於反省品質的提升及行動研究目的的達成。方法上，第一個問題的釐清主要是反省筆者所從事過的一個行動研究（潘世尊，2003a）[1]，第二個問題則是討論他人於行動研究中的思考與做法。

1　此一研究的相關背景請參第二、五、六、七等章的說明。

貳、學生學習上的問題的協同反省

以下，先簡要介紹筆者在行動研究過程中的一些思考，以說明筆者當時認為協同反省時，宜如何面對學生學習上的問題？然後，針對筆者當時的思考加以檢討。

一、行動研究中的一些思考

在行動研究的過程中，筆者認為宜以何種協同反省方式面對所感受或意識到學生學習上的問題？

㈠先思考問題是否是問題

在此一行動研究的第一次聚會，參與成員決定先把探究的重心放在淑梅音樂教學上的問題。為避免讓探究的結果淪為「技術層次的行動研究」（即直接思考問題解決之道以達成既定的目的），我在會後的自我反省中，認為宜先揭露及批判成員腦海中的「行動理論」（theories of action），以確定問題到底是不是問題。在批判後確定真的是必須解決的問題，才接著發展問題解決策略。而若發現之所以會感到有問題，是因成員腦海中的行動理論值得商榷的話，則加以修改與重組，然後再據以發展新的教學策略[2]。

第二次聚會，成員中的任俠提出他所觀察到的淑梅音樂教學的問題。在討論的過程中，筆者依上述的想法引導成員。

首先，我請成員說明為什麼會認為學生的表現（上課過程中呈無政府狀態）是個問題，而非直接尋求問題解決策略：

---

2 詳細思考過程可參第六章中的說明。

任：那我們就先來看第一個問題，就是老師在問問題，學生之間呈無政府狀態的問題……

莉：我覺得可以用偷錄的方式，讓學生聽聽看自己（吵鬧）的聲音，然後再寫下對自己的看法，自己認爲自己是怎樣的一個人……

我：你（指任俠）爲什麼會覺得有人回答老師的問題，其他學生呈無政府狀態是一個問題？

任：因爲我覺得這樣不尊重他人，而且聆聽也是一種學習……

我：（接著任俠的回答，我依先前的反省說明爲什麼我要這樣問）……我的意思是說當我們面對一個問題時，先回過頭來看看爲什麼會覺得有問題，而不要直接談問題的解決策略。因爲我們會感到有問題，跟我們腦海中對教育的看法有關。把我們的想法弄清楚，並看看我們的想法有沒有什麼矛盾或不合理的地方之後，我們教育的想法可能會改變，可能會產生新的想法，然後再根據這新的想法來發展教學策略，這樣子可能會比較好。所以我會問說：你爲什麼會覺得無政府狀態是個問題？

任：就像我剛才講的，要尊重他人，聆聽也是一種學習，……

淑：秩序也是重要的，才能維持課程的進行，……

莉：上課必須以大多數的學生爲考量，不能干擾到其他的學生，……

接著，我請成員思考彼此所提的理由是否合理、是否可以接受，以確定所感受的問題到底是不是問題：

你們覺得尊重他人、聆聽、維持課程的進行及不能干擾其他的學生，有沒有不合理或矛盾的地方？

在短暫的等待後，並沒有成員回應我的問題。這意謂著大家可能認為這些想法是可以接受的，亦即學生的表現（呈無政府狀態）真的是必須解決的問題。因此我說：

如果沒有的話，那它們就是有價值的想法，無政府的狀態我們就要處理……像這樣子先把我們爲什麼會覺得無政府狀態是問題弄清楚，然後再來想要怎麼做，這樣子我們就會很清楚我們在做什麼，以及我們爲什麼要這樣做？

之後，我引導成員思考並討論可行的問題解決之道：

我：那現在要討論的就是策略的問題……剛剛莉雪提到可以用錄音的方式，你（指莉雪）爲什麼會想到用這種方法？

莉：唸師資班時要做教學媒體，自己第一次聽到自己的聲音之後嚇一跳，讓自己反思自己是怎樣的一個人。

我：你是說用這種方法可以讓學生反思自己，在反思的過程中學生可能發現自己的缺點，然後自己改過來……

㈡思考問題的原因

經由上述過程，我們確立學生呈無政府狀態是必須解決的問題，並提出若干教學策略（如錄音並放給學生聽、與學生訂契約）。然上述在筆者引導下的思考路徑於第三次聚會的一開始就受到挑戰，任俠和郭主任先後質疑第二次聚會中的討論並未思考教學問題產生的原因，即為何學生會呈無政府狀態？如此，所提出的問題解決策略未必適當：

任：我們說失序是必須要處理的，因爲怎樣、怎樣，那我們都沒有討論失序的原因是什麼，……我之前提了兩點，那一個就是說自做，學生覺得浪費時間是一個，因爲學生的程度不一，……那第二個是說不感興趣。……那不感興趣有兩個原因，一個就是說學生的興趣就不在這裡，一個就是教師的課程乏味。通常是以第一種的比較容易出現……

郭：……上一次的討論我的一個感覺就是說，我們面臨到一個問題以後，我們就去找解決的策略，比如說，無政府狀態，我們就是一直針對那點在找解決的策略，我們並沒有談到它的本質，它發生的原因到底在哪裡。那我覺得今天的話，我們從事情發生的根本原因來探討的話，我們才抓得準要往哪裡走。……針對音樂這個部分，剛剛那個不感興趣的部分，我是覺得可能有幾個因素存在啦……他從一年級上來到四年級，他的舊經驗就可能讓他感到說，這門課滿討厭的或怎樣……第二個，可能是他的起點行爲……

當時我覺得他們的說法甚有道理，所以就和成員往這個方向去思考。會後，我從第二與第三次的討論內容中，統整出暫時性的「共識」（參表11-1）：

當時，筆者認為所做的整理代表每次討論所得到的暫時性共識。如果大家根據此結果去實踐，然後再依實踐的情況加以批判調整，那麼又將得到新的暫時性共識。而若此種過程不斷進行，我們將共同建構出一套較合理性的音樂科教學觀點。

■ 表 11-1 第三次聚會後所整理出來的暫時性共識 ■

在處理學生呈無政府狀態的問題時，上個禮拜首先從老師的角度來思考為什麼「無政府狀態」是個問題。在確認這個問題必須處理之後（理由包含要尊重他人等四點），就接著發展處理此一問題的策略。所發展的策略，包含錄音、溝通約談、請學生跟自己訂契約等。這個禮拜，則轉向由學生的角度出發來思考。學生會呈現無政府狀態，可能的原因是：

⑴教材或教學不符合不同程度學生的能力，也就是沒有切合學生的起點行為；
⑵學生本身對音樂不感興趣；
⑶學生的舊經驗讓他不喜歡學音樂；
⑷教材或教學不符合學生的學習風格。

據此，要讓音樂教學切合學生的能力，以避免學生在上課時產生無政府的狀態，教材的安排必須從學生的角度來思考，思考教材是否：

⑴切合學生的起點行為；
⑵以學生的生活經驗為基礎（生活化），讓抽象的教材變具體以提升學生的學習動機；
⑶讓學生感到有趣（樂趣化）。

當教材的安排能做到上述三點時，學生就有可能主動的參與學習。但，如果教師努力了，並不斷的調整教材及教學，學生還是不參與學習並產生無政府狀態，那麼為了要讓學生學習去尊重他人、讓學生透過聆聽來學習、讓課程能進行下去，以及讓學生不干擾他人的學習，教師可透過上個禮拜討論過的，錄音、溝通約談及請學生與自己訂契約等策略來處理，讓學生消除無政府的狀態並參與學習。

㈢依實踐檢討、調整共識

受到上述意圖的支配，我在第四和第五次聚會，不斷引導成員根據任俠的實踐檢討、調整我們的「共識」，因任俠曾於第二次聚會後，試著落實成員於該次聚會所提的部分策略。在具體的實施上，我認為宜如我於會中所引導，以及會後的自我反省中所提出的思考路徑來檢討與調整（參圖11-1）：

我們原先認爲當放「偷錄」的錄音帶給學生聽時，學生可能主動的反省自我並調整其行爲。但任俠行動的結果卻指出，學生未必會如此（如學生說我沒有錯啊、這樣很好啊）。因此，我們先前討論出來的共識可能要調整爲：當學生會主動的反省並調整其行為時，可以用偷錄的策略。不過，學生有可能不認爲自己有錯。此時，必須使用其他的策略……

值得提出的是在圖 11-1 裡面，基於對成員先前發言的分析，我將成員腦海中的「東西」（包含本身清楚掌握的想法與沒有意識到的觀點）分為「對學生、學習的看法或對教育本質與目的觀點」，以及「課程與教材的安排或教學活動的設計」這兩部分，並且前者對後者具有支配的力量。由於教師對學生與學習的看法或對教育本質與目的的觀點可能有誤，因此在反省時宜先對其檢討。若發覺其中存在著不合理或不足之處，則加以調整

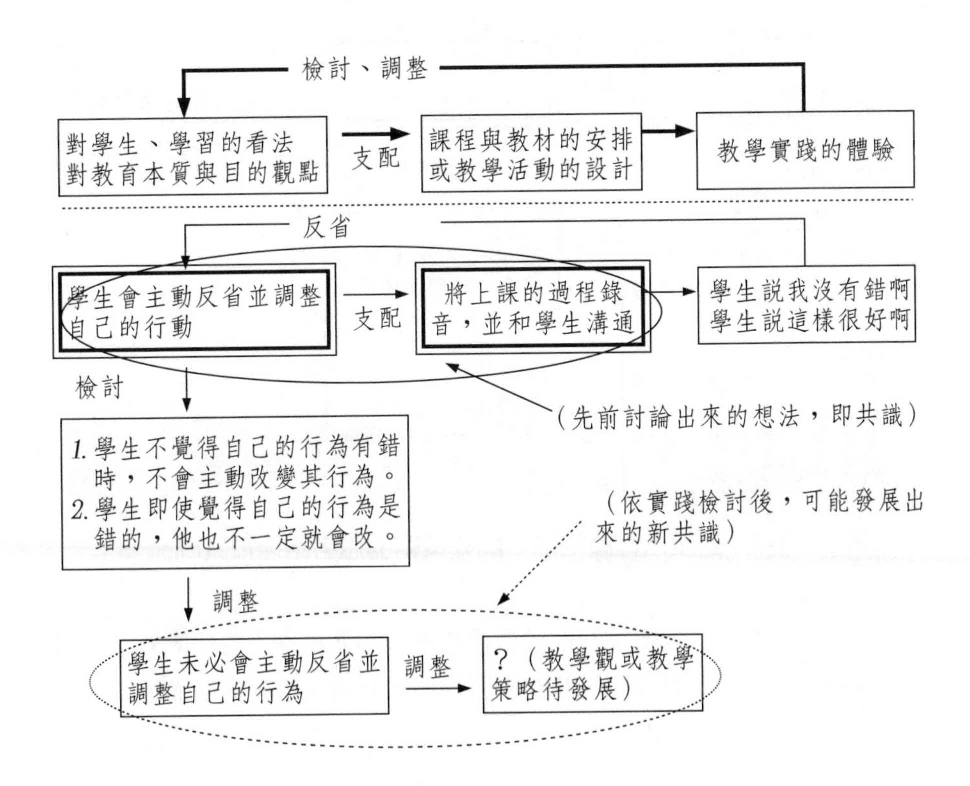

▣ 圖 11-1　依實踐檢討共識的思考路徑——第四次聚會後的想法 ▣

並據以重新安排教材與教學活動。若不如此而逕行檢討及調整課程與教學策略（參圖 11-2），則腦海中對學生與學習的看法或對教育本質與目的的觀點中的問題所在將不會被揭露。在這種情況下，所提出的教學策略可能仍然值得商榷，因其或許仍受某種有問題的「教」或「學」的觀點所支配。因此，我所謂「依實踐檢討共識」，是指先依實踐檢討腦海中支配我們採用某種教學策略的「東西」，即我們對學生與學習的看法、或我們對教育本質與目的的觀點。

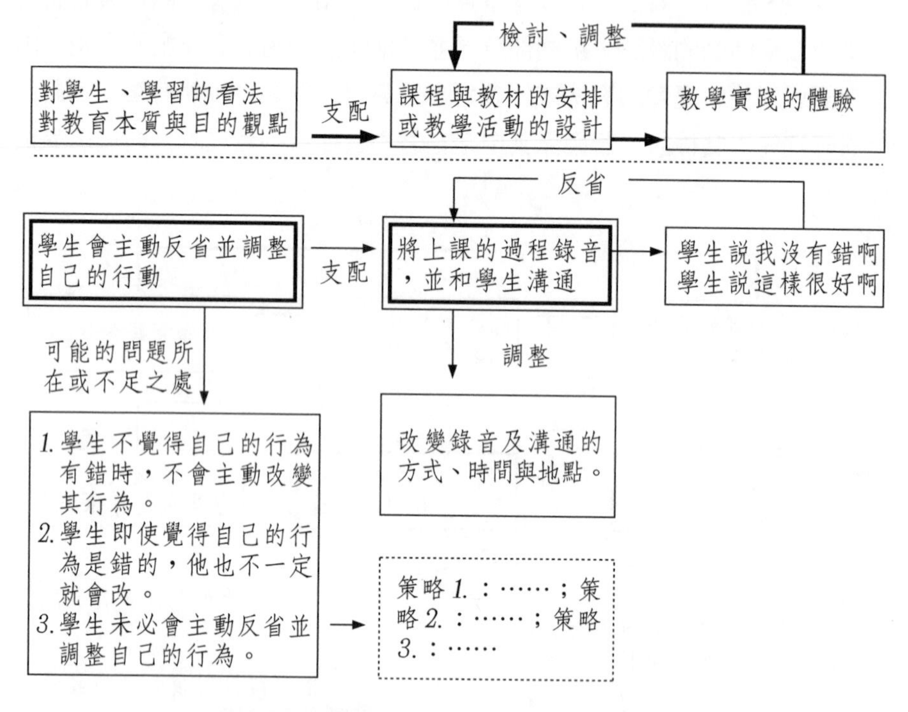

▣ 圖 11-2 直接依實踐檢討、調整策略的思考路徑及其問題 ▣

不過，郭主任、任俠及其他成員們的思考卻著重在「為什麼教學策略會沒有用」，以及「教學問題其他的可能原因為何」這兩個層面。下面的對話可約略說明此種情形：

任：……班上失序的部分，那時候我有針對一些同學去做訪談，那我有遇到一些問題，第一個就是說，學生不肯承認事實的眞相下，我們很難跟他溝通。然後第二點是說，我們班的學生裡面，就是有特教學生的問題，他通常會造成我們班的失序。然後第三個是，我們班有一個轉學生，他跟原班學生之間，就相處不融洽，然後常常會引起紛爭，這也是班上產生失序的一個很重要的一個原因。然後第四個就是，不知道是不是我們班上的家庭背景的關係，然後造成他們說話技巧方面非常的粗魯，非常直接，然後非常容易傷害別人，所以我們班常常會有失序的現象，

莉：我有問題哦（任俠：好），你可不可以舉一下例子，在什麼不肯承認事實的眞相下？

任：他就說，我沒有錯啊……

莉：我剛剛聽你的形容，我覺得是不是因爲他沒有臺階下，拉不下臉來……

郭：逃避，或者是不願意面對，這樣……

任：ㄟ——，對，也有可能……

郭：那你有就是說……

任：追蹤嗎？

郭：比如說，假如是這樣的話，直接問的話，可能沒有辦法問出來……

任：哦，對對對。那我有私底下約談那個人，然後我就跟他講說，你知道覺得這樣好不好，然後他就說知道。然後我就說，你爲什麼沒有常常說請、謝謝、對不起？他說，啊大家都不說啊！他知道這樣說話也許是不好，那他在私底下才會承認，在公開場合他不會……

由於認為成員的思考路徑並未依實踐檢討先前的「共識」，因而不斷加以引導，然成員們的思考方式始終如故。也就是說，他們的想法與做法

是先設法找出之所以產生某種現象或某種策略失敗的原因，再據以發展解決策略。而如果策略仍然無效，則重複上述之活動。此種思維路徑，筆者在第五次聚會後的自我反省中，將其歸為「技術的反省」或 Argyris 和 Schön（1974）所說的「單圈學習」[3]，因思考能達成某種既定目的的策略是其重點。

當直接思考「為什麼會這樣」，也就是直接尋找「問題」的原因，思考者心中往往已經認同某種教育目的或價值。在這種情況下，所在意的僅是如何達成此種目的或價值的手段。舉例來說，當某教師直接思考體育課學生為什麼不喜歡一起玩遊戲時，該教師的心中往往預設著體育課學生必須一起玩遊戲。因此，他會設法找出可能的原因以達成此一目的。然其認同的教育目的或價值未必適切？如果能夠慮及此點，思考將有兩條路線（一條是學生為什麼不喜歡一起玩遊戲，另一條是為什麼體育課學生要一起玩遊戲），腦海中有關於教育目的或價值的想法就有可能得到重組。如此，就能從單圈學習進到雙圈學習、從技術的反省進到實踐的反省。

㈣遇到問題先自我反省

此外，筆者在第五次聚會後的自我反省中，還從成員書面的自我反省及發言中發現：教師常自然、習以為常並不自覺的把教學問題的成因歸到學生身上，然後分析學生的特質或特性，並據以擬定教學策略。然教學問題未必起於學生的特質或特性。

依筆者的分析，教師的教學策略主要受到兩個因素的支配：首先，是腦海中有關於教育目的或教育本質的「行動理論」；其次，是對學生特質及學習特性的了解。而其中，前者又占有支配的地位。

腦海中有關於教育目的或教育本質的行動理論，教師本身可能很清楚（如清楚知道自己認為教育的目的是讓學生自主學習、讓學生學習球類技巧）、可能有點模糊（如一方面清楚的說出教育的目的是要讓學生自主的

3　其實任俠和郭主任當時的思考亦屬於實踐的反省及雙圈學習，下文將會提到。只是說，當時筆者沒有真正釐清其思考路徑之意義與價值。

學習，另一方面又隱隱約約的覺得規範也是重要的教育目的），也有可能自己根本也不太知道，只覺得就是要這樣教。不過，無論是哪一種情形，都支配著教師們的教學作為。當學生的表現與教師腦海中有關於教育目的或教育本質的「行動理論」不符時，他會感到教學有問題。此時，他會去分析學生的特質或特性（如那個學生被寵壞了、那學生很笨、那學生的數學學習能力很差、那學生很不合群），然後依分析的結果實施教學，以使學生的表現重新符合行動理論的要求。

在這種情況之下，教師的思考模式可以說充滿著「嚴以律人，寬以待己」的特質。因教師把教學問題的原因先歸到學生的身上，而沒有想到或許是自己腦海中有關於教育目的或教育本質的行動理論出了問題。因此，筆者認為在面臨教學問題時亦須「反躬自省」。如此，才能確定問題到底是不是問題。

二、行動研究後的檢討

筆者在行動研究中的思考是否適切？又是否有值得改善的空間？

㈠先確定問題是否真的是問題

在協同反省的過程中，若有成員提出他想要解決「學生學習上的問題」時，到底應如何切入？是如筆者的想法，先思考其感到的問題到底是不是問題、還是如郭主任和任俠所說所做的，試著找出問題的原因然後發展解決的策略？

在思考之後，仍然認為應先探討問題到底是不是問題。因為當直接思考問題的原因時（如直接去思考學生在音樂課中為什麼不吹直笛、學生在體育課中為什麼不喜歡上田徑課、學生在國語課中不想背唐詩等問題的原因），往往預設著學生的學習表現就是不對的。但某個教師感到有問題的學習表現並非就一定是不對的，因為問題亦可能出在教師腦海中對教育目的或教育價值的認知上。例如學生不吹直笛、不喜歡上田徑或是不想背唐詩等學習「問題」不一定非要加以改善不可，因學生可能未必要學直笛、田徑和背唐詩。因此，應先揭露、批判成員腦海中的行動理論，例如質問他為什麼一定要學生學吹直笛、上田徑或背唐詩？或是質問他為什麼會感到這是宜解決的問題？若其想法合理，才能確定該學習表現的確是必須加以解決的問題。

Elliott（1991: 49-56）指出，要改善實務，有關的人員必須持續的進行反省，不過在反省時不能事先將價值明確的定義成某種目標，否則反省將成為檢視是否達成目標的技術性工作。另他（Elliott, 1991: 49-56）又指出，在英國，行動研究這個名詞被許多教育研究者稱為一種另類的研究典範，此種典範支持對實務進行「倫理的反省」的觀點，並且拒絕實證主義的研究立場，因為實證主義視研究只是一種找尋能夠控制及形塑教師的實務表現的規則的手段。但現在，行動研究卻變成只是為「技術合理性」（technical rationality）服務。因為教師被鼓勵視行動研究是一種找出能夠控制學生的學習以達到課程的目標的研究手段，忽略了教和學的倫理向度的要求。Elliott 的觀點可說與上述的論述相一致，都強調在反省的過程中必須以質疑的態度面對被認可的教育目的或教育價值，而不能急著去思考其落實之道。否則，所發展出來的策略可能受到某種不合理的意識型態束縛而不自知。

或有會問，先去思考什麼會產生某種問題的原因，也可能挑戰到成員腦海中的行動理論。舉例來說：先問「為什麼學生不喜歡吹直笛？」對此學習表現感到有問題的教師回答「因為學生感到無聊、沒興趣」。之後，接著問「既然學生會感到無聊、沒有興趣，那為什麼要求學生一定要學直笛？」當這樣問時，被問者必須去反思他腦海裡面對教育目的或教育價值的看法，也就是說，仍然是回到先揭露並批判教師腦海中的行動理論是否有問題的途徑上。

要澄清的是這樣說並非意指不需找出問題的成因。教學問題要得到妥善的解決，如果沒有找出原因如何能夠對症下藥？因此，在確定成員所提出的教學問題真的是必須解決的問題之後，就可以分析問題的成因然後據以尋求解決之道。

(二)進行兩個層次的雙圈學習

如上所述，在第四、五次的聚會中，郭主任和任俠的思維是設法找出之所以產生某種學習表現或者是某種教學策略為何會失敗的原因，然後再發展解決的策略。而如果所發展的策略沒有用的話，則重複上述的歷程。他們的思維，我當時將之歸類為「技術的反省」或「單圈學習」。因我認為當直接去找尋原因時，思考者的心中往往已經認同了某種教育目的或價值，他在意的僅是如何達成此種目的或價值的手段，問題是他腦海裡面對教育目的或價值的認定未必就是對的。就這點來說，任俠和郭主任當時的思考的確沒有注意到。

不過，若不論此點，在他們思考要如何解決問題以符合其腦海裡面對教育目的或教育價值的認定的過程中，就蘊涵有「雙圈學習」[4]或「實踐的反省」[5]的味道，因其腦海裡面的想法亦產生了重組。舉例來說，任俠一方面會依其行動的結果檢討他先前的教學策略（即和學生溝通、約談的策略）為什麼會沒有用然後加以調整；另一方面，還會找出學生的學習表現為什麼會產生問題的其他原因[6]進而發展新的策略。就教學問題的解決而言，這種思考方式相當值得參考。當然，在這樣思考之前，必須先確定學生的學習表現到底是不是問題。

若上述的討論合理，那麼在透過協同反省來解決學生學習表現上的問

4　雙圈學習可以是指試著去揭露、批判及重組腦海裡面真正支配自己思考和行動的行動理論（夏林清譯，2000b：73-75）。

5　技術的反省是指要達成的目的已被決定，反省的工作只是在思考達成目的的手段與策略。實踐的反省是指能夠重組教育目的，並決定達成目的的方法。當能這樣時，反省者就會很清楚為何要從事某種教育行動，並且，他的行動就是往達成所設定目的的方向努力。此種情形符合「實踐」（praxis）的意涵，因此可稱為實踐的反省。至於批判的反省，則指所重組的教育目的及手段從不合理的意識型態的束縛中得到解放。依此推論，當討論為技術的層次時，僅建構了達到目的的手段或策略；當達到實踐的層次時，表示重組了教育的目的及手段。

6　例如任俠原先認為學生失序的原因是教師的課程設計乏味及學生沒有興趣，可是後來他發現是因為班級文化的緣故。

題時，必須進行兩個層次的雙圈學習。第一個層次發生在感到學生的學習表現有問題時，第二個層次發生在確定學生的表現真的是問題，然後試著尋找問題解決策略的過程中：

⑴第一層次的雙圈學習：揭露並批判成員腦海中真正在意的教育目的或教育價值，以檢討其感到的教學問題是否真的是問題。

⑵第二層次的雙圈學習：

①若感到的教學問題真的是問題的話，那麼，進一步的從各種可能的角度思考造成問題的可能原因；

②根據所找出來的原因擬定教學策略並據以實施；

③若所實施的策略仍無法解決問題，一方面檢討並調整策略，另一方面，檢討先前所認定的原因並分析其他可能的原因，然後形成新的策略並據以實施。

㈢以適當的協同反省方法和態度為基礎

要說明的是在透過這兩個層次的雙圈學習來解決問題時，可以參考前一章所討論過的協同反省的方法來進行，以儘量突破個人思考上的問題所在。舉例來說，在確定學生的學習表現是否真的是問題時，必須先問清楚相關成員所認為的問題是什麼，以及為什麼會感到這是個問題。在成員說明的過程中若不認同其想法時，則提出真實性或正當性的質問。在質問之後，雙方展開論辯。經此過程，就可能確定學生的表現是否是必須解決的問題。又如在分析問題的成因時，若某個成員提出一種觀點，亦須先問他為什麼會這麼想。在他說明之後，若不同意的話則提出真實性或正當性的質問。之後，亦展開論辯以尋求大家能認同的原因。不只這兩點，在解決成員所感到的學習問題的每個階段都須這樣做。當然，每個參與成員都須具有前文所提到的協同反省的態度。

參、如何教的問題的協同反省

在行動研究的過程中面臨「如何教」的問題時，宜如何協同反省以發展出較為適當的教學策略？

一、不宜限於技術的層次

除了學生學習上的問題之外，從事行動研究的教師可能感到或意識到的另一類問題是「如何教」的問題（例如：要怎麼教生字？）這類問題常由初任或資淺教師提出，像我們成員中的一位實習教師淑梅就常問這類的問題。在謝瑞榮（1999）的研究中，他分別帶領兩個團隊，一個由校內現有的教師組成，另一個則是由實習教師所組成。在實習教師這個團隊前幾次聚會的過程中，所提出的亦主要是此類的問題。不過，他認為「教學或班級經營問題的解決屬於技術的層面」，因而建議成員能去思考其他面向的問題。

把此類問題的解決歸為技術層面的想法，個人認為頗值得商榷。舉例來說：若成員甲提出「如何鼓勵學生主動發言」的問題，成員乙直接回答「用加分，然後發獎品或獎金的方式效果會很好」。此一回答雖可能協助成員甲改善班上學生發言的情形，不過卻亦可能讓其學生養成功利的心態，並且讓老師反被學生控制。因老師如果不加分、不發獎品或不發獎金，學生就不舉手發言。也就是說，當把如何教的問題界定在技術層面的解決時，所提出的解決之道未必適當，不過許多行動研究者並沒有意識到此點。Zuber-Skerritt（1996a）就指出，「解放的行動研究」（emancipatory action research）的障礙之一是參與者只在意能夠馬上派得上用場的策略或手段，而沒有透過反省來揭露及改變腦海中真正在意的「主導變數」（governing values）。

因此，當面對如何教的問題時，可採取如下兩個策略進行反省以避免上述的困境：

⑴在從技術的層面提出可能的做法之後，還要進一步釐清為什麼這樣做、這樣做對學生的影響可能是什麼？當做此種釐清之後，大家原先對教育目的或教育價值的觀點有可能產生轉變並重組出新的教育觀，之後，新的做法就會跟著發展出來。此時，就會從單圈學習進展到雙圈學習，而討論的結果亦會從「技術」進展到「實踐」，甚至是「解放」的層次。

McKernan（1991，引自 Kember, 2002）將行動研究分成三種型式：「科技—問題解決取向的行動研究」（the scientific-technical view of problem-solving）、「實踐—慎思取向的行動研究」（practical-delebrative action research）及「批判—解放取向的行動研究」（critical-emancipatory action research）。此種分類方式雖可以用來檢討他人所從事的行動研究是屬於何種類型，但在據以從事行動研究時卻須特別小心，以免誤以為問題的解決只須從科學技術的角度切入就好。否則，所提出來的問題解決策略有可能受到某種不合理的意識型態所束縛而不自知。

⑵不要事先設定要達成的教學目的或價值，然後尋求達成目的或價值的手段。鍾宜玲（1997）的行動研究是以國小四年級社會科教學作為探究的主題，在研究的過程中，她認為第一單元「台灣的地理環境」多為事實性資料的陳述，所以就請成員探討如何幫助孩子有效記住相關資料的策略。誠然，這一單元多為事實性的資料，但教學目標未必就是要讓學生記住這些資訊。由於研究者沒有慮及此點，使得參與成員的發言偏向技術的層面並限定了教學策略的發展方向。相對的，如果她能讓大家討論這一課到底要讓學生學會什麼、這種想法對嗎？要如何教學才能達到所擬定的教學目標？參與成員就有可能建構出對學生更有幫助的教學行動，而非僅是一個技術性的工作者。因此，在討論如何教的問題時，不宜事先設定要達成的教育目的或價值。

二、以適當的協同反省方法和態度爲基礎

同樣的，在解決如何教的問題時，亦可參考前一章所提的協同反省的方法。更具體的說，當某個成員提出解決問題的策略後，必須接著問為什麼會這樣想？在他說明之後，若覺得有不同意的地方則做真實性及正當性的質問。之後，彼此就展開論辯。透過這種過程，就有可能發展出較適當的教學策略。當然，要這樣做，成員亦須具有前一章所提到的協同反省的態度。

肆、結論與建議

本文主要在探究宜以何種方式協同反省，以較適當的處理所感受或面臨的教學問題，包含「學生學習上的問題」及「如何教的問題」。

就學生學習上的問題而言，在協同反省時，宜先確定問題是否真的是必須解決的問題。若是，則進一步的從各種可能的角度思考造成問題的可能原因，然後根據所找出來的原因擬定教學策略並據以實施。而若所實施的策略無法解決問題，一方面檢討並調整策略，另一方面亦檢討先前所認定的原因並分析其他可能的原因，然後形成新的策略並據以實施。

就如何教的問題來說，在協同反省時，最重要的是不宜限於技術的層次。更具體的說，不要事先設定要達成的教學目的或價值，然後尋求達成目的或價值的手段。此外，在從技術的層面提出可能的做法之後，還要進一步釐清為什麼這樣做、這樣做對學生的影響可能是什麼？

要注意的是在透過上述方式探究學生學習上的問題或如何教的問題時，皆宜以適當的協同反省方法與態度為基礎。如此，才能揭露及解決彼此想法或行動中的問題所在。

行動研究可與他人共同為之，以避開個人思考上的盲點。然要注意的是協同反省的方式若欠妥當，所構思出來的教學策略未必有助於學生的身心成長。因此當與他人協同從事行動研究時，可參本文之觀點來協同反省，以較適當的解決所感受或面臨的教學問題。

第十二章

中國人的協同反省、困境與突破

壹、前言

透過協同反省，參與行動研究者能交互的揭露及解決彼此教學想法與行動中的問題所在。然中國人「社會取向」的行為方式（楊國樞，1993），如容易表現出順從他人及不得罪他人的行為、說話要因人因時因地制宜的特性，會讓協同反省的過程只有形式化的對話而沒有深層的辯證，使得反省無法得到上述的結果。

本文的焦點即是要從中國人的溝通特性切入，討論中國人對教學進行協同反省時，可能依循的溝通態度、溝通方式及這些溝通方式可能產生的問題。然後，試著提出突破上述困境的可行途徑，以作為教師協同反省時的參考。

貳、中國人的溝通態度

中國人的行為之所以具有濃厚的社會取向，依 Piaget 所提（Von Glasersfeld, 1995），種種的生物運作，包含認知，為的是要「適應」外在環境的觀點來看的話，目的是要在君主專治、精耕農業、宗法倫理、家族共產及父系傳承的生活環境中，求得自我的生存與發展。也可以說，在生活的過程，中國人逐漸的體悟到種種社會取向的行為除了可以保護自己、避免被他人打壓或排擠之外，更可以讓自我得到某種利益或成功等好報，因而逐漸「調適」（accommodate）、「修改」（modify）自我的行為，並在謀略上主動運用此類行為來和他人互動。

以下即從適應的角度切入，說明中國人及協同反省的參與者為了在所生活的政治、社會、經濟與文化環境中求得生存與發展，可能運用何種態度與他人溝通。此種分析取向，並非否認外在環境對人們行為的形塑力量，而是認為若從個體內在心理的角度來看，更可以理解何以中國人的行為具有濃厚的社會取向。

一、以和爲貴

中國人以「和」為最高的指導原則與理想境界（黃囇莉，1996）。對於不和諧或衝突的人際狀態，常會感到焦慮或恐懼。當有人破壞團體的和諧時，即使有理也常被認為是不對的（楊國樞，1993）。會這樣，是因為在傳統的農業社會中，同宗族或同村莊的成員如發生衝突或彼此爭奪，除了不能有效的耕作及抵抗外力的入侵之外，還可能會面臨滅絕的境地。《荀子》所說「爭則亂，亂則離，離則弱」，指出了若團體的內部若失去和諧、互相爭奪，會大大的消弱團體的力量，進而影響到團體的生存與個人的幸福（黃囇莉，1996）。當大家能和諧一致共同奮鬥，才能達到《周易》所說「保合太和，乃利貞」、《中庸》所說「天地位焉，萬物育焉」、或俗語所說「家（村、族）合萬事興」的理想。可以說，團體的和諧是團體生存發展的必要條件，團體的生存發展則是個人得以溫飽，進而在社經地位求發展的先決條件。「覆巢之下無完卵」、「皮之不存，毛將焉附」，「同舟共濟」等警語，所要提醒的即是個人的生存發展建立在團體的生存發展之上的概念。在審局度勢之後，為了自我的生存發展，只得「和而不爭」，以維持團體的和諧。

除此之外，統治階級以「和諧」為工具來美化其專制統治（湯一介，1996），亦迫使中國人不得不主動的運用以和為貴的態度來求生存。更具體的說，統治者為了要得到或保持自己想要的地位與利益，他會壓迫人民、剝削人民，並且不擇手段的鎮壓人民反抗的聲音與歧異的意見（陳南州，1998）。當他這樣做時，可能引起人民的反彈，為了要避免及消弭人民對其權勢可能的挑戰，他除了會宣揚全國人民如果和諧一致國家就會強盛、人民就會富足的觀念之外，更會運用權勢嚴厲的懲罰他認為是破壞國家團結與和諧之人，並聲稱其目的是要維持國家的安全、秩序與繁榮。面對這種情況，手無寸鐵且經濟能力低下的小農縱使有滿腹不滿也只得順從，不敢引起爭端。

目前臺灣已由農業社會轉向工商業社會、由專制獨裁走向民主開放，但社會文化仍崇尚和諧，排斥衝突。和諧的人際關係、班級氣氛、校園互動或是政治團隊為大家所推崇，反之則會被人們所恥笑或排斥。當團體中的成員為某種意見爭執時，一方面可能被外人譏為「內鬥內行，外鬥外行」或「狗咬狗一嘴毛」，另一方面則可能使團體的組織瀕臨潰散的境地。為了保護團體的形象及維持組織的存續，以保全從中得到利益與成功之機會，校內教師協同反省教學時，「為和諧而和諧」就成為可能被遵循的溝通原則。

二、依上下關係

在中國的戲劇節目或小說中，常可聽到或看到「你是什麼東西，竟敢用這種態度和我說話」這麼一句話，此句話說明了中國人的人際互動非常重視是否合乎應有的「上下關係」。為了使所言所行符合上下關係的要求，中國人會依年齡、社會地位、學歷、經濟狀況或其他因素將他人和自己做高低排名，然後依此排名決定與他人互動時的態度和方式（楊國樞，1993）。

何以中國人會認為必須運用此種態度來和他人互動，才能在生活的環境中求得生存與發展？如前所述，以往的中國屬於君主專制、宗法倫理及父權的階級社會，君王官員、宗老耆宿或是父親等擁有權勢並掌握著社會經濟資源的少數人，為維持其權勢及控制資源的分配，必須對挑戰他們的下層階級加以制裁及壓抑。把典章制度、法律、宗法倫理和強調尊卑名分的「禮」相結合，即是他們用來維持權力、現有秩序及分配資源的工具。論證強調等級差異的禮的合理性，更是統治階級代言人的一大任務（劉澤華，1987）。如周代承夏商之後確立「親親」、「尊尊」之禮，要求人們必須「親其所親、尊其所尊」，除了要維護貴族內部各階層的名分和特權的差異之外（劉志琴，1987），亦要為權力及財產再分配的方式提供合理化的藉口。又如漢朝董仲舒為了尋求帝國統一後新的社會秩序的正當性基礎，提出「深察名號」的方法（鄒川雄，1998），認為治理天下的首要工作在於辨別深察人們應有的名號。當依正確的名號來論理做事時，是非就會明白，事情就會順利成功。至於名號的產生，則由聖王依據天意來訂定。董仲舒這一套「序尊卑、貴賤、大小之位」的方法，對於上下的從屬關係規定得很嚴格，要求下位者必須絕對服從上位者的命令及處罰（文崇一，1988），以達到「貴賤有等，民不敢爭」的地步，從而維持住社會秩序及君王的利益。

在上述的情形之下，人們的所言所行自然就必須切合自我的身分地位，才能得到政治、宗族或家庭中有權有勢者的認可而有所作為。如若不然，將令擁有較高身分地位者感到不悅，覺得權勢及地位受到挑戰，因而對其打壓或排擠。如在明代，為維護特權的不可侵犯性及使尊卑貴賤的等差得到穩定和鞏固，對違反自己等第而僭用房舍、車子、衣服或器物的官民，會施予嚴厲的懲罰（劉志琴，1987）。整體言之，在名分上或自認排序較高者不希望排序低的他人言行舉止踰越其排序，是為了維護其權勢及現有之秩序。排序低者願意表現符合其排序的言行舉止，是為了不被高排序者打壓。二者依上下關係來和他人互動的原因雖然不同，但都是為了自我的生存與發展。

現代社會雖不再是專制及宗族社會，但由於參與行動研究者之間所擁有的社經地位、學歷、經濟及人力資源都不相同，使得彼此仍可能會依上下關係來互動，主要的原因仍是為了要維持住現有的秩序或得到自我想要的利益。在名分上或自認擁有較高排序者，如大學教授、教育局官員、校長、主任、高學歷或資深教師，可能會以「上對下」的態度來和排序低者互動，希能維持自我之權勢或貫徹自己之意見。自認擁有較低序位者，如新進教師、低學歷教師，則可能以「下對上」的態度來和上位者互動，目的除了希望不被高排序者打壓排擠之外，還可能試圖從他們身上得到想要的利益與成功。

三、重視他人

中國人在人際互動的過程中，相當重視他人的意見或褒貶。會這樣，首先是要符合「通曉人情」的文化要求。依《禮記禮運》，人情是指「喜、怒、哀、樂、愛、惡、欲」。一個通曉人情的人，首先能夠「推己及人」，從自己在各種生活情境中的感受推論別人在類似的情境之下可能有的感受（黃光國，1988）。其次，他能做到「己所欲，施於人；己所不欲，勿施於人」。當溝通做到這樣時，所說的話能讓他人感到喜、樂、愛、欲，不會讓他人產生怒、哀、惡等情緒。喜、樂、愛、欲為人們所喜歡，怒、哀、惡則被人們所厭惡。通曉人情的溝通，亦可說是通曉「人性」的溝通。

中國人的溝通會這麼重視人情，並不是把他人或社會的發展看得比自己還重，而是因為中國在傳統上是一個將「人情」和「事理」合一的社會（彭泗清，1997）。在情理合一之下，言行舉止只要符合人情的規範，就能通達事理，所謂「通情（就）達理」、「合情（即）合理」即是。至於所說所做是否符合事理，則不是很重要。一個講話能夠通情達理的人，會得到他人較高的評價。如若不然，除了會被視為是一個沒有修養的人之外，更會影響其生存與發展。孔子所說「直而無禮則絞」，就指出雖然直爽正直是對的，但若不知道別人的處境，只是一味的直來直往，對於他人的生存將造成極大的壓力而使自己不受歡迎（杜保瑞，1999）。

其次，為了適應生活環境對「面子」的重視，亦是中國人在溝通的過程中強調必須重視他人需求的原因。面子是指人們所擁有的權力、社會地位、聲望、名譽或才能，它可以主動爭取、由他人添加或敷衍（胡先縉，1988）。中國人認為在人際交往的過程中，如不能為他人「添加面子」，至少也要在表面上對他人「敷衍面子」，如避免在公開場合中批評他人、在評論他人時儘量用委婉或模稜兩可的言辭（黃光國，1988）。能為他人添加面子或敷衍面子的人，在未來應可從他人身上得到某種利益或資源等好報。讓他人沒面子的人，在未來則難以從此人身上得到好處，甚至會面臨難堪的局面等惡報。

綜合言之，中國人是在體認到所生活的環境對人情與面子相當重視之後，才運用重視他人的態度來和他人溝通。其目的在積極方面是希望所說的話能滿足他人的需求與期待，令他人有「面子」，進而讓自己得到好「人緣」或某種資源。在消極方面，則希望自己的話語不傷害他人、不令他人失「面子」，以免被他人批評、責難或打壓（楊國樞，1993；彭泗清，1993）。無論是積極或消極的目的，都是基於工具性的、目的性的考量，為的是要適應社會文化對人情與面子的要求，以謀自我之生存與發展。彭泗清（1997）所說，在自我生存發展的考量之下，為了「合算」，中國人會採取合乎人情的方式來為人處世。楊國樞（1993）所言，中國人之所以特別在意他人的想法或看法，為的是要避異趨同，達到保護自己的目的。楊中芳（2000）所建構「人人為我，我為人人」的「本土人際交往模式」（指心裡面希望從別人那裡得到某種好處或資源，因而在表面上儘量使所言所做滿足對方的心願），或黃光國（1988）所指中國人對別人「做人情」的主要動機之一，是預期他人會有所回報的說法，都與此種觀點相符合。

在目前的臺灣，重視人情的文化已有逐漸消退的現象，如企業界已體驗到內部的溝通討論若只講人情，肯定很快就會被淘汰（彭泗清，1997）。不過由於目前的教育圈除了尚未面臨必須去除人情運作才能使自我獲得生存與發展的外在因子出現之外，重視人情還對教師之工作分配、考核、聘任或者是進修有利，使得行動研究的參與者仍可能會以合乎人情的態度參與協同反省。另外，中國人目前仍相當重視面子，因此協同反省的過程中，重視他人的面子仍會支配行動研究參與者的溝通態度。

綜上所論，中國人在協同反省時，可能運用以和為貴、依上下關係及重視他人等態度來與他人溝通，因這能讓自己符合所生活的政治、社會、經濟與文化環境的要求，從而得到想要的利益與成功。附帶一提的是當個體在生活的過程中一再運用上述的態度參與溝通，並獲致預期中的良好成果時，這些態度就會慢慢變成「隱含的知識」（tacit knowledge）（Schön, 1983），支配著人們習慣成自然但又不自覺的溝通行動。若從鉅觀的批判理論的角度來看，也可以說是生活環境中所彌漫的以和為貴、依上下關係及重視他人的意識型態，制約了中國人的溝通態度。

參、溝通的方式與教學困境

在上述溝通態度的驅使之下，對教學進行協同反省的過程中，參與反省者可能運用如下四種方式參與溝通。在這些溝通方式之下，反省結果恐將面臨無助於學生成長的困境。

一、獨善其身

當與他人的意見或價值觀不同時，為了人際關係的和諧、為了融合上下關係，以及為了顧全他人的面子並避免引起衝突，參與反省者可能在溝通的過程中退縮，將自己認為是對的想法隱藏不發，僅在私底下默默的堅持自我的想法或做法。

更進一步來說，用此種方式參與協同反省的人，一方面為了要維持住自我生存與發展的機會，因此不肯直言自我的教學信念、不敢質疑他人與自我不同的教學想法。另一方面，則又相當堅持自我的教學理想，不願在公開討論的場合中同流合污的附和他人的說法。在此種考量之下，就用「獨善其身」此種消極應對的方式參與溝通，並在私底下運用自認為是「善」的方法來教學。

雖然此種人還堅持自我的教學理想，但可能面臨的第一個問題是：怎知自我的教學想法或做法就是「善」的、合理的，就對學生的成長有幫助？自以為是、自以為善，但事實可能並非如自己所想像。第二個問題是，自己私底下認為自我的教學表現及教學想法是如何如何，但實際的情況也許並非如自我所想像。Argyris 和 Schön（1974）的研究就指出，人們所說自己何以如此做的「信奉理論」（espoused theories）和真正支配自我行動的「使用理論」（theories-in-use）之間，往往互相矛盾或不一致。第三，如若大家都不公開自我的想法，只是各行其是，那真理仍是難明，是非仍是不分，此種協同反省對學生的成長又有何用？

二、捨理從情

採用此種方式參與溝通的人，在討論和教學有關的價值觀、態度、想法或行為時，全然捨棄「教與學之理」而僅依「人情之理」來發言及做決定，可說完全喪失自我之主體性。更具體的說，此種人相當積極的求取自我之生存與發展，因此他完全放棄自我之教育理想，在溝通時僅知依自己的名分、相關人士的身分地位、他人與自己的關係，或是否合乎他人人情與面子的需求來決定發言的內涵。當發言是這樣時，「捨己從人」、主動的順從或附和他人的意見就成為發言的主要內涵。

「捨理從情」的溝通方式不一定就是「同流合污」，因所順從或附和的意見亦有可能真的對學生的成長有幫助。不過可以肯定的是當其他行動研究參與者的意見對學生的身心成長沒有幫助時，採用此種方式參與溝通的人必定不會主動的針對如何改進教學才能協助學生成長之「事理」來發言，因為這樣做可能得罪校長、主任、教授或其他的教育夥伴，進而影響到自我之生存與發展。若果如此，在一片和諧的氣氛下熱烈討論所得符合上下關係及他人人情與面子需求的教學共識，亦將無助於學生成長。

三、外情內理

此種溝通方式兼具「捨理從情」與「獨善其身」的特色：在公開討論的情境中不引起爭執，並依應有的上下關係及他人人情與面子的需求來發表意見，至於在內在的心中則又自有定見，「和而不同」、「口是心非」，不隨波逐流的堅持自我的教學理念，但亦隱藏自我的觀點不發。

用此種型態參與協同反省的人，是以積極的方式求取自我的生存發展、以消極的方式處理自我的教學想法，因其不敢將之公開的搬上檯面，怕危害到自我的利益與成功。此種內外有別，人前一套、人後又是一套的人際溝通方式，依楊中芳（2000）的看法，是中國人調和外在環境與內在自我之間衝突的方法。在調和時，將自我分為「公己」與「私己」兩個層面，公己可以隨時調整，以適應環境的要求，私己則不容易因他人的影響而改變。

「外情內理」的溝通方式與彭泗清（1993）所提「內方外圓型」的做人模式、鄒川雄（1998）所說「陽奉陰違」的行動策略、杜保瑞（1999）所言老子「無為守弱」的操作智慧、或是費孝通（1985）所指「注釋」的方式相似。彭氏在文中說明「內方外圓」此種既識時務又有主見的行為方式，是中國社會現實中最受推崇的做人模式。鄒文則認為「陽奉陰違」是中國人最重要的處事智慧之一：一方面可以在暗中培養實力，以便在未來取得優勢；另一方面則提供行動者在體制外迴旋和搓揉的空間，以處理在公開場合不能面對的利益整合與妥協的問題。至於在杜文中，則認為「無為守弱」是老子在洞察人性貪、欲、好、爭的本質之後，所提出智慧的處事手法。此種方法並非要人們放棄自我的想法，而是認為弱者若要取勝，必須從反面迂迴之處入手。「將欲弱之，必固強之；將欲廢之，必固興之；將欲奪之，必固與之」，所指的就是此種「柔弱勝剛強」的道理。相較於前三者，費氏的觀點是比較描述性的。他認為在中國的鄉土社會中長老具有相當大的權力，在長老的權力之下，種種傳統的形式是不能反對的。面對這種局面，人們適應的方法是在表面上承認傳統的形式，但在實際上則經由主動註釋的過程來詮釋及決定傳統形式的實質內涵，以合乎自我之需求。在註釋之後，名與實、言與行、話與事、理論與現實就全然趨於分離了。

「內方外圓」的做人模式、「陽奉陰違」的行動策略或是「無為守弱」的操作智慧，也許可以讓個人受到推崇、取得利益與地位，甚至解決社會中的許多問題，但若從反省的角度來衡量卻不足取。首先，在對話的過程中，某些真正有助於學生成長的話語將被隱藏於「內」或於「陰」，沒有被公開的說出和討論，如此怎知個人私下所堅持的想法是否對學生的學習真的有幫助。其次，參與行動研究者依「人」而非依是否對學生的成長有幫助的角度發言，所得的教學共識將對學生無益。最後，雖透過教學反省得到某種教學共識，但在實踐上卻又各行其是，形成費氏所言「名」與「實」分離之局面。當反省的結果與實際的教學分離時，反省又有何用？

四、以權壓理

與上面三種溝通型態不同，在參與教學反省的人之間擁有較大權勢者，不就教學是否合理、是否能協助學生成長來討論，逕以其權勢壓迫其他人接受其觀點。當教育局官員、校長或教授參與教學反省時，常會發生以行政職權或自認的學術權威壓迫教師接受其教學想法與價值觀的現象。

用以權壓理的方式參與教學反省的人，有可能懷有崇高的教育理想，亦可能只為維持其權勢、顏面或現有之秩序。不過即使懷有崇高之理想，其觀念不見得就合理。就算其觀念真的對學生有幫助，在以權壓理的運作模式之下，參與行動研究者可能由於心中不服而沒有具體的落實擁有權勢者的想法，如此仍無助於學生的成長。

總結上文的討論，參與行動研究者為求自我之生存與發展，可能運用上述四種溝通方式參與協同反省。前面三種溝通方式屬於壓抑自己的教學想法或捨棄自我之教學想法，後一種方式則是以自我之想法壓抑他人的意見。無論是哪一種方式，個別的想法根本沒有被公開呈現、討論與辯駁的機會，如此的協同反省並無法突破前言所說的教學困境。也就是說，在協同反省之後，對個別的反省參與者而言，仍不知道自我真正的教學表現、教學想法或價值觀究竟為何、不明白自我的教學想法或教學表現是否真的對學生有幫助。而對整個行動研究團隊來說，則無法形成真正合理、真正能協助學生成長的教學共識。

肆、轉向能協助學生成長的溝通

從適應的觀點可知，要突破協同反省的困境，必先改變外在的政治、社會、經濟與文化環境。外在的環境改變之後，為了適應新環境的要求，反省者的溝通態度與溝通方式就會跟著改變。外在環境的改變有兩個路徑：其一是法律制度層面的改變，此種改變並非行動研究參與者所能控制，其改變也需要很長的時間。如中小學校長和教師間權力關係的改變涉及修法及學校制度設計的問題，其變革非一朝一夕可完成。法制層面的環境既然不容易改變，另一個途徑是每個行動研究參與者主動調整內在的價值觀、態度及想法。在新的價值觀、態度及想法的支配之下，個人的行為會跟著改變。而當每個行動研究參與者的內在心理與外在行為都發生變化時，個人所面臨的溝通環境必定會與先前經歷到的大不相同。為求適應新環境的要求，每個行動研究參與者的溝通態度和溝通方式就必須做調整。

一、內在心理的調整

行動研究參與者要如何調整內在心理的想法呢？依教育的目的來看，協助學生的身心得到良好成長是每個教育工作者責無旁貸的職志，是以參與行動研究者的內在心理宜從「追求自我的生存發展」轉變為「追求學生的良好成長」。

在以追求學生的身心得到良好成長為最優先的考量之下，行動研究參與者的溝通態度將會跟著轉變成導向能協助學生學習的溝通態度。而若大部分的參與者都用這種態度參與溝通時，個體所說所做必須真的對學生有幫助才能得到所屬團體的認可與支持，從而有助於自我之生存與發展。如若所言所行只為讓自我得到某種利益與成功，將會被他人所唾棄與不齒。

二、溝通態度的轉變

當參與協同反省者的內在心理轉向以協助學生成長為職志之後，溝通的態度將由以和為貴、依上下關係及重視他人，轉變成接受衝突、視人人平等及追求教學之真理。以下分別說明：

(一)接受衝突

依批判理論，從矛盾及不合理的地方入手是得到較合理性共識的鎖鑰。在揭示及討論他人矛盾或不合理的想法時，勢必引發觀點上的衝突，甚至會造成反省參與者間的強烈爭執。不過為了得到真正有助於學生學習的教學共識，反省參與者在態度上應不懼怕提出不同的觀點可能引發的衝突與爭執，並主動願意不斷的與他人進行對話論辯。如若不然，僅一味的強調和諧，必會限制反省的方式及結果。

從有權有勢者的角度來看，會為了自我之利益而以和諧之名來壓抑他人的自由，使得社會公義被犧牲（陳南州，1998）。從弱勢之個人來看，則會為了自我之生存與發展而用以和為貴的態度來和他人溝通，使得種種的道義與原則被放棄。當社會公義已被放棄、道義原則不被提及，強勢與弱勢的反省參與者在一片和諧的氣氛之中各取所需時，協同反省怎能得出有利於學生學習的結果。

不過上述觀點並非否定和諧的價值，追求和諧一致且有利於學生成長的教學共識仍是終極的理想與目標，只是說此目標的達到必須從接受衝突開始。此種觀點就如黃曬莉（1996）所說，衝突與對立的存在是為了完成生命界的和諧，以在變化的生命中創造繼起之生命以生生不息。

必須澄清的是接受衝突的說法並非指吵吵鬧鬧就能達到合理性的教學共識。接受衝突的溝通態度必須建立在每個反省參與者皆以追求學生的成長為職志之上。當每個反省者都是如此時，互相衝突的觀念將不會引起他人的排斥與打壓。大家是在協助學生成長的心理之下針對不同的觀點做理性論辯，以追求和諧一致的教學共識。

㈡視人人平等

指不因社經地位、學歷或行政職階之不同，視每個反省參與者的地位平等、想法和價值觀各具價值，願意進行平等、無宰制、無壓迫的溝通。當每個反省參與者皆願意用此種態度進行溝通時，自由平等的「論辯」空間才會出現，Habermas（1984）所提「理想的言談情境」（ideal speech situation）才有產生的可能。若不如此，協同反省所得的共識將如後現代主義學者 Lyotard 所批評（李世明初譯、朱元鴻校訂，1994），僅是一種操弄、控制及壓迫差異之下的產物。

視人人平等的溝通態度除了提供自由平等的論辯空間，使得百家能夠齊鳴之外，它更是個人願意接納他人，並且調整或改變自我的想法與價值觀的必要條件。因為當一個人始終堅持自我的想法就是好的並且具有較高的價值時，他是不可能改變自我的。當反省參與者是這樣時，較佳且較合理的教學共識亦不可能產生。

㈢追求教學之真理

指以追求教學真理的態度參與反省過程中的溝通，而非一味的重視發言是否合乎人情及顧及他人的面子。當用此種態度參與溝通時，不會害怕發言是否會引起他人不悅的情感或讓他人失去面子，從而使得自我失去好人緣及若干有助於自我成功與發展之資源。

此種溝通態度除了會驅使反省參與者就教學之理勇於直言之外，亦能讓反省者願意接納他人的意見，並調整修改自我之教學想法。

三、溝通方式的轉化

在接受衝突、視人人平等及追求教學之理的溝通態度之下，反省參與者將不再運用獨善其身、捨理從情、外情內理或是以權壓理等只有對話而沒有論辯的方式參與溝通。取而代之的，將是真正對種種和教學有關的想法、信念、價值觀或表現進行對話辯證。在辯證的過程中，必須做到「澄清與理解」、「論辯與超越」，其中質問是很重要的一項工具。

澄清與理解包含兩個層次：首先，必須將參與反省者的教學想法、態度、價值觀或教學表現清楚明確的揭露出來，並了解其真實的意義。其次，必須理解何以會產生此種想法、態度、價值觀或教學表現。

在澄清與理解之外，論辯與超越更是重要。過程中，宜針對種種被視為理所當然的教學想法、態度、價值觀或教學表現，將其矛盾和不合理的地方揭露出來進而加以克服。此種觀點，中國的老子有很深入的闡明。他認為事物皆具對立的性質，如「天下皆知美之為美，斯惡已；皆知善之為善，斯不善已。故有無相生，難易相成，長短相較，高下相傾，音聲相和，前後相隨」，人們不能因自以為是而受限於事物的表象，必須掌握事物的反面特性，才能求得更好的結果。此種方法，劉笑敢稱做「以反求正」（杜方立，1999）。「知其雄，守其雌，為天下谿」、「知其白，守其黑，為天下式」、「知其榮，守其辱，為天下谷」、「曲則全、枉則直、窪則盈、敝則新」，都在揭示此種道理[1]。

在上述的溝通態度與溝通方式之下，個別反省者將了解真正支配自我教學作為的價值觀與教學想法、掌握自我教學表現的實質內涵、明白自我的價值觀、教學想法或教學表現的問題所在，並在經過調整之後形成較合理性的價值觀、教學想法及教學表現。而對整個行動研究團隊來說，當個別參與者的想法與觀念都逐步的往較合理性的方向前進時，代表整個團隊亦漸漸形成較合理性且真正有助於學生成長的教學共識。

伍、結論與建議

以上先從適應的角度切入，討論中國人對教學進行協同反省的過程中，

1 有關於協同反省的方法，還可參第十章的說明與討論。

可能有的溝通態度、溝通方式與面臨的教學困境。其次，分析突破困境的可能途徑。本文認為行動研究參與者應先主動的調整內在的心理，從「追求自我之生存發展」轉變為「追求學生之良好成長」。內在心理調整之後，溝通的態度及方式會跟著改變，從而得到有助於學生學習的教學共識。總的來說，本文寄希望於參與行動研究者之良知，如若參與者的心理需求、溝通態度及溝通方式能做如上之轉化，中國人亦可以透過對教學的協同反省得到真正能幫助學生成長的教學想法與行動。否則若始終以自我之生存發展作為與他人互動的規準的話，再怎麼對教學進行反省亦是枉然。

孔子說：「誦詩三百，授之以政，不達；使於四方，不能專對；雖多，亦奚以為。」此句話指出君子要有社會實踐的能力，不能光說不練（杜保瑞，1999）。如若協同反省真的得到較合理性的教學想法，就必須具體落實到教育情境中，才能達到真正幫助學生成長的功效。另依《周易》的觀點，事物的變易永無止境或終結，必須時時更新和變易才有出路。所謂「變則通，通則久」、「變以貞常」就是這個道理。面對不斷變化的環境，教學反省必須不斷的進行、教學策略與教學實踐必須不斷的修改，如此才能切合學生身心成長的需要。

第十三章

行動研究中的自我反省

壹、前言

現實生活中，人們所說自我是如何做與其實際作為之間，常常出現矛盾的現象。舉例來說，有些教師宣稱自己很開放、很尊重學生，但實際上卻以行為主義的方式嚴格控制學生的行為和學習。又如某些教師亦認為自己的教學觀念很人本，但看起來卻是溺愛和放縱學生，並非真正給予學生真誠的關懷與尊重。

除了所說和所做不符之外，人們的行為還有一個現象，即「自發而不自覺的」以「習慣成自然」的行為模式處理日常生活中的事務。如很多教師上數學課時，「自然的」請學生把課本翻到要上的頁數，然後「慣常的」講解解題的方式給學生聽。待講解完後，又「如往例般的」問學生懂不懂，當學生沒有回應後，就「自然的」要求學生練習類似的問題。而若有很多學生無法成功解題的話，則又「自動的」重複上述的教學歷程。

上述兩種現象，可以在很多老師的身上看到。教師的教學之所以如此，可能是因為他根本沒有真正了解自我表現出來的教學實踐內涵、不知道真正支配自己教學行動的「理論」（包含想法、信念、價值觀、規範、假定等）、不明白自己的教學理論和實踐不一致，以及不曾真正思考過學生回應的真正意義。當教師的教學是這樣時，可以說是一種「盲的」教學實踐。而在此種教學實踐之下，根本無法期待教師能夠就學生特性的需要適度調整教學方法與課程，以協助學生在身體和心理、認知和情意上得到較佳的成長。

對此情況，許多學者提出可透過行動研究加以改善。就行動研究而言，「反省」（reflect）是核心且不可或缺的方法。因透過反省，才能釐清及解決自我教學想法與行動中的問題所在。然而宜如何反省、反省時要注意哪些事項等基本問題如果沒有進一步釐清及提出策略的話，恐怕無助於教師實際反省的進行。更有甚者，對於有透過行動研究改善教學熱誠的教師，如果所用的反省途徑無法真正揭露支配自我教學的想法或價值觀的話，反省後的教學實踐仍是盲的實踐，並且無法帶來有教育價值的教學改變。

行動研究中的反省包含協同反省及自我反省，第九章已討論過協同反省之道，因此本文的重點為行動研究中的自我反省。方法上，主要是以一個行動研究（潘世尊，2003a）[1]及對該研究的反省為途徑。

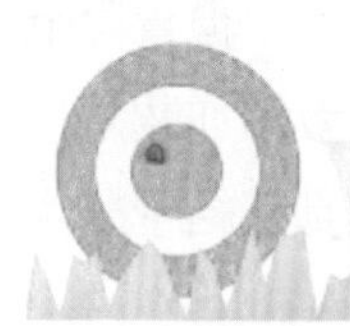

貳、行動研究前的認知

在談到自我反省時，Donald A. Schön 和 Chris Argyris 的「行動理論」（theory of action）（Argyris & Schön, 1974）及 Schön（1983）所提「反省的實踐」（reflective practice）的觀點具有重要的地位。

由於 Schön 的論點是在他和 Argyris 所提行動理論的基礎之下展開，因此以下先在 Argyris 與 Schön 的觀點之下，分析教師的教學表現與支配其教學表現的「行動理論」之間的可能關係。之後，接著以 Schön 所提的反省概念為基礎建立教師自我反省的策略，並分析自我反省的困境與突破之道。

一、教師的行動理論與教學表現

Argyris 和 Schön（1974）從哲學分析及對多種專業人員的研究中，提出行動理論。對於行動者而言，行動理論具有控制及規範其行動的功能。

行動理論使行動發生的過程，是一種「非意識」（unconscious）且「非邏輯」（non-logical）的歷程（Schön, 1983: 52）。也就是說，行動者

1　該研究的相關背景請參第二、五、六、七等章的說明。

往往沒有意識到自己何以如此做，亦沒有思考自己應如何做，就自動化的做出某些行動。這種情形，就如同我們用母語說話時，除了沒有意識到支配我們說話背後的語言規則之外，亦不用思考應該依據何種語言規則，就可以自然流暢的運用母語一樣。

行動理論支配的行動之所以會如此，是因為生活經驗中的某些實踐包含一再「重複」的成分，使得行動者「習慣成自然」，然後就自動的以慣有的方式處理日常的事務。舉例來說：一個初任教師一開始必須不斷的探索及思考，以求解決教學歷程中所面對的種種問題。在過程中，他可能逐漸獲得能夠解決問題的教學知識，並據以引導往後的問題解決方式。不過當他一再面對相同的教學情境、教學科目及學生問題時，慢慢的就會對所要做的事發展出一套穩定的「腳本」（repertoire），然後，自發且不自覺的「將新的教學情境視為與先前經驗過的情境類似」（seeing-as），並且就「如先前的做法而做」（doing-as）（Schön, 1983: 139-140; Argyris, 1996）。在這種情況之下，教學知識內化成「隱含的知識」（tacit knowledge），支配著自動化的教學過程，並使得教學者的視野變得比較褊狹[2]。

由於實際支配日常專業表現的理論具有隱含的性質，因此個體所說自己何以如此做的「信奉理論」（espoused theories），和真正支配自己行動的「使用理論」（theories-in-use）之間，往往互相矛盾或不一致（夏林清、鄭村棋譯，1989：83）。事實上，個人也不見得察覺到彼此之間並不相容（Argyris & Schön, 1974: 6-7）。

另外，使用理論在支配行動的過程中，必須滿足「主導變數」（governing variables）的需求。主導變數是行動者試圖去滿足的價值觀（夏林清、鄭村棋譯，1989：87）。行動者在意的價值觀有些是人際間所共有，如低焦慮、高自尊、不要提及不欲人知的事等，有些是個人特別感到需要，如高學歷。當人們行動時，主導變數的「值」會因行動而產生變化。如某一行動可能讓自身感到高焦慮、沒有自尊及健康受損。為了使這些變數的

2　第一個使用「隱含的知識」（tacit knowledge）的學者是 Polanyi（夏林清譯，2000b：41）。

值維持在個體可接受的範圍之內，「使用理論」會對行動不斷的做調整，直到維持整個變數場的恆常性為止（Argyris & Schön, 1974: 15-17）。

綜合上面的觀點，教師自我的教學理論與其教學表現之間的可能關係為：

⑴教學表現受到隱含的教學理論所支配；

⑵教學表現以滿足自我亦不是很清楚的主導變數為優先考量；

⑶教學表現是一種自動化且不知所以然的行動；

⑷教學表現是隱含的教學理論外在的具體呈現。

在這些關係之下，教師將無法明白自我為何如此而做、自己真正所做為何，以及自己所做對學生的影響是什麼。如此，教學怎能有效的協助學生成長。

因此，對於想要改善教學的教師而言，切實了解自我的教學表現、明白支配自我教學表現的教學理論、掌握自我的教學表現對學生的影響，以及將上述三者間的關係做適當的聯結和批判，是基礎且重要的課題。

二、教師自我反省的策略與困境

面對上述的課題，Schön（1983）所提「行動中的反省」（reflection-in-action）、「對行動的反省」（reflection-on-action），以及「對行動中的反省進行反省」（reflection on reflection-in-action）等三種不同型態的反省概念，是可供參考的解決途徑。據此，筆者建立教學中的反省、對教學的反省，以及對教學反省的反省等三種不同型態的自我反省，說明教師如何得以透過自我反省來突破盲目化的教學困境。在過程中，亦分析自我反省可能面臨的諸多問題，並提出可行的解決途徑，以協助教師提升自我反省的品質。

教學中的反省是指當教學理論所引發直覺、自動化的教學表現帶來「意外」（surprise）、「困惑」（puzzle）且不喜歡的結果時，教師必須進行的反省。此種反省並非都是相當快速的，它視活動的特質及情境的步調而定。如老師和學生在課堂對話過程中的反省，可能在數秒之內發生。但若老師試圖運用建構主義的理論進行數學科教學，教學中的反省可能在運用理論的過程中（一學期、一學年，甚至更久）持續發生著。

當教師進行教學中的反省時，首先，必須將支配自我教學表現的理論揭露出來，然後，針對支配自我的理論、自我的教學表現，以及意外且不喜歡的情境回應（包含學生、家長、校內同仁等的回應）三者間的關係加以聯結和批判。若能這樣，他將在對自我及教學情境有更深的了解之下重組自我的教學理論，並產生新的教學策略。

除了進行教學中的反省之外，依Schön（1983: 62）的觀點，教師在教學告一段落之後（如應用建構主義進行數學科教學告一段落之後），尚須對先前的教學進行反省。在進行「對教學的反省」時，教師仍須揭露先前支配自我教學的理論，並就當時支配自我的理論、教學表現，以及不喜歡或不滿意的情境回應間的關係做聯結和批判。當這樣做時，他亦會更加了解自我和情境，並據以重組教學理論和產生新的教學策略，而有助於未來的教學。

上述兩種反省雖有可能突破盲目化的教學困境，但卻不必然保證如此。之所以這樣，是因為它會面臨諸多的限制或問題。以下，分別討論其限制、問題與突破之道：

㈠反省的進行可能被一種更隱含的理論所支配

教師在揭露支配教學表現的理論、澄清教學表現的內涵、掌握學生回應的意義，以及將上述三者間的關係做聯結批判時，都可能在一種更隱含的理論支配下進行，使得反省的結果仍與事實有所差距。

對於這個問題，依 Schön（1983: 243）的觀點，教師可透過對教學反省的反省來克服。在對先前的反省進行反省時，教師除了必須澄清當時何以會如此理解情境的回應、自我的教學表現、教學理論及彼此間的關係外，尚須了解當時何以如此重組自己的教學理論和教學策略。當做到這樣時，教師對自我的教學理論、教學表現、情境的回應及三者間的關係會有更深入的理解。因此，再重組後的教學理論與教學策略，將更能切合學生成長的需要。

㈡反省的進行會被反省當時的情境脈絡所限制

Newman（1999）指出：行動中的反省會被實踐當時的脈絡所限制。此種限制，亦可能使得教師對自我的教學理論、教學表現，以及情境間的回應之間關係所做的聯結不符合實際的真相。對此限制，上文所提對反省的再反省，可以協助反省者跳脫當時情境脈絡的限制，從而獲致更清楚的了解。

㈢自我的防衛機制讓自我反省難以接觸、理解及重組自己真正在意的主導變數

由於個體會以滿足主導變數的要求為優先，使得教師在做自我反省時，可能只是針對教學策略做反省和調整，以圖達成所欲的價值觀、想法或信念。此種反省方式稱做「單圈學習」（single-loop learning）（Argyris & Schön, 1974）。在單圈學習之下，就不會如上所述，揭露及重組隱藏於心，但自己仍沒有清楚掌握的行動理論。

例如：一名教師可能認為自己是為了學生好，才會打考試分數低的學生。但實際上，他真正在意的可能是「學生的成績若很差，在校長、同事和家長的面前我會很沒面子，並且代表我的能力不行」的想法。為了滿足此一似清楚但卻又不曾真正反省批判過的想法，他可能會不斷的打學生。由打十下變成打二十下。若再無用，變成運用要求學生下課時留在教室背書、考前加強複習等策略，直到達到提升學生的考試分數，以滿足其真正在意的價值觀為止。

因此，教師若僅一再的反省自我的教學策略以求滿足主導變數的需求，他將無法真正了解情境回應的意義、無法真實掌握支配自我的行動理論。如此，反省後的教學表現仍無助於學生的成長。

對於這個限制，教師的自我反省要突破它並不容易，因為這會觸動個體的防衛機制，讓個體產生困窘、威脅及不確定等感覺（夏林清、鄭村棋譯，1989：90）。對此，Argyris 與其研究夥伴指出（Viviane, 1993）：行動者唯有保持「開放性」（openness）、接受「可犯錯性」（fallibility）及

尊重「多樣性」（diversity），才可能透過自我反省，理解及重組自己內心真正在意的價值觀。而當教師能夠試著去理解真正支配自己的行動理論，而不僅是考量行動策略是否合用時，思考就有了兩條路線。此種反省方式，稱做「雙圈學習」（double-loop learning）（Argyris & Schön, 1974）。

㈣教師非以促進學生成長為最優先的主導變數

如同上文所舉之例，教師真正關心的，不一定是他的教學是否真能協助學生成長。當教師是這樣時，反省所導致的教學改變當然不可能協助學生在認知和情意、身體和心理上獲得較佳的成長。因此，教師在自我反省時，必須以促使學生往好的方向成長為最優先的主導變數。

㈤自我反省沒有以真實、充分的學生回應為基礎

依前面「教學中的反省」及「對教學的反省」部分的討論，情境的回應讓教師感到不滿意或不喜歡，是促使教師進行自我反省的主要因素。事實上，教師如果只在面臨不喜歡或不滿意的情境回應時才反省，將無法真正達到協助學生成長的目標。究其原因，教師喜歡的回應，未必就對學生好。而令教師不喜歡的回應，亦未必就對學生的成長沒有幫助。因此教師必須真實且充分的掌握學生的回應，作為進一步反省的基礎。

不過，理論說來雖然如此，但事實上，單憑教師一個人實在難以真實、充分的掌握學生的回應。要解決這個問題，必須結合其他教師之力才行。與他人共同從事行動研究，就是解決這個問題的可行途徑。

㈥自我反省難以突破不合理的意識型態的束縛

對教學反省再進行反省，雖是突破更隱含的理論及反省當時情境脈絡限制的可行途徑，但從鉅觀的角度來看，卻仍無法使自我反省脫離政治、經濟、社會與文化脈絡之下不合理的意識型態的支配。對此限制，單憑自我的反省實是無法克服，必須靠人際間的理性溝通才有可能加以突破。同樣的，團隊式的行動研究是解決這個問題的可行途徑。

以下，依上文的討論，將教師自我反省的內涵、可能面臨的限制與克

■ 表 13-1 教師自我反省的內涵、限制與克服途徑 ■

<table>
<tr><th colspan="3">自我反省的內涵</th><th colspan="2">提升自我反省品質的途徑</th></tr>
<tr><th>反省的型態
（進行時間點）</th><th>反省的內容</th><th>反省的方法</th><th>限制與問題</th><th>克服途徑</th></tr>
<tr><td>教學中的反省
（教學的當時）
（教學過程中）</td><td>針對
1.情境的回應
2.自我的教學表現
3.自我的教學理論
4.上述三者間的關係</td><td>1.揭露支配自己的教學理論，將自我的教學理論、教學表現及情境的回應間的關係做聯結和批判。
2.修改或重組自我的教學理論，並據以形成新的教學策略。</td><td rowspan="3">1.受到更深層的隱含理論所支配。
2.受到反省當時情境脈絡的限制。
3.受到自我防衛機制的限制。
4.非以促進學生成長為最重要的主導變數。
5.沒有真實且充分的掌握學生的回應。
6.反省之後仍受到不合理的意識型態的束縛。</td><td rowspan="3">1.對反省進行反省。
2.保持開放、接受可犯錯性、尊重多樣性。
3.以促進學生往好的方向成長為最優先的主導變數。
4.真實且充分的掌握學生的回應。
5.把自我反省的結果公開呈現，讓行動研究團隊的成員對其進行理性的批判與論辯。
6.可結合其他教師進行團隊行動研究。</td></tr>
<tr><td>對教學的反省
（教學告一段落之後）</td><td>針對先前
1.情境的回應
2.自己的教學表現
3.自己的教學理論
4.上述三者間的關係</td><td>1.揭露先前支配自己的教學理論，將先前自我的教學理論、教學表現及情境的回應間的關係做聯結和批判。
2.修改或重組自我的教學理論，並據以形成新的教學策略。</td></tr>
<tr><td>對教學反省的反省
（反省後）</td><td>針對先前反省中
1.支配自己如何理解學生的回應、自己的理論與教學表現及三者間關係的理論
2.支配自己重組教學理論、形成新的教學策略的理論</td><td>揭露支配先前反省的理論，加以批評和重組，並據以形成新的教學策略。</td></tr>
</table>

服途徑整理如表 13-1，作為教師自我反省時的參考。

綜上所述，在行動研究的過程中，當教學表現帶來意外、困惑且不滿意的結果時，必須進行自我反省。在自我反省時，方法上：⑴必須揭露支配自我的行動理論（即澄清自己腦海中真正在意的想法是什麼），然後將此種理論與自我的實際表現，以及情境的回應間的關係做聯結和批判；⑵在批判後去除其中的問題之處，然後修改或重組自我的行動理論並據以形成新的行動策略。至於態度上：第一，宜以促使學生往好的方向成長為最優先的主導變數；第二，宜保持開放，接受自己的想法或行動可能犯錯，並能認真思考不同觀點的價值。

參、行動研究中的思考與行動

在該行動研究的過程中，筆者做了相當多的自我反省。總的來說，在對自我的想法與行動加以反省時，反省的活動有兩個層次：

⑴回顧自我先前是如何想、如何做，以及為什麼會這麼想、這麼做？在文獻探討階段，筆者接受 Schön（1983）的觀點，認為在遇到問題時宜自我反省。然在實際從事這個研究的過程中，筆者卻是反省自我所有的所思所行，並在掌握自我為什麼會這麼想、這麼做之後記錄下來。會做這個動作是受到 Hall（1996）的影響，認為這樣方便未來將自己從事行動研究的歷程詳實的加以呈現。

⑵思考自我的想法和行動是否有問題，若有的話，則試著提出解決之道。例如在對第二次聚會中自我的想法與行動加以反省後（反省之前並未感到有問題），發現該次聚會所討論問題之決定主要是由我來主導。在這種情況之下，所討論的問題未必符合成員的需求。因此，就提出往後聚會中討論問題的確定宜由我主導轉成由大家共同決定的想法。

此外，值得提出的是筆者在該行動研究第五次聚會後，發現當學生的表現與教師腦海中的行動理論不符時，他會感到教學有問題。此時，他會把教學問題的起因歸到學生的身上而沒有反思是否是自我的行動理論有問題，然後，去分析學生的特質或特性以找出問題的成因[3]並依分析的結果實施教學，以使學生的表現重新符合其行動理論的要求。為什麼會這樣？我的分析是成員的思考模式充滿著「嚴以律人，寬以待己」的特質，因而沒有想到或許是自我腦海中有關於教育目的或教育本質的行動理論出了問題。因此，我建議成員在面臨教學上的問題時必須「反躬自省」。如此，才能確定問題到底是不是問題或問題到底出在哪裡[4]。

肆、行動研究後的檢討

筆者在行動研究過程中的做法是否適當？是否有值得參考的地方或須改善之處？

一、沒有遇到意外、困惑且不滿意的結果亦需要反省

Schön（1983）指出，當從業人員直覺及自動化的專業表現帶來意外、困惑且不滿意的結果時會進行反省。受此觀點影響，筆者在行動研究前的認知是在遇到意外、困惑且不滿意的結果時必須進行自我反省（潘世尊，2000a，2000c，2000d，2003a：41-47）。不過在實際從事行動研究的過程中，受到 Hall（1996）的影響，即使沒有遇到意外、困惑且不滿意的結果也會去反省自我的所思所行。在這個過程中，許多潛藏的問題就被揭露及

---

3 舉例來說，如果發現某學生不參與課堂的學習，則認為是因為該生被寵壞了、學習能力很差或很不合群。

4 相關的思考與行動還可參第十一章中的說明。

解決。反過來說，若沒有這樣做，那麼這些問題可能就一直潛藏於自我及成員的想法和行動之中，或是潛藏於團隊的整體運作之中。

因此，不能等到遇到意外、困惑且不滿意的結果才反省。在行動研究的過程中，宜時時反省自我的教學想法與行動。

二、在反省時可依澄清與理解、批判與超越的程序進行

如上所述，即使沒有感到問題，在行動研究的過程中亦須時時自我反省。在反省時，則可以參考筆者的做法進行兩個層次的活動：⑴回顧自我先前是如何想、如何做，以及為什麼會這麼想、這麼做？⑵思考自我的想法和行動是否有問題，若有的話，則試著提出解決之道。

為了協助教師自我反省，Smyth（1991）建議依描述、訊息、對質及重建的順序對教學進行反省。所謂的描述是指思考自己做了什麼？訊息是指思考自己做法的意義究竟為何？對質是指思考自己為什麼要這樣做或這樣想、這樣做或這樣想有何意義、有哪些事實與自己的做法的意義有所衝突？重建則是指思考自己還可以或應該怎麼做？這個建議，就與上述個人的做法類似。

值得一提的是個人在自我反省時所進行的兩個層次的活動，其內涵類似於協同反省時所必須進行的「澄清與理解」、「論辯與超越」這兩個層次的活動。只是說在協同反省時，這兩個層次的活動是由行動研究的參與者共同進行。在自我反省時，則是由個人單獨實施。在這種情況之下，就只有自我批判而沒有所謂的論辯。因此，可以把它稍加修改為自我反省時，可進行兩個層次的活動：

⑴澄清與理解。回顧自我先前是如何想、如何做，以及為什麼會這麼想、這麼做？

⑵批判與超越。進一步思考自我的想法和行動是否有問題，若有的話，則試著提出解決之道。

三、面對意外、困惑且不滿意的結果時先反身自省再思考問題是否起於相關人員的身上

承上所述，筆者在第五次聚會後曾建議成員在面臨教學上的問題時宜「反躬自省」，才能確定問題到底是不是問題或問題到底出在哪裡。現在想來，筆者本身其實亦有這個毛病。像在第四、五次聚會，我一再引導成員依據實踐的結果檢討我所整理出來的共識，但卻覺得成員一直都無法做到。面對這種情況，我分析之後發現是因為成員不知道要如何自我反省，因而使得反省的方式淪為技術的反省及單圈學習的型式。因此，我就試著以示範及說明的方式引導成員往我所認為的那個方向去反省[5]。但實際上，問題是出在我的想法上面，因我所整理出來的想法根本就不是共識，成員自然不會依實踐的結果對其加以檢討。

綜合上述，在遇到問題時把原因歸到他人的身上可能是一般人慣有的動作。因此，在行動研究的過程中，必須時時提醒自己在遇到意外、困惑且不滿意的結果時需先「反躬自省」。當然，問題也可能出在相關人員（如行動研究團隊中的成員或是教室裡面的學生）的身上。因此，若在反躬自省後發現自己的行動理論及受其支配的實踐沒有問題之後，可接著思考相關人員的想法和行動有何問題並據以構思解決之道。如此，在文獻探討階段我所提出來的反省方法就需要調整成：

⑴在遇到意外、困惑且不滿意的結果時必先反躬自省，首先，揭露支配自我的行動理論，然後將此種理論與自己的實際表現及相關人員的回應間的關係做聯結和批判；

⑵在批判後若發現自我的行動理論和實踐有問題，則設法去除其中的問題所在並加以修改或重組，然後據以形成新的行動策略；

⑶在批判後若發現自己的行動理論和實踐沒有問題，則試著去找出相關人員的想法和行動中的問題所在，然後據以形成新的行動策略以幫助問

5　詳細過程可參第十一章中的說明。

題的解決。

伍、結論與建議

本文主要在探討行動研究中的自我反省。綜合上述的探討，行動研究者即使沒有遇到意外、困惑且不滿意的結果亦須時時自我反省。反省時，可依澄清與理解、批判與超越的程序進行。即先理解自我是如何想、如何做？為什麼如此想、如此做？之後，思考自我的想法和行動是否潛藏著問題？若有的話，則構思可能的解決之道。

要注意的是在行動研究的過程中，當面對意外、困惑且不滿意的結果時，宜先反躬自省再思考問題是否起於相關人員的身上。在反躬自省時，宜先揭露支配自我的行動理論，具體的方法為思考自我是如何想、如何做？為何如此想、如此做？然後，分析自我的想法與行動是否有問題。分析時，宜將自我的行動理論、教學表現及相關人員（如學生、家長、其他教師、校內行政人員）的回應做聯結，以找出可能的問題所在（如自我的教學表現是否對學生造成不良的影響），並思考可行的解決途徑。而若發現自我的行動理論與教學表現並沒有問題，則試著揭露相關人員想法與行動中的問題所在，並提出策略以有助於問題的解決。

有志於行動研究者可參上述的策略來自我反省，以更能揭露自我教學想法與行動中的問題所在，從而達到改善教學的目的。

伍、結論與建議

第十四章

行動研究中資料的蒐集與分析

壹、前言

在探究某個主題的過程中，宜持續揭露及探究此一主題下種種相關問題，才能深化探究結果並確實改善教育實際。此外，亦宜改善行動研究之運作以提升研究品質。要做到這樣，在行動研究的過程中須持續蒐集及分析相關資料，以作為揭露及解決彼此想法和行動中的問題所在的基礎。然要蒐集什麼資料及要如何分析資料，才有益於上述目的的達成？

筆者在從事某個行動研究（潘世尊，2003a）之前，對這兩個問題僅有粗略的認知[1]。在行動研究的過程中，則不斷思考相關的問題。在該行動研究結束後，又針對行動研究過程中的所思所行加以檢討。經此過程，筆者對行動研究中資料的蒐集與分析的相關問題有更進一步的了解。將其呈現以供有志於行動研究者參考是本文的主要意旨。

以下，先說明筆者在行動研究前的認知，其次揭示筆者在行動研究過程中的思考和行動，最後則呈現筆者在該行動研究後的檢討。

貳、行動研究前的認知

就資料的蒐集而言，筆者當時認為須視團隊實際的運作內涵及需求而定。因此，所須蒐集的資料可能是團體聚會進行協同反省的對話、成員私底下的討論、成員的感受、成員的自我反省記錄，或是對成員教學與學生

1　該行動研究的相關資訊可參第二、五、六章的說明。

學習情形的觀察等（潘世尊，2003a：70）。

實際蒐集時，可參考如下的技巧（夏林清等譯，1997；陳惠邦，1998；Winter, 1989）：(1)將和實踐有關的種種事項以日記的方式詳細的記錄；(2)蒐集和實踐有關的文件；(3)運用觀察並做觀察筆記；(4)使用問卷；(5)運用訪談；(6)使用錄音機和錄影機做記錄；(7)運用「如影隨形法」（shadow study），即運用各種人物或是可能的訊息管道密集持續地追蹤個案，以蒐集其詳細行為資料的技術；(8)使用三角測量法（triangulation）。指運用不同的方法蒐集和同一事件有關的資料，或是對某個事件，從不同的當事人中蒐集資料。

要提醒的是推動行動研究的那名研究者之外的其他成員最好亦分擔資料蒐集和分析的工作。如此，所蒐集到的資料才會較為完整、對資料的分析也較能夠避免自己偏見的影響。

另除了上面的技巧之外，還可以運用「協同寫作」（collaborative writing）的策略。協同寫作本來是用來完成整個團隊運作歷程報告的策略，它至少有三種方式（Christensen & Atweh, 1998）：(1)「累進的寫作」（progressive writing）：先由一人寫初稿，團體的成員傳閱並寫上意見，然後做團體討論，以形成研究報告；(2)「分享的寫作」（shared writing）：由團體的成員集體討論，然後再集體將所建立的運作歷程寫下來；(3)「導引的寫作」（directed writing）：以某一成員的經歷和體驗為主體來寫初稿，然後由他人或團體的討論給予回饋，再形成研究報告。

不過，它也可以在行動研究進行的過程中實施，以幫助了解成員的想法、感受和行動，作為進一步行動的基礎。筆者雖親身參與團隊行動研究，並且時時依體驗調整自我的所作所為，但由於「不識廬山真面目，只緣身在此山中」的緣故，對成員的想法、感受和行動所做的理解可能會有所偏。這個問題，就可透過「協同寫作」（collaborative writing）的途徑來協助克服。

就資料的分析來說（潘世尊，2003a：70），主要是想到必須針對所蒐集到的資料加以反省，以揭露自我及參與成員想法和行動中的問題所在，然後設法尋求改善。

參、行動研究中的思考與行動

在上述的認知之下，筆者在行動研究的過程中是如何蒐集與分析相關的資料？

一、資料的蒐集

在行動研究的過程中，筆者曾蒐集的資料類型及所使用的蒐集方法為：

(1)協同反省中的對話。在每次協同反省結束後，筆者皆會將參與成員的對話轉譯成 90%至 95%與協同反省中的對話相符合的「準」逐字稿。因為藉由對協同反省中對話的分析，可揭露成員想法和行動中的問題所在，並了解團隊的運作是否適當。

(2)筆者和成員私底下的對話。只要有到學校上班，參與此一行動研究的教師就幾乎會碰面，所以有很多私底下的對話[2]。由於從對此種對話的分析裡面可以知道成員的想法，因此在對話之後會利用時間加以整理。有時，則會在對話的過程中邊做記錄，然後在對話結束後再將其摘要呈現。另還有三、四次手邊剛好有錄音設備，就將彼此的對話錄下來並轉成逐字稿。除了這種隨機式的對話之外，另有時亦根據事先所感到的疑問擬定問題的方向，然後利用時間向成員訪談並將其轉譯成逐字稿。

(3)成員的自我反省。由於個體自我反省的結果可能仍存在著問題所在，因此建議成員將其提出來作為進一步質問與論辯的對象。結果在一學年的行動研究過程中（成員共聚會約二十四次），成員提出了次數不一的反省

2　因學校處於九二一地震後的重建期，可運用的範圍甚小，所以校內教師每天都會有頻繁的碰面。

所得。由於透過對成員自我反省的分析可以了解其想法和行動中的問題所在或者是團隊的運作須要改善的地方，因此亦蒐集這方面的資料。

⑷成員實際教學及學生學習的情形。像在第二學期探討國語科教學時，曾透過觀察了解曹老師實際教學及其學生學習的情形，以作為釐清及解決存於其中的問題所在的基礎。

二、資料的分析

整體來說，筆者所蒐集的資料在內涵上可分成三大類：第一，與自我的思考和行動有關的資料；第二，與其他參與成員的思考和行動有關的資料；第三，與團隊整體的運作歷程和結果有關的資料。由於對自我的思考和行動的分析屬於自我反省的範疇，因此此處僅說明實際上是如何分析第二和第三類的資料。

㈠對成員的想法和行動的分析

在分析成員的想法和行動時，常會涉及如下三個層次的活動：

⑴分析或推論成員為什麼這麼想、這麼做？

⑵檢討成員的想法和行動，看其是否有問題或是否值得參考？

⑶若覺得成員的想法有問題，則對其提出質問或闡述自我的觀點；若覺得成員的想法值得參考，則據以調整自己的想法。

例如在對第十九次聚會中的對話加以分析後，發現成員中的實習教師因缺乏國語科的教學經驗而無法發現他人想法中的問題所在，並且在討論時多問「如何」而少問「為什麼」，因而無法達到澄清與理解的功效。在發現這個問題之後，就建議讓他們累積上國語課的經驗。又如在對第二十一次聚會中的對話加以分析後，從成員中的曹老師、莉雪及淑梅的觀點中領悟到讓學生能認識字詞、理解字詞的意義及適當的使用字詞亦是低年級國語科教學的重要目標。在這個領悟下，將自我原先偏重閱讀能力培養的想法調整成：就低年級的國語科教學而言，教學目標包含閱讀能力的培養，以及讓學生能認識字詞、理解字詞的意義及適當的使用字詞。

(二)對團隊整體的運作歷程和結果的分析

在分析團隊整體的運作歷程和結果時，包含兩種不同型態的思考活動：

(1)思考團隊整體的運作歷程和結果是否存在著問題，若有的話則試著提出解決之道。例如在對第三次聚會協同反省過程中的對話加以分析時發現，該次的協同反省沒有將成員（指任俠）實踐及實踐後的自我反省所得加以討論，如此，原先所提出來的教學策略中的問題所在就不會被去除。在發現此點後，就打算在下次的聚會中建議成員往這個方向去改善。

(2)根據團隊整體的運作歷程和結果思考下一步要怎麼做。例如第一次聚會決定要以音樂教學上的問題作為探究的主題，會後，我就去思考要如何避免使教學問題的討論淪為技術的層次。

值得提出的是這方面的反省有時亦會促使我反過頭來檢討自我原先所持的想法。像第十四次聚會在我的建議下，團隊決定在對國語科教學討論一段時間後，先由一個人根據討論出來的想法去實踐，其餘的人則做觀察的活動，之後，根據觀察的情形檢討及調整原先討論出來的想法，然後由另一個人去實踐。會後，筆者思考要如何去落實這個決議？過程中發現，若討論的過程中沒有得到共識那怎麼去實踐？而根據第一學期的運作經驗，要得到共識又不是一件簡單的事。這個發現就讓我去檢討自我原先所持的想法，因為團隊會決定採取這個運作途徑就是起於自己的建議。

(三)資料的提供

在對與團隊運作有關的資料加以分析的過程中，有可能發現自我的想法和行動、成員的想法和行動及團隊運作歷程中的問題所在。因此隨著行動研究的進行，筆者亦把所蒐集到的資料都提供給每個成員參考。

此外，在對相關的資料加以分析後，亦會將分析的結果提供給成員各一份。其實不止這個，就連個人自我反省的結果亦提供給成員。這樣做有兩個用意：其一是要讓成員了解自我的觀點，以作為對團隊的運作引導的基礎；另一個則是希望成員能發現我的分析及我的自我反省中的問題所在並加以質問。

肆、行動研究後的檢討

就資料的蒐集與分析而言，筆者在行動研究中的所思所行是否適當？

一、資料的蒐集

在行動研究的過程中，宜蒐集何種資料才有益於問題的釐清與解決，從而有助於行動研究目的的達成？

㈠宜完整且詳實的蒐集種種與團隊運作有關的資料

在行動研究之前，雖知道要蒐集種種和團隊運作有關的資料，以發現自我及參與成員想法和行動中的問題所在並加以解決，不過對於將協同反省中的對話轉譯成逐字稿這一件事，在實際從事行動研究的過程中才真正體驗到它的重要性。原因為在協同反省的過程中「對話」不斷的發生，使得人們有時難以在當場真正釐清他人的想法並發現其中的問題所在。不過會後若能重新思考協同反省時他人的觀點，就有可能突破上述的困境。另對於行動研究的運作（如協同反省的方式）是否有問題這點，若在事後加以回顧和檢討的話，亦有可能因為處於不同的時空立場而發覺當時沒有察覺到的問題。

要做到這樣，必須面臨的一個問題是「很多互動，我們在協同反省結束後就忘了」。因此，把協同反省中的對話儘可能完整的記錄下來並提供成員參考是必須要做的工作。事實上，除了把協同反省中的對話轉譯成逐字稿之外，凡是和團體運作有關的事項，包含自我的想法和行動、其他成員的想法和行動及團隊的運作歷程（如與其他成員私底下的對話或是對教學所做的觀察等），最好都能加以蒐集以作為進一步分析的基礎。

值得提出來的是在行動研究的過程中，我曾觀察淑梅和曹老師的教學及學生學習的情形。這樣做，就是在蒐集與成員的想法和行動有關的資料以作為揭露其中的問題所在的基礎。而實際上，也的確從中發現淑梅和曹老師國語科教學上的一些問題，只不過在整個行動研究的過程中這樣做的次數太少。因此，在蒐集與成員的想法和行動有關的資料時，須注意的一個方向是應多觀察、了解成員實際行動的過程與結果（如實際教學的過程及學生學習的情形）。如此，更能揭露成員的教學想法和行動，以及團隊運作歷程與結果中的問題所在。

對於純由現職教師所組成的行動研究團隊而言，要完整且詳實的蒐集與團隊運作有關的資料並不容易，因為這會花費無以數計的時間[3]。問題是，如果不這麼做，探究的深度就會受到影響。更可怕的是，當成員發現無法從行動研究中得到幫助時可能就會離開這個團隊。因此，筆者的建議是在可能的範圍之內儘可能的做到。

㈡宜完整且詳實的蒐集與問題的解決有關的資料

要完整且詳實的蒐集種種與團隊運作有關的資料，目的是要找出潛藏於自我的想法和行動、成員的想法和行動及團隊的運作歷程和結果之中的問題所在。不過，找出問題並非行動研究的終點，行動研究最強調的是解決問題。因此，凡是與問題的解決有關的資料亦須設法蒐集，才有助於問題的解決。

筆者所推動的這個行動研究第十次聚會時，成員中的任俠和郭主任曾先後質疑我所提出的「不應刻意獎勵學生」的觀點，因為他們認為：第一，即使刻意獎勵學生，學生也不太可能會如我所說的因而就迷失自我；第二，刻意獎勵還能激發學生學習的興趣。在經過激烈的質問與論辯之後，彼此仍沒有共識。會後，我雖然想到可以透過問卷調查或訪談等方法蒐集相關

---

3 舉例來說，筆者本身打字的速度一分鐘有三、四十字，依此速度，要把兩個小時的協同反省轉譯成90%至95%左右相一致的逐字稿，就可能要花費二十小時左右的時間。

的資料以作為進一步反省及論辯的基礎，但卻沒有付諸實行。因此，到底應不應刻意獎勵學生這個問題對我們團隊而言，就成了未解決的懸案。事實上，這也是我們團隊最欠缺的部分。也就是說，當我們無法透過協同反省來解決一個問題時，我們常常沒有試著去蒐集相關的資料以有助於問題的解決。

要說明的是當所面對的問題不同時，所須蒐集的資料亦不同。這就如Altrichter、Posch和Somekh（夏林清等譯，1997：90）所說的：什麼是資料、什麼不是資料，端視研究問題而定。另要用什麼方法蒐集資料，亦須視問題而定。也就是說，只要對問題的解決有所幫助，量的方法或質的方法都可行。

二、資料的分析

在蒐集到相關的資料後，宜如何分析才能揭露所潛藏的問題作為進一步探究的對象？

㈠分析的對象包含成員的想法和行動及團隊的運作歷程與結果

如上所述，個人所蒐集的資料其內涵可分成三大類：第一，與自我的思考和行動有關的資料；第二，與其他參與行動研究者的思考和行動有關的資料；第三，與團隊整體的運作歷程和結果有關的資料。從這裡面可以看出，一個行動研究團隊的內涵是由如下三個向度所構成：⑴推動行動研究的研究者的思考和行動；⑵其他參與成員的思考和行動；⑶研究團隊整體的運作歷程和結果。據此，行動研究的推動者除了對自我的思考和行動加以反省之外，亦須對成員的想法和行動及團隊的運作歷程與結果加以分析，以有助於建構出更合理性的教育觀點。

㈡沒有感到有問題亦需要分析

即使沒有感到成員的想法和行動及團隊的運作歷程有問題，亦需要對其加以分析。如此，才能揭露及解決潛藏於其中的問題所在。筆者的行動研究經驗就揭示此種必要性。

㈢資料的提供

在行動研究的過程中，筆者持續的把所蒐集到的資料及對資料分析的結果提供給成員參考。分析起來，這樣做的可能好處是：

第一，能協助參與行動研究者較清楚的理解他人真正的想法及團隊的運作歷程和結果，進而發現其中的問題所在。

第二，能促使成員進一步的自我反省，並影響或引導團體成員調整想法和行動的方向。例如在第十九次協同反省後的自我反省裡，郭主任就寫到：

> 討論記錄和其他成員的反省心得資料可說是一個很好的自我反省的媒介。今天閱讀上次討論的記錄，閱讀中又啓動了我好多的反思，一方面又再一次的反省、釐清；另一方面也藉以尋找需要再進一步共同討論的問題：……（郭主任自省——19-90/4/11~90/4/24）。

又如曹老師在其自我反省裡寫到：

> 藉著討論記錄的媒介，在反省的過程中，常常能發現自己在討論中所要說明的問題，並澄清或修正自己原先的想法，甚至重建出新的觀點（曹師自我回顧——90/7~91/5，34 頁）。

第三，能延續探究的主題，強化探究的深度。成員在相關資料的促動之下進行自我反省，反省之後所得到的想法又拿到下一次的團體討論中進一步的論辯。如此循環，對團隊而言，探究的主題不但有延續性，其深度還能不斷的強化。而對於成員來說，對於某個主題的看法也會愈來愈清晰、愈完整。

因此，把所蒐集到的資料及對資料分析的結果提供給成員是可參考的做法。

伍、結論與建議

本文主要在探討行動研究時宜如何蒐集與分析相關資料，以有助於釐清及解決參與成員彼此想法和行動中的問題所在。

在資料的蒐集上：宜完整且詳實的蒐集種種與團隊運作有關的資料，包含與自我的思考和行動有關的資料、與其他參與成員的思考和行動有關的資料，以及與團隊整體的運作歷程與結果有關的資料。過程中，宜注意是否完整且詳實的蒐集與問題的解決有關的資料。只要有助於問題的釐清與解決，量或質的方法皆可。

在資料的分析上：首先，在分析成員的想法和行動時，可參如下的策略：⑴分析或推論成員為什麼這麼想、這麼做？⑵檢討成員的想法和行動，看其是否有問題或是否值得參考？⑶若覺得成員的想法有問題，則對其提出質問或闡述自己的觀點；若覺得成員的想法值得參考，則據以調整自我的想法。其次，在分析團隊整體的運作歷程和結果時，可以：⑴思考團隊整體的運作歷程和結果是否存在著問題，若有的話則試著提出解決之道。⑵根據團隊整體的運作歷程和結果思考下一步要怎麼做。要注意的是即使沒有感到成員的想法和行動及團隊的運作歷程有問題，亦須要對其加以分析。

最後，要提出的是宜將所蒐集到的資料及所做的分析提供給每個參與者參考。因為如此，行動研究的參與者才更能揭露及解決彼此想法和行動中的問題所在。

第十五章

行動研究中的衝突與因應

壹、前言

高敬文（1999b：7）曾與一群國小現任教師合作，在他們服務的學校內推動行動研究計畫，以協助他們改進教學或行政上的問題。這群教師可以以幾個人合成一組或個別的方式與他合作，然後就選定的主題進行行動研究。在某次聚會與各組協商研究題目及討論研究計畫的過程中，某個成員表示想進行「讀經教學對於兒童學習的影響」的研究[1]。不過，高敬文對他的想法不以為然。在經過激辯之後（其他成員亦參與論辯），雙方亦沒有改變看法。

在行動研究的過程中，可能會碰到與上面所舉之例類似，彼此的想法和行動有所衝突的情況。當面對此種情況時宜如何處理？探究此一問題筆者深感興趣，因為可供本身及未來他人的行動研究參考。方法上，主要是反省筆者在某個行動研究（潘世尊，2003a）[2]中面對類似情境的做法然後加以檢討。希望藉此能對此一問題有較深的認識。

貳、行動研究中的一些思考與行動

以下，舉三個在行動研究過程中曾經有的觀念衝突為例子，以說明我是如何因應行動研究過程中的衝突：

1　此處的「經」是指中國的四書。

2　該研究的相關資訊請參第二、五、六章中的說明。

一、是否應讓學生自主學習？

我們團隊在第六、七次聚會時，成員中的任俠一再提出他讓學生「自主學習」的教學觀點。他認為必須提供空間讓學生自己決定學或不學，學生才有機會學到「主動進行學習是重要的」這一件事情。過程中，他的觀點一直和成員們的想法不一致。同樣的，我也不認同他的觀點，因我認為教育的一個重要目的是讓學生能夠適應未來的社會，要達到這個目的，有時就必須要求學生參與學習而不能完全聽任學生的決定。若詳細分析，當時我是透過如下的手段來面對與任俠的教學觀點不一致的情況：

⑴在協同反省時加以質問並與其論辯。例如在第六次聚會進行協同反省時，我曾質問任俠對於能力較差的學生而言，若不要求他學，是否會對他產生不好的影響？對此質問，任俠亦申述其觀點加以反駁。在他反駁後，我又再伺機加以質問。此種過程在此次聚會不斷上演，而其他成員亦不斷與任俠進行質問與論辯的活動：

我：那我問你一個問題，你有沒有想過，對於某些能力較差，沒有辦法自主學習的學生，他現在如果不學，對他可能是不好的……

任：這個部分我沒有想過……

淑：還有既然你覺得學生學不學是他們的自由，你爲什麼還替他們做補救教學？

……

我：剛才那個問題，人生只有一次，不能重來，自主學習能力如果較差的學生，如果現在選擇不學，對他好嗎？這個問題你有沒有辦法解決？

任：我剛剛想過我還沒有想過這個問題，這個問題乍聽之下，好像是老師的責任。哦，我好像眞的要去督促所有的學生學習，以免他失去學習的機會。可是我又回過頭來想說，好吧，就算我要他們學，這個時間背下來這些東西，這有用嗎？要學生學，他可能也用不著。現在沒有要學生學，到時候學生也可能自己學會，這銜接很容易。像我們班的學生，自然科的成績大部分都在70分以上，只有三個在70分以下，那70分以上的，我覺得他們要銜接上去很容易。只要他們願意去學的話，他們能夠銜接的，那至於其他三個，那我就眞的沒辦法了。

……

我：如果你的孩子讀一年級的時候，他跟你講說我不要學注音符號，我不要學數學，我不要上課……

任：對，這又涉及到一個問題說，是不是基礎的……

我：如果是你的小孩，你會怎麼講？

郭：你會認爲說如果基礎的就應該要學？

我：你也是讓他自由去選擇嗎？

任：……這個問題我沒有想過，你有沒有記得皮亞傑說過，一對雙胞胎，一個訓練他爬樓梯，另外一個不訓練，但是後來他很快就可以跟上爬樓梯的速度……

⑵在協同反省後的自我反省裡，把新發現的問題提出來對其加以質問。從上面所舉的對話可知，任俠之所以不要求學生一定要參與學習，一個理由是即使要學生學，學生也只是用背的，但用背的對學生而言並沒有用。或許是沒有聽清楚、又或許是把注意力放在他其他的想法上，所以在討論的當時我並沒有對此加以質問。但在討論後的自我反省裡發現這些，就用書面的方式提出來加以質問。因為要學生學，未必就是要學生背。另，又如任俠認為不用要求學生學，因為以後當學生想學時，就可能很快的自己學會。同樣的，亦在討論後的自我反省中，對此一不同意的觀點加以質問。

於此，值得說明的是在每次聚會後，我會將成員的發言轉譯成「準」逐字稿，然後分別針對團隊的運作、成員及自我的想法和行動這三個層面加以分析與檢討。這樣做，一個用意是要揭露其中的問題所在，以作為改善團隊的運作及我和成員的想法和行動的基礎。而為了讓成員了解我的分析與檢討，並進一步對其做討論，我會將所轉譯的「準」逐字稿，以及所做的分析與檢討提供給每個成員各一份參考。這樣做，一方面可以促使成員自我反省相關的問題，另一方面，則可以揭露及解決我的自我反省中的問題所在。因此，上述兩點質問就是我在每次聚會後的分析檢討中，所提出來給成員參考並進一步討論的問題（參表 15-1）。

⑶在協同反省後的自我反省裡，除了提出問題對其加以質問外，有時還系統的申論自我的觀點給他參考，並作為團隊進一步批判論辯的對象。舉例來說：在第七次聚會的協同反省中，任俠曾指出「當學生覺得學習的內容對自己有益時，他可能就會主動的參與學習」。對此觀點，莉雪進一步質問：「學生真的知道什麼對自己有益嗎？」不過在討論的當時，他們並沒有針對這個問題做深入的論辯。當聚會後，轉譯討論中的對話到這個地方並發現此一現象時，就試著去釐清及整合本身對此問題的觀點，並且加以系統的申論（共寫了三千多字，參表 15-2 之例），然後，把申論的結果提供給成員參考。此外，對於任俠先前所說，「當學生沒有切身之痛的時候，他就沒有機會去嘗試、去練習自主學習，主動去參與學習」的觀點，亦在思考之後系統的提出自己的看法。這樣做，一個用意是希望成員能對我所提出來的觀點做進一步的質問與論辯，以建立更有益於學生成長的教學觀點。

■ 表 15-1　團隊聚會中的對話及我對其初步的分析與檢討片段 ■

團隊聚會中的對話	初步的分析與檢討
任：要學生學，他可能也用不著。現在沒有要學生學，到時候學生也可能自己學會，這銜接很容易（學生如果一直都沒有學習，後來他憑什麼學會。另如先前的學習不重要，是否可在未來直接就學國中和國小的內容[3]？）。像我們班的學生，自然科的成績大部分都在70分以上，只有三個在70分以下，那70分以上的（學生成績在70分以上，是自學的嗎？），我覺得他們要銜接上去很容易。只要他們願意去學的話，他們能夠銜接的，那至於其他三個，那我就真的沒辦法了。	要學生學習，不一定就是要學生背。在認知上的學習，亦有開放和封閉兩種層面。開放的如根本建構主義的教學，封閉的如直接講述並要學生背的教學。在極度開放和極度封閉之間，還有調合的教學。如在開放中封閉；在封閉中開放。
我：你要求學生學，對他不一定有用；讓他自由做選擇，對他也不一定就好……	
莉：我覺得他假設的前提都非常的理想化，學生有自然的能力，可是他沒有考慮到，為什麼要因材施教？材都不一樣啊。	莉雪質疑任俠每個人都有自主學習的能力的預設太理想化了。沒有考慮到每個人的特質可能不同，要因材施教的問題。
任：對於材這個概念，我來說明一下。我認為材的部分，跟興趣完全不一樣。當他興趣不在這裡的時候，你如何強迫他一定要學這個？人家就不想吃這個東西，你為什麼一定要他吃？	任俠的意思似乎是說：依學生的興趣，正是因材施教。（*這裡很有趣，兩種因材施教卻導致不同教學的情形：一個是依學生是否有自主學習的能力，看是要要求他學習還是讓他自主學習；另一個則是依學生的興趣，讓其自由選擇是否要參與學習。第一個是先肯定學生要學，再因材施教；第二個則是不肯定學生一定要學習，依其意願來決定。）

3　此處用「細明體」書寫的部分，亦是我對團隊聚會中的對話分析後所提出來的質問。

■ 表 15-2　系統申論自我的觀點供成員參考與批判論辯之例 ■

學生是能夠判斷哪些東西自己是否有興趣，或是否對自己有益處。不過，國小學生的判斷主要是基於自己當時或至目前為止的生活經驗、感受或需要。相對的，老師覺得學生需要學某些東西，是從自己的生活經驗及社會的情勢來衡量。認為學生之所以要學某些東西，是因為學了這些東西以後，在未來的社會生活中才會適應得更好；舉例來說，老師認為學生要學數學，可能是基於學了數學以後，將較能夠解決日常生活中和數學有關的問題、並順利的通過升學及求職考試的想法。

因此，學生的考量主要基於現在的經驗、興趣或需求，老師的決定則是基於協助學生適應未來社會生活的需求。由於學生主要的考量點是現在，因此若完全信任學生的決定，讓學生依自己的興趣及需要來決定學或不學，學生在未來可能無法適應社會的需求。況且，當學習的內容或學習的活動對學生而言是未曾經驗到的，如何能讓學生全然的自由決定學或不學？因為對於新的學習的內容或活動，他根本就還沒有經驗到。對於如上的觀點，或有如下的疑問：

1. 老師的決定對學生的未來就有幫助嗎？的確，老師要求學生學習的內容，對學生的未來不一定有幫助。不過，總是比完全讓學生自行決定有較高的可能性。因為老師是在自己的生活經驗及衡量整個社會的情勢之下所做的判斷，而國小學生由於一方面還未曾經歷過各種不同的學習經驗，另一方面本身亦尚未具有掌握社會情勢的能力。因此，既然由老師來決定學習的內容，有較高的可能性可以協助學生適應未來的社會，所以我選擇由教師來決定學習的內容，而非讓學生自由決定要學或不學。

要注意的是，此處我是針對學習的內容是否能夠協助學生適應未來社會生活的基本需求來說。在我看來，國語、數學、自然、電腦或英語等學科的學習，是適應未來的社會生活所必需的；音樂、美勞等學科，就非適應社會生活的基本需求。因此在做討論時，必須分開來談。

2. 目前能夠適應社會需求的學科，在未來亦是如此嗎？……

3. 既然不知未來社會的需求是什麼，學生應學到的是否是「知道如何學的能力」，而不是特定學科的知識？……

4. 要求學生學某些東西，是否只會讓他在情緒上產生不愉快的感覺？……

5. 強迫學生學某些東西，學生是否也只是記下來而已？……

6. 要求學生學習特定的學習內容，學生是否就沒有彈性發展的空間？……

總結上面的討論：為了協助學生能夠較順利的適應未來社會生活的需求，對於相關的學習內容，教師必須要堅持及要求，不能任憑學生自己決定學或不學。不過，當要求學生一定要學某些學習的內容時，上述可能產生的問題必須要克服。而當這些問題都能夠解決時，就能讓教學儘可能的兼顧學生未來與現在的需求，而不止是單方面的偏向未來。

值得提出的是任俠稍後曾透露他的教學已稍有改變。為了了解為什麼他會改變，我在第七次聚會後對他訪談。過程中，他表示自己會改變的原因主要是實際教學的過程中，發現學生的學習產生許多他之前沒有想到的重要問題。我或其他成員的質問與所提出的觀點，一方面是支持他改變的理由，另一方面則是引導他改變的方向。

我：你說你現在變得會要求學生學，是因爲要提供他們有進階學習的機會。不過在上次的討論，你又提到重要他人，如學生、家長及學校的期望，也促使你轉變，什麼原因才是主要的原因？

任：其實我最 care 的是學生，其他的我都不會很在意。

我：你的意思是你從實際的教學經驗中，發現學生連最基礎的都不會，你才改變你的教學？

任：對……

我：可是你又說你接受協同反省的觀點，要提供學生進階的機會？你會改變，到底是因爲你的教學經驗，還是協同反省？

任：應該都有。當我發現學生連最基礎的都不會的時候，我想到我們在協同反省時大家提到的，必須提供給學生進階學習的機會，所以我做了改變。如果沒有參加這個討論，我從來都不會檢討我自己。

二、刻意獎勵學生是否會讓學生迷失自我？

第十次聚會的協同反省中，我與其他參與成員間對於「應不應刻意獎勵學生」這個問題有很激烈的論辯。不過，在論辯後仍沒有共識。

何謂「刻意獎勵學生」？舉例來說：教美勞時，心中其實感到某學生並沒有做得很好，甚至欠缺此方面的天分。不過，為了鼓勵他更認真參與，因而向他說「你做得不錯」。此種教學作為，我和成員中的莉雪認為有很大的可能會讓學生因迷失自我而誤判自己的性向和能力，因而選擇其實並不適合他的方向來努力。因此，宜以真誠的態度面對學生。當真的覺得學生表現不錯時才獎勵，而不要刻意用獎勵來形塑其行為。任俠和郭主任則認為即使刻意獎勵學生，學生也不太可能因此就迷失自我，因為除了老師的言行之外，他們還會從與他人的比較中了解自我的性向與能力。況且，刻意獎勵學生可以激勵學生的學習興趣，何樂而不為？

會後，除了和以前一樣，透過自我反省找出他們想法中的問題所在並加以質問之外，亦再申論自我對該問題的觀點。除此之外，還想到可以用實驗或調查等方法來了解刻意獎勵學生會讓學生迷失自我的可能性有多高？不過，後來又想到限於時間、能力及緩不濟急等因素，就沒有再把上述的問題拿出來處理。結果，這個問題就不了了之。

三、「課」要教什麼、怎麼教？

到了下學期，我們團隊轉而以低年級的國語科教學作為探究的主題。過程中，成員間對於「課」的教學目的究竟為何有很大的爭執。一開始我偏向閱讀能力的培養（包含協助學生學會閱讀的策略及培養其有關於閱讀的後設認知），成員中的曹老師、莉雪及淑梅則認為低年級的教學目標只是讓學生學會字詞的認識和應用。這種差異，讓我們在第二十次聚會產生激烈的質問與論辯。

在該次聚會後的自我反省裡，我發覺本身之前忽略對於低年級的學生而言，讓他們認識字詞及學會字詞的意義和應用亦是相當重要的目標。雖然如此，我仍認為可以以培養學生的閱讀能力作為目標之一。因此，就將原先的想法調整為低年級國語科「課」的教學目標有二：一是讓學生認識「課」中的字詞並學會應用這些字詞；二是培養學生的閱讀能力，包含協助學生學會適合他們能力的閱讀策略和培養他們有關於閱讀的後設認知。並且，依此目標開展出「課」的教學內容、教學方法與流程。之後，我積極的找他們說明我調整後的想法，而他們也逐漸轉變原先的觀點轉而認同我的觀點。

雖然如此，成員中的曹老師一直表示她教得不順手並表示想要放棄。她的意思是雖然培養學生的閱讀能力是很好的想法，但可能不適用於低年級的學生。這個想法我並不太認同，因此就先透過觀察的方式了解她教學中的問題所在然後提出建議。不過，她仍然表示要放棄，因為在實施上實在有困難。逼不得已，我只好親自教教看，因我不認為它不可行。在教了之後，我領悟到曹老師之所以教得不順手，是因為心裡面沒有一套應如何進行此種教學的藍圖，因此就針對此點系統的申論自己的看法。在看了我的教學及我的申論之後，曹老師終於改變態度，不但認同我的想法，還積極的去發展其他適合低年級學生的閱讀策略。

參、行動研究後的檢討

就行動研究的目的來說，是要改善參與成員彼此的教學想法和行動。會強調「改善」這個目的，從批判理論的角度來看，是認為人的想法或行動常受到某種不合理的意識型態所制約而不自知，透過他人的批判，個體可能經由自我反省進而重建出更合理性的想法和行動。據此，參與行動研究者有不同的想法是自然且可接受的情形。甚至可以說，沒有衝突就沒有進步的產生。因此，行動研究的參與者本就應該協助彼此找出教學想法與行動中的問題所在，進而加以改善。

那，要如何做呢？歸納上面的陳述發現，行動研究過程中觀念的衝突可能起於認為對方想法的可行性、真實性或正當性有問題[4]。因此，以下分別討論可行性、真實性及正當性等三種衝突的處理方式：

4　Habermas（沈力譯，1990）認為，在溝通的過程中若要達成共識，必須覺得對方的說詞是「可理解的」（comprehensible）、「真實的」（true）、「正當的」（right）及「真誠的」（sincere）。此處的「真實性的問題」及「正當性的問題」，是借用 Habermas 的用語。

一、可行性的衝突與因應

可行性的衝突是指不認為對方的想法在實際上可行。以我們團隊在第二學期所面臨的，「閱讀能力的培養」在國小低年級是否可行此一問題為例，過程中，我曾先後運用三種方式來說服對方：第一，透過質問與論辯以申明其可行性；第二，觀察成員（曹老師）的教學以發現其中的問題所在，然後試著提出解決之道；第三，實際進行教學以檢驗到底可不可行，以及藉此發現在實踐的過程中有何問題並提出解決之道。不過，一直到第三種方式，曹老師才真正改變其觀點並接受我的想法。會這樣，道理很簡單，因為到底可不可行，實際做做看就會知道。

據此，若衝突起於可行性的問題，最根本的解決之道是透過行動來檢驗是否可行，或是透過行動來發現相關的問題並加以解決。

二、眞實性的衝突與因應

真實性的衝突是指不認為真的會如對方所講的那樣。例如我認為老師若一直刻意獎勵學生的話，有極大的可能會讓學生迷失自我，但任俠和郭主任他們卻認為可能性極低。又如我認為學生若錯過學習的關鍵期，未來即使真的想學可能也學不會，但任俠卻不認為如此。

從上面的陳述看來，在行動研究的過程中，我們一直無法透過質問與論辯的手段來解決真實性的衝突。為什麼會這樣？ Habermas 認為（沈力譯，1990）當問題屬於真實性的向度，說話者必須進行「理論性的論辯」（argumentation of theoretical discourse），即舉出相關的經驗事實或訊息作為證據。如若不能，共識將難以達成。據此，可能是因為我們沒有舉出有力的經驗事實或訊息作為證據才無法說服對方。雖然，第十次聚會後曾想利用實驗或問卷調查等方式蒐集相關的資料以了解誰的觀點比較可信，但實際上卻沒有去做，因為發覺這實在是一個不小的工程。不過，若認為問題真的重要且須解決的話，應與成員協同運用可行的途徑來蒐集相關的經驗事實或資訊作為進一步反省的基礎，否則衝突可能無法解決。

要說明的是只要有助於蒐集相關的經驗事實或資訊，量或質的方法都可行。甚至是，亦可以透過行動來蒐集相關的訊息。

三、正當性的衝突與因應

正當性的衝突是指認為不應該或不可以如對方所講的那樣去做，例如我和其他成員認為不應如任俠所說的讓學生去自主學習。分析起來，此方面的衝突主要涉及教育目的及教育價值的選擇和安排。舉例來說，我會主張不應刻意獎勵學生，目的是要協助學生了解自己真正的性向和能力；任俠和郭主任認為可以這樣做，則是為了要提高學生的學習興趣。也就是說，由於我們所追求的價值及目的不同因而產生了衝突。當對教育目的及價值的看法產生衝突時，有時可透過質問與論辯的方式得到解決，不過並非都能如此。像我們就在不斷的質問及論辯之後，仍無法解決到底應不應刻意獎勵學生這個問題。同樣的，在回答這個問題之前先看看 Habermas 的觀點。

Habermas 指出（沈力譯，1990），當問題屬於正當性的向度時，說話者必須進行「實踐性的論辯」（argumentation of practical discourse）。所謂實踐性的論辯是指訴諸共同承認的規則、價值或權威來支持其行動，若行動所根據的規範本身受到質疑，則必須訴諸另一層次的實踐性論辯，以決定受到詰疑的規範是否正當。據此，在因應正當性的衝突時，必須揭露所陳述的觀點背後所隱含的教育目的及價值作為支持的力量。而若雙方所看重的價值有所衝突時，則須對此再繼續論辯。

我們團隊在討論應不應要求學生參與學習時，我曾說明我看重的是協助學生了解自己真正的性向和能力，所以才認為不應該刻意獎勵學生；而任俠也曾指出他之所以刻意獎勵學生，是因為這樣可以提高學生的學習興趣。不過我們卻都沒有針對「協助學生了解自己真正的性向和能力」，以及「提高學生的學習興趣」這兩種不同的目的或價值進行質問與論辯。或許，這就是我們無法在此問題取得共識的原因。當然，即使我們這樣做也未必能解決彼此觀點的歧異，因為這涉及到價值選擇的問題。可能有人會認為「協助學生了解自己真正的性向和能力」比較重要，但也可能有人會認為「提高學生的學習興趣」比較重要。但無論如何，總是有較高的可能性能解決彼此觀點的歧異。

值得提出的是在面對應否讓學生自主學習這個觀念衝突時，我主要是透過口頭與書面論辯的方式來說服任俠。不過，任俠是因為在實際教學的過程中發現，若完全讓學生自主學習，學生可能連最基本的都不會才逐漸鬆動原先的想法。但其實早在先前的討論，就曾針對此點質問過任俠。只是說無論怎麼質問，他總是不改初衷，總是認為讓學生學會自主學習是最有價值的。這顯示的是透過行動，可能讓人體悟自身想法中的問題所在，並了解其他的教育價值或目的亦是重要的，從而改變原先的教學想法和行動。

筆者個人幾年前曾獨自從事過一個行動研究，以發展整合 Rogers 人本教育理論與建構主義的數學科教學模式及教學策略（潘世尊，2000b）。在研究之初，校內的行政人員一再質疑我的教學，因他們認為我們這個班在秩序上是一個嚴重失控的班級，但我卻任憑他們的諸多質疑亦不改初衷。因我認為這樣做，可以達到 Rogers 所說，讓學生了解自我、接納自我，進而做自我。換句話說，我和校內質疑我的行政人員由於對教育目的或教育價值的看法不同，因而產生觀念上的衝突。

不過，約一個學期後情況有了變化，因學生無論在行為或學習上都出現一連串非我預期中的反應，如不參與學習的情形愈來愈多、失序、情緒性、不負責、干擾他人，甚至侵犯他人身體的狀況亦愈來愈嚴重。這，讓我回過頭來檢視自己原先所持的教學信念和教學策略並加以調整。但其實在我從事這個行動研究之初，行政人員就提出類似的質疑。此外，學生的行為表現亦讓我體悟到協助學生了解自我並做自我固然重要，但培養其挫折容忍力、毅力及能夠遵守社會或學校規範亦是重要的教育目的。但這些，光以 Rogers 的觀點為基礎來教學並不足夠，因它們並非 Rogers 論述的重心。因此，我的教學也跟著調整。這一段過程，亦說明透過行動可以發現所認同的教育目的或價值中的問題所在，或是發現其他亦是重要的教育目的與價值。

肆、結論與建議

本文的主要目的在討論行動研究的過程中，宜如何因應可能面對的觀念衝突。

在分析後，本文認為行動研究的目的是要揭露及解決參與成員想法和行動中的問題所在，因此，彼此的教育觀點或行動有衝突是自然且應接受的現象。

若衝突起於可行動的問題，可透過行動來檢驗是否可行，或是透過行動來發現相關的問題並加以解決。若衝突起於真實性的問題，須透過可能的途徑（如觀察、訪談、問卷調查或是實踐等途徑）蒐集經驗上的事實或資訊，以作為論辯誰的觀點較為可信的基礎。在具體的實施上，可透過量與質的方法或實際的行動來蒐集相關的資訊。而若衝突起於正當性的問題，則須針對想法背後的價值或目的進行質問與論辯。如此，才有可能解決彼此觀點歧異的問題。同樣的，亦可透過行動來發現所認同的教育目的或價值中的問題所在，或是發現其他亦是重要的教育目的與價值。

第十六章

行動研究報告題目的擬定

壹、前言

筆者博士論文的題目是「一個行動研究者的雙重追尋：改善教學與對行動研究的認識」（見潘世尊，2003a）。初見這個題目可能會覺得有點怪，因為它與一般教育系所的研究生所慣用的，「什麼什麼之研究」（如建構主義在國小數學科教學應用之研究）的做法不同。筆者的做法是否適當？又，教育行動研究的題目宜如何擬定？對此問題之討論吸引筆者的興趣。一方面，可以防衛他人對自己做法的批評；另一方面，則可以提供日漸增多的行動研究者參考。因研究題目的擬定若失當，將使其失去行動研究的意味，或無法彰顯行動研究的特性。

在初步的思考後發現，研究題目的敘寫至少會彰顯該研究的目的或焦點，有的研究則會把所採用的方法亦呈現在研究題目中。以國家圖書館的博碩士論文檢索系統分析國內師範院校博碩士論文的題目時，亦得到支持此種觀點的結果。而當研究題目清楚的告訴讀者「我要做什麼」、「我在做什麼」，或者是「我要怎麼做」時，可以讓讀者更明確的掌握整個研究的特性，進而吸引其閱讀的興趣。據此，在擬定行動研究的題目時，最重要的考量點在於是否清楚的呈現研究的目的或焦點。而若有需要的話，亦可以將所採用的研究方法納入題目之中。若是如此，則有兩個問題值得進一步釐清或討論：

⑴行動研究的目的為何；又，在其目的下，研究題目宜如何擬定？

⑵若所進行的行動研究有兩個以上的人參與，在題目中又想彰顯此種方法特性的話，則宜稱做合作、協同，或者是何種行動研究？

貳、行動研究的目的與題目的擬定

以下，先簡要分析行動研究的目的，然後再據以說明行動研究的題目宜如何擬定。

一、行動研究的目的

誠如前面幾章曾說明過的，行動研究的目的為何目前仍眾說紛紜。歸納而言，行動研究可能以如下三點為目的：⑴改善與研究者自身有關的教育現實際；⑵增進研究者自身的能力；⑶發展研究者自身的知識。這三個目的，又可化約成「改善參與成員的想法和行動」此一簡明的目的[1]。

二、從目的到題目的擬定

如上所述，行動研究的核心目的是「改善」。它與量的研究強調驗證[2]、一般質的研究強調詮釋、理解的目的不同。在這種狀況下，行動研究題目的擬定與質、量的研究理應有所差異。不過，許多行動研究者沒有察覺此點，並把行動研究歸為質的研究中的一種然後據以擬定題目。其結果，使得所擬定的題目失去行動研究的意味。

更具體的說，在質的研究中，研究目的是描述、理解或詮釋研究對象。

---

1 有關於行動研究的目的還可參第二章的討論。

2 Rose（1982，引自劉仲冬，1996b）稱質的研究為「理論建立」（theory-building）的研究，量的研究為「理論測試」（theory-testing）的研究。理論的建立須儘量廣泛且無偏見的田野搜尋，理論測試則須客觀精密的驗證。這個觀點，支持量的研究的一個重要目的在於「驗證」的說法。

在此種目的之下，所擬定的研究題目會有「主、客分屬」及「價值中立」的意味。也就是說，研究的題目讓人感覺到研究者和研究對象是分立的、研究者的任務在中立的呈現和研究對象有關的一些事情。以「國小音樂教師學科教學知識之個案研究」（邱憶惠，1996）這個研究題目來說，就可以很清楚的感受到有研究者和研究對象分立、研究者的目的在描述、理解或詮釋個案教師所擁有的音樂科教學知識的味道。

在行動研究中，研究者即是研究對象之一，研究的目的在讓研究者在內的參與成員的想法和行動變得更好。此種目的是一種主觀的期望、是有志於從事行動研究者戮力以赴的方向。因此，研究題目的擬定不宜讓人有研究者和研究對象分立、研究者是要中立的描述、理解或詮釋和研究對象有關的一些事情的感覺。類似「國小教師協同教學之行動研究——以一個學校為例」的題目，就會產生此種結果，因為研究目的似乎是要客觀中立的描述、詮釋或理解某個學校的教師所進行，以協同教學為主軸的行動研究。要避免這種現象的發生，可以從研究者自身或所屬的研究團隊的角度出發，來陳述自己或所屬的團隊想要做的事。

另外，如果要積極的表現出行動研究的目的在改善現況，亦可以在題目中加入改善、發展、解決、建立或建構等「非中性」的字眼。「改善教學與對行動研究的認識」這個題目，一方面就是從自身的角度出發來說明我想要做的事；另一方面，則清楚的揭示我的意圖是要改善，而非描述、理解或詮釋。「發展數學教師之學童認知之知識之研究」（林碧珍、蔡文煥，1999）、「同理心提昇方案的行動研究」（翁開誠，1999）、「性別意識的啟發與反性騷擾教育——小學性別平權教育的行動研究（I）」（游美惠，1999）等題目，亦具有類似的意味。其實，「一個行動研究者的雙重追尋：改善教學與對行動研究的認識」這個題目所強調的「改善」，在實質上亦具有發展或建構的意涵。為何如此？當能夠改善教學與團隊運作過程中的問題之處時，就表示發展出新的行動策略，或者是建構出新的觀點及此觀點之下的行動方案。

若上面的分析合理，那麼行動研究和其他類型的質的研究之間，研究題目的味道就會有所不同。不過如果沒有察覺此點，而用行動研究以外的質的研究的角度來看行動研究的題目的話，就會產生怪怪的感覺。同時，所擬定的題目也會失去行動研究的味道。

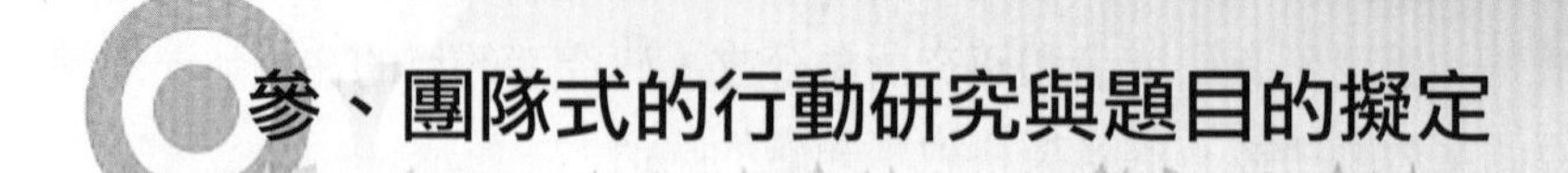

參、團隊式的行動研究與題目的擬定

如果依參與的人數來把行動研究分類的話，則有「個人式」（一個人獨自進行）與「團隊式」（兩個以上的人共同進行）行動研究兩種類型。若所進行的是團隊式的行動研究，並且想把此種方法特性形諸於題目以讓讀者了解的話，則宜稱做何種行動研究？

參考相關的文獻後發現，由兩個以上的人所參與的行動研究名稱各異，有稱為「合作行動研究」（co-operative action inquiry）（如甄曉蘭，1995）、有稱為「協同行動研究」（collaborative action research）（如Feldman, 1999; Oja & Smulyan, 1989），亦有稱為「參與的行動研究」（participatory action research）（如 Kemmis & McTaggart, 2000）[3]。上述三者可說是最常見的用語，除此之外，還有稱做「協同探究」（collaborative inquiry）、「合作探究」（cooperative inquiry）、「伙伴探究」（partnership research）、「伙伴研究」（partnership research）、「參與性研究」（participatory research）等（參陳惠邦，1998：15）。不過在思考後，個人將此種研究統稱為「團隊行動研究」。何以採用如此稱呼？又，此種稱呼是否適當？

3 Kemmis 和 McTaggart 之前亦稱為協同行動研究，後來因覺得參與的行動研究涵蓋的範圍較廣，所以才改變用語（Kemmis & McTaggart, 2000）。

一、「團隊行動研究」可用來包含不同的研究類型

其實在一開始，受到 Carr 和 Kemmis（1986）所說，社會情境的涉入者必須「協同的」（collaborative）「參與的」（participatory）進行行動研究的觀點所影響，將兩個以上的人所參與的行動研究皆稱為「協同行動研究」（collaborative action research）。不過後來逐漸體悟到，不同的行動研究團隊之間，成員間的關係、地位、所扮演的角色或是團隊的運作方式都不盡相同，如此，都稱為協同行動研究並不太適切。舉例來說：有兩個團隊，一個是由權威的校長、自認高人一等的教授及有點謙卑且尊重行政倫理和教授學術權威的教師所組成，另一組則是由志趣相投、視彼此間的關係平等，且能夠開放自己心胸和敢問敢答的校長、教授及教師組成。這兩個團體的目的、運作方式及成員間的關係有很大的不同，如此，並不宜把它們都歸為一類，皆稱為協同行動研究。

那，怎麼樣才算是協同行動研究？受到 Habermas（1984）「理想言談情境」（ideal speech situation）及 Carr 和 Kemmis（1986）相關論述的影響，認為「協同」是指行動研究團隊的成員都能以自由、民主、公平、開放的態度參與，並全程共同討論、共同建立新想法、共同實踐與觀察，以及共同檢討與修正，以確實使彼此的想法和行動得到改善。因此，要稱為協同行動研究必須具備三點條件：

⑴目的的協同：成員皆期待透過行動研究來改善自我的教育想法和行動。

⑵態度的協同：成員皆以自由、民主、公平、開放的心態參與團隊的運作。

⑶運作的協同：成員皆能通力合作的進行計畫、教學、觀察、檢討及修正等活動。

Oja 和 Smulyan（1989）認為，協同包含民主參與、交互了解、共同決定及共同行動。陳惠邦（1998：136）則指出，協同不只是形式上的平等與合作，更強調參與者必須在民主、平等與自願組合的基礎上，進行平等溝

通、開放自我、交互反省與思考、共同分享知識經驗，以及一起參與行動的設計與執行。這些說法，都與上述的條件相符。

除了這三個條件之外，若研究團隊想要改變的行動與他人有關（如與學生的父母或學校的行政人員有關），那麼亦須設法讓這些人參與，否則所做的決定將無法落實（Carr & Kemmis, 1986: 157）。因此，協同的第四個條件是「相關人員的協同」。不過，研究團隊欲改變的行動未必會涉及成員以外的他人，因此這並非協同的必要條件。

由於兩人以上參與的行動研究並非皆能符合上述三個基本條件，因此都將此類研究稱為「團隊行動研究」。在團隊行動研究之下，可能會有不同的研究類型。舉例來說，Reason（1994）就曾分別從本體論、認識論、資料的蒐集、領導的態度等向度分析合作探究（以 Heron 和 Reason 的觀點為主）、參與的行動研究（以 Fals-Borda 和 Rahman 的觀點為主，非上述 Kemmis 所發展的參與的行動研究），以及「行動探究」（action inquiry）（以 Argyris 行動科學的觀點為主）之間的異同。這三種有所差異的研究型態，就都可歸在團隊行動研究之下，而我所定義的協同行動研究亦是其中的一類。此外，這樣做還可以用來說明團隊行動研究是行動研究中的一大類，它和個人式的行動研究是相對的。

二、「團隊行動研究」可避免溝通上的困擾

雖然以上述的要件定義協同行動研究，不過後來又發現這樣做並不太有意義。因為即使稱為合作行動研究，但運作的內涵仍可能符合所舉出來的協同的標準。陳惠邦（1998：136）指出，「合作」和「協同」之間並不相同。合作是指參與者在某種協議之下各自朝向自我定義的目標前進，彼此之間可能沒有在民主及平等的精神之下互相提供獨特的洞察和技巧，同時也沒有互相了解及共同行動。但協同就不同，它強調參與者在民主、平等及自願組合的基礎之上，進行平等溝通、開放自我、交互反省思考、共同分享知識經驗，以及一起參與行動的設計與執行。另 Winter（1996）在提到協同這個概念時，所指的是「視每個成員的觀點都對情境的理解有所

幫助」，也就是「協同的資源」（collaborative resource）。不過，在由Heron和Reason所從事以「合作探究」（co-opeative inquiry）為名的研究中（Reason, 1994），團隊的運作及參與者間的關係就具有陳惠邦和Winter所說的協同的特質。

會這樣，主要是因為對於合作或協同，不同學者的定義各不相同。例如也可以說必須符合上述我所提出來的幾點要件，才能稱做合作行動研究。在這種情況下，常引起溝通上不必要的困擾。因此，後來就不再討論何謂協同行動研究、何謂合作行動研究，或者是合作與協同之間的差異的問題，因為這只會「治絲益棼」。我採取的立場是：首先，凡是由兩個以上的人共同參與的行動研究，仍以「團隊行動研究」這個中性的用語來稱呼；其次，將先前我所提出來的協同的標準或陳惠邦及 Winter 所說的，民主參與、平等溝通、開放自我、交互反省、尊重及分享彼此的知識、一起設計與執行等觀點，轉成為讓團隊行動研究做得更好的主張，以避免溝通上的困擾。

據此，若所進行的行動研究有兩個以上的人參與，並且想要在研究題目中突顯此種特性的話，則可以在題目中放入「團隊行動研究」此一中性的用語。當然，若不想突顯此種方法特性的話，則可以不用這麼做。

肆、結論與建議

行動研究的題目宜如何擬定？本文首先指出，研究題目至少須清楚呈現研究的目的或焦點。若有需要的話，亦可以將研究方法納入題目之中。其次，本文在分析行動研究的目的後指出，其核心目的在於「改善」，它與量的研究強調「驗證」，一般質的研究著重描述、詮釋與理解不同。因此，在擬定行動研究的題目時宜掌握此種特性。而若要突顯行動研究的目的在改善現況，亦可以在題目中加入改善、發展、解決、建立或建構等「非中性」的字眼。最後，若所進行的行動研究是由兩個以上的人參與，並且欲在題目中揭示此種研究途徑的話，則可以以「團隊行動研究」來稱呼。總的來說，當依上述的觀點來擬定行動研究的題目時，可以突顯行動研究的特性，或不會使題目失去行動研究的意味。

第十七章

行動研究後資料的分析與呈現

壹、前言

教育行動研究的目的是要改善參與成員彼此的教學想法和行動，不過將整個行動研究的歷程和結果加以呈現，以引導、啟發他人的教學或行動研究，將使整個研究更具教育價值。Green（1999）就指出，行動研究的結果雖不能直接轉移到其他情境，但他每次看到好的行動研究時，都會得到某種領悟、發現自己教室實務中的某種問題，或者是發展出新的實踐方式。會這樣，是因為所參閱的行動研究激勵他用不同的視角來看待自己的實踐。此外，將研究歷程與結果公開呈現還可供他人檢驗與討論，並引發自我思考進一步的問題（夏林清等譯，1997：10；蔡清田，2000a：247）。

若加以分析，行動研究的歷程可分解為「行動研究前的想法與行動」、「行動研究中的反省與實踐」，以及「行動研究後的再反省與調整」三個部分。行動研究前對相關問題的思考或探討是為後續行動研究之準備，否則行動研究的進行可能茫無方向。不過此時的思考可能潛藏著問題，因此在行動研究的過程中宜不斷透過反省與實踐加以調整。行動研究中的反省若從 Schön（1983）的角度來看，可稱做「行動中的反省」（reflection-in-action）。然此種反省就如Newman（1999）所言，可能受到反省當時的情境脈絡所限。因此在行動研究後，宜再對先前行動研究過程中的反省與實踐再加以反省。此種反省若亦從 Schön（1983: 243）的角度來看，可稱做「對行動中的反省進行反省」（reflection on reflection-in-action）。有許多行動研究者，如許淑玫（郭玉霞、許淑玫，2001）、陳淑娟（1999：186-195）、游可如（1996：105-120）、鍾宜玲（1997：307-356）就都曾這樣做。

要說明的是這三個階段的思考與行動分量可能相當多，以筆者的行動研究（潘世尊，2003a）[1]為例，於行動研究過程中的反省與實踐原始資料就超過上千張，在這種情況下，到底要呈現什麼？又，要如何呈現？

以下即以筆者分析及呈現「行動研究中的反省與實踐」及「行動研究後的再反省與調整」這兩個階段的歷程為例，說明在行動研究後可如何分析資料及呈現行動研究的歷程。由於筆者這個行動研究的目的為「改善教學與對行動研究的認識」，因此分析與呈現的重點有二：⑴改善對行動研究的認識——歷程的分析與呈現；⑵改善對教學的認識——歷程的分析與呈現。

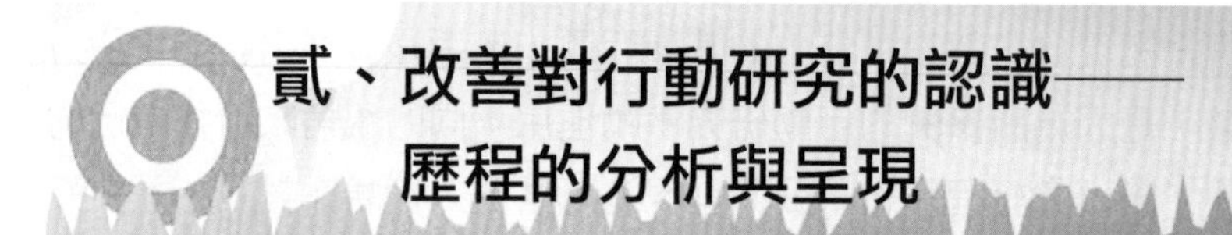

貳、改善對行動研究的認識——歷程的分析與呈現

筆者是如何分析與呈現在行動研究的過程中，為改善對行動研究的認識所做的反省與實踐？又，是如何分析與呈現在行動研究後，對先前反省與實踐的檢討及調整？

一、行動研究中反省與實踐的歷程分析與呈現

以下，分別說明筆者是透過哪些策略與資料，以分析及呈現自我探究行動研究相關概念的歷程：

㈠策略

筆者在設法呈現自我從事行動研究及探究行動研究相關概念的歷程時，屢屢在想出某個策略並據以實施一段時間之後，又發現其中的問題所在並

1　該行動研究的相關資訊可參第二、五、六章的說明。

加以轉換。以下，是最後所採取的策略：

1.依思考和行動發生的先後次序

在思考要如何呈現自我從事行動研究及探究行動研究相關概念的歷程時，最先嘗試的是依自我思考和行動發生的先後次序加以呈現。在實際的做法上，是把每一次聚會中的所言所行及其後的思考和行動值得提出來的部分都先找出來，然後再依發生的先後次序加以呈現。至於所謂「值得提出來的部分」，其判斷主要是依筆者自我主觀的認定。一方面，認為它必須提出來加以檢討；另一方面，認為它可能有值得參考的地方。

舉例來說，在回顧第一次聚會中的協同反省時，覺得自我的思考和行動有三點值得提出來之處，分別是：

⑴透過討論的方式和成員共同決定探究的主題；
⑵徵詢成員對後續欲邀請的人選的意見；
⑶建議並與成員商討是否要對教學做觀察。

而在回顧第一次聚會後的思考和行動時，則覺得有如下七點值得提出來說明：

⑴提出如何使教學問題的解決進展到實踐層次的策略；
⑵提出討論時如何從歷史的角度切入的策略；
⑶提出如何以種種被教師視爲理所當然的想法和行動作爲批判對象的策略；
⑷提出如何讓成員了解自己反省所得的策略；
⑸提出與成員在私底下互動的適當態度；
⑹在閒聊時向成員說明行動研究的相關概念；
⑺在團隊存亡的關鍵點積極爭取團隊的持續。

因此，在呈現第一次聚會及其後的反省和行動時，就依發生的先後次序將上述的思考和行動加以呈現。而對於往後聚會的思考和行動，亦依此種方式處理。

要如何呈現行動研究的歷程？Altrichter、Posch和Somekh（夏林清等譯，1997：238）所建議的第一個策略是「時序」（即「以時間的先後為序」）。何謂時序？他們指出：「一步一步按照實際發生的時間，一一將你的經驗與發現陳述出來。若你能條列依時間發生的事件，對閱讀或書寫都有幫助」。Winter（2002）亦指出，行動研究的目的在改變，所以研究報告必須依時間先後描述一連串的事件，以揭示追求改變的前因後果，在這種情況下，研究報告會是一種「敘述」（narrative）。很明顯的，上述的觀點和筆者所採用的「依思考和行動發生的先後次序」的策略不謀而合。

或有會問，這樣做好像在寫一本「流水帳」？筆者認為其實不然，因為：⑴透過這種方式，可以協助讀者了解自我所思所行的完整面貌，從而對其行動研究的進行有所幫助。有許多行動研究報告，研究者沒有清楚敘明自我到底做了哪些事，因此在閱讀後，對其進行行動研究的歷程還是不太清楚。如此，就不容易從中得到啟發或引導的功效。在鍾宜玲（1997）的研究中，很清楚的交代從頭到尾她到底是怎麼與其夥伴進行行動研究。在讀完之後，或許會不同意她對行動研究的某些認知或做法，但至少可以清楚知道她是怎麼做的，以及其中的問題所在，進而從中得到啟發。⑵在反省與實踐的過程中，若能不斷透過批判揭露潛藏的問題並構思解決之道，則所呈現的歷程將具有相當強的辯證性與對抗性而超過流水帳的層次。

另外，這樣做還可能面臨的一個問題是讀起來似乎會顯得較為雜亂、較不連貫？因為在行動研究的過程中，我的思考和行動不斷涉及不同的面向，如要如何引導成員掌握行動研究的相關概念、要如何進行協同反省，或是要如何回應成員的教學觀點。在這種情況下，為了提高可讀性而單純化我從事行動研究的歷程，或者是把我的所作所為依事件的特性切割開來呈現可能亦是一種問題。因為它一來無法忠實呈現我在行動研究的過程中所思所行的複雜性，二來可能讓讀者誤以為行動研究過程中的所思所行相當單純或簡單。

雖然如此，在呈現到整個歷程的三分之一時發現：這樣做，讀者對於我在行動研究各個重要面向的思考和行動不容易有統整性的掌握。舉例來說：對於團隊式的行動研究而言，「如何決定探究的主題與問題」是一個重要的面向，在行動研究的過程中，我的某些思考和行動可能屬於這個面向。不過由於這些思考和行動的呈現分散在不同的時間點，以至於讀者在閱讀後可能仍無法統整的了解在整個行動研究的過程中，對於「如何決定探究的主題與問題」這個面向而言，自我的思考和行動到底有何變化，除非他自己再加以整理。

2. 依思考和行動的類別

在發現上述的問題後，就先暫停「依思考和行動發生的先後次序」來分析與呈現，改成採用「依思考和行動的類別」的策略。

在實際的做法上：首先，把先前所找出來值得提出來的思考和行動加以歸類並賦予類別名稱。其次，在各自的類別中，再依思考和行動發生的先後次序加以呈現。舉例來說：在第二次聚會中，曾「引導成員一次只討論一點以免使討論失去焦點」，以及「當感到成員的想法有問題時，把質疑轉成質問而非直接表述自己的想法」。這兩個行動，在性質上和第一次聚會後，「提出討論時如何從歷史的角度切入的策略」的思考有雷同之處，都和「協同反省的方法」有關。因此，就把它們都歸為一類，並依思考和行動發生的先後次序加以呈現。

要說明的是在建立類別時主要依兩種途徑，分別是「歸納」與「引用」：

⑴歸納。所謂的「歸納」，指在重複閱讀先前從事行動研究的歷程時，會察覺某些思考和行動似乎具有相似的性質。之後，逐漸把這些具有相似性質的思考和行動放在一起，並從中歸納出類別的名稱。

像在回顧第一次聚會後的反省和行動時，發現自我提出「如何使教學問題的探討進展到實踐的層次的策略」；回顧第二次聚會中的思考和行動時，發現自我先「引導成員確認問題是否真的就是問題」，而在得到肯定的答案後，接著「引導成員思考問題的解決之道」。當回顧到這個地方時，心中已慢慢的浮現「教學問題的解決」這個類別，因為上述思考和行動的性質都和教學問題的解決有關。之後，就在此類別的引導之下，把具有相似性質的思考和行動收納進來。如在回顧第五次聚會後的反省和行動，發現自我「把成員所提找出（教學）問題的原因，然後尋求解決策略的想法歸為技術的反省及單圈學習」時，就將此一思考和行動放到「教學問題的解決」此一類別中。要提出的是所歸納出來的類別名稱有可能會被調整，以較符合此類別之下的思考和行動的性質。當然，某些思考和行動也可能被調整到其他的類別。

⑵引用。至於所謂的「引用」，指援引文獻探討階段所提出來和行動研究有關的重要面向作為類別，這些重要面向包含行動研究的目的、成員的組成、探究的焦點及其決定、行動研究的運作歷程、協同反省的方法與態度、研究者的角色，以及如何面對外在的理論等。在這些類別的引導之下，把自我在行動研究過程中值得提出來的思考和行動加以歸類與安置。

當然，這些類別的名稱亦有些許被調整，以更符合相關行動和思考的性質。如「探究的焦點及其決定」此一類別所呈現的是在行動研究的過程中，我對於如何決定探究的主題，以及每次聚會後所要探討的問題的思考和行動。為了更符合這些思考和行動的性質，就將此類別調整為「探究主題與問題的形成」。此外，原先被放到某一類別的思考和行動亦可能在往後被調整到其他的類別，以更符合其性質。

雖然透過這種方式可以協助讀者對於我在行動研究中，各個重要面向的思考和行動有統整性的掌握，但卻又發現它會使自我思考和行動的完整面貌及來龍去脈被割裂[2]。因此在大略的建立各個類別後，就暫停此方面的動作。

要如何呈現行動研究的歷程？Altrichter等人所建議的第二個策略是「依一項議題來發展個案研究」（夏林清等譯，1997：239-240）。他們指出：

2 本書第二、五、六、七、八、十、十一、十三、十四、十五等章，就是採用依類別來呈現的策略。當這樣做時就如上文所述，能讓讀者理解筆者在行動研究各個面向的思考和行動，但亦會破壞行動研究過程中的思考與行動的完整性與複雜性，因在同一時間，筆者可能同時關注不同面向的問題。

許多教師研究者不報導研究的整個內容，而選擇幾個值得討論的議題詳細說明，也就在這一個分析的過程中，中心思想及其他支持性的資料會浮現出來。

同樣的，這個策略和筆者上述「依思考和行動的類別」的策略有相當高的相似性。除此之外，他們還指出，「閱讀這類個案研究的讀者很難得知教師的『學習過程』（教師—研究者的『了解』如何隨著時間而得到發展）。」就這點而言，亦和我所體會到的，「發現它會使自己思考和行動的完整面貌及來龍去脈被割裂」的問題相符合。

3. 兼依思考和行動發生的先後次序及類別

由於依思考和行動發生的先後次序或類別來呈現各有優缺點，在思考之後，決定兼採這兩個途徑。在實際的做法上，仍然從行動研究團隊成立之初開始回顧起：

⑴找出自我思考和行動值得提出來的部分，然後依發生的先後次序加以呈現，並形成獨立的一章（成為論文第五章）（潘世尊，2003a：101-208）。該章各節的標題為：

第一節　蓄勢——成立行動研究團隊
第二節　起——從積極引導成員依實踐檢討共識到放下
第三節　承——提出能讓團隊自然建立共識的條件
第四節　轉——不再刻意追求共識
第五節　合——領悟共識的產生之道

⑵在呈現值得提出來的思考和行動的過程中，順便將該行動或思考放到先前所建立的類別中。在這個過程中，有些新的類別被建立、有些類別的名稱被調整。同樣的，它亦放在獨立的一章（成為論文第六章的部分）（潘世尊，2003a：209-376）。該章部分的標題為：

第二節 如何做行動研究

壹、團隊的組成

貳、探究主題與問題的形成

參、研究流程及相關活動的進行

肆、協同反省的方法與態度

伍、教學問題的協同反省

陸、自我反省的實施

柒、資料的蒐集、分析與提供

捌、面對相關理論或研究的方式

玖、研究者角色的扮演

拾、外在阻礙的克服

拾壹、研究效度的提升

拾貳、研究倫理的遵守

⑶在完成前兩個階段的工作後，再重新回顧及檢討自我的思考和行動是否都被放入適當的類別之中。

或有會問，兼採這兩種途徑不是會造成重複的情形？其實，只有在「依思考和行動發生的先後次序」來呈現時，才會詳述其內涵。在依類別來呈現時，只有簡述自我思考和行動的要點，並且這兩個部分的內容分別放在不同的章節。前者放在論文第五章，以揭示我自己思考和行動的來龍去脈。後者放在第六章，一方面協助讀者對我在行動研究中各個重要面向的思考和行動有統整性的掌握，另一方面則作為檢討我在這些面向的思考和行動進而提出觀點的基礎。

4.賦予重要的思考和行動標題並整理出支持性的資料

承上所述，在「依思考和行動發生的先後次序」來呈現時，是把我在每一次聚會及其後的思考和行動值得提出來的部分都先找出來，然後再依發生的先後次序加以呈現。這個過程有必要進一步說明，讓讀者更清楚的了解我的做法。以呈現我在每一次聚會中值得提出來的思考和行動為例：

⑴首先，重複閱讀討論過程中的所有對話，然後找出自我思考和行動中值得提出來的部分。當然，這些思考和行動與行動研究的相關概念有關。

⑵其次，賦予所找出來的思考和行動一個標題。

⑶最後，整理出支持性的資料（如協同反省中自我的發言或行動）。一方面，說明我真的產生或進行某個標題所指涉的思考和行動；另一方面，則證明我的思考和行動符合標題所陳述的意涵。

當完成上述的工作後，所做的呈現就會如表 17-1 所舉之例：

▣ 表 17-1 「賦予重要的思考和行動標題並整理出支持性的資料」之例 ▣

一、第一次聚會

標題

支持性的資料

㈠和成員共同決定探究的主題

首先，我引導大家討論：我們要怎麼開始，或從何處開始？我先建議可以從如下三種目的中，選擇一種作為我們團隊探究的方向：

⑴發展某學科的教學模式。

⑵針對學校之內，種種被大家或我們視為理所當然的教育現象或教育活動進行討論批判，然後提出更合理性的觀點和行動。

⑶解決所面對的教學問題。

第一個目的的提出，主要是先前的行動研究經驗（潘世尊，1997，2000a）告訴自己有這個可能性。第二個目的的提出，則受到批判理論取向學者 Habermas 和 Carr、Kemmis 等人觀點的影響。至於第三個目的的提出，可以說是一種自動化的反應。因為以解決問題作為行動研究的目的，是最先接觸到，並且存於腦海之中已有多年的行動研究觀點。

就第一個目的而言：雖然大家認為此種方式不錯，但因為彼此教學的科目並不相同，要做到這樣並不容易，因此，就沒有成為我們努力的方向。

就第二個目的來說：淑梅說如果我們討論出來的結果和她的輔導教師的做法不同的話，那麼，討論出來的結果也會沒用。當時我心想，若依 Carr 和 Kemmis（1986）的觀點，他的輔導教師也應參與教學討論，如此，才不會產生討論出來的觀點無法落實的問題。不過基於自己和他多年的同事之誼，我認為他應該不會參加，所以就沒有向他們提出這個想法。結果，這個取向也暫不考慮。

至於第三個目的：淑梅說她覺得自己的音樂教學有問題，例如學生上課

（續下表）

時有不參與的情形、並且向她說不想學音樂。淑梅說完後，莉雪也說她對音樂教學有興趣。之後，我徵詢任俠的看法，任俠亦表示他也想要探討音樂科教學。既然他們都對音樂教學有興趣，我就順從其意，淑梅在音樂科教學上的問題就成為我們探究的起點。

雖然如此，我仍依對行動研究的了解告訴他們：以後不見得就一定要這樣進行下去，在未來，仍可以視我們的需要加以調整。

支持性的資料

㈡徵詢成員對欲邀請的人選的意見 ← 標題

接下來，我向他們說明在團隊成立之前，曾邀請天人基金會的黃主任參與，並徵詢他們的意見。他們表示沒有問題。不過一直到聚會結束，始終沒有看到說要來的黃主任出現。至於原本亦想邀請的郭主任，這次聚會後我打算積極和他聯繫，因我們所要探討的音樂科教學就是他的專長，並且，他也有行動研究的經驗。我對三位實習老師說，若郭主任參與，相信能對大家提供相當的幫助。不過，我仍先徵詢他們的意見，而他們亦表示這樣很好。

㈢與成員商討是否要觀察教學 ← 標題　支持性的資料

在聚會的末端我突然想到，教學上的問題可能有兩種：一種是自己感到的問題，另一種是別人或觀察者察覺到的問題。教學者不感到自己的教學有問題，未必就代表他的教學沒有改善的空間。因此，我們可能需要對淑梅的教學做觀察，而他們也同意我的建議。

由於我都沒有空堂，因此，就向他們坦言我無法擔任觀察的工作。經短暫的磋商，莉雪和任俠表示他們有時間可以做觀察。我建議他們在做觀察記錄時可用活頁紙，每頁不要寫滿，側邊要留空白，以後可以作為分析或反省之用。

5.突顯思考和行動轉變的關鍵點

在「依思考和行動發生的先後次序」來呈現時，還想到可以採用「突顯思考和行動轉變的關鍵點」這個策略。在實際的做法上，就是找出自我思考和行動產生重要轉變的關鍵點。一方面，以其作為節與節之間的分界並據以命定節的名稱；另一方面，則以其作為串連全文的基礎。

舉例來說：在第六次聚會之前，我不斷引導成員依實踐的結果檢討先前討論出來的共識，但其實我所謂的共識只是我將成員的發言加以歸納、統整後的一些想法，它們並非真的是共識。在這種情況之下，成員自不可能依實踐的結果檢討我所謂的共識，因它們並沒有進到成員的腦海之中成為支配他們思考和行動的「行動理論」。因此在第五次聚會，當我又不斷引導他們依實踐的結果檢討先前討論出來的「共識」時，團隊的氣氛就逐漸變得不太對勁。這種情形當場自己就察覺到，並且在聚會後的反省裡決定不再引導成員這樣做，以免團隊的氣氛又陷於低沉之中[3]。這個決定，對我往後的行動及團隊的運作都有重要的影響。可以說，它是讓我的思考和行動產生重要轉變的關鍵點。而這個關鍵點，就是節與節之間的分界。

當這樣做時，關鍵點和關鍵點之間的思考和行動會具有較相似的意圖。就像上文所舉之例，在決定不再積極引導成員根據實踐的結果調整先前討論出來的「共識」之前，我的思考和行動一直往這個方向努力一樣。因此，這個策略能協助讀者更清楚的掌握在不同階段我的思考和行動的意圖及內涵。

6. **設法增加可讀性**

之所以要呈現自我從事行動研究，以及對行動研究相關概念的探究歷程，一個目的是要對其他有志於從事行動研究的教育工作者產生引導或啟發的功效。既是如此，就要讓所做的呈現具有「可讀性」。一方面，讓讀者願意看下去，並清楚的從字裡行間了解自我的思考和行動；另一方面，又讓讀者從閱讀後的批判反省中得到引導或啟發，並激起想要嘗試類似研究的意願或熱情。

Bell（1985）指出，教育行動研究有四個效度標準，其中一個是「可轉移性」（transferability）[4]。所謂的可轉移性，並不是指其他的教育工作者可以在相同條件之下，重複相同的行動研究並複製其結果。其意涵是指研究者所做的研究是否能引起他人的共鳴或啟示，從而促使他人在各自的教學場域亦進行反省、行動及調整的活動。另一位學者 Heron（1988）指出，行動研究有十一項效度標準，其中的一項是清晰呈現與「複製」（replication）的可能性。他所謂的複製與 Bell 所說的可轉移性具有類似的意

3　此一歷程可參第十一章之說明。

4　另三個標準是「確實性」（credibility）、「可信任性」（dependability）、「可確認性」（confirmability）。

涵，意指研究者是否能夠清楚的呈現自己思考和行動的歷程及結果，以鼓舞、激發其他教師從自己的特質及自己所面對的情境出發做探究，從而產生「創造性的蛻變」（creative metamorphosis）。

筆者認為，可轉移性及複製性的概念可以作為行動研究外在效度的內涵。可轉移性或複製性高，表示該行動研究的外在效度就高。而要提升行動研究的外在效度，一個重點是提高所呈現內容的可讀性。那，我是如何增加可讀性？這個工作，主要是在將自我從事行動研究，以及對行動研究相關概念的探究歷程初步的呈現完成後進行。在實際的做法上：⑴清楚且完整的呈現自己從事行動研究及探究行動研究相關概念的歷程；⑵儘量刪減不必要的陳述以使內容更為精鍊；⑶儘量增強內容的連貫性以提高繼續閱讀的興趣。

7. 以第一人稱來敘寫

在呈現自我從事行動研究及對行動研究相關概念的探究歷程時，是從「第一人稱」的角度來敘寫。也就是說，所做的呈現是在說「我」或「自己」是怎麼想、怎麼做，而非「研究者」如何想、如何做。在國內，成虹飛（1996）及陳惠邦、李麗霞（1999）的行動研究報告亦採類似的做法。會這樣做，有如下的理由：

⑴較符合行動研究的特性。在量及質的研究中，有研究者和研究對象之分，研究報告所要揭示的，是研究者達成目的的手段及所得到和研究對象有關的種種資訊。因此，用「研究者」這三個字為主詞來敘寫研究者為了達成研究目的的思考和行動，用受試者、受訪者、資訊提供者或甲、乙、丙、丁之類的代號作為研究對象的主詞，並說明和其有關的種種資訊並無不妥。因為這樣做，一方面清楚的表達研究者和研究對象分立的關係；另一方面，則能夠達到研究報告所要達成的目的。

就行動研究而言，研究報告所要呈現的是研究者自身而非他人思考和行動改變的歷程，因此用第一人稱的角度來敘寫符合此種特性。況且在行動研究中，研究者即是研究對象，當用「研究者」這三個字來代表研究者的身分時，研究者亦是研究對象的特質將被隱匿而不見。此外，凡參與行動研究的成員都是研究者，當以研究者代表自己時，似乎意謂著其他成員是研究對象而非共同研究者。

⑵能更真確的傳遞自我內在的心理狀態。當以第一人稱而非「研究者」為主詞來呈現自己思考和行動的改變歷程時，能更真確的傳遞自我內在的心理狀態，因此讀者在讀了之後，感受會不太一樣。或許差異不是很明顯，但就是有那麼一點不同，表 17-2 的例子可以說明這種狀況。

為什麼讀起來的感覺會有一絲絲的差異？原因應是當轉了個彎，不用「我」而用「研究者」來述說自己的思考和行動時，許多的情緒、意識、情感、意圖或情感等內在的心理狀態讀起來都會有些許的失真。因此，要較真確的傳達自己內在的心理狀態，用第一人稱的效果應該會比較好。

▣ 表 17-2 用研究者及第一人稱為主詞來敘寫的比較 ▣

用「研究者」為主詞來敘寫 當研究者一再的希望成員能依行動或觀察的結果檢討、調整先前討論出來的想法的過程中，感受到討論的氣氛愈來愈沉重。此時，任俠更進一步的說他來參加這次聚會之前，實在不知道在會中要說什麼、聽什麼或釐清什麼。……在聽完任俠的一席話後，研究者警覺到必須暫時放下自己的想法，改聽聽看成員的意見。否則，團隊的運作可能無法再運作下去。雖然研究者這樣做，但心中並非放棄透過先前所提出來的途徑以建構更合理的教學共識和行動的想法。
用「第一人稱」為主詞來敘寫 當我一再的希望成員能依行動或觀察的結果檢討、調整先前討論出來的想法的過程中，感受到討論的氣氛愈來愈沉重。此時，任俠更進一步的說他來參加這次聚會之前，實在不知道在會中要說什麼、聽什麼或釐清什麼。……在聽完任俠的一席話後，我警覺到必須暫時放下自己的想法，改聽聽看成員的意見。否則，團隊的運作可能無法再運作下去。雖然我這樣做，但心中並非放棄透過先前所提出來的途徑以建構更合理的教學共識和行動的想法。

Winter（1996）指出，研究報告的撰寫方式一直在變，像十七世紀末和十八世紀，哲學和科學的報告就常用「韻文」（verse）寫成，因此行動研究報告的撰寫未必要與現有的傳統相一致，最重要的是必須彰顯它的特

性。另他又指出，傳統學術研究所採用的某些寫作「形式」（style）、「語調」（tone）或「語彙」（vocabulary）對行動研究而言是不適當的，因為它們隱含著寫作者從其涉入的行動研究中撤出，而這會讓人感到寫作者是參與成員之外的專家。他的看法可說與上述兩點理由相符合。

除了上面兩個理由之外，再以對如下三個問題的討論，來說明以第一人稱為主詞來敘寫的做法是否適當：

第一，是否不符合科學的方法？什麼叫做科學方法？個人認為，凡是能使研究結果儘量逼近「真相」或「真理」的方法即是科學方法。為了讓研究結果儘量逼近真相或真理，不同的方法逐漸被發展出來。例如Dilthey認為若要客觀的理解人們的內在生命，必須採取精神科學的途徑。在實際的做法上，就是先放掉自己的內在生命，然後設身處地的將自己的精神置於詮釋對象所處的世界之中。如此，就可以跳入詮釋對象當時的內在生命，進而重新體驗到他當時的內在世界（陳榮華，1998）。又如 Habermas（1971）認為研究對象的思考和行動可能被某種「無意識動機」支配而不自知，使得研究的結果失真。在這種情況下，即使與研究對象不斷對話並依對話的結果修改對研究對象的詮釋，但真正支配研究對象的「東西」卻始終沒有被碰觸到，從而使得對研究對象的理解有誤。要解決這個問題，Habermas 認為必須對研究對象的無意識動機進行重構。

在討論量與質社會研究的爭議時，劉仲冬（1996a）指出：

> 在實證主義的研究者眼裡質性研究不科學。而質性研究者，不但認爲唯有以質的方法才能充分得到更接近事實眞相的資料，而且他們也認爲量的研究不科學。他們批評量性研究徒具科學的表相，事實上卻遺漏了重要的資料，錯失了眞實的眞相。

會有如此不同的看法，爭議的重心在於科學，因此他接著亦針對「如何才算科學」的問題做討論。最後，他採用Chalmers在《什麼是科學》一書中的觀點作為結論，意指若認定科學只有一種方式，然後依此方式將各種學科劃分為科學或非科學是錯誤的。每一學門是否科學，應依其目的、達成目的的方法及程度來評價。劉氏上述的觀點，可以說亦支持「科學無定法」、凡是能使研究結果儘量逼近「真相」或「真理」的方法即是科學方法的想法。

就行動研究而言，研究報告的敘寫是要呈現自身思考和行動的改變歷程。若把上述對科學方法的看法推衍到研究報告的敘寫上，凡是能夠較真確的傳達研究者自身思考和行動改變歷程的方法即是較科學的方法。而由於以第一人稱為主詞來敘寫的方式較能夠真確的傳遞自己內在的心理狀態，因此應較符合科學的規準。

第二，是否較不嚴謹？假設有兩個研究報告：前者以第一人稱為主詞來敘寫，並能清晰、完整的呈現自身思考和行動改變歷程的來龍去脈；後者以「研究者」三個字來代表研究者的身分，卻用三言兩語草草的陳述自身的思考和行動，甚至該說清楚的都沒有交代。若分別衡量其「嚴謹」的程度，很明顯的，前者可以說較嚴謹，後者則較鬆散。因此，一個行動研究報告嚴謹與否，關鍵並不在於用什麼字眼來代表研究者的身分。即使用第一人稱為主詞，亦能夠做到嚴謹的要求。

第三，是否較沒有學術價值？一個行動研究是否有學術價值，端視其發展出來的問題解決方法或教育觀點是否具有參考的價值。據此，並不能說用第一人稱為主詞來敘寫的行動研究報告就沒有學術價值。

㈡相關的資料

值得提出的是筆者在運用上述策略來呈現自我從事行動研究，以及對行動研究相關概念的探究歷程時，主要是以如下的資料為基礎：

1. 協同反省中的對話的「準」逐字稿

就團隊式的行動研究而言，團體聚會進行協同反省相當重要。因此，從協同反省過程中的對話的「準」逐字稿裡面，可以大概了解我在不同時間對行動研究相關概念的認知情形。

之所以用「準」逐字稿，是因為對協同反省中的對話所做的文字轉譯工作並沒有達到百分之百的程度。整體來說，契合率約百分之九十幾。沒有全部轉譯的，主要是發語詞、語尾助詞、一再被連續重複的話，以及同一時間多人發言中的某些部分（僅揀取聽得清楚或重要的部分來轉譯）。

在第一學期，協同反省中的對話都是由我做轉譯的工作。第二學期，亦大部分由我來做。只有一、兩次因為我實在忙不過來，才由成員自願幫忙完成。說實在的，將協同反省中的對話轉譯成逐字稿是相當累的一件事情，即使打字的速度很快，所須花費的時間也要實際討論時間的十到十五倍。也就是說，如果討論兩小時，可能要花費二十到三十小時才能轉譯完成[5]。既是這麼累，為何成員願意幫忙做這種工作？一個原因是成員逐漸從行動研究的歷程中發現，若沒有了先前討論的逐字稿，團隊探究的焦點將無法延續、彼此想法和行動中的問題所在將不容易被揭露和解決，如此，團隊運作的品質將大受影響。因此，當我實在忙不過來時，他們就表示願意幫忙分攤這個工作。

2.我對每一次協同反省所做的分析與檢討

第四次聚會之前，在將協同反省中的對話轉譯成逐字稿後，馬上會接著對該次的反省做分析與檢討的工作（參表 17-3）。在第四次聚會協同反省後，則在轉譯的過程中邊做分析及檢討的工作（參表 17-4）。整體來說，所做的分析與檢討包含如下幾個向度：

⑴分析自我為什麼會這麼想或這麼做？

⑵分析成員為什麼會這麼想或這麼做？

⑶檢討自我或成員的表現。

⑷再質問成員的觀點或表現。

⑸提出自我的觀點。

⑹分析並檢討團隊的運作歷程。

要說明的是所做的分析與檢討，涉及教學與行動研究這兩個向度。之所以要做此種分析與檢討，一方面是為了要協助自我及成員改善我們對教學所做的探討，以及我們所從事的行動研究；另一方面，則是為了有益於

---

5 Edwards 和 Westgate 指出，在將錄音帶轉譯時，如果巨細靡遺的謄錄，一小時的錄音帶轉換成逐字稿，可能耗費十五至二十小時（引自方德隆，2001）。

▣ 表 17-3　我對團體討論所做的分析檢討（Ⅰ）▣

2000/9/15 對第二次討論的分析、檢討
1. 淑梅本身的問題到底為何，（在第二次討論）沒有具體的指出來並做討論，而是由任俠所發現的問題開始討論。由於淑梅本身是教學者，是否要由她感覺到的問題開始？此處想到的一個問題是，在此次的討論中，要針對什麼做討論主要是由我主導。在下次的討論中可告訴他們，此種責任應由大家分擔，因為如果都由我來主導的話，可能會受到我在反省當時的思考脈絡所限制。 2. 在行動研究的過程中，淑梅本身會去做反省，然後調整自我的教學。 3. 在討論的過程中提出無政府狀態是有問題，必須處理的，因為：這種行為不尊重他人、自己失去透過聆聽來學習的機會、這種行為會干擾他人，以及課程要維持下去。對於這些想法，也就是要達到的教育目的，在討論中缺乏深入的辯證。當缺乏深入的辯證時，表示大家是將它們視為理所當然的接受。大家會視為理所當然的接受，可能是大家生活在同一個文化的關係。因此此處可能需要再澄清。批判的朋友也許可以提供不同的觀點。 4. 在討論的過程中，個人站在引導及質疑的角色，並沒有實質的發表自己的看法。 5. 在這一次討論的過程中，彼此發言的分量不一。 6. 雖然是針對四年級的音樂教學進行討論，不過，由於我們並非直接找出問題解決策略，而是從「為什麼會感到有問題」背後的教育想法切入，所澄清及建構的教學想法、教育目的及教學策略，將對非該班的教師也有幫助。 7. 在整理逐字稿的時候，一方面會促使自己重新回到討論當時的情境；另一方面，又會讓自己對討論的過程做反省。在反省時，可以看到討論當時的盲點所在，因此會產生很多新的想法。此種反省，就如 Donald A. Schön 所提，是一種「行動中的反省」。 8. 在澄清及建構出教育的想法之後（如學生無政府的狀態要處理，是因為……），我們去發展達到此種想法的策略。不過，在討論策略的時候，我們沒有質問為何要用這些策略（談「錄音」策略的部分有；談「溝通約談」的策略時沒有）。因此，這個部分要再加強。在找出具體的教學策略時，仍需要質疑何以要用此種策略。 9. 無論提出什麼觀點都要去找出此觀點背後的想法時，如此的討論會無限的擴大。 10. 我們可能要針對一兩個主題來做，因為一個主題（如處理學生的行為）包含的範圍就已經很廣了。 11. 可以再讓其他人批判我們的討論，以提供不一樣的觀點。 12. 討論的記錄要給其他的成員看。一方面，讓他們確認自己所說的內容，以及所陳述的意思是否就如討論當時所說；另一方面亦可促使他們就討論的過程及內容做反省。

▣ 表 17-4　我對團體討論所做的分析檢討（II）▣

2000/9/26　對第四次討論的分析、檢討片段 團體討論時的對話	初步的分析與檢討
郭：比如說，假如是這樣的話，直接問的話，可能沒有辦法問出來， 任：哦，對對對。那我有私底下約談那個人，然後我就跟他講說，你覺得這樣好不好，然後他就說知道。然後我就說，你為什麼沒有常常說請、謝謝、對不起？他說，啊大家都不說啊！他知道這樣說話也許是不好，那他在私底下才會承認，在公開場合他不會。 郭：那也有這班級氣氛啦、班級文化、同儕的影響。	
任：對對對。 我：那我要問的就是說，你剛剛談的這幾點啊，那它跟我們上一次所討論出來的想法或策略，你覺得它有什麼搭上線的地方？ 任：就是說我們第一次就是說，就是放錄音帶給他們聽嗎（我：對對對），那他們聽完之後，每個人的回答就是不認錯…… 我：你上次不是說沒錄到？哦，後來又有錄到…… 任：有，有，有錄到他們一節課裡面說話的情況，我就放給他們聽（淑：放給全班聽），放完之後我就停下來三五分鐘，我就停下來說，你們這樣的說話方式你們剛剛也有聽到囉，然後這種方式你們覺得怎麼樣？他們就說：沒有什麼不好啊。所以他們就是不認錯啊，你怎麼跟他們說道理？	發覺任俠只是在陳述其體驗，並沒有依實踐的體驗來反省先前討論出來的東西，因此問這個問題，試圖引導他往這個方向去思考。
郭：那你在問的時候，你是在當眾問、還是在私底下問？ 任：當眾問。 郭：那當眾問會不會更有那一種…… 任：同儕的那一種…… 郭：就面子問題，他更不敢承認這樣…… 任：有可能，所以後來我有私底下約談一個，對，然後就順便了解他們班分化的原因，後來才導出那個轉學生的問題。他們的班級會失序，很多時間都是由那個黃××引起的。 郭：轉學生……	郭主任可能認為當眾問和私底下問的結果會不同，因此他問這個問題。當這樣去思考問題時，所思考到的將僅是技術的問題，並無法突破原先的想法。

未來將行動研究的歷程加以呈現。據此，也可以從我對每一次協同反省所做的分析與檢討中，了解我對行動研究相關概念的認識及轉變。

3.我對自己所思所行的反省

在行動研究的過程中，我不斷的就自己的所思所想、所作所為進行反省。所做的反省，在目的上可分為兩種類型：

第一種類型的自我反省是了解自己是如何想、如何做，以及為什麼會如此想和如此做（參表 17-5）。為何會在行動研究的過程中從事此方面的反省？可以說，主要受到 Hall（1996）一篇文章的影響。從他的文章中知道，未來若要較真實的呈現對教學及對行動研究進行探討的歷程，在研究進行的過程中，必須時時對自我的所作所為進行「反省」（reflexivity）。在反省時，可依如下兩個原則進行：

⑴在研究進行的過程中，監控自己是「如何」推動行動研究。如反省自我的企圖是什麼、為達企圖所做的運作是什麼、如何蒐集、如何分析和詮釋相關的資料、如何理解成員的感受和回應，或是如何試圖影響或調整團隊運作的方式等。

⑵必須反省自我先前的生活經驗、知識、價值、信念或概念是如何影響自己的所作所為。也就是說，必須揭露自己的思考歷程，以清楚的呈現「為什麼」如此詮釋及推動行動研究。

若在研究的歷程中能進行上述的反省，讀者在閱讀時，就會宛如 Silverman所說，和作者在研究的當時「一起思考」（think together），從而增加研究的「可信性」（credibility）（引自 Hall, 1996）。並且，讀者也會對整個研究歷程有較深入及完整的理解。

第二種類型的反省則是去檢討自我對行動研究的認識是否適當，或者是應如何進行團隊行動研究才好（參表 17-6）。做這種反省，主要是為了改善自己對行動研究的認識及團隊的運作。

事實上，在對每次的協同反省進行分析與檢討的過程中，亦會涉及上述兩種類型的自我反省。為了避免混淆，這裡的自我反省是指對協同反省進行分析與檢討之外所做的反省。而透過對自我反省的分析，亦可以從中

▣ 表 17-5 自我反省類型（I）▣

對第四次討論自己為何會有某種說法進行反省的片段	
團體討論時的對話	自我反省
我：就我們上次是決定要從那個…… 郭：有三個題目嗎。 我：第一個問題就是——為什麼要學音樂嘛？如果確定要學（音樂）的話，要學哪些東西嘛（淑梅、莉雪：嗯）？那在討論這個之前，我想要提一下的就是——譬如說，像我們這種討論，在討論的過程中，你就去，就實際去做了嘛，譬如任俠就有去做了嘛（淑梅：對），你做了以後可能（會對先前討論的結果）會有一些不同的想法，這個不同的想法，是不是也要把它提來這裡再討論。那你在討論的時候，可能又會澄清（或修改）之前我們所討論出來的（想法或結果）（多人：嗯，對）。那——就是說，你們覺得這一次，以後的討論我們是先進行新的問題，還是說就你實踐的心得…… 郭：要做一個報告，這樣…… 我：沒有，沒有。就譬如說，你去做對不對…… 郭：對…… 我：那做的時候你不是有一些感想嗎（任：對）？ 郭：就是上一回的…… 我：但是那些你如果沒有把它拿出來檢討（任俠：對啊），你如果把他拿出來討論的話，對我們已經討論過的，又會比較深入了（任俠：嗯—對）……	在昨天（九月二十五日）的想法的引導之下： 希望團體的成員，能就實踐的情形重新檢討原先討論出來的想法，並將檢視的結果提出來做團體討論，以得到更合理的教育想法，並據以產生新的教學策略。
任：因為一開始，我們上次一開始就不是從那個地方切入的，那如果要回頭也可以，因為我這邊剛好有一些…… 我：所以我現在想確認一下，第一個，我們是從新的問題開始，還是說，譬如說我們討論完了，你就去做，那做了以後，你可能有一些感想嘛，然後從你的感想這邊開始，然後再新的問題……	雖然心裡認為應該先根據實踐來檢視原先的想法，但僅說明自己的觀點，因認為在「協同」的精神之下，討論的主題應由團體的成員共同決定。

▣ 表 17-6　自我反省類型（II）▣

2000/9/7 反省應如何進行團隊行動研究的節錄
（第一次討論決定）從音樂問題著手，把重心放在解決實際的教學問題，好像比較屬於 Carr 和 Kemmis 所說技術層次的行動研究。不過在思考過幾次之後想到，之所以會感到教學有問題，可能是因為學生的表現和我們的預期或我們的教育目的、教育價值不同。因此在思考如何解決問題時，不能僅放在技術的層面，尋找問題的解決之道。應可以進一步的探討澄清所擁有的音樂教育目的、音樂信念或音樂價值究竟為何。在探討之後，可以明白對音樂教育的目的、價值或信念的看法，並可以知道為何會感到教學有問題。 當做這樣的探討之後，還可能重組自己對音樂教育的目的、信念或價值觀的看法，並且依據重組的結果發展新的教學策略。如果能做到這樣，就屬於實踐的行動研究。也可以說，實踐的行動研究包含教育目的、信念或價值觀的揭露與重組，以及新的教學策略的發展。在此種研究中，技術的行動研究的目的已包含在內。 既然已揭露並重組教育目的、信念或價值，那解放的行動研究究竟為何？在目前的體驗是，若所揭露及重組的教育目的仍受到不合理的意識型態支配的話，仍不能算是解放的行動研究。當此問題得到解決之後，才算解放的行動研究。 雖然做這樣的思考，目前的問題是：要做何協助參與協同行動研究的夥伴了解及接受我的看法，並依這樣來做。還有，自己所建立的協同反省的方法和策略要如何引進此團體中？ 一種方法是直接說明我的想法，並拿我整理出來的架構讓他們參考；另外一種則是先不要說明，在討論的過程中視需要逐漸的提出。亦即協同反省的品質沒有提升、無法得到實踐或解放層次的反省結果時，再逐步的引入自己有關於如何反省的種種想法。目前，自己是選第二種做法，但自己也很難說明為什麼要這樣選。好像是認為大家的討論也許就會達到此種程度，如果不行的話再提出來會比較好。 …… Carr 和 Kemmis 提到要對限制教師思考和行動的意識型態進行批判，或是要對控制人們思考和行動的習俗、慣例、前例，或強迫進行批判，以達到解放的目的。問題是，實際上要如何開頭，才是對限制教師思考和作為的意識型態進行批判？自己先前提出的觀點是以種種被視為理所當然的教學想法、態度或教學想法作為反省批判的對象，然後，從中揭露教師的思考和作為是受到何種不合理意識型態的支配。 那要如何對種種被視為理所當然的教學想法或作為進行反省討論？自己先前想出的方法是：透過觀察或談話，把教師的教學作為或想法都登錄下來。如某教師如何進行國語教學、如何處理學生失去社會規範的行為、他對社會

（續下表）

規範的看法為何、如何鼓勵學生學習、如何指定回家作業及改作業、如何處理學生之間的糾紛等。在登錄之後，就可以作為反省討論的對象，並透過批判的方式以澄清其中是否有不合理及矛盾之處。然後，再建構出較合理的教學想法及教學策略。 　　當昨天（9/6）把這種想法告訴他們時，自己也覺得不是很清楚，也不太確定一定要怎麼做。 　　不過剛才在寫上面「如某教師如何進行國語教學……」這一段話時，突然靈機一現。我們團體決定要對教學做觀察，那不就是把教師視為理所當的教學作為記錄下來，作為反省討論所針對的內容了嗎？如果在教學觀察記錄的旁邊，再加上授課教師所說自己何以如此教……

擷取自己在行動研究的過程中，對行動研究相關概念的掌握及改變的情形。

4.我和成員私底下的對話記錄

如果參與成員經常碰面，那麼將有很多私底下的對話會和行動研究的運作有關，像我們團隊就是這樣。另外，當我對成員的教學進行觀察之後，亦會和成員針對其教學進行討論。由於與成員私底下的對話亦屬於團隊運作的一部分，會對團隊的運作造成影響，因此我也蒐集這方面的資料。

有時，我是在對話之後才利用時間將先前的對話做重點整理（參表17-7）；有時，我亦會在談話的過程中邊做記錄，然後，在對話結束後將

▣ 表 17-7　與成員私底下的對話記錄（I）▣

2002/9/26 第四次討論後與成員聚餐時，彼此對話的重點整理
今天討論完後去聚餐，結果大家還是持續的討論與教學有關的問題，如數學教育的問題、學生行為處理的策略等。一直從七點左右談到九點多，直到人家要關門了，可說是欲罷不能。 　　在過程中，談到在「天人教育基金會」的教學討論。他們的想法是：天人教育基金會中的討論，大家各說各的，講完就算了，並且對自己根本沒有幫助。我自己也參加過一次，我也覺得如此。我說這種討論是一種「各自表述」的討論。參與討論的人不去理解別人到底說什麼、別人的觀點是什麼，在意的僅是說出自己的想法。為什麼會這樣，他們提到可能是由於領導者能力的問題。

（續下表）

提到此點，任俠說：和王××討論時，就不會發生此種情況。因為他會不斷的把你引到他的想法那邊去。任俠這樣說時，我就順勢的說明：我在我們這個研究團體中，我是扮演什麼角色？

我分別從指導者、引導者及分享者這三種角色來說明，並提到我是以引導者的角色切入，目的則是希望大家能彼此引導行動研究的方向和進行。事實上，在這兩次的討論中，就是由大家決定要探討的問題。因此我說：我們已有交互引導的雛型。

在吃飯的過程中，莉雪把她的主食——「一塊魚」留到最後才吃。任俠就問，這代表什麼意思、為什麼有些人會把自己最喜歡吃的東西留到最後面？大家在一陣各自表述之後，我亦順勢的提到：

人的思考和行動會離不開他的生活經驗。要理解一個人的思考和行動為什麼會這樣，可以試著從他生活的歷史來問他。如果他願意誠懇、開放的回答的話，我們就可能從不斷的質問中，了解他為什麼會這樣。我們下一次討論時，也可以用這個方法。例如任俠你說，你的教育觀點比較人本。那我問說在生活的過程中，是什麼讓你比較人本？你回答說是因為「我爸爸很開放，讓我感覺很好。」透過這種質問及從生活的歷史切入來問的方式，我們可以理解一個人的思考和行為為什麼會這樣。

這種方式還有一個優點，就是在澄清為什麼會有某種想法或行為的過程中，被問者可能從中發現自己想法的不合理之處，因而主動的調整自己的想法。而發問者也可能從回答中發現其不合理之處，因而進一步的質問，以促使彼此得到更合理的共識。

莉雪、淑梅還提到，去參加天人教育基金會的人，可能由於本身的觀點就比較類似，因此他們很容易的就接受史×的觀點，甚至把他當做神，認為他講的就是對的。對此點，我引入「意識型態」的概念。我說，例如「教材要跟學生的生活經驗相結合」（前一次討論的主題之一）就是一種意識型態。它先存在於我們的外在，在我們生活的過程中，我們可能自然而然的接受它。當我們接受它時，它就進入我們的腦海中，支配我們的想法和行動。人本的觀點就是一種意識型態。意識型態不一定是合理的，例如國中的數學根本不可能和生活經驗相結合。雖然意識型態可能是不合理的，但我們常常不知道，並以為它就是對的。要突破不合理的意識型態，需要其他人的幫助。透過像我們這樣的討論，就有可能把其中的不合理之處找出來，並發展出不一樣的觀點。

今天在吃飯時，經過反覆的說明之後，他們終於較能理解我的構想之一：即在討論的過程中，針對討論所得到的暫時性的結果去實踐，然後，再把實踐的結果及想法拿到團體討論中做討論。不斷的透過此種過程，會不斷的擴充或修改原先所建構的觀點，因而使得所建構的……

當時的對話過程摘要呈現（參表 17-8）。另還有三、四次，我手邊剛好有錄音設備，就將彼此的對話錄下來並轉譯成逐字稿（參表 17-9）。除了這種隨機式的對話之外，有時亦會根據事先所感到的疑問擬定問題的方向，然後利用時間向成員訪談。在訪談之後，亦將其轉譯成逐字稿。

從上述與成員私底下的對話中，亦可以得知我在某一個時期對行動研究相關概念的掌握及轉變。

5. 我對相關理論和研究所做的整理與討論

在行動研究的過程中，我持續探討相關的理論和研究，並且依探討的結果提出與行動研究實施有關的一些想法的。這些，代表在某個時期我對行動研究相關概念的掌握情形。舉例來說，在團隊第一學期運作的過程中，我亦邊參考 Habermas 的相關理論，並提出「以 Habermas 的理論為基礎的教育行動研究」這篇文章。在該篇文章裡面，就討論了為什麼要做行動研究、要如何做行動研究、研究者的角色及行動研究的價值等問題。

值得提出來的是在探究 Habermas 相關理論的過程中，當時的行動研究經驗發揮了引導和啟發的功效，讓我對 Habermas 的某些說法有更深刻的理解。

6. 成員的自我反省

在行動研究的過程中，有時成員會自我反省並將反省的結果公開呈現。若是如此，我會對其加以分析以作為改善團隊運作的基礎。而現在，則可以從成員當時的自我反省中，了解我在某個時間點對行動研究相關概念的可能看法。例如某個成員某次自我反省的部分內容是：

> ……在會議進行時，我無法馬上接受協同反省的內容，而不斷做「強辯式反駁」。或許如潘老師所說，可以用「反質問」的方式，讓組員澄清其想法（使想法更接近合理的價值觀），而我有機會更清楚的明瞭組員們的看法，也就更容易接受協同反省的觀念，進而修正自己的一些觀念（任俠自省——6-89/10/18~89/10/31）。

▣ 表 17-8　與成員私底下的對話記錄（II）▣

2000/11/9 與任俠對話過程的摘要	分析與檢討
（今天和任俠就上次討論的結果，做一些討論）： 在討論的過程中，大家一直針對你的想法或教學來質問你，你有沒有什麼感受？ ＊我的壓力會變大，我會一直去找資料充實自己，因為我不認輸，我會找一些資料，來支持我自己的觀點，別人的觀點，我也會去看。 ＊我以前在建設公司設計案子的時候，一直被質詢過來，因此我的接受度會較高，對於質問，比較不會有情緒上的感受。 ＊組員的興趣可能會降低，因為我的教學問題，可能他們不是很感興趣。像郭主任和淑梅，對音樂教學可能比較有興趣，因此在討論我的教學問題時，我有感覺到他們的興趣有降低。還有以前在討論音樂教學時，我也有這種經驗，我的興趣也不是這麼高。	此問題要徵詢其他成員的意見，再想出解決的辦法。
你會不會比較想談實際上應怎麼設計課程？ ＊不會，像我們現在這樣談，把理念做澄清，我覺得這樣很好。至於實際的課程設計，把理念澄清之後，就可以照這樣來做設計。像淑梅，和我們一起談過，還有和我談過幾次，她哭過幾次之後，就改變了，就不會把視譜視為理所當然。我對體育課的教學，在澄清之後，我的做法也都改變了。 ＊另外我的問題是，我在想法改變之後（指變成要求學生學習，但運用不同的教學策略），我需要時間來實證。因此，可能要過兩、三個禮拜再來談這個問題。 你說你現在變得會要求學生學，是因為要提供他們有進階學習的機會。不過在上次的討論，你又提到重要他人，如學生、家長及學校的期望，也促使你轉變，什麼原因才是主要的原因？ ＊其實我最 care 的是學生，其他的我都不會很在意。 你的意思是你從實際的教學經驗中，發現學生連最基礎的都不會，你才改變你的教學？ ＊對。 可是你又說你接受協同反省的觀點，要提供學生進階的機會？你會改變，到底是因為你的教學經驗，還是協同反省？ ＊應該都有。當我發現學生連最基礎的都不會的時候，我想到我們在協同反省時大家提到的，必須提供給學生進階學習的機會，所以我做了改變。 ＊如果沒有參加這個討論，我從來都不會檢討我自己。	淑梅對音樂課、任俠對體育課教學目的和教學策略的轉變，可作為下波探討的重點。

▣ 表 17-9 與成員私底下的對話記錄（Ⅲ）▣

2001/3/19 與任俠、淑梅及莉雪對話的逐字稿片段	分析與檢討
任：那時候我有跟你講過，我發現到說，以我的科目跟教學為主軸的時候，其他人對這個科目好像不是這麼熟悉，而且好像不是對自己有益，然後在做回應探討的時候，我們其實不是那麼用心在做回饋的部分。那像現在以國語科為主的時候，曹老師好認真哦，那我們也會很認真。你難得會看到大家都同時會交自己的心得或東西出來，連淑梅都會提一些不錯的問題出來，你看有改變。事不關己…… 我：是不是討論主題的改變？ 任：有沒有關己的問題。事不關己的話，在討論的現場可能會很認真，可是在事後回家的時候，你有沒有想要在這個領域再專研下去，那個會差很多。你看，像現在我們會去自己找書，看語言學習是怎麼樣、國語科的教學法是怎麼樣。 我：那淑梅你呢？	任俠說明他當時覺得需要改變團體運作的方向，是因為他有些感覺。
淑：上學期的話，我是覺得雖然有在討論，但是有關實作的部分比較少。所以就像他講的，討論的時候會很投入，那一天會想很多東西，可是回去的時候，又感覺好像，跟討論會好像…… 我：就是當場你會關心…… 淑：對，那因為是他的教學，所以會感到和自己好像不是很貼切。 我：那莉雪你呢？	淑梅的感覺。
莉：我哦，我不知道，我覺得好像一片空白。 我：例如，對我們討論的問題，一再回到要不要要求學生學這個問題…… 莉：對，一直在裡面繞圈子…… 我：像這樣子一再的討論那些問題，那個時候，你們的感覺是怎麼樣？ 莉：剛開始會覺得這個問題一定必須要去找出一個答案來，後來我覺得這問題好像一直存在啊。我覺得這應該是老師在教學上自己的理念而已啊。 我：不斷的討論這些問題，你會不會就比較不想參加討論？ 莉：不會啊。 我：或者是在討論的時候，覺得實在是不想再碰到這個問題？	莉雪並不會有我的感覺，也沒有像任俠一樣的感覺。

從該成員上面的自我反省裡，就可以得知在當時我對於應如何進行協同反省的某種看法（在協同反省時運用反質問）。

此外，成員的自我反省還有另一種功效，即可以從中更完整的了解我所從事的行動研究的面貌，從而突破個人的所見所聞、所思所想的盲點。

二、行動研究後再反省與調整歷程的分析與呈現

在行動研究的過程中，雖然不斷設法改善自我對行動研究的認識，但這並不代表在行動研究的末段所擁有的行動研究觀點就一定是對的。同時，也不意謂著在行動研究的過程中，所做的思考和調整就沒有問題。在整個行動研究的過程中，自我對行動研究相關概念的掌握情形可能都有值得再商榷的地方。因此，必須對自我從事行動研究及對行動研究相關概念的思考歷程加以檢討，然後再提出應如何進行行動研究的觀點。

以下，亦分別說明是透過哪些策略和資料，來分析及呈現自我在行動研究後的再反省與調整歷程：

㈠依思考和行動的類別

為了在再反省後，能系統的提出如何進行行動研究的觀點，所採取的第一個策略是「依思考和行動的類別」。也就是說配合先前的分析與呈現，然後從行動研究各個重要面向（如行動研究的目的、團隊的組成、探究主題與問題的形成等）逐一再反省自我的思考和行動（參表 17-10 之例）。這樣做，還可以協助讀者對於行動研究的相關概念有一個較為統整的掌握。

㈡呈現自我在各類思考和行動的轉變歷程

在「依思考和行動的類別」再反省時，先簡要呈現自我在各類思考和行動的轉變歷程，以作為進一步再反省的基礎。舉例來說，在再反省自我對於「行動研究目的」的看法時，先簡要呈現文獻探討階段對行動研究目的的想法及在行動研究的過程中，相關想法和行動的轉變。

之所以如此做，一個原因是認為透過這種方式，可以使「實際」（自

我思考和行動的轉變歷程）與「理論」（再反省後，所提出應如何從事行動研究的觀點）得到更密切的結合，從而協助讀者更清楚的理解往後可以如何從事團隊行動研究。

▣ 表 17-10　依思考和行動的類別再反省之例 ▣

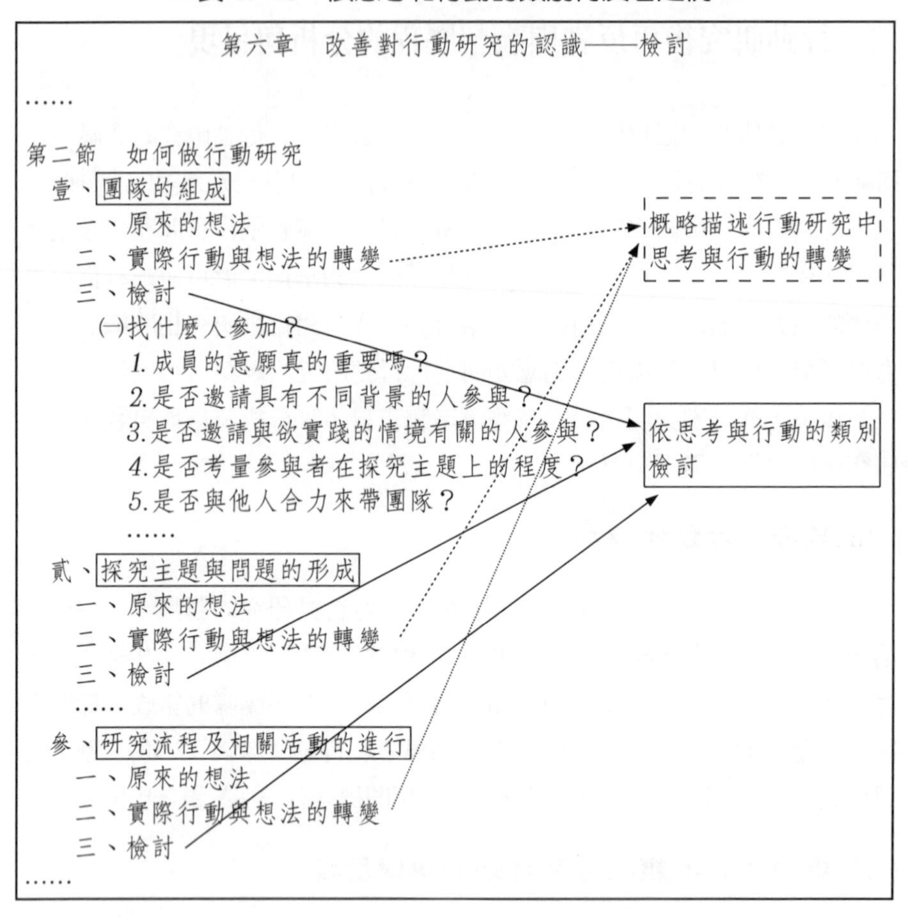

(三)揭露並解決自我思考和行動中的問題所在或不足之處

再反省的第一個目的在找出行動研究時自我思考和行動中的問題所在或不足之處，然後試著提出解決之道。為了達到這個目的，筆者用了如下的子策略：

1. 在意識上刻意發覺問題或不足之處

在再反省的過程，筆者在意識上刻意發覺自我先前思考和行動中的問題所在或不足之處。希望藉此，能突破先前的思考與行動。

2. 參考相關的理論或研究

所謂「他山之石，可以攻錯」，從對他人理論或研究的參考中，一方面有可能發現自我的問題所在或不足之處，另一方面則可能從中得到啟發進而改善原先的想法。

例如在參考成虹飛（1996）、鍾宜玲（1997）、陳惠邦、李麗霞（1999）及蔡清田（2000a）等人所推動的行動研究後，發覺必須釐清行動研究的意義。因為在成虹飛、鍾宜玲，以及陳惠邦和李麗霞的研究中，以討論為主要的運作型態；在蔡清田所進行的行動研究中，則以問卷調查及訪談作為主要的方法。也就是說，雖然都稱做行動研究，但在方法上卻有不小的差異。如此，都能稱做行動研究嗎？不過，在文獻探討階段及實際從事行動研究的過程中，都沒有思考過這個問題。在這種情況下，所提出的行動研究觀點將是不足的，因它沒有告訴有志於從事行動研究的教育工作者怎麼做才是行動研究。因此，就試著去思考行動研究的基本要求，並參考相關的論述然後提出觀點。

3. 參考成員的觀點

從成員的觀點裡面，亦可以得到部分的訊息來判斷自我的思考和行動是否適當或不足。它包含成員對自己參與行動研究歷程的回顧，以及成員對我們這個團隊所做的探究：

⑴成員對自身參與行動研究歷程的回顧。在第一學期，某個實習教師相當投入。這名教師，是成員裡面最認真做自我反省的那名教師。在第二學期開學後約一個月（2001 年 3 月底），我問他願不願意把自己改變的歷程寫下來，然後，我再根據他所寫的歷程來討論團隊行動研究這一個概念？我告訴他，未來我們可以用聯名的方式發表這篇文章，以對其他實習教師

的教學和他人的團隊行動研究產生幫助。結果，他表示同意。我提醒他在寫的時候，要特別注意他的轉變和我們所從事的行動研究之間的關係。做這種提醒，是為了要從他的敘述中，了解與行動研究有關的事項。最後，他寫了三萬多字。在他完稿後（2001 年 6 月初），我就開始以他所寫的內容為基礎來檢討和行動研究有關的概念，並將整篇文章發表在某學報（潘世尊、江振賢，2002）。

在第二學期，又有另一名女性教師相當投入。同樣的，在第二學期結束之後，我問她是否願意回顧自己教學轉變的歷程，以及自己的轉變與所參與的行動研究之間的關係。結果，她亦表示同意，並且利用之後一年的時間，以三十六頁的篇幅（約五萬字）完成這方面的工作。

這名教師及上述實習教師所寫的內容，就可以作為判斷筆者在行動研究的過程中，對於行動研究相關概念的認知和做法是否適當的參考。舉例來說，後面這名成員在其回顧裡面寫到：

> 3.在小組討論的過程中，關於如何形成共識的問題，如低年級的學生發展閱讀能力的想法，我一度相當堅持太難了不適合，後來經過一段時間的討論，雙方嘗試教學，結果，證實潘老師的想法是可行的，整個形成共識的過程就如潘老師在討論開始不久所提出的觀點一樣，所以潘老師的想法很值得參考。就是：在討論的時候，大家不一定要有相同的想法，我們也不確定別人的想法是不是跟自己一樣。如果覺得人家的想法很好，我們就接收。如果覺得人家講的實在沒有道理，我們就根據自己的想法去做教學。然後，我們再去看看實際的教學，看看哪一種想法比較有道理。如果覺得別人的想法和實際的教學比較有道理，我們可能就會改變自己的想法，所以我們也不一定說要同意別人的看法……。這樣的想法和做法，使得大家都有機會修正自己不合理的觀點，發展出對學生的學習眞正有幫助的教學想法和做法（曹師自我回顧——90/7~91/5，34 頁）。

從她所寫裡面，就可以作為判斷筆者對行動研究的運作方式（是否要建立共識）的認知適當與否的參考。

⑵成員對我們這個行動研究所做的探究。我們成員裡面有一名外校的郭主任正在某師院進修教學行政碩士班，在參與行動研究的第二學期他正好要寫碩士論文。結果，他選擇以我們這個團隊的運作作為研究對象。因此，他的碩士論文亦可以作為分析自我對於行動研究相關概念的認知和做法是否適當的資料。舉例來說，他在碩士論文裡面寫到：

> 由上述例證中可明顯看出，成員在對質問方法尚未熟練前，常有延伸話題或偏離主題的現象，不過在潘老師不斷的說明和指導下，並從實際討論歸納、聚焦、質問等方面逐漸引導，加上成員經過實際討論、質問和擔任討論引導人的淬鍊，對於討論、質問的狀況也較能掌握，甚至偶有經典之作出現（郭主任論文——90/4~90/11，116 頁）。

要如何推動行動研究？個人的看法是在研究初期必須引導團隊的運作，因為成員都對行動研究沒有什麼認識。而郭主任上述的研究結果，就可以作為判斷自己此一想法和做法是否適當的參考。

4. 分析自我改善教學的歷程與結果

之所以從事行動研究，一個重要的意圖是改善自我的教學。但分析自我改善教學的歷程後發現，某些環節可能影響改善的成效。舉例來說，當成員的教學經驗或是先前對教學所做的探討都不如自己時，會形成自己付出的多、得到的少的情況。這個體驗，讓我知道未來在從事行動研究時，可以邀請對探究的主題較有經驗或背景的人參加。因此，從對自我改善教學的歷程與結果的分析裡面，亦可以揭露先前自我的想法和行動中的問題所在或不足之處。

此外，在文獻探討階段，我認為透過行動研究，可以得到理論、專業、教育、理論與實踐結合及解放等五個層面的價值（潘世尊，2000a，2000c，

2000d）。但是否真的如此？自我改善教學的結果就可以作為思考這個問題的參考。

㈣思索並突顯自我思考和行動中值得參考的地方

除了揭露並解決自我先前思考和行動中的問題所在或不足之處外，分析並突顯其中值得參考的地方亦是重要的。因為這樣，對於有志於從事團隊行動研究者亦有相當的幫助。

舉例來說，在每次聚會結束後要如何找出待探討的問題，以深化對某個主題探究的結果？分析自我在行動研究過程中的思考和行動後發現，我是透過實際教學、觀察教學、自我反省、分析成員的想法和行動、分析團隊運作的歷程、訪談成員及與成員一起討論等活動來揭露值得進一步探討的問題。在檢討後認為這些都是值得參考的策略，因此就建議其他人也可加以運用。

㈤分析最後所提出來的行動研究觀點的價值及未來努力的方向

在對自我改善對行動研究的認識的歷程加以檢討之後，提出和行動研究有關的一些觀點。這些觀點的價值在哪裡、是否有值得參考之處？揭示這些，一方面可以協助有志於從事行動研究者判斷是否要參考個人所提出的觀點，或是在何時可以參考；另一方面，則可以給予參考此觀點者信心。

要提出的是，雖然最後所提出的行動研究觀點可能有其價值，但它仍然只是暫時的結果，並且在參考應用的過程中可能會面臨一些問題。未來可以往哪個方向去努力，以使其更好或排除應用過程中的問題，是最後檢討的重點。檢討的結果，筆者將其放在論文的最後（第八章，見潘世尊，2003a：487-500）。

參、改善對教學的認識——歷程的分析與呈現

以下，仍然先說明筆者是如何分析與呈現行動研究中探討教學的歷程。之後，再說明是如何分析與呈現行動研究後的再反省與調整。

一、行動研究中反省與實踐的歷程分析與呈現

在思考要如何呈現自我改善教學的歷程時，最先做的是「選擇焦點」。在焦點確定後，才運用相關的策略和資料來呈現。

㈠焦點的選擇

在團隊運作的第一學期，我們主要是以最投入的那名成員的教學觀點作為探討的對象。因為他最投入、最勇於發言，而他的觀點又常和大家不同，因此自然而然的，他的觀點就成為大家質疑批判的焦點。為了回應該名成員的教學觀點和方法，筆者曾先後系統的申請自我的觀點。首先，由於不認同其「不應要求學生一定要參與學習」的想法，筆者回顧先前運用人本心理學大師Carl Rogers的理論進行教學的經驗，然後寫成〈Rogers的人本教育觀：理論、實踐與反省〉一文，作為成員進一步批判論辯的對象。其次，由於覺得他引導學生解決自然科教學上的問題的方法不太適切，因此，就依自我的教學體驗寫了〈教學上的鷹架要怎麼搭〉一文和成員討論。雖然如此，自我的教學想法和行動並沒有因此而產生較大的轉變，唯一的收穫是在上述兩個主題的教學想法得到進一步的釐清與統整。

到了第二學期，我們團隊改以國語科教學作為探討的對象。由於之前我並沒有探討過國語科教學，因此在一個學期的探討之後，自我的教學想法產生了相當程度的轉變。據此，決定把呈現的重心放在探討國語科教學

的歷程上。

㈡策略

在確定分析與呈現的焦點（即選定值得提出來的部分）後，所採用的策略類似先前呈現自我從事行動研究及探究行動研究相關概念的歷程，包括：依思考和行動發生的先後次序、賦予重要的思考和行動標題，並整理出支持性的資料、突顯認知轉變的關鍵點、設法增加可讀性，以及以第一人稱為主詞來敘寫等。

㈢相關的資料

在相關的資料上，亦採用類似的資料來源，包括：協同反省的「準」逐字稿、我對每一次協同反省所做的分析與檢討、我對自我的所思所行的反省、我和成員私底下的對話記錄、我對相關理論和研究所做的整理與討論（和語文教學有關的理論或研究）、成員的自我反省等。

二、行動研究後再反省與調整的歷程分析與呈現

總的來說，我是採用如下的策略再反省與調整先前對教學所做的探討：

㈠依「課」的教學目標、內容、流程及方法

在行動研究的過程中，我提出低年級國語「課」的教學觀點，包含「課」的教學目標、內容、流程及方法。因此再反省時，就分別從這幾個向度來再反省並提出觀點。

㈡揭露並解決所提出來的教學觀點中的問題所在或不足之處

之所以再反省，是希望最後提出來的教學觀點更趨完善。因此，必須揭露及解決在行動研究的過程中，所提出來的教學觀點中的問題所在或不足之處。那，筆者是如何達成此一目的？

1. 在意識上刻意發覺問題或不足之處

同樣的，筆者刻意在意識上試著去發覺問題或不足之處，期能突破先前於行動研究過程中對國語科教學的看法。

2. 參考相關的教學理論或研究

例如在重新參考 Collins、Brown 和 Newman（1989）所提出的「認知學徒制」（cognitive apprenticeship）後，發覺在培養學生有關於閱讀的後設認知時，可在行動研究過程中所提出的四個方法外，再加入「反思」（reflection）這個策略。

3. 參考成員對自身參與行動研究歷程的回顧

舉例來說：在課文教學後，為什麼要請學生念課文？在行動研究的過程中，我提出這樣做可以再引導學生念出正確的字音，以及引導學生從念中深入的理解作者想要表達的想法或情感。不過，在參考成員中曹老師的自我回顧後發現，此時請學生念課文，還可能讓學生的情感從中得到薰陶和抒發，並且因而啟發某些學生想要往播音員、幕後配音員、話劇演員等方向發展的傾向。

4. 參考自我往後的教學經驗

在行動研究結束對國語科教學的探討後，我在原校擔任二年級的導師，並以之前所發展出來的教學觀點為基礎進行國語科的教學。在兩學年的教學過程中，對於「課」的教學目標、內容、流程及方法都有新的體會。因此，可藉以揭露先前所提出來的教學觀點中的問題所在或不足之處，並據以提出解決之道。

舉例來說：除了散文之外，所採用的課本每個學期都會有幾課用新詩、書信或日記寫成的課文。這，讓我逐漸發現協助學生知道可以用不同的型式來寫文章亦是重要的目標。因此，就將原先所提出來的「課」的教學目標加以重整。

㈢思索並突顯所提出的教學觀點值得參考的地方

如上所述，除了找出問題之外，分析並突顯所提出來的教學觀點值得參考的地方，對於教師的教學亦有幫助。

舉例來說：在行動研究的過程中，受到成員發言的影響，我曾提出可教導學生「問作者問題」這個閱讀策略。在檢討和這個策略的教學有關的問題之後，再次確認並建議可以教導低年級的學生這個策略，以培養學生質疑批判的態度與能力。

㈣分析最後所提出來的教學觀點的價值及未來努力的方向

在再反省後，我重新提出國小低年級「課」的教學觀點。同樣的，最後亦去檢討這個觀點的價值及未來努力的方向，以達成如下的目標：⑴協助教師判斷是否要參考所提出的教學觀點，或是在何時可以參考；⑵給參考此教學觀點的教師信心；⑶揭示未來如何才能使所重構出來的教學觀點更好，或協助教師排除應用過程中的問題。同樣的，此部分亦放在論文的最後面，以揭示其具有「回顧與前瞻」之性質。

肆、結論與建議

本文主要在說明行動研究後，如何分析與呈現研究的歷程。說明的重點為如何分析與呈現「行動研究中的反省與實踐」，以及「行動研究後的再反省與調整」：

在分析與呈現行動研究中的反省與實踐時，可參考的策略為：⑴找出思考和行動值得提出來的部分，然後依思考和行動發生的先後次序呈現；⑵先將值得提出來的思考和行動歸類，然後在各個類別內，依思考和行動發生的先後次序呈現；⑶找出思考和行動值得提出來的部分，然後依思考和行動發生的先後次序詳實呈現，以揭示其來龍去脈。此外，亦將值得提出來的思考和行動歸類，然後依思考和行動發生的先後次序簡要呈現。一方面清楚揭示自我在不同面向的思考和行動的樣貌，另一方面作為檢討自我的思考和行動的基礎；(4)依思考和行動發生的先後次序詳實呈現時，賦予重要的思考和行動標題並整理出支持性的資料；(5)突顯思考和行動轉變的關鍵點；(6)設法增加可讀性；(7)以第一人稱敘寫。

至於行動研究後再反省與調整歷程的分析與呈現上，可參考的策略為依思考和行動的類別來檢討。實際上，可先說明自我在行動研究前的想法，以及簡要呈現自我於行動研究過程中的反省與實踐。然後，再針對行動研究過程中的思考和行動加以檢討。檢討時，一可揭露並解決自我思考和行動中的問題所在或不足之處，二可思索並突顯自我思考和行動中值得參考的地方。最後，還宜從較高且較廣的視野思考所提出來的行動研究觀點的價值及未來努力的方向。此方面的思考，可放在論文的最後面。

有志於行動研究者可參上述策略來分析與呈現行動研究之歷程，然要注意的是宜視自我行動研究之特性加以調整。筆者在該行動研究（潘世尊，2003a）的過程中，同時探討「行動研究」與「教學」這兩個主題。而在探討行動研究的相關概念時，又涉及十幾項次主題（如行動研究團隊的組成、行動研究主題與問題的形成、協同反省的方法與態度、自我反省的方式）的探究。因此，導致筆者在行動研究過程中的思考與行動相當龐雜。因為這個緣故，在分析與呈現自身從事行動研究的歷程時，需要用到如上所述的較複雜的策略，如一方面詳實且依序呈現自我於行動研究過程中的思考和行動，另一方面依思考和行動的類別簡要呈現自我的思考和行動。因此讀者在參考本文所提出的策略時宜了解此點，並依本身行動研究之特性與需要加以調整。

最後要提出的是在分析與呈現行動研究歷程的過程中，可能需要不斷嘗試與調整，才能發展出較適合的策略。

第十八章

行動研究的效度與品質的提升

壹、前言

無論在理論上或實際上，行動研究都日益蓬勃發展。不過，它本身亦存在著許多問題。行動研究的「效度」（validity）意涵究竟為何，以及要如何提升其效度，就是一個值得釐清的問題，因為不同學者間對行動研究效度的看法時常不同。舉例來說，Reason（1988: 13）認為判別行動研究效度的標準是「全心全力的投入及密集的自我批判」（wholeheartedly involved and intensely self-critical），Bell（1985）則認為可以從「確實性」（credibility）、「可轉移性」（transferability）、「可信任性」（dependability）及「可確認性」（confirmability）這四個效度標準來評估及維持行動研究的嚴謹性[1]。

當對行動研究效度的觀點不同時，對他人的行動研究就會有不同的評價。同時，用來提升所從事的行動研究的品質的策略亦會不同。舉例來說，當持Heron（1988: 40）的觀點，認為要提升行動研究的效度，必須設法維持反省與行動（經驗）之間的平衡時，可能設法在反省之後行動、在行動後又安排反省。但若接受 Winter（1987）所說，行動研究的效度在於批判的「反思」（reflexivity）與「辯證」（dialectics）時，則會儘量透過「反思性批判」（reflexive critique）和「辯證性批判」[2]（dialectical critique）來提升行動研究的品質。

因此，有必要對行動研究的效度意涵，以及能夠提升行動研究效度的

1　「確實性」是指有清楚且具體的證據來支持其結論；「可轉移性」是指能夠促進與其他教師同事間的經驗交換與相互學習；「可信任性」是指蒐集資料的過程與所得到的資料都值得信賴；「可確認性」則指能夠公開呈現所有的正反訊息與處理過程，以使偏見的影響儘可能降低（Bell, 1985）。

2　反思性批判與辯證性批判的意義請參第十章的說明。

策略加以探究與說明。一方面，協助有志於行動研究者以適切的標準來評價行動研究，另一方面則讓其能夠運用適當的策略來提升自我所從事的行動研究的品質。

方法上，在釐清行動研究的效度意涵時，主要是探討相關的文獻。在說明提升行動研究效度的策略時，是以筆者透過一個行動研究（潘世尊，2003a）及其後的反省所提出來的觀點為依據。

貳、行動研究效度的意涵

以下，擬先透過文獻探討來揭示行動研究效度的特性。其次，要依所揭示的特性來對其效度意涵做界定。

一、行動研究效度的特性

在量的研究裡面，實驗研究法是其中的代表。林清山（1991）指出，實驗研究法的目的是要「驗證」自變項和依變項之間是否有因果關係存在。如果一個實驗研究能有效的實驗出所要實驗的因果關係（即揭露出自變項和依變項之間真正的因果關係），那麼就算是一個有「內在效度」（internal validity）的實驗。另他又指出，有些研究者除了希望實驗的結果正確之外，還希望將研究的結果「推論」到實驗以外的受試者或情境。如果實驗結果的可推論性愈大，亦即其適用性與代表性愈大，那麼它的「外在效度」（external validity）就愈高。從上述看來，實驗研究法的目的是「驗證」和「推論」，而其內外在效度則指正確驗證及驗證結果可推論到母群的程度。

其實不止實驗研究，其他屬於量的研究法亦著重驗證和推論這兩個目的[3]，並且亦從這兩個目的的達成程度來看待一個研究的內外在效度。而當認為研究一定必須如此的時候，就會去質疑質的研究是否具有效度，例如問樣本是否具有代表性，或是否能推論到其他人或其他人群？面對此種來自於實證主義者的質問，質的研究者的回應可分為兩大類（胡幼慧、姚美華，1996）：一是沿用實證主義的語言，然後發展出適合質的研究的效度指標；另一種則是對實證主義的效度概念加以批判，並重新建立判定質的研究品質的概念和語言。但無論如何，所提出的效度概念亦都是要評估及提升研究目的的達成程度。只是說，當對研究目的的認知不同時，所提出的效度意涵就會跟著不同。

以第一種取向為例，胡幼慧、姚美華（1996）稱之為「近似實證主義之走向」，而 Guba 和 Lincoln 則是他們用來說明此種取向的兩組研究人員之一。Lincoln 和 Guba（1985）將研究分為科學取向和自然取向，並認為二者在效度的層面都面臨真實性和應用性的問題。在自然取向中，假定實體是多元的、建構的、整體的及分歧的，因而認為研究僅能發現有時空限制的工作假設而非超越時空限制的通則規律。在這種觀點之下，他們用「可信性」（credibility）的概念來取代科學取向所用的內在效度，以評估及提升研究發現的真實性；用「可遷移性」（transferability）的概念來取代科學取向所用的外在效度，以評估及提升研究，研究結果可以解釋或應用到類似情境的程度。因此可以說，Lincoln 與 Guba 認為科學和自然取向的研究目的都在得到真實的研究發現及讓研究發現具有應用性。相對於此，科學和自然取向都面臨研究結果的真實性及應用性這兩種層面的效度問題。但由於對實體的假定不同，二者對於研究發現的真實性和應用性的界定也就不同，連帶使得它們對效度的觀點亦產生了差異。

綜合上述，效度的意涵與研究欲達成的目的有密切的關係。當研究的

3　Rose（1982，引自劉仲冬，1996b）稱質的研究為「理論建立」（theory-building）的研究，量的研究為「理論測試」（theory-testing）的研究。理論的建立須要儘量廣泛且無偏見的田野搜尋，理論測試則須客觀精密的驗證。這個觀點，支持量的研究的一個重要目的在於「驗證」的說法。

目的不同時，用來評估及提升研究品質的效度概念亦會跟著不同。分析起來，這個觀點應沒有問題。如果是這樣的話，那麼行動研究的效度將有其特殊性，因它強調「改善」的這個目的與質和量的研究都不相同（潘世尊，2003a：236-249）。張世平（1991）指出，行動研究由於取樣及資料處理較為簡易，並且無法控制變項，因此效度不高，研究的品質無法與正式的科學研究相提並論。會這樣認為，很明顯的就是從量的研究強調因果關係驗證的研究目的來看待行動研究的效度。如果可以這樣移植的話，那麼也可以說「相關研究」及「調查研究」沒有效度，因為它們完全沒有達到改善研究對象的想法和行動的目的。

陳惠邦（1998：225）指出，「不論量化研究或者質性研究中有關效度議題的觀點都不能滿足教育行動研究的方法論需求」。中國大陸學者陳向明（2002：622）亦主張行動研究在理論和方法上都對傳統的研究提出挑戰，所以傳統意義上的效度問題已經不可能在這個框架裡討論，而傳統評價社會研究的方式在這裡也已經不再奏效。與此相同，張芬芬（2001）認為應依行動研究的特質（如和諧平等的研究關係、發展性的對話、真誠的合作、轉型式的領導、透徹的自我覺察，以及促進社會正義的行動）來評鑑它，而不宜依正統科學[4]對效度的認定來看待。另Cochran-Smith和Lyte（1990，引自陳惠邦，1998：229）主張教育行動研究對教與學的知識貢獻不同於傳統的社會科學研究，所以應放棄傳統科學的觀點而另形成一套效度標準，以判斷諸如研究問題的產生、概化及理論架構等問題。這些學者切入的角度雖與上文的論述有所差異，但亦都主張行動研究的效度應有其特殊性。

二、行動研究效度的意涵

如上所述，行動研究的效度與其目的有密切的關係。那麼，行動研究

---

4 此處的「正統科學」，似乎宜修改做「傳統科學」或「自然科學」較為恰當。因為當用正統科學時，似乎認為其他的就是不正統的。

的目的為何？在探究後，筆者認為行動研究的目的可說是「揭露及解決問題以求改善」，而這可說突顯行動研究與量或質的研究的基本差異。量的教育研究目的在驗證假設，進而解釋、預測與控制教育現象；質的研究目的則在於描述、理解或詮釋教育現象。或有會問：量或質的研究，目的不也是要改善教育嗎？分析起來，量或質的研究在研究的過程中，是以得到較為真實、客觀的研究結果為目的，以作為未來改善其他教育情境的參考。因此它和行動研究所期待的，在研究的當下就透過積極的介入，以改善參與成員的知識、能力、實務或改善教育實際的主張不同。因此，如果目的不是要當下就揭露、解決問題以求改善，則應從事的是其他類型的研究。而當以此為目的時，就不應擔心自我之介入是否會影響研究結果客觀性之類的問題。

要說明的是，設法改善參與成員彼此的想法和行動固然重要，但把整個行動研究的歷程和結果加以呈現，以引導、啟發他人的教學或行動研究，將使整個研究更具有教育的價值。Green（1999）就指出，行動研究的結果雖然不能直接轉移到其他情境，但他每次看到好的行動研究時，都會得到某種領悟、發現自己教室實務中的某種問題，或者是發展出新的實踐方式。會這樣，是因為所參閱的行動研究激勵他用不同的視角來看待自己的實踐。

據此，行動研究必須完成對內與對外兩個層面的目的。「對內的目的」是要對參與行動研究的成員產生實質上的幫助，也就是說，是要協助參與成員改善彼此的想法和行動。「對外的目的」則是要對參與成員之外的讀者產生引導或啟發的功效。據此，行動研究的效度應從兩個層面來考量：

第一個層面與對內目的的達成有關，意指行動研究改善參與成員想法和行動的程度。因此，可稱此種效度為「改善度」。不過為了方便與採用其他取向的研究者溝通，亦可稱其為行動研究的「內在效度」。

第二個層面與對外目的的達成有關，意指所從事的行動研究引導或啟發參與成員之外的讀者的程度。因此，可稱此種效度為「引導度」或「啟發度」。但基於上述的理由，亦可稱其為行動研究的「外在效度」。

Watkins（1991）指出，行動研究效度的意涵會隨著對行動研究的認知不同而有所差異，因此要討論行動研究的效度之前必須先定義行動研究。的確，當認為行動研究的目的是解決問題時，就會如 Cunningham（1983, 引自 Watkins, 1991）一樣，把行動研究的效度視為有效解決問題的程度。而當從批判的社會科學出發時，就可能和Winter（1987）、Reason（1988: 13）及Lather（1986）一樣，把行動研究的效度視為適切的「反省」（reflexivity）與「辯證」（dialectics）的程度、全心全力的投入與密集的自我批判的程度，以及「自我理解」（self-understanding）與「自我決定」（self-determination）的程度[5]。因此，當認為行動研究的目的在改善參與成員的想法和行動，以及對成員之外的讀者產生引導或啟發的功效時，就會如上文所說，把行動研究的效度視為「改善」及「引導或啟發」的程度。

參、行動研究效度的提升

在行動研究的過程中，宜如何提升其內、外在效度？在一個行動研究（潘世尊，2003a）及對該研究的反省後，筆者提出如下的若干觀點：

一、內在效度的提升

在行動研究的過程中，要如何提升其內在效度，好讓參與成員的想法和行動得到較好的改善？就此點，以下分從「心理意識」及「實際行動」兩個層面來說明：

---

5 Lather（1986）將參與者自我理解和自我決定的程度稱為「觸媒效度」（catalytic validity）。

(一)心理意識層面

要提升行動研究的內在效度，參與成員在心理意識上必須掌握行動研究的基本要求、性質與目的（內涵請參第一、二、三章的論述），因它們屬於行動研究的上位概念。掌握它們，才能採用適當的方法與態度從事行動研究，從而讓所進行的行動研究對參與成員彼此的想法和行動產生較好的改善作用。

(二)實際行動層面

除了在意識面須掌握行動研究的基本要求、性質與目的之外，還須透過適切的行動來從事行動研究，才能得到較好的改善結果。實際上，可參如下的策略：

(1)視需要邀請他人參與行動研究，並機動且彈性調整聚會的頻次與時點（具體策略參第五章的說明與討論）。

(2)以適當方式形成並視需要調整探究的主題與問題（參第六章的說明與討論）。

(3)行動研究中的核心研究者適當的扮演其角色（引導的方向及引導的態度與方法，參第七章的說明與討論）。

(4)以適當的方式面對外在理論（面對外在理論的態度與方法，參第八章的說明與討論）。

(5)以適當的歷程從事行動研究（參第九章的說明與討論）。

(6)以適當的方式進行協同反省（參第十、十一、十二章的說明與討論）。

(7)以適當的方式自我反省（參第十三章的說明與討論）。

(8)適當的蒐集、分析與提供相關資料（參第十四章的說明與討論）。

(9)以適當的方式因應行動研究中的衝突（參第十五章的說明與討論）。

以上分從「心理意識」及「實際行動」這兩個向度來說明可以如何提升行動研究的內在效度。分析相關的文獻，Heron（1988: 40）、Lomax（1994，引自吳美枝、何禮恩譯，2001：187-193）以及陳惠邦（1998：

234-239）的觀點可以說是比較完整的。由於陳惠邦的觀點是以 Lomax 的想法為基礎再稍加調整，因此以下就以 Heron 及陳惠邦的觀點為主來檢討上表所提出的策略。

就 Heron 而言，提出了十一項規準，其中的前十項和改善參與成員的想法和行動，也就是內在效度的提升有關。陳惠邦（1998：234-239）分別從研究目的與問題的起始、計畫、協同合作、行動、評鑑及報告等六個不必然固定的研究階段來說明行動研究的效標。其中，前五個階段的效標亦和參與成員的想法與行動的改善，也就是內在效度的提升有關。Heron 和陳惠邦的觀點，請參表 18-1。

分析起來，本文所提出的策略與他們的觀點之間並非全然相同，像 Heron 所提的第三點觀點個人就不太認同。第三點是指在行動研究的過程中，必須維持反省和經驗（即行動）之間的平衡而不宜過度偏重一方。要注意的是，教學問題的釐清往往需要相當長的時間，像個人所從事的行動研究（潘世尊，2003a）是在經過約一個學期的協同反省之後，才稍微釐清在課堂上應如何進行低年級的國語科教學。在這種情況之下，似乎不宜貿然的去行動以求取反省和行動之間的平衡，因為這樣做對學生的學習未必是好。另就整體而言，個人所提如何提升行動研究內在效度的策略，涵蓋面應較 Heron 和陳惠邦的觀點廣。除了上述之外，還有五點要提出來說明與討論：

⑴所提出的策略雖有可能提升行動研究的效度（即「使參與成員的想法和行動得到較好的改善」），但卻不能保證一定如此。道理很簡單，因為我們並無法保證所做的改變一定為「善」（即脫離不合理的意識型態的束縛，從而合理性與正義，並對學生的身心成長有絕對的幫助）。其實，沒有任何一種研究能夠宣稱它所得到的就是永恆不變的「真理」（truth）。對此問題，Winter（1998）認為衡量行動研究，甚或是科學研究的標準是「程序的」（procedural）而非「目的論的」（teleological）。所謂程序的標準，指研究程序是合理的、正當的。目的論的標準，指研究達到正確的結果（即真理）。由於我們無法得知何者才是真正正確的結果，因此只要研究符合程序的標準就應被接受。因此，他就去重新界定行動研究的探究

▣ 表 18-1　行動研究內在效度的提升：Heron 與陳惠邦的觀點 ▣

<table>
<tr><th rowspan="2">Heron 的觀點</th><th colspan="2">陳惠邦的觀點</th></tr>
<tr><th>研究階段</th><th>效　標</th></tr>
<tr><td rowspan="5">1. 必須維持參與行動研究者的個別研究歷程、群體的研究歷程，以及兩者互動的研究歷程之間的平衡，以使個人探究的效果及群體相互探究的效果發揮至最大。
2. 維持「歧異性」（divergence）以及「統合性」（convergence）之間的平衡：對於行動研究參與者的經驗與觀點在研究初期宜開放歧異性，之後再逐漸尋求統合。
3. 維持反省和經驗（即行動）之間的平衡，應針對研究的狀況求取適當的比例而不過度偏重一方。
4. 進行完整的反省：在對經驗做反省時，應兼顧描述性、評價性及實踐性等三種層次的反省。
5. 尋找「否證」（falsification）：以批判的態度與方法找出認知和行動中可能的問題所在，以避免被所擁抱的理念、所投入的努力或所陶醉的經驗所蒙蔽而不自知。
6. 容忍渾沌狀態以待秩序之建立：在研究的過程中，尤其是在研究的初期，須能容忍高度的渾沌不明的狀態；不過，這也包含有不可控制的風險。要能這樣，事先必須有自覺和心理準備。
7. 處理心理防衛所導致的不自知的投射：在研究的過程中心理防衛可能在不自覺的情況下帶來負面的情緒反應，此時應以適當的方式來面對和排解。</td><td>研究目的與問題的起始</td><td>1. 清楚描述研究問題的情境與背景。
2. 研究問題源於教學實務與改進教學的熱誠。
3. 問題是經由邏輯推斷出來而非憑空臆測：要能說出推理之所在。
4. 研究目的在於改進教學：必須呈現變革的企圖。</td></tr>
<tr><td>計畫</td><td>1. 反省結果轉化為具體的行動。
2. 探究的歷程是透明化的（清楚說明預定的過程和每一階段的內容）。
3. 把價值或信念在教學實際情境中呈現出來（探究的過程應遵循教師所抱持的價值觀念或信念系統）。</td></tr>
<tr><td>協同合作</td><td>1. 研究者角色透明化：清楚敘述研究者（教師）的角色確實有協同合作的事實，達成協同合作目的。
2. 協同合作者之間的倫理規範經民主的方式訂立，並被遵守。</td></tr>
<tr><td>行動</td><td>1. 清楚描述所採用的行動策略。
2. 蒐集到完整且足夠判斷的資料。
3. 否證或尋找錯誤：找到不同來源的資料有衝突與對立。
4. 針對這些衝突、對立予以思考、分析、解釋。
5. 分析的結果具有批判性。
6. 能提出「另類思考」。</td></tr>
</table>

（續下表）

8. 維持成員間真實的協同關係：研究的發起者在一開始或許會居於主導的地位，不過此種狀況不宜一直持續下去，應往成員共同決定的方向前進。另應設法使每個參與者都有充分的機會表現，而不宜由特定的少數人所壟斷。 9. 邊界的開放：在研究的過程中，當參與成員須與其他非參與者互動時，非參與者的意見亦須納入考量。 10. 觀點與行動之一致性：當研究參與者逐漸發展出共識時，應導引出相對應的共同行動。	評鑑問題	1. 所得到結論的重要程度：從改進教學實務、教育政策的訂定到教育理想或教師哲學的釐清。 2. 教師對自己專業成長知覺程度的高低。 3. 產生值得再深入探討的問題。

歷程，以揭示其程序性標準。此種觀點，與上文提出可能提升行動研究效度的策略的做法相比，可說有點類似。

⑵它適用的行動研究有其局限性。在 Fals-Borda 和 Rahman（1991, 引自 Reason, 1994）所提倡的行動研究中，把「參與的行動研究」（participatory action research）置於解放主義的傳統之下，強調知識產生的政治面向。他們要人們理解知識是權力和控制的重要工具，透過參與的行動研究可以喚醒、啟蒙普羅大眾並產生知識，以避免知識的產生和利用都控制在有權階級的手中。

在方法上，他們認為：第一，透過研究、成人教育及社會政治運動，以生產直接對大眾有用的知識和行動；第二，「賦予大眾權力」（empower），手段是讓大眾看透有權階級所建立及使用的知識是為了滿足他們的利益，從而能夠建立及使用自我的知識。而這就是 Paulo Freire（1970, 引自 Reason, 1994）所說，「透過集體的自我探究和反省而得到自我覺察的歷程」（a process of self-awareness through collective self-inquiry and reflection）。在這個過程中，必須真心承諾做到「真實的協同」（genuine collaboration），視研究的歷程為植根於普羅大眾的文化傳統。因此，在被壓迫的大眾之間發起參與的行動研究的研究者，必須體現民主的價值及尊重大眾的智慧，並且不斷的與其對話。這種對話是主體和主體之間的辯證，而非主體和客體之間的對話。經由此種辯證，發起者所擁有的學術知識和人們所擁有的一般知識將促成彼此對情境有更深的理解，從而建構出屬於自我的知識和行動。很明顯的，這與筆者所推動由有意願的參與者組成行動研究團隊有別。在這種情況下，要提升行動研究內在效度的策略就有別。

另 Carr 和 Kemmis（1986）指出，社會情境的涉入者必須參與行動研究，才能真正改善社會情境的合理性和正義。要如何使社會情境的涉入者（如機構或組織成員）參與行動研究？在研究的過程中，可能面臨何種問題及要如何解決？在 Ortrun Zuber-Skerritt 主編（1996）的《行動研究的新方向》（*New Directions in Action Research*）一書裡面，所指涉的行動研究就是此類的研究，並且有多篇文章針對這些問題做討論。不過同樣的，這與我所進行，由有意願的參與者組成行動研究團隊亦不同。因此，我所提出如何提升行動研究效度的策略未必適用此種行動研究。

Zeichner（1993）認為：行動研究可能造成個人、機構、社會等三種層面的改變。若從這個架構來看，Fals-Borda 和 Rahman 所提倡的行動研究是要促使社會的改變、Carr 和 Kemmis 所提倡的是要促使機構的轉變，至於我所提出的行動研究觀點則是要促使個人（即參與成員自身）的轉變。因此在參考時，必須了解它適用於「改善參與成員的想法和行動」的情境，而參與成員所組成的是一個小型的研究團隊。

(3)宜對中國人特有的處事方式與態度謹慎面對。在從事行動研究之前，曾先透過文獻探討的途徑以掌握行動研究的相關概念。當時，曾提出中國人有許多溝通方式和態度可能影響行動研究的品質（潘世尊，2000d）。但在實際從事行動研究的過程中，卻幾乎沒有感到這種狀況。會這樣，可能有三個原因：

第一，由於我事先即已知道中國人可能有的溝通方法與態度，所以一再的透過各種方式引導、說明、示範相關的概念並身體力行，使得成員了解宜以何種方式和態度參與溝通，並放膽依此去做。

第二，我有時會先隱藏對成員思考或發言方式的批評，然後再於適當的時機提出。當發現成員思考或發言方式中的問題所在時，我大部分雖會公開提出來，但有時則會加以隱藏。像我們團隊第五次聚會後，我發現成員之所以無法依實踐檢討共識，是因為成員的思考限於技術的反省與單路徑學習，以及偏向於把教學問題的成因歸到學生的身上。不過，當時我決定隱藏這兩點。因為該次聚會經我一再的引導成員依實踐檢討共識後，團隊的氣氛陷於沉重之中，此時，若再揭示上述兩點批評，恐怕只會更增成員的負面感受。一直到第七次聚會後，才在較好的氣氛之下，順著談論的話題適時提出來向成員說明。又如第六次聚會後，我發現某成員明明察覺自己讓學生「自主學習」的想法有問題，但在討論的過程中卻一直不願改口。不過，當時我亦決定不公開呈現此點批評，因為覺得這樣似乎會有損其顏面。稍後，當該成員於閒聊的過程中告訴我他發覺自己一直在強辯時，我才把上述的發現告訴他（潘世尊，2003a：101-208）。

第三，由於成員本身特質及彼此間的熟識關係，使得大家能夠開放自我的對話而不會有所擔憂。

不過，不論是哪一個原因或是三者兼具，都使得我最後所提出來的觀點沒有深化文獻探討階段所提出來的，如何克服中國人特有的處事方式與態度，從而提升行動研究品質的策略。因此，在參考時須特別注意此點。

⑷宜以反省批判的態度來參照。不同的行動研究團隊之間，團隊成員間的關係、團隊所處的情境或所要解決的問題可能都不相同。在這種情況下，並不宜不假思索的將他人的觀點用到自己所從事的行動研究。較適當的方式是，以反省批判的態度來參照，然後，再視反省批判的結果決定是要直接引用、部分修改後引用，抑或是再行參考其他的觀點。

⑸宜遵守相關的研究倫理。遵守研究倫理是要保障相關人員的權益，因研究行動可能對他們產生影響（林天祐，1996；嚴祥鸞，1998）。一個研究若不遵守或違反研究倫理，意謂著它在道德上是有瑕疵的。在這種情況下，即使能夠改善參與成員的想法和行動亦不足取。像方德隆（2001）就認為，「一個研究如果未信守研究倫理，即使研究做得再好，也不具有學術價值，因為研究倫理是程序性的真理」。有關於教師教育行動研究的倫理，可參第四章的討論。

二、外在效度的提升

要提升行動研究的外在效度，必須設法使所呈現的行動研究歷程和結果對參與成員之外的讀者產生更大的引導和啟發。要做到這樣，最基本的要求是如Heron（1988: 40）所說，所呈現的報告必須具有清晰呈現與「複製」（replicate）的可能性。也就是說，必須清晰且詳實的描述研究的歷程與結果，以促使其他研究者從自身的自主性及特性出發，然後針對類似的問題進行類似的行動研究。事實上，這一點就是Heron所提出的行動研究的第十一個效度規準。

於此，須再注意的是必須誠實的將行動研究的歷程和結果加以揭露而不隱瞞或作假。成虹飛（1996）在其研究報告中詳實說明他的成員由興致勃勃到不想再談行動研究的演變歷程，雖然他所推動的行動研究不算成功，但我卻從中體悟到團隊的運作須要引導這一點。又如鍾宜玲（1997）在其研究報告中仔細說明團隊艱辛成立與推動的過程，雖然他所推動的行動研究曾經瀕臨夭折之境並且成員始終沒有積極投入，但我亦從中明白參與成員有否意願的重要性。因此，不需要刻意去揀選自己認為是好的或沒有問題的部分來呈現，因為無論是好或是壞的行動研究經驗都可能對他人產生引導或啟發的功效。況且，如果將曾經面臨的困難、挫折或自己的失誤隱瞞，還有可能讓讀者在未來的行動研究中重蹈覆轍。如此，所呈現的行動研究歷程和結果就面臨了嚴重的道德問題。

在清晰且詳實的呈現研究的歷程與結果之後，接下來必須考量的是「設法增加可讀性」。在實際的做法上，研究者可以試著採取如下三個策略：第一，儘量刪減不必要的陳述以使內容更為精鍊；第二，儘量增強內容的連貫性以提高繼續閱讀的興趣；第三，視需要加入團隊運作的內涵或成員的思考和行動，以協助讀者掌握所呈現的內容的來龍去脈。除此之外，Lomax（引自吳美枝、何禮恩譯，2001：193）和陳惠邦（1998：238）所說，掌握讀者對象並使用清楚而適當的文字架構，以及使用最低限度的專門術語的策略亦值得參考。

當做到上述兩個要點時（「清晰且詳實的描述研究的歷程與結果」及「設法增加可讀性」），讀者就可能從所呈現的研究歷程與結果中主動得到啟發或引導。不過，若能針對研究的歷程和結果加以批判，並進一步提出整個研究的優點與限制以及未來值得進一步探討的問題，那麼引導及啟發的功效可能更為明顯。Lomax（引自吳美枝、何禮恩譯，2001：193）和陳惠邦（1998：238）所指出的，必須與其他資訊來源進行批判性的評鑑、說明研究的優點與限制，以及使讀者能繼續探究有興趣的問題就類似此一觀點。

綜合上述，要提升行動研究的外在效度，可參考如下三個策略：詳實且完整的呈現研究的歷程與結果、設法增加所呈現的內容的可讀性、檢討所從事的行動研究並揭示其優點、限制及未來值得探討的方向。

要注意的是在運用上述的策略來呈現研究的歷程與結果時，仍宜遵守相關的倫理規範。否則，即使引導或啟發的功效再好亦不足取，因其已經對他人造成傷害。

肆、結論與建議

本文的主要目的在探究行動研究的效度，探究的焦點包含行動研究的效度意涵及提升行動研究效度的策略。

首先，行動研究的效度意涵為何？本文認為，效度與研究欲達成的目的密切相關。由於行動研究強調「改善」的目的與質和量的研究都不相同，所以其效度意涵亦應有其特殊性。總的來說，行動研究有對內和對外兩個層面的目的。「對內的目的」是要對參與成員產生實質的幫助，也就是說，是要協助參與成員改善彼此的想法和行動。「對外的目的」是針對參與成員之外的讀者而言，具體的說，是要對其產生引導或啟發的功效。因此，行動研究的效度意涵應包含兩個層面：

第一，與對內目的的達成有關，意指行動研究促使參與成員產生想法和行動上的改善的程度。此種效度可稱為「改善度」或行動研究的「內在效度」。

第二，與對外目的的達成有關，意指所從事的行動研究引導或啟發參與成員之外的讀者的程度。此種效度可稱為「引導度」、「啟發度」，或行動研究的「外在效度」。

其次，要如何提升行動研究的內、外在效度？要提升行動研究的內在效度，在心理意識上，宜掌握行動研究的意義、性質與目的。在實際的行動上，宜視需要邀請他人參與行動研究；機動且彈性調整聚會的頻次與時點；以適當的方式形成並調整探究的主題與問題；行動研究中的核心研究者宜適當的扮演其角色；以適當的歷程從事行動研究；以適當的方式進行協同反省；適當的蒐集、分析與提供相關資料；以適當的方式面對外在理論；以適當的方式因應行動研究中的衝突。

至於要提升行動研究的外在效度：⑴宜詳實且完整的呈現研究的歷程與結果；⑵宜設法提升所呈現的內容的可讀性。在方法上，如儘量刪減不必要的陳述以使內容更為精鍊、儘量增強內容的連貫性以提高讀者繼續閱讀的興趣、視需要加入團隊運作的內涵或成員的思考和行動，以協助讀者掌握所呈現內容的來龍去脈；⑶宜再檢討所從事的行動研究並揭示其優點、限制及未來值得探討的方向。

要注意的是在參考本文上述所提出的觀點時，須以反省批判的態度來參照，因每個行動研究的情境可能都不相同。

第三篇

爲什麼做行動研究

就教育研究而言，有不同的研究取向。行動研究是如許多學者所認爲的較次一等的研究嗎？爲什麼採用行動研究？行動研究對於教育研究有何特別意義？了解這些，將更能堅定的走在行動研究的路途上。

第十九章

協同反省活動的研究取徑分析——以理論與實際的關係為焦點

壹、前言

教師「協同的」（collaborative）對教學進行「反省」（reflect），有可能重組或建構出較合理的教育觀點，並據以發展出較能幫助學生成長的教學策略（Carr & Kemmis, 1986）。不過，協同反省並非皆能達此境地，中國人「社會取向」的行為方式（楊國樞，1993），如說話要因人因時因地制宜，行事要符合人情、不能逾越自己身分地位等溝通特性，就會讓協同反省的過程流於形式化的對話而沒有深層的辯證，從而使得反省的成效受限。成虹飛（1996）和陳惠邦、李麗霞（1999）分別與一群學生及教育夥伴進行以群體討論為核心的行動研究，在討論的過程中，參與者就顯露出追求和諧、避免衝突的溝通態度。當為了和諧而不敢去質疑他人時，不合理及矛盾的想法連被觸及的機會都沒有，自然會阻礙更合理的教學共識的產生。因此，對協同反省此種教育活動進行探究，讓教師們或協同反省團隊的領導者了解反省須有的態度和方法、反省應針對的內容、反省可能遭遇的困難及克服之道、反省能夠達致的結果，甚或是反省的評鑑規準，以使協同反省更為有效的進行是重要的。

欲對協同反省進行探究，除了可就哲學家的思想或相關的理論進行分析探討，以提出觀點之外，引申 Carr 和 Kemmis（1986）的觀點，還可能從「自然科學的觀點」（the natural scientific view）、「詮釋的觀點」（the interpretive view）及「批判的取向」（critical approach）這三種研究取徑來進行探究。不同的研究取徑各有其特性與限制，研究者必須加以掌握，才能選用適切的方法進行研究，並且不過分的擴充自我研究的成果。

本文試圖以「理論」（指各種研究取徑所建立的協同反省理論）與「實際」（指實際的協同反省活動）之間的關係為焦點，分別從如下三種路徑進行分析，以闡明不同研究取徑的特性與限制；這三種路徑分別是：(1)各種研究取徑所建立的協同反省理論與所探究的反省活動之間的關係；⑵各種研究取徑所建立的協同反省理論與研究對象未來的反省活動之間的關係；⑶各種研究取徑所建立的協同反省理論與未來其他的協同反省活動之間的關係。會從上述的焦點及路徑進行分析，是認為即使研究的取徑不同，但只要身為教育研究，都無可避免的負有如下兩大責任：其一是理解、說明或解釋教育活動；其二則是引導、啟發或改善未來的教育活動。當一個教育學術研究與所探究的教育活動無法取得聯結，而對未來的教育活動又沒有絲毫的助益時，它可以說不具有教育的價值。

此處要做說明的是，為什麼本文要以理論與「實際」之間的關係為分析的焦點，而不是理論與「實踐」之間的關係？依高宣揚（1999）在《哈伯瑪斯論》一書中的說法，實踐的德語原文是 praxis，它具有符合道德與倫理之義。實踐之所以能夠如此，是因為它是在善的、具有倫理價值的「理論」的指導之下發生。據此，理論和實踐都是具有價值傾向的概念。另外，依 Kemmis（1988）的觀點，當實際的表現是一種行動者理解自己腦海中所擁有的想法之後，自我「告知」（informed）要做，以及自我「承諾」（committed）要透過謹慎的思考而為的行動時，它就是一種「實踐」（praxis）。從這個觀點來看，實踐可以說是行動者很清楚自己為何如此而做，並且試著透過自己認為可能的途徑以達成目標的行動。事實上，在我們的社會中當用到實踐一詞時，通常與 Kemmis 上述的觀點相吻合。

綜合上述的分析，用理論與實際應比用理論與實踐更能表達本文的意旨。因為當用實踐時，可能會因為它具有上述的多重意涵而讓人誤解。另外，本文所稱的理論，如上文所述是指各種研究取徑所建立的協同反省理論。它非指存於腦海中支配著人們行動的理論，亦非純指具有倫理及道德意涵的理論。

以下，即以理論與實際之間的關係為主軸來分析上述四種研究取徑的特性與限制，以供有志於探究協同反省的研究者參考。事實上，協同教學、學校本位課程的建立、學習型組織的發展，或是協同的行動研究，都是以協同反省為核心的教育活動，當欲對這些教育活動進行探究時，都可依分析的結果來選擇適切的研究取徑。

貳、理論探討的研究取徑

從有影響力的思想家或哲學家的論述中，淬取出若干的原理原則以指導未來的教育活動，是存在已久用以建立教育理論的方法。據此，研究者亦可透過理性的思考，分析、統整及批判與協同反省有關的論述或研究，然後建立協同反省的理論，闡明協同反省各個層面的內涵及彼此之間應有的關係（如反省應有的態度與方法、應針對的內容、可能遭遇的困難及克服之道、可能產生的結果及評鑑的規準等各個層面的內涵及應有的交互關係）。

此種研究取徑雖然具有上述的企圖，但所建立出來的理論卻常讓實際的教育工作者覺得只是一些「專門的術語或行話」，並無法落實於實際的教育情境（溫明麗譯，1997）。當教育工作者覺得是這樣時，外在的理論就不會深深的植入他們的腦中，成為實際支配他們思考和言行的理論。另外，教育工作者即使接受經此途徑所建立出來的教育理論，但此種理論未必適用於各種不同的教育情境。如此，根據理論所發展出來的教育活動，恐怕會離教育的現實愈來愈遠。若果如此，是否仍有必要運用此種途徑來探究協同反省？

除了上述的問題之外，當強調此種理論的優先性，認為它具有指導反省活動的地位時，同時亦宣告著種種的教育實務（如教學實務）僅是教育理論（如教學理論）的技術運用而已。問題是，如果經此途徑所建立出來的理論並非合理，那據以發展出來的實務技術恐怕亦不合理（此處的合理與否，是以教育理論和教育實務對學生的身、心成長是否真的有所助益為區隔的標準。因為此一標準是教育所要追求的終極目標，但教育理論和教育實務卻未必皆能切合此項要旨，有些甚至還與之背道而馳）。

對於上述的第一個問題，從對於如何使教育理論和教育實務得到妥善的結合，有深入論述和貢獻的 Carr 和 Kemmis 的觀點來看，答案似乎是不需要的。因從他們的觀點來看的話，若要使教育理論和教育實務得到結合，教育理論必須由教育工作者本身來建立（Carr & Kemmis, 1986）。在建立的過程中，教師們首先必須以其自身的「詮釋範疇」（interpretive categories）為基礎（如以「自我的教學活動對學生造成何種影響」的詮釋為基礎），作為建立教育理論的依據。其次，由於可能受到不合理的意識型態系統的扭曲，使得所做的詮釋未必合理，因此教師們在建立教育理論時，必須找出有哪些詮釋是不合理的、被扭曲的，然後提出較合理的觀點。最後，所提出的觀點必須能夠落實。由於在落實時可能受到原有「社會秩序」（social order）的阻礙，因此所建立的理論尚須揭露使合理的改變受挫的因素及克服的方法。

從上面的理論建構途徑可以發現，此種理論不僅能夠切合先前的教育活動，亦會導向未來教育活動的改變。而既然要改善未來的教育活動，只有學校內的教育工作者，大家願意投入自我的熱情、生命力和感情，並在民主的情況之下，共同參與、共同選擇及共同做決定，所建立出來的理論才會令大家心悅誠服，並且主動的去做。因此，Carr 與 Kemmis 之所以認為教育理論要由教育工作者本身來建立，原因之一即是此種理論才能導向改變。另外，由於改變後的行動是在大家所建立的理論之下而為，大家不但明白為何如此而做、並且它也會比較合理。因此，此種活動可以說具有實踐的性質。

若根據他們的觀點，協同反省的理論亦必須由反省參與者本身來發展：第一，反省參與者以其自身對實際反省活動的詮釋為基礎（如認為反省過程中的討論應以和為貴，少質問他人以避免衝突），來建立協同反省的理論；第二，找出對反省活動的詮釋被不合理的意識型態扭曲的原因（如發現成員間以和為貴的觀點可能是受到中國農業社會及專制統治的影響），並提出較合理的觀點（如提出勇於質問及接受衝突才能得到突破性結果的想法）；第三，揭露使合理的改變受挫的因素（如揭露合理的改變之所以窒礙難行，是因為反省參與者之間行政職階不同），並提出克服之道（如提出在討論的過程中，大家須以一律平等的心態參與溝通的觀點）。

Carr 與 Kemmis 所提出的教育理論建構之道，可以說是一種從詮釋到批判、從不合理再導向合理的研究取徑。若教育情境的構成者（如學校內的教師、協同反省團體中的參與者）能這樣做，所建立出來的教育理論（如教學理論、協同反省理論）自然就會如上所說，除了能夠切合先前實際的表現之外，還會包含導致改變的策略及克服限制的途徑。問題是教育工作者（如教師、協同反省的參與者）是否知道要這樣做，並且能否這樣做？答案很顯然是否定的。如若教育工作者知道並已這樣做的話，那麼Carr與Kemmis 也不用再提出上述的觀點，來引導他們透過這樣的途徑來建立教育理論。

弔詭的地方就在這裡，既然 Carr 與 Kemmis 認為教育理論必須由教育工作者本身來建立，他們何以又越俎代庖的提出「如何建構教育理論的理論」（如上面說明的理論建構之道）？因為此種理論亦屬於教育理論，理當由教育工作者本身來建立。事實上，他們一方面認為並不需要探究理論家的論述，以提出教育理論來引導教育的活動，但另一方面本身卻又透過對思想家（以 Jurgen Habermas 為主）觀念的探討，提出「如何建構教育理論的理論」，試圖引導教育理論的建立途徑。

如果他們所建構的「如何建構教育理論的理論」具有引導及啟發的作用，那運用相同途徑所建構的教育理論是否亦有此種可能？另若經由理論探討所得到的教育理論和未來的教育實務會有落差，那他們所建構的理論不會出現這種情形嗎？

事實上，經此途徑所建立的理論，由於具有方法論、理論及相關研究的基礎，所提出的觀點一方面可以引導教育活動的進行，而不盲目的行事，另一方面還能協助教師們從更全面的角度來看待所面臨的工作，而不自限於某一褊狹的觀點。Carr與Kemmis所提出的「如何建構教理論的理論」，不就是這樣嗎？因此，若一味的排斥此種理論，可能就會如K. Meyer-Drawe所說（引自楊深坑，1988），對於人們在歷史的洪流中所辛勤建立起來的理論，若不加思索的就抱以敵意，可能會導向一種未可知的冒險。

既然此種理論具有引導及啟發的作用，那麼要解決的就是此部分前面所提到，如何使之與未來的實務相結合，以及如何使理論與實務都更合理的問題？

此處，將 Carr 與 Kemmis 所提出的理論建構之道稍加修改，這些問題應可獲得解決（這裡將 Carr 與 Kemmis 的觀點稍做修改，並非否定他們的觀點，而是說除了他們的觀點之外，亦可經此途徑來建立理論）。首先，接受一個我們喜歡的、認同的外在理論來引導初步的教育活動。此種接受的過程，將使外在的理論進入我們的腦海之中，成為實際支配我們思考和行動的理論。其次，從對實務經驗的反省中，發現此種理論的不合理之處，並提出更合理的想法。第三，揭露使更合理的想法無法落實的外在因素，並提出解決之道。

透過此種途徑，就能讓從理論探討所得來的教育理論（如協同反省理論或人本教育理論），於個別的教育情境中（如實際的反省情境或教學情境）發展出不同的樣貌，從而解決理論和實際的教育活動分離的局面。此外，它還能去除理論中的不合理之處，使得理論和實務更合理。

綜合上述，對於透過此種途徑所建立的理論，只要不過度的強調其對實際教育活動的優先性和支配性，並不需要完全加以抗拒。另外必須注意的是當欲從理論探討入手來建立協同反省的理論時，必須注意文化差異或特質的問題。在中國文化的形塑之下，中國人在協同反省過程中的行為特性可能和外國人有所不同。若忽視此點，所建立的反省觀點或策略將更難落實於實際的反省情境，因而失去引導及啟發的功效。

參、自然科學的研究取徑

依自然科學方法的精神進行觀察和實驗，並運用客觀的科學工具來蒐集及分析資料，可以找出存在於協同反省歷程中的因果法則。所找出的協同反省法則除了可以解釋母群體之下協同反省過程中的種種現象之外，並且可以用來預測及控制教師們的協同反省活動。

此種研究取徑的採用，主要是認為（楊深坑，1988；溫明麗譯，1997）：⑴種種的社會現象可和現象背後的主體抽離；⑵社會現象存在著客觀不變的因果法則；⑶研究的目的在發現存在於現象中的法則，以解釋、預測及控制現象；⑷必須經由客觀的科學工具才能發現現象的法則；⑸實際的教育活動（如反省活動或教學活動）僅是一種技術性的工作，它只是研究所得到的法則的應用而已。

此種研究取徑雖具有上述的想法和理想，但若要用來研究協同反省活動，可能遭遇如下的困難：

首先，協同反省活動並無法和現象背後的主體抽離。因為協同反省的進行是一種相當複雜的社會互動歷程，參與反省者的經驗、信念、想法、感情、興趣或價值觀都在其中快速的流動及發生作用，若不將這些因素和協同反省的現象一併探討，將無法掌握協同反省活動的真實面貌。而當無法掌握協同反省的真實意義時，所發現的反省法則恐怕無法解釋任何一個具體的協同反省歷程，遑論要真實的預測或控制未來的反省運作。

其次，協同反省活 動亦無法和社會歷史的脈絡切割。活動的發生及進行有其社會歷史背景，活動的意義亦無法離開當時的歷史社會脈絡（Carr & Kemmis, 1986）。因此在理解協同反省的活動時，若離開了反省進行時的社會歷史脈絡，所得的法則亦將與真實的反省活動脫節。

第三，客觀的科學工具無法掌握協同反省活動的真實意義。如上面兩點所述，要理解協同反省活動的真實意義，必須涉入反省的歷程，同時兼顧反省主體的思考和行動、反省參與者間的交互作用及當時的社會歷史脈絡。很顯然的，客觀的科學工具並無法勝任此項工作。因此即使協同反省的活動存在著某些普遍的特質，但也只有人們的理解才能把握住它的意義。就如Dilthey所說的（引自潘德榮，1992），此種對人的活動的研究應屬於精神科學而非自然科學的範疇。

第四，研究所發現的法則可能導致不合理的教育活動。所發現的協同反省法則可能是不合理性、不合正義的，但此種研究取徑並沒有意識到此點，也無法突破它。在這種情況之下，受其支配的教育活動自然也會不合理性及不合正義。

綜上所言，此種研究取徑雖然企圖透過科學的方法及工具來發現協同反省活動的法則，然後依此法則來解釋、預測及控制協同反省的活動，但由於上述的問題，此種理想實是難以達成。也就是說，它所建立出來的協同反省理論，一方面不能真實的解釋所研究的反省活動中個別的反省活動，另一方面，亦不足以真實的預測或控制未來的反省活動。

不過，這也不是說此種研究取徑絲毫沒有價值。它所得到的雖然不是那種客觀獨立的存在，並且不因人、事、時、地、物之不同而有所改變的協同反省法則，但也或多或少反映了協同反省活動的某些面向。對於有志於從事協同反省活動的教育工作者而言，仍然具有一定程度的參考價值。教育工作者（如老師們）在應用時，可透過上面「從理論探討入手」部分所提，修改過的 Carr 與 Kemmis 的理論建構途徑加以調整，以發展出更為合理的協同反省想法和行動。

另外要說明的是上面所說何以採用此種研究取徑的理由，主要屬於較早期的觀點，稱為「素樸的經驗論」（naive empiricism）。其後，還發展出「邏輯經驗論」（logical empiricism）、「批判的理性主義」（critical rationalism）等稍有差異的觀點（楊深坑，1999）。後面的觀點雖然有所變化或修正，但主要仍將教育現象和自然現象視為同質，認為其內含有法則。為發現法則，研究的過程必須保持價值中立，以嚴謹的科學方法進行探究，從而建立可預測控制的命題系統（楊深坑，1988）。因此，它們仍然會遭遇上述的問題，而使研究結果無法貼近個別的協同反省活動，亦無法正確的預測或控制未來的反省活動。

肆、詮釋的研究取徑

要使所建立的協同反省理論和實際的反省活動相結合，詮釋的研究取徑是個可能的途徑。之所以如此，是因為此種取徑重視詮釋對象的主體性、整體性和歷史性，並透過實質的理性加以掌握，從而使得研究結果能與實際的反省活動較為結合。

構成詮釋取向的理論基礎有很多，如人類學、民族誌、符號互動論、現象學、詮釋學及批判理論等（王文科，2000；陳伯璋，2000）。在下文，主要是以詮釋學的觀點，包含 Schleiermacher、Dilthey、Gadamer 等人的論述，來說明此種研究取徑所建立的協同反省理論與所探究的反省活動及未來的反省活動之間的關係。

就 Schleiermacher 而言，他建立了理解的技術。Gadamer 指出，只有到他，才讓詮釋學成為一種普遍的理解和解釋的理論（洪漢鼎、夏鎮平譯，1995）。就 Dilthey 來說，除了觸及理解的技術之外，還擴大詮釋的範疇到人的活動，提出要掌握人的生命、生命表現的普遍性，必須透過以理解為基礎的精神科學而非自然科學的觀點。不同於前二者，Gadamer 所關注的是人如何能夠理解、理解這個活動的本質或本性究竟為何的問題，進一步的為理解此種活動奠定哲學基礎。他的學說，被稱為「詮釋學哲學」（陳榮華，1998）。以下分別探討。

一、Schleiermacher 與 Dilthey 的觀點

從 Schleiermacher 與 Dilthey 的觀點來看的話，透過詮釋所建立的協同反省理論，是相當能夠掌握住協同反省活動的真實面貌。先從 Schleiermacher 的觀點來看：

Schleiermacher 企圖建立一套詮釋的方法，以求理解聖經的意義。他認為作品是作者將他當時的心靈狀態用語言表達出來的結果，詮釋的最終目的就是要掌握住作者創作當時的心靈狀態。作者創作當時的心靈狀態是一種客觀且獨立的存在，不因詮釋者的不同而改變。若要真實的把握住它，在做詮釋時，必須去除個人的成見和主觀因素的影響才行。由於作者的心靈狀態透過語言來呈現，因此必須先對作者所呈現的語言的意義進行理解（即文法解釋）。其後，在此種理解的帶領之下，躍入反省參與者的心靈之中，根據他們的生命歷程及當時的社會狀況，思考他們當時何以會有此

種想法和感受，進而「重建」（reconstruct）出他們在創作當時的心靈狀態（即心理解釋）（陳榮華，1998）。

舉例來說，若要理解某個教師所說「我喜歡田園教學的方式」這一句話時，必須放棄本身對這句話的成見，先去理解這句話的語意。之後，詮釋者必須以掌握到的語意為引導蒐集各種資料，進一步的了解這位教師的成長歷程、教學歷程、教學理想及當時社會的狀況，來重建這位教師講這句話時的心靈狀態。當能這樣詮釋時，就可以說理解了這句話的真實意義，即掌握住詮釋對象講這句話時的心靈狀態。

延伸其觀點，我們也以從反省參與者的言行舉止中，來掌握他們的心靈狀態，進而理解協同反省活動的意義，因反省參與者的言行舉止就是他們心靈狀態的反映。例如，當反省參與者說出或表現出「討論時的發言要內斂，能屈能伸，不要太出鋒頭，以免破壞團體的和諧」的話語（或身體動作、表情）時，反省的活動是如何？

首先，詮釋者必須先掌握他們話語（或身體動作、表情）的意義，如內斂或能屈能伸指的是什麼？其次，在先前理解的帶領之下，根據反省參與者的生命歷程及當時的社會狀況，思考他們的心理何以會有此種想法和感受。例如說，反省參與者可能是在中國人的生活環境或實際的反省經驗中發現，說話若讓他人產生不愉快的感覺、太出鋒頭或是太過堅持己見，可能會失去彼此之間的友誼，並影響到自我的升遷與發展。當詮釋做到這樣時，可以說就重建出反省參與者當時的心靈狀態，亦即理解他的反省活動的意義。

雖然如此，但協同反省的活動是由不同的心靈狀態交織而成，要理解這交織的心靈狀態，上面的方法是不足夠的。對此問題，亦可延伸Schleiermacher「詮釋學循環」（hermenutical circle）的概念來補足。他認為，被理解的對象，它的每一個部分和其他的部分互相聯繫，構成了一個有機的整體（潘德榮，1992）。在理解時，要先試著掌握整體的意義，再以之為基礎來了解部分的意義，如此對部分的意義會更加的清楚。而當對部分的意義更清楚時，又以之為基礎來把握整體的意義。當由整體到部分，由部分再到整體的理解活動不斷的循環進行時，對整體和部分都會愈來愈了解。

據此，在了解由反省參與者的心靈狀態所交織而成的協同反省活動時，應先了解協同反省活動的整體情形（如大家的發言都很保守、客氣），再據以了解個別的個體何以如此。其次，在對個體的心靈狀態有所掌握之後（如說話要小心才不會讓自己受傷害，或是人微言輕，說了也沒有用），又引以為據，來理解整體的反省活動。如此不斷的循環，最後就會重建出各個反省參與者的心靈狀態及彼此之間交織的情形。

因此，若依 Schleiermacher 的觀點來看的話，研究者所建立的協同反省理論是與實際的反省活動中，客觀存在的、反省者的心靈狀態及彼此之間交織的情形同一的。

和 Schleiermacher 有所不同，Dilthey 不認為詮釋是要理解人們的心理狀態，而是要去「理解」（Verstehen）人們的內在生命。他認為人文作品，不只歷史文獻，舉凡音樂、繪畫、歷史事件，甚或是人的手勢，都是人們內在生命的表現。人們的內在生命是動態的、熱情的、意志的，與外在世界的道德、宗教、社會、藝術、倫理和政治有關，並且具有普遍的特質（陳榮華，1998）。詮釋的目的就是要從人們的生命表現中，去客觀的理解其內在的生命，進而掌握人類內在生命的普遍特質。

由於人類的內在生命具有普遍的特質，對於類似的外在世界，人們會有類似的感受。因此，若要做到客觀的理解，只要放棄自我的內在生命，設身處地，將自我的精神置於詮釋對象所處的世界之中，就可以跳入詮釋對象當時的內在生命，「重新體驗」（re-experience）到他當時的內在世界，如他的情緒、意識、情感、意圖或感情，進而對其生命表現獲得同質且完整的理解。更簡單的說，就是想像自己與詮釋對象經歷相同的生命歷程、目前又面對相同的處境，然後看看在這種處境之下自己有什麼感受體驗。此種感受體驗，即是詮釋對象客觀存在的內在生命。

依此觀點，若要理解協同反省的參與者，研究者最好與他「共享社會生活的形式」（share forms of social life）（Carr & Kemmis, 1986）：一方面，與他生活在一起；另一方面，則置身於反省的情境之中。其次，必須放棄自我的心靈，想像自己就是所欲理解的他人，然後去感受他在反省的當時和整個反省歷程中可能的內在生命。

由於整個協同反省活動是由數個反省參與者的內在生命交織而成，要理解它，可透過上面所提到的詮釋學循環來達成。即先感受整個反省的活動，再依此體驗來了解個別反省參與者的內在生命。當有所掌握之後，又回過頭來感受不同內在生命交織而成的反省活動。透過這種循環的感受和體驗，就能再度體驗出由不同的內在生命所交織而成的協同反省活動究竟如何。

因此從 Dilthey 的觀點來說，所建立的協同反省理論，是與反省參與者的內在生命及內在生命間交互作用的情形同質的。之所以稱為同質而非同一，是因為人的感受是類似而非完全相同。

在此要澄清的一點是，Schleiermacher 的觀點可說是透過理性的分析來理解，Dilthey的觀點則是經由設身處地式的感受體驗來理解。二者的論點雖有不同，但基本上都是認為詮釋的對象是客觀存在的，只要能夠去除個人的主觀因素，所做的理解就能夠與被詮釋者的心靈狀態或內在生命達到同一或同質的地步。問題是人們是否真的能夠如他們所說，先去除個人的心靈狀態或內在生命再進行理解？要回答此一問題應該不難，因為當完全拋棄它們時，人們的心理就什麼都沒有，那怎麼還能理解呢？而既然理解無法拋開個人的心靈狀態或內在生命，那麼理解的結果如何能說是與客觀存在的協同反省活動的意義一致呢？

二、Gadamer 的觀點

Schleiermacher 和 Dilthey 所論述的，雖然可以說都是一種「理解的技巧」（art of understanding）（陳榮華，1998），不過，Dilthey 還進一步的探討人的特質的問題，並提出要理解人不能仰賴自然科學，必須依靠精神科學的觀點。

與他們的觀點不同，Gadamer 不探討理解的方法。他所關注的是人如何得以理解、理解的本質或本性究竟為何等問題。

他認為，「理解並不是主體諸行為方式中的一種方式，而是此在自身的存有方式」（潘德榮，1992）。所謂的「存有」（sein），是「要這樣子」（to be）的意思（陳榮華，1998）。因此 Gadamer 的意思似乎是說理解並不是人們的意識刻意要用的一種技巧，而是只要是人，他都要理解，並且都在理解當中。

人們在理解時，是被「傳統」（tradition）所限制的。所謂傳統，是指個人所處的生活環境中自古流傳下來的觀念，如中國人所認為的說話要符合人情、行事要外圓內方、做人要合倫理規範等觀念即是。生活環境中種種傳統的意義體現在語言中，當我們學到語言時，傳統就進到我們的腦海之中，成為支配我們理解的「成見」（pre-judice）。因此所謂的成見，是指流傳下來既成的意見，不一定就是偏見或具有負面的意涵（陳榮華，1998）。當成見進到意識時，人們才有理解的可能。因此，Gadamer 認為人的意識並非一張白紙，而是一種「歷史效應意識」（historical-effective consciousness）。也就是說，人的意識是在歷史的影響之下去理解外在的事物。這種情形，Gadamer 認為是不可改變的，因為只要是人的理解就是這個樣子，不是人們要不要或願不願意的問題。

當對理解的本性有如此的掌握之後，Gadamer 就不像上述二者一樣，貶低個人的成見在理解過程中的地位。相反的，他認為沒有成見就沒有理解可言。而既然理解是在成見的引導之下進行，完全客觀的詮釋就變得不可能。

舉例來說，在詮釋一個協同反省活動的過程中，人們無可避免的會預先設定某些觀點來引導詮釋的方向，如針對反省參與者的態度、方法，或彼此間的交互作用進行理解。此種方向的設定，是來自於傳統（如傳統中對於如何進行有效溝通此一問題的重視及看法），非由詮釋者的主觀所決定。而當人們預先設定理解的方向時，就會將詮釋對象的意義給限定住了。也就是說，詮釋對象在人們設定的觀點之外的意義就無法被把握到，因它的意義總是超過詮釋的結果。又如在理解反省參與者的態度、方法及彼此間的交互作用時，亦是在腦海中的成見（如中國人與他人溝通及討論的方式）的引導之下進行詮釋。如此，亦會對詮釋的結果造成限制。總之，摒除成見就沒有詮釋此種活動的發生，而在成見之下進行詮釋又無法得到客觀且完整的意義。

既然客觀、完整的詮釋不可能，那理解的結果為何？從 Gadamer 的觀點來看，理解的結果稱做「視域的融合」（fusion of horizons）。所謂「視域」（horizon），是指當人們在傳統所給定的成見的引導之下看待事物時，所看見的角度與範圍。舉例來說，一個中國人在他腦海中所擁有的成見的引導之下（如中國人慣有的溝通態度是如何），所看到的反省參與者的反省行動，就是他所看到的視域。同理，反省參與者在自身的成見之下，對自我反省活動的理解亦是其視域。視域並非絕然封閉，當一個人受到不同傳統的衝擊，而他能夠保持開放並對自我的成見進行反思時，他的視域就有改變的可能。承上例，當詮釋者發現他在反省活動的視域和反省參與者本身的視域不一致時，若能保持開放，就能透過反思批判來去除自我不合宜的成見，進而調整自己的視域以消弭彼此之間的差異。如此，調整後的新視域就「融合」（fuse）了詮釋對象的視域。而若能經由此種歷程不斷的融合與調整，詮釋者和反省參與者就會逐漸的取得共識，認為二者的視域是一致的。達到意見一致或可能一致的視域，Gadamer 認為是詮釋所努力要達成的目的（洪漢鼎、夏鎮平譯，1995）。

在詮釋者努力以達成意見一致的過程中，就如上文所說，必須保持開放的態度及對自我的成見進行反思批判。就開放的態度而言，是指以平等的態度進行理解，承認對方意見的合法性（亦即承認對方成見的合法性），並明白自我的看法並不具有優勢的地位，它必須被檢查及可能須要修改。如果能夠做到這樣，他人的視域才會逐漸滲透進來，視域的融合才有可能。否則，若只是一味的認為自己已經洞見了詮釋對象的成見，而沒有進行平等開放的對話，那麼要達到意見的一致就不可能。至於就反思批判而言，則是在發現詮釋對象的視域與自己的視域不一致時，透過反思來澄清指引自我理解的成見，並在批判之後加以調整。

除了開放的態度及反思批判之外，與詮釋對象進行對話亦是重要（洪漢鼎、夏鎮平譯，1995）。如上所述，詮釋對象所擁有的成見亦會體現在其語言之中。因此，要理解其成見及其視域，以平等開放的態度不斷與其對話是必須的。總之，開放的態度、反思批判及與詮釋對象對話，對詮釋者而言相當重要，因它們是使詮釋者達成與詮釋對象意見一致的必要條件。

要說明的是當詮釋者和被詮釋者達到意見一致時，並非指二者的視域就是同一的。這種情形，有點像提出「根本建構主義」（radical constructivism）的Ernst Von Glasersfeld（1995）所說的「交互主觀的」（intersubjective）理解的情形，但又不全然相同。他指出，當溝通的雙方都能夠透過不斷的互動來調整自我對某一事物的理解時，彼此間的觀點有可能達到「能相容的」（compatible）程度。達到能相容的程度，隱含著溝通的雙方心中都主觀的存在著「我同意你的理解，因為我認為你的理解和我的理解是相同的」此種想法，使得此種同意成為一種交互主觀的同意。當達到交互主觀的同意時，代表著溝通的雙方都理解對方對某一事物的解釋，不過這並不意謂著彼此心中的概念是「同一的」（identical）。之所以如此，是因為人們是在自我經驗的引導之下進行溝通和理解，但世人的經驗不可能完全相同，理解的結果自然就不會完全相符。同理，由於詮釋者和被詮釋者的成見不可能完全相同，詮釋者融合調整後的視域，也就不可能和被詮釋者的視域一模一樣。只能說，雙方認為是一致的。另外，若依 Von Glasersfeld的觀點，要達到交互主觀的理解，詮釋者和詮釋對象都必須在溝通的過程中不斷的調整自我對某一事物（如詮釋對象在反省過程中的某種表現）的理解，但在上述Gadamer有關於達到視域的一致的想法中，可以說是單方面的要求詮釋者必須不斷的反省及調整自我的視域。

綜合上面對Schleiermacher、Dilthey及Gadamer觀點的討論，當研究者透過詮釋的研究取徑來探究協同反省活動時，所建立的協同反省理論的確能夠縮小與所探究的反省活動之間的距離，不過二者之間並不可能達到同一的地步。至於就未來的反省活動而言，並非此種取徑關切的焦點，因其關切的是過去到現在「是如何」，而不是現在到未來「應如何」（Carr & Kemmis, 1986）。因此，若欲根據研究結果來進行協同反省的活動，反省參與者仍可依據上述修改過後的Carr與Kemmis的理論建構途徑來做調整，以對所參與的反省活動更有幫助。

另外，若跳脫Schleiermacher、Dilthey及Gadamer的觀點，進一步的從出生年代離現在更近的 Habermas 的角度來看，詮釋者即使與詮釋對象不斷互動，並透過自我的反省調整其視域，但仍會面臨如下的問題或限制：

首先，真正支配反省參與者的想法可能隱藏而不自知，使得研究的結果失真。依Gadamer的觀點，人們是在傳統所給予的成見之下看待外在的事物。但實際上，研究對象未必了解真正支配自我行動的想法，使得他對自己活動的解讀與該活動的真實面貌有所差距。

例如，一個反省參與者很少主動發言，他對自己此種舉止的說明可能是「我的資歷還淺、經驗還不足，應多向資深的同伴學習」（反省參與者對自我反省活動的視域）。他之所以這樣說，從上面 Gadamer 的觀點來看，是他生活中的傳統讓他這樣覺得。但事實上，真正支配他此種行為的想法可能並非如此，可能是「不要說太多的話，順著長官的意思就好，以免影響到自己的升遷與發展」。

會發生這種情形， Habermas 引 Freud 的「文明壓抑說」與「無意識理論」來解釋（張世雄，1987）。Habermas認為社會必須壓抑個人過多的需求來維持其生存，在社會壓抑的過程中，它會制度化且系統化的將其需求形諸於語言，並把個人「過多的需求」（surplus needs）排除在語言之外。當個人學到語言時，就自然的將社會的需求內化成「超我」（super ego）的一部分。值得注意的是自我的需求雖被社會壓抑而無法藉著語言進入自己能夠清楚意識到的「自我」（ego），但它卻會成為一種「無意識的動機」並影響個體某些層面的行動。其結果，就使得個體無法了解到真實的自我，並使所說和實際的自我有所出入。

對於此種所說的原因和行為真正的原因不符的情形，反省參與者本身並沒有辦法克服。因為人們只有超越自己、站在自己之外的一個點，才能清楚的看到支配自我的想法到底是什麼，但人們自身又沒有這種能力。當詮釋對象無法了解真正支配自我的想法，而研究者又只想透過平等開放的溝通及不斷的自我反省期與研究對象達到視域的融合時，所得到的研究結果自然就會失真，因它（指研究的結果）根本就沒有碰觸到被排除於溝通之外，但又真正支配研究對象的無意識動機。因此，Habermas認為不可將研究對象所賦予的意義視為理所當然的接受。否則，即使不斷融合反省參與者的視域，並對所探究的協同反省活動產生新的視域，但終究是走偏了路，並無法較真實的掌握反省活動的意義。

其次，反省參與者的成見若不合理，在被研究之後仍是不合理。如上所述，Gadamer 認為必須以平等開放的態度，視他人的成見亦是合法。當研究者持此種態度進行研究時，對於所擁有的成見真的是不合理的詮釋對象來說，並無法從研究中受益。會這樣，主要的原因是此種研究取徑缺乏促使研究對象產生改變的意圖（Hanrahan, 1998）。因此，一個具有討論時要以和為貴、不要揭發他人不合理論述之類觀念和行動的反省參與者，在經歷他人詮釋取向的研究之後，仍然會以此種成見來參與反省活動。但如此的反省觀念和行動，並不利於得到更能幫助學生身、心成長的教學共識。

伍、批判的觀點

對於上述的問題，從 Habermas 的觀點來看，必須加以解決。在討論 Habermas 的觀點時，有從詮釋的角度出發，強調在詮釋的過程中必須進行批判。持此種觀點進行討論者，將 Habermas 的論述稱做「批判詮釋學」（如陳伯璋，1990；梁福鎮，2000）。另外，亦有從研究必須導向實踐的觀點入手，認為研究者本身必須是社會情境的一員，才能避免壓迫和不當勸服的產生，進而得到真正合理及大家願意去實施的實踐策略（如 Carr & Kemmis, 1986）。

據此，若要從 Habermas 的角度出發來探究協同反省活動，以解決上述詮釋取向所面臨的問題時，有兩種可能的研究途徑：第一種途徑是批判詮釋的研究取向，第二種途徑則可稱為參與批判的研究取向。就前者而言，與自然科學及詮釋取向的研究一樣，研究者仍是協同反省活動的局外人。而就後者來說，研究者則是協同反省團隊中的一員。其實，局外的研究者如能保持開放和平等的態度，不見得就會造成壓迫和不當勸服的情形。相對的，局內的研究者亦不見得就會以平等開放的態度參與反省活動。不過比較確定的是，局外人和局內人所建立的協同反省理論必定會有所差異，因是處於不同的立場來看待反省的活動。據此，當透過批判詮釋及參與批判這兩種取向來探究協同反省活動時的特性與限制究竟為何，應該都需要進一步的加以探討。

一、批判詮釋的取向

Habermas（1971）認為，人們有「技術」（technical）、「實踐」（practical）及「解放」（emancipatory）三種「旨趣」（interests）。這三種旨趣的提出，主要源於他對社會生活組成的看法。事實上，其看法又是奠基在 Karl Marx 的觀點之上（McCarthy, 1984）。

Habermas認為社會生活包含「勞動」（labor）和「社會互動」（social interaction）這兩個不可互相化約的成分（沈力譯，1990；Habermas, 1971）。勞動是要滿足物質生活的需要，社會互動則是要使自己有效的適應人際間的生活。要滿足物質生活的需要，在勞動時必須以「技術的」知識為基礎，才能夠順利控制或改造外在的自然以完成此項要求。而要有效的適應人際生活，在社會互動時就必須以「實踐的」知識為根基，才能夠明白何者當為、什麼不應該做，進而妥善的扮演自己的角色及表現適切的行動。以此觀之，物質生活和人際生活的滿足是人類所有的兩種基本需求。要滿足這兩種需求，必須以技術的和實踐的知識為基石，然後透過勞動和互動這兩種「媒介」（medium）來完成。因此可以說，技術的和實踐的旨趣起於人類物種的內在需求，它們自然而然的伴隨著人類的存在而存在。

社會生活既是由勞動和互動這兩個領域所組成，而技術的旨趣和實踐的旨趣又能夠滿足這兩個領域的需求，那麼是基於何種原因，讓Habermas提出人們尚有「解放的」此種旨趣？此種旨趣的提出應起於他對人們社會生活的觀察與體悟。他認為社會生活中充斥著不平等的權力關係，在此種關係的作用之下，到處彌漫著不合理的意識型態，使得人們的思考和行動、理解和溝通都被束縛和被扭曲（余英時，1994）。社會生活雖是如此，但人類並非僅知一味的順從，因他看到人們渴望從不合理的意識型態的束縛中得到解放的情形。而人們之所以企求衝破意識型態牢籠的束縛，是因為擁有「理性自律」（rational autonomy）與「自由」（freedom）的內在需求。

從上面的分析看來，interest並不能當興趣來解讀，因興趣是由人們主觀的意願來決定，但旨趣的產生並非如此。就前兩種旨趣而言，似乎可以說是先驗的，因為無論是何時、何地的人們，都必須依賴技術的和實踐的知識以滿足物質生活和人際互動時的需要。而對於第三種旨趣來說，應該可以說人們天生就具有理性自律和自由的需求，當此種需求被不合理的意識型態所壓抑而不得伸展時，人們就會在理性自律和自由的驅使之下，產生渴望獲得解放的旨趣。

既然在不平等的權力關係之下，人們的思考和行動都會被不合理的意識型態所束縛，那麼應如何進行研究，才能讓研究對象（如協同反省的參與者）突破此種情形？依然是受到Marx的影響，Habermas認為社會科學不能僅止於詮釋，它還必須對控制人們的意識型態（即Gadamer所說的成見）進行批判（Carr & Kemmis, 1986）。

何以對意識型態進行批判，能夠促使他人得到解放？ Habermas 認為在批判的過程中，批判的對象（即被研究者）會透過「自我反省」（self-reflection）的運作，一方面讓自己覺醒到在自我生活的歷史中，是哪些意識型態（如倫理觀念、道德規準、風俗民情或是生活習慣）進入了腦海之中支配了自我的意識；另一方面，還能發現其中的不合理之處並加以重建。此種透過他人的批判及自我的反省，使得思考能從意識型態的壓迫中得到解放及重建的歷程，Habermas稱之為「批判的自我反省」（critical self-reflection）歷程（Carr & Kemmis, 1986）。

自我反省雖是去除意識型態封鎖的利器，但在運作的過程中，批判者（即研究者）仍須要做到下列的事項才能協助它發揮功能：首先，要能理解批判對象被意識型態扭曲的情況；其次，要從其生活經驗中探索是何種力量造成此種扭曲，並提出可能的解釋；第三，要顯示這些扭曲的力量如何才能被克服（Dryzek, 1995）。

要說明的是批判者雖然就上述的向度提出觀點，但並不代表就是替他人做決定。Habermas的意思應是當批判者（研究者）能夠這樣做時，被批判者（被研究者）就有可能透過自我的反省來理解自我的意識受到扭曲的情形，並重建出克服的途徑。另外要提出的是批判對象的自我反省雖然是重建出新的想法的最後決定因素，但在過程中，批判者實處於主導性及較優越的地位。

除了對意識型態進行批判之外，在上節末段針對詮釋取向的研究結果進行檢討的部分，提到詮釋對象可能受到無意識動機的支配，使得詮釋結果失真的問題。要解決此問題，Habermas亦在Freud心理分析的立論之下提出突破之道。

就如上節曾經提過的，個人不可欲的需求會被社會的權威或規範給制度化且系統的排除在語言之外〔此種情形，稱做「去除符號化」（de-symbolization）〕，因而不可能進到意識之中，並成為一種無意識動機支配著人們某種行動（張世雄，1987）。面對這種情形，心理分析的目的就是要把被壓抑的無意識動機給揭露出來，從去除符號化變成「恢復符號化」（resymbolization），使得個體能夠了解真正的自我，並從事由自我的理性所自主的實踐和溝通。過程中，研究者一方面必須運用語言建構出一個可以被意識理解的詮釋，以讓個體了解支配自己行動的無意識動機是什麼；另一方面，還必須蒐集患者生活中的相關資料，重建出假設性的「生命史」（life history）及「因果關聯」，以揭露個體在發展的過程中，何以某些部分會成為無意識的動機。當這樣做時，患者就有可能經由自我反省重新的意識到那些被壓抑的動機，並重建出更合理的想法。

在心理分析時，無意識的動機雖會產生抗拒的作用，但個體理性自主和自由的需求亦會期待脫離被無意識動機所主宰的不自由和不自主的情境。

當詮釋者（即研究者）能對反省參與者的意識型態做上述的批判，並且協助他們重構無意識的想法時，反省參與者（即研究對象）將能了解支配自我反省活動的傳統或想法，並在去除其中的不合理之處後，重建出更合理的反省觀點和行動。而對詮釋者而言，當反省參與者由於更理解支配自我的想法，使得對反省活動的解讀從不真實轉向真實時，經由視域的融合所形成的新視域，將更接近反省活動的真實意義。舉例來說，某位資淺的成員宣稱不發表是因為重視倫理或覺得他人的觀點已經很好，但實際上，是因為他在成長的過程中，曾在眾人面前發言被嘲笑，因而造成自卑的心理。由於此種經驗讓他的心理感到痛楚，他根本就不想去碰觸它，因而自然的把它埋藏在自己意識沒有觸及的深處。雖然如此，但他的行動還是難以避免受到此種心理的支配。一直到受到研究者的批判及自我反省之後，才釐清自己心中真正的想法，並對自我的反省活動做出較真實的解讀。要注意的是經此途徑所建立出來的協同反省理論雖然會與實際的反省活動更為一致，惟仍然將如 Gadamer 所言，並非反省活動的全部。

至於此種途徑所建立出來的協同反省理論與未來的反省活動之間的關係為何，可就兩個層面來分析：首先，對被研究的反省團體未來的反省活動而言，此種理論由於包含反省參與者不斷調整的反省觀點和策略，因此能與未來的反省活動較為結合。其次，就他人未來的協同反省活動來說，它雖然亦難以避免前述研究取徑所面臨的一個困境，即無法全部落實於其他的反省情境，不過卻提供了比較合理的反省觀點和行動策略供做參考。因此，適用的程度會比較高。

其他的反省團體在參考或引用時，仍可借用前述修改後的 Carr 與 Kemmis 的理論建構途徑，一來將其中的不合理之處調整成更為合理的觀點，二來則可以克服由於反省情境的差異所產生無法全然適用的問題。

二、參與批判的取向

與前述的幾種取向都不相同，在參與批判的研究取向中，研究者本身亦參與協同反省的活動，成為協同反省團隊中的一員。欲參與協同反省的運作，首先必須思考的問題是在反省的過程中，研究者應擔任何種角色，才能達到 Habermas 的理想？也就是使反省的參與者除了去除不合理的反省成見和行動之外，還自我重建出更合理的反省觀點和策略，並且獻上自我的熱情去實施。

依「外來者」（outsider）角色之不同，Kemmis（1988）將行動研究分為「技術的」（technical）、「實踐的」（practical）及「解放的」（emancipatory）三種類型。在技術的行動研究中，外來者擔任指導者的角色；在實踐的研究中，外來者擔任協助者和諮詢者的角色；在解放的研究中，則沒有誰是外來者之分，大家共同分享及承擔研究的責任。參考其觀點，研究者在參與協同反省活動以建立協同反省理論的過程中，亦可能扮演上述三種角色，以下分別討論：

㈠協同反省活動的指導者

在協同反省的過程中，具有強勢地位的研究者（通常是大學中的教授）以某一理論或研究的應用性及效能為關注的焦點（如批判理論在協同反省活動中的應用性），事先決定反省要達到的目的（如發展批判理論之下的協同反省理論和策略）、決定反省要探討的問題（如評估所發展的協同反省策略對反省參與者的影響或是能夠產生何種想法與策略），並且透過手段（如團體動力學）來維持反省的進行。由於此種協同反省活動是在研究者的控制和指導之下進行，目的在找出策略以完成研究者的意圖或解決研究者事先訂定的問題，因此可稱為技術的反省。要注意的是在此種取向中，研究者既然是反省團隊中的一員，他就不單只是擔任指導者的角色。他除了促使其他的反省參與者達成他所要的目標之外，本身亦和他們共同思考要如何才能達到自己所要的目標。

平心而論，在研究者及其他夥伴的思考之下，的確可能發展出有效的反省策略。如此，研究者就可根據自我所偏好的理論及所發展出來的策略建立起協同反省的理論。另對於其他的反省參與者而言，此種途徑亦有可能改善他們在反省活動上的想法和行動。不過，它亦會面臨如下的問題：

第一，反省團隊所建立的協同反省策略，僅是合理化研究者觀點的工具。強勢的研究者在參與協同反省的過程中，所關注的僅是反省的參與者是否接受其觀點，並據以發展達到其想法的策略或手段。因此，他雖然亦是反省團隊中的成員之一，但卻會運用較高的權力或地位來主控協同反省的進行，如壓迫其他人的看法或刻意忽略他人不同的聲音（Sanger, 1996; Viviane, 1993）。在這種情況之下，反省的夥伴會變成只要等待研究者的想法和觀點就好，並沒有真正的去思考要如何才能進行有效的協同反省。

當然，就如前述，在這種反省之下，反省參與者亦有可能依據研究者所提供的理論建立起較合理的反省策略和行動。但問題是當研究者偏好的論點本身就潛藏著不合理的意識型態時，整個反省團隊據以建立起來的協同反省策略亦將不合理。

第二，研究者所建立的協同反省理論，可能與反省參與者未來的反省活動脫節。在此種反省中，要達到的目的已經被強勢的夥伴（即研究者）所決定，惟研究者所決定的目的未必就是其他反省參與者所要的目的。因此，對於其他的反省參與者而言，他們在未來未必就會照著研究者所建立的協同反省理論去做反省。

第三，反省的參與者將停留在應用理論而非創造教育理論的層次。就如上文所述，在此種反省中，反省的參與者僅被身兼研究者的強勢夥伴賦予根據某種論點發展出可執行的策略的任務。也可以說，反省參與者只被研究者認為是一個發展出應用策略的技術性工作者而已。當反省參與者是這樣參與反省時，將永遠走在研究者的後頭，並被界定為應用理論而非創造理論的角色。

(二)協同反省活動的協助者及諮詢者

在參與協同反省的歷程中，研究者與其他夥伴處於「合作的關係」（cooperative relationships）。一方面，擔任反省的協助者及諮詢者，促使其他的反省參與者就反省團隊運作時的反省態度、方法或策略進行反省及調整，以提升整個協同反省活動的品質。另一方面，除了提供協助和諮詢之外，亦和其他夥伴共同探討反省應有的態度、方法或策略，以建立協同反省的理論。

當參與協同反省的研究者擔任此種角色時，其任務可說是「啟蒙」（enlightenment），目的在透過批判以協助其他夥伴脫離不合理的風俗、習慣、先例、壓迫或官僚系統的束縛，進而建構出較合理的反省想法和行動。此種透過批判以協助其他的反省參與者達到自我啟蒙、解放及重建的角色，又可稱為「批判的朋友」（a critical friend）（Carr & Kemmis, 1986; Hanrahan, 1998）。

研究者若發覺其他夥伴不知如何進行反省或反省的品質不佳，而自己對於如何才能達到有效的協同反省又有認識時，可從此一角色開始來幫助大家提升反省活動的品質。

同樣的，此種取徑雖然可能發展出較合理的協同反省理論，但亦有其危險：當研究者對反省的種種觀點（如反省的目的、應針對的內容或反省的方法）亦受到某種不合理的意識型態所制約時，反省參與者雖受其批判及啟蒙，但反省的過程終究是受到此種意識型態的束縛而難以有所突破。舉例來說，研究者對反省的觀點可能來自於 Habermas 批判的社會科學的觀點，但其觀點可能不全是合理的。在不合理觀點的制約之下，經協同反省之後所建立的協同反省理論自然會有瑕疵。

㈢協同反省活動的責任分享者

除了研究者之外，當其他的反省參與者亦承擔促進反省及改善反省品質的責任時，研究者就轉變成反省責任的分享者之一。在此種反省中，研究者與其他成員的地位是平等的，彼此並都擔任批判的朋友的角色。大家都願意及能夠對他人的反省想法和行動進行質疑，從而共同建構出更合理的反省理論與行動。此時，協同反省的進行不再被研究者所偏好的觀點所左右，反省的參與者彼此分享啟蒙的任務，從而共同得到解放。據此，此種反省亦可稱之為解放的反省。

綜合上述，研究者在參與協同反省活動以建立協同反省的理論時，最理想的狀態是擔任反省的分享者的角色。不過在一開始時，宜由協助者和諮詢者的角色開始，再逐步的往此方向前進。成虹飛（1996）在和一群師院生進行以協同反省為核心的行動研究中，一開始就試圖從分享的關係開始，不去主導小組行動的方向，讓參與的夥伴自主的決定。但由於反省的成員對反省的目的、方法或態度的認識有限，在反省的過程中又沒有得到相關的協助，使得反省不但無法得到較佳的教育想法，更讓反省的成員充滿了失敗、壓力及逃避的感覺。

當研究者擔任反省的協助者時，首先，可以利用從理論探討所得來的協同反省理論作為引導的依據；其次，他必須轉移責任，協助其他成員分享啟蒙的責任，並發展出能夠交互啟蒙的能力。當反省參與者能夠交互啟蒙時，就會對研究者所持的協同反省觀點做反省和重組、將重組的結果應用到反省的運作、對反省運作的歷程做反省、依反省的結果再修改反省的觀點和策略。而當上述的活動不斷循環發生時，大家共同建構的協同反省理論除了會和反省的實際運作密切的結合之外，更包含大家共同調整後的反省觀點和反省策略。

因此，就研究者所建立的協同反省理論和研究對象未來的反省活動而言，此種研究取向的結合度最高。另外，就所建立的協同反省理論與其他反省團體未來的反省活動來說，由於在所建立的協同反省理論中，包含了整個團體如何突破不合理的反省觀點的路徑，因此可供參考的程度亦較高，將比較能縮短與其他反省活動之間的距離。雖然如此，但此種研究取徑亦有如下的限制或問題：

⑴協同反省的理論雖是由大家共同建構，但由於研究者本身對整個反省團體的運作的理解仍可能受限於自己的成見而與實際的情形有所差距，因而使其形諸於語言或文字的協同反省理論失真。要克服此種限制，研究者可透過對研究歷程的「反省」（reflexivity）（Hall, 1996），以及對所建立出來的理論進行協同反省來解決。

對研究歷程的反省包含如下兩個向度：首先，是指在研究進行的過程中，監控自我是如何研究協同反省的活動。如反省自己的研究企圖是什麼、為達企圖所做的運作是什麼、如何促進協同反省的進行、如何蒐集、分析和詮釋資料。易言之，研究者必須了解為達建立協同反省理論的企圖，本身到底做了哪些事。其次，研究者亦必須反省自我先前的生活經驗、知識、價值、信念或概念是如何影響自己去決定研究的企圖、對協同反省活動的促進、對資料的蒐集、處理、分析和詮釋。也就是說，研究者必須自我揭露自己的思考歷程，以清楚的掌握何以自己如此建構協同反省的理論。

當研究者能對研究的歷程進行上述的稽核和呈現時，就能讓讀者進入研究者本身建構協同反省理論的歷程。讀者在閱讀時，就會宛如Silverman所說，和作者在研究的當時「一起思考」（think together），從而增加研究的「可信性」（credibility）（引自 Hall, 1996）。

研究者對研究進行反省，雖可增加研究的可信性，但並不足以宣稱所做的詮釋就能擺脫個人的主觀所造成的限制，因為成見仍然存在，並持續的發揮其影響力。要去除此種限制，仍須藉助協同反省的力量才行。在實際的運作上，可透過「協同寫作」（collaborative writing）來完成（Christensen & Atweh, 1998）。協同寫作至少有三種方式：第一，「累進的寫作」（progressive writing）。先由一人寫初稿，團體的成員傳閱並寫上意見，然後做團體討論，以形成研究結果；第二，「分享的寫作」（shared writing）。由團體的成員集體討論，然後再集體將所建立的協同反省理論寫下來；第三，「指引的寫作」（directed writing）。以某一成員的經歷和體驗為主體來寫初稿，然後由他人或團體的討論給予回饋，再形成研究結果。上述三種寫作方式不一定在協同反省告一段落之後才進行，在反省運作的過程中就可實施。

⑵研究者涉入反省的運作之後，所得的體會和所做的描述必定受限。雖然透過對研究者形諸於語言文字的協同反省理論再進行協同反省，能讓其有較全面的觀點，但由於大家都是局內人，對反省活動的體會必會一起受限。此種情形，單靠同一反省團隊的成員並無法克服，因為只要身處於廬山，就無法掌握它的全貌。

陸、結論與建議

本文分別就理論探討、自然科學、詮釋以及批判（包含批判詮釋及參與批判兩種取向）等四類研究取徑進行分析，目的在了解何種研究取徑最適合用來研究協同反省此種研究或教育活動。在分析的過程中，主要是以不同研究取徑所建立的協同反省理論與實際的反省活動及未來的反省活動之間的關係為主軸，來探究這四種取向的特性與限制。以下即根據上文所做的分析提出結論：

第一，就所建立的協同反省理論與所探究的反省活動之間的關係來說：

理論探討的研究取向沒有針對實際的反省活動做探究。自然科學取向所建立的理論無法真實的解釋個別的反省活動，但亦會反映出反省活動的某些面貌。純粹詮釋的研究取向掌握個別反省活動真實意義的程度有所提高，但由於沒有對支配詮釋對象的無意識動機進行批判，使得理解的結果可能失真。至於批判詮釋和參與批判的研究取向（後者指研究者從協同反省活動的協助者和諮詢者開始，然後進展到分享者的取向。以下亦同），所建立的協同反省理論與實際反省活動的意義最為契合。不過，這並不是說後者的結合度更強，因為研究者涉入協同反省的運作之後，所看到的觀點和體會必定會和研究者身為局外人的批判詮釋取向不同。

第二，就所建立的協同反省理論與研究對象未來的反省活動之間的關係來說：理論探討的取向仍沒有涉及到此方面。自然科學取向所建立的理論，無法真實的預測或控制研究對象未來的反省活動，惟仍會呈現局部符合的局面。純粹詮釋取向所建立的理論，雖然並不關注詮釋對象未來可能的表現，但由於研究結果較貼近從過去到現在的反省活動，因此切合研究對象未來反省活動的程度亦會提高。不過，由於此種取向不對研究對象不合理的想法進行批判，因此它切合研究對象未來反省活動的程度雖會較高，但研究對象的反省活動仍將是不合理的。至於批判詮釋及參與批判取向所建立的理論，由於包含反省參與者調整之後的反省觀點和策略，因此與其未來反省活動的結合度又會更高。

第三，就所建立的協同反省理論和未來其他協同反省活動之間的關係來說：每一種研究取向所建立的協同反省理論，都無法全部移植到其他的反省活動之中。不過，理論探討取向所建立的協同反省理論因具有堅實的理論基礎，故其啟發性很強、涵蓋的範圍較廣。另批判詮釋及參與批判取向所建立的協同反省理論，由於包含如何才能突破不合理的想法或外在環境的束縛的觀點，並且亦指出更合理的反省想法和行動策略，因此在引導及啟發上的功效亦很強。

若上面的結論合理，當欲研究協同反省活動時，理論探討、批判詮釋及參與批判這三種研究取徑應是較佳的選擇。若研究者無法或不願探究實際的反省活動時，可選擇理論探討的途徑。若研究者願意探究實際的反省活動，但卻無法或無意參與實際的協同反省時，可採用批判詮釋的研究取徑。而若研究者有意願又有機會參與協同反省活動時，那麼就可以選擇參與批判的研究取徑。整體而言，在這三種研究取徑中，又以批判詮釋及參與批判這兩種取向最為適當。因若從理論與實際之間關係的三個向度來衡量，它們都能得到較佳的研究結果。

必須進一步說明的是此處雖將三種研究取向並列，但並不代表一次只能選一種方法進行探究。當研究者因主客觀環境的因素而採用批判詮釋的研究取徑時，就可兼採理論探討的途徑。一方面，以理論探討的結果作為批判時的參考；另一方面，將理論的說法和所探究的協同反省活動做比較並進行討論，然後再建立協同反省的理論。另當採用參與批判此種取徑進行探究時，亦可以就相關的理論或研究進行探討，以作為引導協同反省活動時的參考。其次，當協同反省進入交互啟蒙的階段時，若大家覺得單憑成員間的討論實有不足之處時，亦可以參照相關的理論及研究。

最後，還有三點要提出來說明：第一，批判詮釋及參與批判的研究取向內涵雖然不太相同，但都試圖透過研究的過程促使研究對象改善其想法和行動的合理性。此種企圖，是自然科學及純粹詮釋取向所沒有的。因此，它們應該符合 Carr 和 Kemmis（1986）所推崇的觀點，即教育研究必須是一種「為了教育」（for education）而非為了滿足研究者學術成就的研究；第二，Carr 和 Kemmis（1986）認為教育理論必須由教育工作者本身來建立，但從本文的分析可知，研究者亦可透過本文所建議的研究途徑來探究協同反省的活動，並且這些研究途徑仍屬於「為了教育」的研究取向；第三，當採用參與批判的取向時，研究者所參與的協同反省團隊應該會關注某些焦點（如國語科教學），因整個團隊不會為了探究應如何進行協同反省而成立。此時，就研究者而言，他除了可以透過上述的手段建立協同反省的理論之外，還能夠和其他夥伴共同建立和所關注的焦點有關的理論（如國語科教學理論）。事實上，若就研究者之外的反省參與者而言，他們關注的焦點可能主要在於後者。

總結本文所做的分析，若從理論與實際間的關係來看的話，當欲探究協同教學、學校本位課程的建立、學習型組織的發展或是協同行動研究等以協同反省為核心的教育活動時，可以從理論探討、批判詮釋及參與批判等三種研究取徑中做選擇。而其中，又以批判詮釋及參與批判的研究取向最為適合。當選用這兩種取向進行研究時，可輔以理論探討的途徑進行探究。

474 教育行動研究──理論、實踐與反省

第二十章

「為什麼」及「如何」做行動研究——從 Habermas 的相關論述來分析

壹、前言

近年來，國內有許多學者透過著書或翻譯相關著作的方式鼓勵教師從事行動研究（吳明隆，2001；吳美枝、何禮恩譯，2001；夏林清等譯，1987；秦麗花，2000；陳惠邦，1998；蔡清田，2000a），然它卻常被視為非學術或非正式的教育研究（如王文科，1990：35；張世平，1991）。而依 Zeichner（1993）所述，在美國亦有相當多的大學教授抱持此種看法。然，行動研究真是如此嗎？若以德國的 Jurgen Habermas 的相關論述來分析，應該不會認同此種觀點。

Habermas認為社會科學的研究必須拒斥實證主義的立場，因它所探究的是社會互動的領域，屬於詮釋的研究的範疇。不過由於詮釋的科學沒有觸及研究對象的思考和行動可能被意識型態所制約的問題，使得研究的結果可能失真。此外，它亦無法協助研究對象去除意識型態的封鎖。因此，Habermas 認為社會科學必須是一種「批判的科學」（critical science）才能解決詮釋取向的問題，並創造出一種不被不合理的意識型態所扭曲的社會實踐（Habermas, 1971）。

所謂批判的科學主要是以 Marx 與 Freud 的觀點做為方法上的基礎（Carr & Kemmis, 1986）。從 Marx 那裡，Habermas 主張要對研究對象的意識型態進行批判；從 Freud 之處，Habermas 借用其「心理分析」（psychoanalysis）的模式以促使研究對象透過「自我反省」（self-reflection）來了解潛意識中真實的自我，並重建自我的想法和行動。要注意的是當採用此種取向進行研究時，研究者（即批判者）與研究對象（即被批判者）之間的關係並非全然平等，其關係就有如心理分析中的醫病關係一樣。

其後，Habermas雖然持續堅持創造一個合理性的社會是社會科學的目標，但在方法上的觀點已做了轉變。在 1981 年出版的《溝通行動理論》

中，以「理想言談情境」（ideal speech situation）下的理性溝通作為創造合理性的社會規範與社會實踐的途徑（Habermas, 1984）。在理想言談情境的概念之下，參與溝通者的關係應該都是平等的，並以共創「合理性」（rational）的共識為標的。

若以第一章所提行動研究三個基本要求來分析，當採用 Habermas 溝通行動理論的觀點從事教育研究時，可以說就是在從事行動研究。因此種研究是以參與溝通者的自我反省為核心手段、以自我的思考和行動為研究對象、以透過理性的溝通來創造出更合理性的教育共識與實踐以改善教育現況為研究目的。至於當採用 Habermas 上述較前期的論述批判的社會科學從事教育研究時，則並不能算是行動研究，因為：第一，它們僅針對研究對象的想法和行動進行批判，研究者（即批判者）本身的想法和行動並非研究對象；第二，它們以研究者的批判和研究對象的自我反省作為核心方法。換句話說，研究者除了批判之外，並不需要透過反省以揭露自身想法與行動中的問題所在。

因此，本文是從 Habermas 較後期論述的角度來看「為什麼要做行動研究」這個問題，以釐清行動研究是否能夠作為一種有教育價值的研究方式。其次，再以Habermas的相關論述為基礎來分析「如何做行動研究」，以供有志於行動研究者參考。

貳、理性溝通與行動研究

就如上文所述，Habermas 在 1981 年出版的《溝通行動理論》是以理想言談情境下的溝通作為社會科學的根基。以下先說明何以他認為須以理性溝通作為社會科學的根基，並分析理性溝通是要達到何種目的、如何才能達到理性溝通所要達到的目的，以及如何才能使理性溝通後的共識落實？然後，以上述的討論為基礎來說明「為什麼」及「如何」從事教育行動研究？

一、系統的內部殖民化與理性溝通

Habermas 將現代社會分為「系統」（system）與「生活世界」（life world）（Habermas, 1987）。生活世界是行動者以語言為媒介進行互動的領域。在互動的過程中，一方面以先前的規範作為互動的基礎，另一方面則又可能形成新的規範和事物並加以傳遞。因此，生活世界擔負著文化的傳遞和發展、社會秩序的整合和更新，以及個人人格的形塑和社會化這三種功能。至於系統則是由生活世界分化出來。在生活世界分化的過程中，某些規範（如交易規則，政治規則）逐漸脫離特定的人際互動形成制度面的社會系統（如經濟系統、行政系統）。這些分化出來的社會系統藉助著某些媒介來運作，如經濟系統和行政系統分別以貨幣和權力為媒介來運作。

生活世界除了分化出以貨幣和權力為運作媒介的經濟系統和行政系統之外，它本身也分化成私有領域和公共領域。生活世界和社會系統之間原本維持著平行及各種交換的關係，如私人領域輸出勞動力以換取經濟系統的薪資，又如私人領域提出需求，經濟系統提供財貨與服務。不過隨著貨幣化和科層化的擴張，經濟系統和行政系統逐漸超越原本服務的角色，並經由交換關係的通道貫穿進入生活世界從而形成「生活世界的內部殖民化」（inner colonization of lifeworld）。此種結果，使得原本以溝通行動為媒介的生活世界遭受扭曲和壓迫，改而採取以貨幣和權力作為生活世界運作的媒介。當以貨幣和權力作為生活世界運作的媒介時，社會互動變成只講求如何有效的運用貨幣和權力。如此，生活世界並無法得到合理的發展，文化、社會秩序及人格都會產生病態的現象。面對這種情形，Habermas認為必須將系統的理性加以節制（何明修，1999）。在生活世界的領域中，它必須讓位給理性的溝通，否則生活世界將陷於悲劇和困境。

二、理性溝通的目的

理性溝通的目的為何？簡言之，就是要達到「溝通合理性」（communicative rationality）。在談到「合理性」（rationality）的問題時，Habermas 採取的途徑是重構 Marx Weber 的合理性概念。Webber 將合理的行動區分為工具合理性行動和價值合理性行動。工具合理性行動是指能夠有效達成目的的行動；價值合理性行動是指符合行動者終極信仰和價值的行動。能夠達成目的的行動（例如透過各種懲罰的手段逼迫學生以讓學生在考試中得高分），不一定就與自我的信仰與價值相符。就 Webber 的角度來看，二者之間還經常處於緊張的狀態。例如在某個老師的觀念中不認為學生一定要走升學的路，學生應找出自己的專長並往這個方向發展，不過在現實的環境中，他卻必須利用各種手段讓學生在考試中得高分。此種狀況，就屬於工具合理性行動和價值合理性行動衝突的情形。為了解決此種問題，Habermas 重構合理性的觀點，提出下列五項要素（胡夢鯨，1993）：

第一是技術合理性。根據經驗，選擇一種最適當的手段達成目的。第二是效果合理性。衡量所選擇的手段是否能夠達成良好的效果。第三是目的選擇的合理性。除了手段是否合理及有效之外，還根據某種價值來選擇合理的目的。合理、有效並依某種價值來選擇目的的行動，稱做「形式合理性」的行動。形式合理性的行動雖依某種價值選擇行動，但此一價值可能並非普遍且可作為生活方式的基本原則。也就是說，行動者主觀的意圖或價值觀不一定受到他人的認同。因此，使行動符合普遍的原則，亦即能夠跨越不同情境並貫穿所有生活領域才符合價值合理性。而價值合理性的行動，即是合理性的第四個要素。至於第五個要素，則是使形式合理性與價值合理性互相結合。

Habermas 的合理性概念並非只重價值而不重策略。採用合理有效的手段、選擇合價值的目的並往普遍價值的方向前進的行動就是合理性的行動。另外，合理性的達到非指須由第一個要素開始，相反的，應是由價值合理性出發。當確定價值合理性之後，就可以據以選擇合理的目的及有效達成目的的手段。

三、達成溝通合理性的途徑

溝通如何才能達到上述的合理性要求？在對人類達成合理性共識的溝通行動進行分析之後（陳文團，1996），Habermas提出如下兩種條件（沈力譯，1990；高宣揚，1999）：首先，溝通者必須共同同意彼此的互動都符合「可理解的」（comprehensible）、「真實的」（true）、「正當的」（right）及「真誠的」（sincere）這四項要求。其次，溝通必須在理想的言談情境下進行。

(一)四個要求

Habermas 在其「普遍語用學」（universal pragmatics）中提到，溝通要達到相互理解並一致認同某種觀點，參與溝通者所說的話必須被他人認為滿足可理解、真實、正當及真誠等要求（沈力譯，1990）。一般而言，在溝通的過程中說話者並不會刻意注意這四點。在對筆者所參與的行動研究的溝通進行分析之後亦發覺（潘世尊，2003a：167-170）：當對談者不清楚或不同意他人的觀點或態度時就可能提出這四個向度的質問[1]，這些質問的提出並非在意識上清楚且刻意的從這四個向度來問，而是感到對方某種說法或態度有問題時就從那個地方切入來問。據此可反推參與溝通者不認為他人的觀點或態度有問題，亦可說是認為其符合可理解、真實、正當及真誠的要求，不過這也不是說參與溝通者是以這四個向度為標準來衡量他人的觀點與態度，只能說在對話的過程中感到沒有問題罷了。

當提出的問題屬於可理解性的向度時（如問：你說你國語課文的教學是用「分析討論」的方式上，分析、討論是什麼意思），說話者必須進行「解說性的論辯」（argumentation of explicative discourse），以使聽者能

1　除此之外還包含其他向度的質問，但其非本文論述的焦點。

夠了解其語意。

當所提出的問題屬於真實性的向度時（如問：你怎麼知道刻意獎勵學生會讓學生迷失自我，因而無法發現自我真正的性向和興趣），說話者必須進行「理論性的論辯」（argumentation of theoretical discourse），舉出相關的經驗事實或訊息作為證據。如若不能，共識將難以達成。

當所提出的問題屬於正當性的向度時，說話者必須進行「實踐性的論辯」（argumentation of practical discourse）。筆者從行動研究過程中的溝通經驗中體驗到，與正當性有關的問題主要涉及對或不對、應該或不應該及可以與不可以的層面。如有教師認為學習自然可讓學生了解自然現象以去除恐懼、迷信及增加生活情趣，因此主張學生一定要學自然。但另名教師卻問「學了自然之後雖可能產生此種結果，但能否以此理由要求學生就一定要學自然」？此一質問，即屬於正當性的質問。被質問者如果無法提出具有說服力的觀點，共識亦無法達成。

最後，當所提出的問題屬於真誠性的向度時，必須進行「批判治療式的論辯」（argumentation of therapeutic critique）。論辯是以先前曾提過的心理分析的方式進行，使說話者能經由自我反省逐漸的意識到自身被壓抑的無意識動機，從而了解及重建真正的自我進而恢復言行的真誠性。舉例來說，在行動研究的過程中某個成員聲稱升學主義對他的教學安排並沒有造成影響，他根本不在乎升學的問題，不過其他參與者卻認為他種種的教學安排根本就是為了符合升學主義的要求，只是他不承認而已。在這種情況之下，所做的對談會圍繞在這個教師心中真正的意圖或無意識動機到底為何上面。如果在論辯之後，被質問者仍無法真誠的呈現自己心中的想法，那麼就不會有共識。值得一提的是心理分析的方法原本是 Habermas 引為最主要的方法，但在這個階段卻僅是促使對談者達到真誠的一個手段。

㈡理想言談情境

參與溝通者即使有意願透過發言和質問達到交互的理解及認可某種經討論後的觀點，惟仍須理想言談情境的配合。此種情境是一種民主、自由、公平、正義的溝通環境，在其中的溝通可以免於被壓迫、操弄及控制，所有參與溝通的人都具有相同的機會發言、提出問題、做說明或表示反對，從而做到可理解、真實、正當及真誠的溝通。因此，合理性的共識無法與自由、民主、公平、正義的溝通環境脫節。

四、從共識到實踐

在理想的言談情境之下進行論辯並得到某種共識，是否就是社會科學的終點？對於始終強調實踐的 Habermas 而言答案應是否定的，將共識落實到實踐才是他想要的。那麼，要如何才能將共識落實到實踐？

首先，研究須由試圖自我解放的「自我反省群體」（self-reflective group）實施（引自 Carr & Kemmis, 1986）。為什麼要這樣，筆者從行動研究的經驗中體認到（潘世尊，2003a）：第一，當社會情境的涉入者有感而發，願意主動、熱情的參與討論及共同做決定時，溝通才能持續下去，所得到的共識亦才能被執行。第二，當參與溝通者是局外人時，他並無法感受到局內人所遭受到的壓力及危險，他也不用承諾要去實現所提的建議。因此，他所提出的突破途徑可能會讓局內人覺得根本無法落實。

在組成自我反省群體之後，尚須將自我的反省、啟蒙、決定及行動做整合（引自 Carr & Kemmis, 1986; Kemmis, 1988）。首先，反省參與者要真實闡述自我的實踐理論。其次，要應用、檢定及反省自我的實踐理論。第三，要謹慎的選擇及組織行動的策略，以在社會和政治脈絡中奮鬥。

五、理性溝通下的行動研究

以下即以上述的分析為基礎來說明「為什麼」及「如何」做行動研究：

(一)為什麼做行動研究？

教育研究何以要採用行動研究？從系統與生活世界的觀點來看，教育亦可以分為以權力和貨幣為媒介的教育行政系統與教育經濟系統，以及以語言為媒介的教育互動所組成的教育世界。以語言為媒介的教育互動包含教師、行政人員、家長、學生、教育行政主管及關心教育的社會人士之間的互動。教育行政系統和教育經濟系統原本是為服務教育活動而形成，但目前卻往往如 Habermas 所言，凌駕在教育互動之上支配著教育的活動，問題是教育行政系統所追求的行動未必對學生有幫助。

舉例來說，縣市政府教育局在預算年度快結束時為了要消化掉預算會密集舉辦大量的研習活動，以免因預算執行不力而在下年度無法取得相同數目的經費。由於向主計單位核銷經費時是按參加的人數計算，因此教育局會要求每個學校都派員參加研習。結果常常在同一天，一個學校要派好幾名教師參加不同的研習活動而耽誤了教學。此種以預算的消耗和爭取為考量，以權力關係來支配教師教育活動的做法，實妨礙到教師的教學及學生的學習。

據此，原本為服務教育而產生的教育行政系統和教育經濟系統必須有所節制，好讓相關的教育互動能以理性的溝通為基礎，以產生對學生較有幫助的教育安排。要達此目標，教師、家長、行政人員及學者專家等應共同參與，針對自我的教育想法和行動進行理性溝通，以創造出溝通合理性的共識來改善教育現況。若從教育研究的角度來看，此種必須要走的途徑就是一種行動研究，因它是以參與者自我的思考和行動為研究對象，以創造出更合理性的教育共識和實踐以改善教育現況為目的，並以參與者的自我反省作為達成目的的核心方法。

㈡如何做行動研究？

以下說明在 Habermas 理性溝通的相關論述下如何從事行動研究：

1. 行動研究的目的

得到價值合理性、目的合理性、效果合理性及技術合理性的教育共識，並將此種共識落實以協助學生成長可說是此種教育行動研究的目的。

2. 行動研究的開始與研究焦點

只要想要，透過行動研究創造更合理性的教學共識和實踐，就可以開始從事行動研究，而非一定要面臨具體的問題才開始。至於在探究的焦點上，從理想言談情境的觀點來看，任何人無權指定要討論的問題，問題應由大家共同討論而產生。另大家視為理所當然的教學現象或活動都可作為探討的對象，因其可能受到政治系統或經濟系統的不當支配。

3. 行動研究團隊的組成

Habermas雖指出社會情境的涉入者要組成一個自我反省的社群，然後透過理想言談情境下的理性溝通以創造合理性的共識和實踐。但所謂「蛇無頭不行」，必定要有某個人（如某位教師）主動號召，此種團隊才有可能成立。

4. 行動研究的方法

欲使溝通達到合理性的要求，必須兼顧態度與方法。在態度上，每個人必須願意共同學習去創造一個理想的言談情境。具體的說，就是要告訴自身宜以自由、民主、公平、正義的態度來參與，視每個人的地位都平等、自己的觀點可能需要調整、在溝通的過程中可能會有極強的論辯、不要怕去質問別人，也不要因別人的質問讓自己產生情緒化的反應。值得一提的是 Lewin 在討論行動研究時認為行動研究可以帶來民主，但 Kemmis（1988）卻指出行動研究的歷程本身就必須是民主的體現，民主是行動研究不可或缺的基本原則。至於在方法上，溝通的過程只要感到他人的說詞有問題就要馬上質問。在質問時，可以從可理解、真實、正當及真誠這四個向度進行。在質問之後，就展開說明和論辯。要注意的是在質問與論辯時，一定要先讓大家理解發言者的想法或做法是什麼。在實際上，可以先問可理解性的問題，如問「你是怎麼教國語中的課文」、「你為什麼這樣教」、「是什麼經驗讓你決定這樣教」等問題。當達到「澄清與理解」之後，就可再依本身發現的問題提出真實性（如問：你怎麼知道這樣教就對學生閱讀能力的提升有所幫助）或正當性（如問：你讓學生自由選擇學或不學，是對的嗎）的質問。

若大家能以上述的態度和方法不斷的質問及論辯，就有可能建構出對學生較有幫助的共識，這個過程此處稱做「論辯與超越」，大家都是批判者亦是被批判者，彼此間交互啟蒙以求共同得到解放。另上文所談溝通應有的態度與方法亦可以用來衡量他人所從事的行動研究中，參與成員溝通的狀況究竟如何（張維安，1987；楊深坑，2000b；蔡耀明譯，1987）。如果所觀察的行動研究成員間缺乏質問亦甚少論辯，也許，想透過溝通以達到較合理性共識的想法就會打折扣。

於此必須注意的是建立共識後還須設法落實，教育實際才會確實得到改善。那，要如何落實共識？由Carr和Kemmis（1986）所開展出來的「計畫」（plan）、「行動」（act）、「觀察」（observe）及「反省」（reflect）等四個活動不斷循環進行的歷程是值得參考的。透過此種歷程，理性溝通所得到的共識除了能被落實，還能透過不斷的調整與修正發展出愈來愈合理性的教育觀點和行動。

5.行動研究參與者間的關係

在此種教育行動研究中，所有參與者的地位都是平等的，彼此交互扮演批判的朋友的角色，從而使得彼此的教育觀點和行動愈來愈合理性。

參、困境與突破

雖然從 Habermas 理性溝通的相關論述中開展出如何從事行動研究的策略，但若要將其轉化為實踐，會面臨如下有待解決的一些問題：

一、理想的言談情境常不存在

余英時（1994）認為Habermas想要以理想的言談情境為基礎來創造一個較合理性的社會，但此種情境應是在已經合理性的社會中才會出現。另，Carr和Kemmis（1986）亦指出Habermas本身沒有討論該如何引進理想的言談情境。若是如此，那麼要使此種行動研究發揮效用就成為不可能，因它是以理性溝通為核心方法，而有效的理性溝通又須以理想的言談情境為必要條件。

就此問題的解決，可以試著從下面三種類型的行動研究團隊想想看。在第一種研究團隊中，參與者都對理想言談情境的觀點有相當的認知並儘可能做到，如此並不會有理想言談情境不存在的問題。在第二種研究團隊中，參與成員有改變的可能性。一開始雖可能有人對理想言談情境的認知不深或不認同，惟在學習與溝通之後得到改善。據此，參與成員要去討論理想言談情境對於達成較佳共識的重要性，並學習如何去創造這個環境。而在溝通學習之後，理想言談情境或許就會出現。要做到這樣，對於行動研究較有認識或經驗的「核心研究者」就要扮演「引導者」的角色（潘世尊，2003a：317-332）。至於在第三種研究團隊中，無論如何溝通與學習，團體中的某些成員始終不改變其想法或認為我高人一等、大家要聽我的。這種人如果是有權有勢的行政人員則很難處理，可能突破的一個途徑是較弱勢者進行強烈的抗爭迫使其屈服，否則溝通將被不平等的權力關係所操弄和控制。當然，這是一個相當冒險的途徑，個人的權益可能要做某些犧牲。同時，行動研究的進行可能也會終止。

二、團隊成員會受到同一生活脈絡的限制

Habermas希望社會情境的涉入者能主動形成自我反省的群體以尋求解放，問題是某一社會情境的涉入者由於處於相同的生活脈絡，因而可能被相同的意識型態所制約從而形成「不識廬山真面目，只緣身在此山中」的問題。舉例來說，在討論要如何進行國語科教學時，由於大家以前「被怎麼教」的經驗都類似，因此討論都圍繞在要如何進行語詞及生字教學、生字要寫幾遍或要如何講解課文上面。但除此之外，閱讀理解策略的教學和後設認知的培養亦相當重要，惟對於沒聽過這些的教師而言就不會想到。其結果，將使得討論出來的國語科教學缺乏某些重要的元素。

此種問題的突破途徑有二：⑴團隊的成員多參考相關的書籍、期刊或其他教師的做法以擴大視野，不過須以批判的態度來面對而非直接取用，

否則可能受到某種不適當或不適用的觀點所制約而不自知。(2)邀請具有不同背景或可能具有不同觀點的人參與行動研究，以對參與成員的想法產生衝擊。筆者在從事行動研究的過程中，就曾邀請某教育基金會的主任參與一、兩次討論，目的是希望與我們具有不同教育經驗與背景的他能對成員的想法有所激發。要提醒的是，是請這些人來參與討論而非擔任指導員。

三、自我反省的群體很少產生

雖有愈來愈多的教師組成行動研究團隊，但整體而言仍相當少。實際上，有一些縣市用資助研究經費的方式（如一個案子補助十萬元）鼓勵教師做行動研究。另如果分析教師所做的行動研究中，有很多是為了學位。因此，給予教師某些誘因，無論是學位、研究經費或嘉獎都可以，以激發教師主動形成自我反省的群體似為可行的途徑。因不論原初動機為何，只要能透過行動研究來改善教學就具有教育的價值。至於在學校之內，蛇無頭不行，必定要由有志之士起來號召團隊才能成立。而這有志之士，就是對教學有熱誠、對行動研究有信心的你、我、他。

肆、結論與建議

本文的主要目的有二：首先，從 Habermas 溝通行動理論的角度來看「為什麼要做行動研究」這個問題，以說明行動研究的價值。其次，再以 Habermas 的相關論述為基礎來分析「如何做行動研究」，以揭示行動研究的可行策略或方法。

在分析後，本文認為教育行政或經濟系統所追求的教育行動未必對學生有幫助，因此，相關的教育工作者宜透過理性溝通來建立較合理性的教育安排。當相關的教育工作者以自身的教育想法和行動作為理性溝通的對象以創造更合理性的教育共識和實踐時，可以說就是在從事行動研究。

此種行動研究的目的在建構更合理性的教育共識和實踐以改善教育現況，因此只要有這種意圖就可以開始邀請相關的教育工作者組成團隊並開始行動研究。在探究的焦點上，一是由參與者共同決定，一是被參與者視為理所當然的教育想法和行動，因它們可能受到教育行政或經濟系統的扭曲。在從事此種行動研究時，參與者必須具有共創理想言談情境的態度並時時針對可理解、真實、正當及真誠這四個向度的問題進行質問與論辯。在質問與論辯時，宜把握「澄清與理解」、「論辯與超越」這兩個原則。而當透過理想言談情境下的質問論辯建立較合理性的共識後，要將其轉化為實踐以具體改善教育現況。實際上，可參考反省、計畫、行動及觀察的流程來進行。另在此種行動研究中，參與者交互的扮演批判的朋友以共同得到解放。

雖然透過理想言談情境下的理性論辯可能建立較合理性的共識，但理想的言談情境常不存在。對此問題，較可行的方法是引導參與者掌握理想言談情境的相關概念並培養宜有的態度。雖然如此，此種行動研究還可能面臨參與者共同受到某種不合理的意識型態所制約的問題。以批判的態度參考相關的理論或研究，或者是邀請具有不同教育背景與經驗者參與行動研究是可行的解決方式。此外，教育工作者亦甚少主動組成此種行動研究團隊。就此問題，可用外在的實質獎勵來鼓舞教育工作者組成自我反省的群體來探究自我的教育想法和行動。

無論就教育工作者或教育研究者而言，「為什麼」及「如何」做行動研究都是重要的問題。整體而言，本文在以 Habermas 的相關論述為基礎來探討這兩個問題後，最重要的是從 Habermas 的相關論述裡面提出為什麼要做行動研究的理由以作為行動研究的靠山。其次，則是揭示行動研究可能的方法並分析其中的問題所在與可行的解決途徑。

雖然本文以 Habermas 的相關論述為基礎說明行動研究的方式，但其包含的層面及內涵都還有待增進。依筆者的行動研究經驗而言（潘世尊，2003a），就沒有觸及行動研究的參與者如何自我反省、如何面對外在的理論、如何遵守行動研究的倫理、如何提升行動研究的品質（或效度）、如何蒐集與分析相關的資料以作為反省的基礎，或是如何撰寫研究報告等問題。會這樣原因很簡單，因 Habermas 的論述本就非針對行動研究而發。因此有志於行動研究者不能以 Habermas 的相關論述作為唯一的參考，而在參照應用本文所提策略的過程中亦須時時對它批判，以決定是直接引用或調整後引用，因每個行動研究情境可能都不太相同。此外，亦能透過行動研究的方式來加深及加廣行動研究的相關論述。

誠如本文前言部分所述，行動研究在目前的教育學術圈仍然被許多專業研究者所看輕。看輕此類研究的研究者須思考的一個問題是「教育研究的最終目的是什麼」？是透過所謂的科學方法發現真理、透過詮釋的方式理解真相，抑或是透過持續的反省批判與行動來改善教育現況？筆者認為改善教育現況以協助學生的身心得到較好的成長才是教育研究最終所要追求的。如果能接受這個觀點，那麼行動研究不就是往這個方向努力嗎？至少，其成效可能比其他類型的研究來得更為直接。若是這樣，接下來要思考的是如何提升此類研究的品質以供有志於從事行動研究的教育工作者參考，本文的企圖之一就在於此。

第四篇

未來的方向

前面三篇分別針對什麼是行動研究、如何做行動研究及為什麼做行動研究加以探討。在未來，可以往哪個方向努力，以持續充實行動研究的內涵並擴增其可能性。

第二十一章

前瞻——未來可行的研究方向

前面三篇分別針對「什麼是行動研究」、「如何做行動研究」，以及「為什麼做行動研究」加以探討。往後，筆者認為還可從如下三方面繼續深化對行動研究的認識：

壹、可再透過行動研究來探究行動研究

筆者雖然針對行動研究提出一些觀點，但其中可能存在著某種問題所在或不足之處。因當研究的參與者、研究情境或所要解決的問題不同時，所發展出來的行動研究觀點可能就會跟著不同。因此，可再繼續透過行動研究來探討行動研究的相關概念。而若此種過程持續進行，所建構出來的行動研究觀點就會愈來愈充實。

貳、可參考後現代主義的相關論述

在繼續進行其他行動研究的過程中，可持續的以批判的態度參考相關的理論。因為如此，除了有助於行動研究過程中所面臨的問題的解決之外，還可以擴增所提出來的行動研究觀點的深度和廣度。值得提出的是在現有的理論中，可以特別注意「後現代主義」（postmodernism）的相關論述。像在Zuber-Skerritt主編（1996）的《行動研究的新方向》一書的最後一部分，就以「後現代主義和批判的行動研究」（Postmodernism and Critical Action Research）為主題，並收錄與其有關的四篇文章。為何這樣主編？Zuber-Skerritt並沒有言明。但筆者認為，如下兩點或可作為值得特別注意後現代主義相關論述的理由：

⑴後現代主義可能具有某種特殊或優越之處。Jennings 和 Graham（1996a, 1996b）認為學界對於目前是否已進入後現代仍爭論不休，如Habermas、Giddens、Jameson認為「現代」（modern）仍伴隨著我們，但Lyotard、Baudrillard 等卻認為已朝向「後現代」（postmodern）移動。不過無論如何，卻無法否認後現代的思想已經對人類各個領域的實務（如建築、藝術、舞蹈、電視、哲學、政治、文學理論、文化評論）造成影響。

會這樣，一個可能的原因是它具有某種特殊或優越之處。因此若從後現代主義的角度來思考行動研究的相關概念，或許會產生某種正面的價值。像 Jennings 和 Graham（1996a, 1996b）就分別從 Foucault、Baudrillard、Lyotard 和 Derrida 等人的相關論述中，開展出他們認為有助於 Grundy、Carr、Kemmis和McTaggart等人所提出的批判的行動研究或解放的行動研究的若干主張。

⑵後現代主義的若干基本假定與所提出的行動研究觀點對立。受到批判理論取向學者的影響，個人所提出的行動研究觀點潛藏著如下的基本假定：主體是一個「理性的主體」（rational subject），它具有「一致性」（unity）並能自我促動、自我導向和自我反省，從而產生合理性及正義的教育共識和行動。但與此不同，後現代主義認為主體並非一致的、理性的自我[1]，並且強調「多元主義」（pluralism），因認為共識可能導致壓迫和操弄[2]。

---

1 為什麼主體並非一致的、理性的自我？從 Foucault 的角度來看，主體被一系列的「話語實踐」（discursive practices），包含政治的、經濟的、社會的話語實踐所構成。由於每一層面的話語實踐代表不同的利益或價值，因而使得主體呈現分裂、衝突的狀態。此外，Foucault 認為知識和意義亦是被一系列的政治、社會和經濟等層面的話語實踐所構成。舉例來說，「女性」是由政治層面的話語實踐——如女人只要有能力也可以從政、社會層面的話語實踐——如柔弱的、不要太好強的、應該找個好歸宿然後相夫教子，以及經濟層面的話語實踐——如不適合做粗重的工作、把家事做好等所構成。不同層面的話語實踐代表不同的價值或利益，使得「女性」這個詞具有不同的意義。此外，「女性」這個詞在不同的時空還會有不同的話語實踐（如在中國古代和現代、在母系社會和父系社會）。而這，更突顯沒有本質的、不變的知識或意義的主張（白曉紅譯，1994：25-26）。

2 像 Lyotard 就批評共識常常是透過把強者的意志強加到弱者身上而勉強打造出來

這種情形從辯證的角度來看，或許揭示了個人所持的基本假定可能存在著某種問題之處。若真是如此，那麼後現代主義將促使個人所提出的行動研究觀點產生某種程度的變化，因此並不需要急著加以全然拒斥。

此外，Best和Kellner（李世明初譯、朱元鴻修訂，1994：268）指出，批判理論和後現代主義之間雖然有許多差異，但其實都嘗試將理論導向實踐、把論述導向政治。若他們的分析可以接受，那麼預示著雙方的觀點會有如此大的差異，是因為彼此分從不同的視角來分析理性、主體、知識、理論與實踐間的關係等概念。在這種情況下更應參考後現代主義的相關論述，因它提供了檢視所持的假定及所運用的策略是否有所不足的基礎。

參、可對行動研究是建構教育理論的途徑再做論證與實證

建構教育理論以解釋教育現象並引導往後的教育實踐，應是教育研究的重要目的之一。那，行動研究是否是建構教育理論的一種途徑？

要回答這個問題，首先須從論證的角度釐清什麼是理論、理論是如何被建構的、什麼是教育理論、教育理論應有何特性、透過何種研究取向能建構符合教育需求的教育理論、行動研究能否建構符合教育需求的教育理論之類的問題。其次，在論證後若得到支持的結果，則須進一步透過實證來檢驗。舉例來說，可以分析現有的行動研究，以了解所提出來的觀點是否符合教育理論的要求或檢討為什麼不是。

其實，在第二章討論「行動研究的目的」時，就約略探討過相關的問

的，因此他強調差異性，著重局部的、脈絡化的「小巧敘述」（petit narrative），以避免壓迫和操弄的產生（引自李世明初譯、朱元鴻修訂，1994：296-297；楊洲松，1998）。

題。只是說論證的範疇並不完整，並且沒有從實證的角度來分析。另本書第十九章「協同反省活動的研究取徑分析」一文是以「理論」與「實際」間的關係為焦點，分析當採用文獻探討、自然科學、詮釋及批判等四種研究取徑來探究「協同反省活動」這個主題時，可能得到的結果與限制。當時的探討就涉及行動研究與理論建構之間的關係，只不過該章所謂的理論，僅是協同反省活動的理論而非全面的教育理論。

值得提出的是為什麼未來想探討「行動研究是否是建構教育理論的一種途徑」這個問題？最主要的原因是親身的行動研究經驗讓筆者覺得有這個可能性。像之前以Rogers的人本教育理論和建構主義進行個人式的行動研究時，就提出了 Rogers 沒有提過的一些想法[3]。這些想法，應是值得其他教師及有志於行動研究者參考的。

Noffke（1994）在〈朝向下一代的行動研究〉（Action Research: Towards the Next Generation）一文裡指出，在目前，行動研究的目的常被視為在於個人或專業發展的領域（如幫助教師自我覺察或提升專業技巧），至於其是否能扮演生產教育知識的角色，則較少被重視。因此，針對此點去思考甚具「潛力」（potential）。而當這樣做時，他認為必須檢討相關的問題，例如：如何衡鑑行動研究的效度、何以能夠聲稱所得到的就是知識、使用何種資料及以何種方式運用資料以產生知識等。很顯然的，Noffke亦認為行動研究是建構教育理論的可能途徑，並鼓勵研究者從方法及方法論的角度做更深入的探究，以作為此種觀點的基礎。

3 如在真誠、接納及同理心的教學環境下，學生可能出現「自我中心傾向」的行為（潘世尊，2000b）。

參考文獻

壹、中文部分

王文科（1990）。教育研究法（增訂新版）。臺北市：五南。

王文科（2000）。質的研究的問題與趨勢。輯於中正大學教育學研究所主編：教育學研究方法論文集（頁 1-24）。高雄市：麗文。

王玉敏（2001）。學校本位教師專業成長個案研究——以台中市一所國民小學校內教師週三進修爲例。國立臺中師院進修暨推廣部國民教育研究所學校行政碩士學位班碩士論文，未出版。

王志成（1997）。試論部審訂本國民小學一年級國語課本課文生字之字種選編問題。人文及社會學科教學通訊，8(3)，84-118。

王基倫（1996）。「集中識字教學」在國語文上的運用。臺北師院學報，9，111-128。

中正大學教育研究所編（2000）。教育學研究方法論文集。高雄市：麗文。

文崇一（1988）。從價值取向談中國國民性。輯於李亦園、楊國樞主編：中國人的性格（頁 49-90）。臺北市：桂冠。

方德隆（2001）。行動研究的行動研究：研究歷程的反思。輯於中華民國課程與教學學會主編：行動研究與課程教學革新（頁 137-172）。臺北市：揚智。

白曉紅譯（1994）。女性主義實踐與後結構主義理論（Chris Weedon 原著）。臺北市：桂冠。

老志鈞（2000）。掌握漢字特點的識字教學方法——分析比較。中國語文通訊，53，1-9。

江明修（1992）。社會科學多重典範的爭辯：試論質與量研究方法的整合。國立政治大學學報，64，315-344。

江淑惠（1997）。對於識字教學的幾點意見。臺北師院語文集刊，2，1-

15。

成虹飛（1996）。以行動研究做爲師資培育模式的策略與反省：一群師院生的例子。國科會專題研究計畫成果報告，NSC85-2745-H-134-001 F6。

成虹飛（2001）。行動研究中閱讀／看的問題：一篇重寫的稿子。輯中華民國課程與教學學會主編：行動研究與課程教學革新（頁 173-198）。臺北市：揚智。

沈力譯（1990）。溝通與社會演化（林朝成審譯，Jurgen Habermas 原著）。臺北市：結構群。

杜方立（1999）。試論老子的辯證思維。鵝湖月刊，24(9)，44-55。

杜保瑞（1999）。傳統中國價值觀的現代意義——中國傳統價值觀中的理想人格理論。2000.5.27 取自：http://www.ccbs.edu.tw/FULLTEXT/JR-NX012/nx90343.htm

李世明初譯、朱元鴻校訂（1994）。批判理論與後現代理論。輯於朱元鴻校訂：後現代理論——批判的質疑（Steven Best 及 Douglas Kellner 原著）。臺北市：巨流。

李源順（1999）。數學教師在校內互動促進自我專業發展的個案研究。國立臺灣師範大學數學研究所博士論文，未出版。

李奉儒譯（2001）。質性教育研究之基礎（黃光雄主譯／校閱：質性教育研究——理論與方法之第一章）。嘉義市：濤石。

何明修（1999）。遠離馬克斯、回到康德：論哈伯瑪斯與兩種德國批判傳統的關係。台大社會學刊，27，1-40。

何縕琪（1999）。國小教師主題統整教學歷程之分析暨合作省思專業成長模式之建構。國立臺灣師範大學教育心理與輔導研究所博士論文，未出版。

吳明清（1991）。教育研究——基本觀念與方法之分析。臺北市：五南。

吳明隆（2001）。教育行動研究導論：理論與實務。臺北市：五南。

吳美枝、何禮恩譯（2001）。行動研究：生活實踐家的研究錦囊。嘉義市：濤石。

余英時（1994）。哈伯瑪斯的「批判理論」與意識型態。中山社會科學學報，8(1)，1-16。

余榮仁（2000）。學校本位教師評鑑制度之研究——評鑑者與被評鑑者間之反省性合作行動研究。國立臺南師院國民教育研究所碩士論文，未出版。

余漢儀（1998）。社會研究的倫理。輯於嚴祥鸞主編：危險與祕密——研究倫理（頁 7-29）。臺北市：三民書局。

林天祐（1996）。認識研究倫理。教育資料與研究，12，57-63。

林佩璇（2000）。個案研究及其在教育研究上的應用。輯於中正大學教育學研究所主編：質的研究方法（頁 239-264）。高雄市：麗文。

林清山（1991）。實驗研究法。輯於王光雄、簡茂發主編：教育研究法（頁 309-340）。臺北市：師大書苑。

林新發（2001）。調查研究法。輯於王光雄、簡茂發主編：教育研究法（頁 255-290）。臺北市：師大書苑。

林碧雲（2001）。轉化課程的試煉——兩性教育融入社會學習領域課程之行動研究。國立臺北師院課程與教學研究所碩士論文，未出版。

林碧珍、蔡文煥（1999）。發展數學教師之學童認知之知識之研究。國科會專題研究計畫成果報告，NSC88-2511-S134-002。

林鎮國（1994）。詮釋與批判——嘉達美與哈柏瑪斯論辯的文化反思。輯於沈清松主編：詮釋與創造——傳統中華文化及其未來發展（頁 421-439）。臺北市：聯經。

邱玉萍（2001）。國小教師課程探險之旅——妙妙國小統整課程發展之協同行動研究。國立花蓮師範學院國民教育研究所碩士論文，未出版。

邱憶惠（1996）。國小音樂教師學科教學知識之個案研究。國立臺中師範學院國民教育研究所碩士論文，未出版。

周愚文（1991）。歷史研究法。輯於王光雄、簡茂發主編：教育研究法（頁 203-228）。臺北市：師大書苑。

洪仁進（1991）。教育研究的基本概念。輯於黃光雄、簡茂發主編：教育研究法（頁 3-22）。臺北市：師大書苑。

洪漢鼎、夏鎮平譯（1995）。詮釋學 II：眞理與方法——補充和索引（Hans-Georg Gadamer 原著）。臺北市：時報文化。

胡永崇（2001）。不同識字教學策略對國小三年級閱讀障礙學童教學成效之比較研究。屏東師院學報，14，179-218。

胡先縉（1988）。中國人的面子觀。輯於黃光國主編：中國人的權力遊戲（頁 57-84）。臺北市：巨流。

胡幼慧（編）（1996）。質性研究：理論、方法及本土女性研究實例。臺北市：巨流。

胡幼慧、姚美華（1996）。一些質性方法上的思考：信度與效度？如何抽樣？如何收集資料、登錄與分析。輯於胡幼慧主編：質性研究：理論、方法及本土女性研究實例（頁 141-158）。臺北市：巨流。

胡夢鯨（1993）。哈伯瑪斯溝通行動理論探微：貢獻與限制。國立中正大學學報社會科學分冊，4(1)，32-70。

夏林清（1996）。實踐取向的研究方法。輯於胡幼慧主編：質性研究：理論、方法及本土女性研究實例（頁 99-120）。臺北市：巨流。

夏林清等譯（1997）。行動研究方法導論——教師動手做研究。臺北市：遠流。

夏林清（2000a）。教育實踐中的多重對話關係：回應潘世尊老師的行動研究。應用心理研究，8，239-244。

夏林清譯（2000b）。行動科學。臺北市：遠流。

夏林清、鄭村棋譯（1989）。行動科學——實踐中的探究。臺北市：張老師。

高宣揚（1999）。哈伯瑪斯論。臺北市：遠流。

高強華（1991）。個案研究法。輯於王光雄、簡茂發主編：教育研究法（頁 291-308）。臺北市：師大書苑。

高敬文（1999a）。質化研究方法論（修訂一版）。臺北市：師大書苑。

高敬文（1999b）。推動國小「協同行動研究計畫」之行動研究(I)。行政院國家科學委員會專題研究計畫成果報告，NSC 87-2413-H-153-006。

翁開誠（1999）。同理心提昇方案的行動研究。國科會專題研究計畫成果報告，NSC88-2413-H030-007。
秦麗花編著（2000）。教師行動研究快易通。臺南市：翰林。
許文勇（2001）。國小教師發展環境教育融入自然科課程之行動研究。國立臺北師院課程與教學研究所，未出版。
陳文團（1996）。論人類之合理性——哈伯瑪斯之共識理論。哲學雜誌，18，72-95。
陳向明（2002）。社會科學質的研究。臺北市：五南。
陳伯璋（1990）。教育研究方法的新取向——質的研究方法（增訂版）。臺北市：南宏。
陳伯璋（2000）。質性研究方法的理論基礎。輯於中正大學教育學研究所主編：教育學研究方法論文集（頁25-50）。高雄市：麗文。
陳南州（1998）。「權力的神學省思」——基督教對社會秩序的一種看法。2000.6.3 取自：http://life.fhl.net/Desert/97/s009.htm
陳淑娟（1999）。透過合作行動研究探討一個國小班級的數學討論活動。國立嘉義師範學院國民教育研究所碩士論文，未出版。
陳惠邦（1998）。教育行動研究。臺北市：師大書苑。
陳惠邦、李麗霞（1999）。行行重行行——師院語文科教材教法中國小低年級寫作教學之探究。教育部顧問室委託人文社會科學教育改進計畫。
陳榮華（1998）。葛達瑪詮釋學與中國哲學的詮釋。臺北市：明文。
張世平（1991）。行動研究法。輯於黃光雄、簡茂發主編：教育研究法（頁341-372）。臺北市：師大書苑。
張世雄（1987）。論哈伯瑪斯意識形態的批評。思與言，24(5)，493-508。
張芬芬（2001）。研究者必須中立客觀嗎：行動研究的知識論與幾個關鍵問題。輯於中華民國課程與教學學會主編：行動研究與課程教學革新（頁1-32）。臺北市：揚智。
張維安（1987）。理論與實踐——韋伯與哈伯馬斯的比較分析。思與言，24(6)，586-601。
郭玉霞、許淑玫（2001）。一個行動研究的故事與省思。課程與教學，4(3)，71-88。

教育部（2001）。九年一貫課程最新課程綱要。2003.12.1 取自：http://teach.eje.edu.tw/9CC/declare/declare.php?page=5&Order=DATE

教育部（2004）。九年一貫課程配套措施。2004.5.28 取自：http://teach.eje.edu.tw/9CC/measures/measures1.php

莊忠進（2002）。犯罪實證研究的倫理與省思。中央警察大學警學叢刊，33(2)，163-184。

畢恆達（1998）。社會研究的研究者與倫理。輯於嚴祥鸞主編：危險與祕密——研究倫理（頁 31-91）。臺北市：三民書局。

陸朝炳（2001）。教師專業成長團體之個案研究——以小學自然科教師爲例。國立臺中師院自然科學教育研究所碩士論文，未出版。

梁福鎮（2000）。詮釋學方法及其在教育研究上的應用。輯於中正大學教育學研究所主編：教育學研究方法論文集（頁 221-238）。高雄市：麗文。

湯一介（1996）。中國哲學中和諧觀念的意義。哲學與文化，23(2)，1313-1319。

游可如（1996）。成爲自己數學教室中的學生——研究者與教師在國小教室中的協同行動研究。國立花蓮師範學院國民教育研究所碩士論文，未出版。

游美惠（1999）。性別意識的啓發與反性騷擾教育——小學性別平權教育的行動研究(I)。國科會專題研究計畫成果報告，NSC88-2413-H026-002。

黃光國（1988）。人情與面子：中國人的權力遊戲。輯於黃光國主編：中國人的權力遊戲（頁 7-56）。臺北市：巨流。

黃光雄、簡茂發主編（1991）。教育研究法。臺北市：師大書苑。

黃志順等（1999）。我們正在路上：一群小學老師追求專業成長的行動研究。2002.07.11 取自：http://www.ntttc.edu.tw/ige/1999 行動研究國際學術研討會/黃志順等.htm

黃坤謨（2001）。國民小學課程統整與教學實施之行動研究——以高雄市民權國小爲對象。國立屏東師範學院國民教育研究所碩士論文，未出版。

黃政傑（1991）。教育研究的倫理。輯於黃光雄、簡茂發主編：教育研究法（頁 83-88）。臺北市：師大書苑。

黃政傑（2001）。課程行動研究的問題與展望。輯於中華民國課程與教學學會主編：行動研究與課程教學革新（頁 223-239）。臺北市：揚智。

黃鉦堤（2001）。政治學方法論與行政分析立場。臺北市：翰蘆。

黃瑞慧（2000）。教師增能與多元文化教育的實踐。國立花蓮師院多元文化教育研究所碩士論文，未出版。

黃囇莉（1996）。中國人的和諧觀／衝突觀：和諧化辯證觀之研究取徑。本文心理學研究，5，47-71。

費孝通（1985）。鄉土中國。香港：鳳凰。

彭泗清（1993）。中國人「做人」的概念分析？本土心理學研究，2，277-314。

彭泗清（1997）。中國人真的對人不對事嗎？本土心理學研究，7，340-356。

彭麗琦（2000）。學校本位教師進修之研究——以發展生活科課程方案爲例。國立臺北師院課程與教學研究所碩士論文，未出版。

鄒川雄（1998）。中國社會學理論——尺寸拿捏與陽奉陰違。臺北市：洪葉。

楊中芳（2000）。人際關係與人際情感的構念化。2000.5.27 取自：http://www.sinica.edu.tw/~kuoshu/people/cfyang/paper_2c.htm

楊洲松（1998）。哈伯瑪斯（J. Habermas）「現代性哲學論辯」與李歐塔（J. F. Lyotard）「後現代知識論述」的論戰及其教育意義。教育研究集刊，40，73-91。

楊深坑（1988）。理論．詮釋與實踐——教育學方法論論文集（甲輯）。臺北市：師大書苑。

楊深坑（1999）。世紀之交教育研究的回顧與前瞻。輯於中正大學教育學研究所主編：教育學研究方法論文集（頁 1-14）。高雄市：麗文。

楊深坑（2000a）。教育學門成就評估報告。人文及社會科學簡訊（國科

會），2(3)。2002.3.15 取自：http://www.nsc.gov.tw/hum/doc/2306.doc

楊深坑（2000b）。溝通理性、生命情懷與教育過程——哈伯瑪斯的溝通理性與教育。臺北市：師大書苑。

楊哲銘、陳振興、郭乃文、周佳穎（2001）。臺灣地區研究計劃倫理審查之現況分析。公共衛生，28(3)，177-188。

楊國樞（1981）。科學研究的基本概念。輯於楊國樞、文崇一、吳聰賢、李亦園主編：社會及行爲科學研究法（第四版）（頁 1-34）。臺北市：臺灣東華書局股份有限公司。

楊國樞（1993）。中國人的社會取向：社會互動的觀點。輯於楊國樞、余安邦主編：中國人的心理與行爲——理念及方法篇（一九九二）（頁 87-142）。臺北市：桂冠。

溫明麗譯（1997）。新教育學。臺北市：師大書苑。

甄曉蘭（1995）。合作行動研究——進行教育研究的另一種方式。嘉義師院學報，9，319-342。

甄曉蘭（2000）。批判俗民誌及其在教育研究上的應用。輯於中正大學教育學研究所主編：質的研究方法（頁 369-392）。高雄市：麗文。

廖經華（2001）。雕琢——從課程統整到統整課程。國立新竹師範學院學校行政碩士班碩士論文，未出版。

劉仲冬（1996a）。民族誌研究法及實例。輯於胡幼慧主編：質性研究：理論、方法及本土女性研究實例（頁 173-194）。臺北市：巨流。

劉仲冬（1996b）。量與質社會研究的爭議及社會研究未來的出路。輯於胡幼慧主編：質性研究：理論、方法及本土女性研究實例（頁 121-140）。臺北市：巨流。

劉志琴（1987）。禮的省思——中國文化傳統模式探析。輯於：中國傳統文化再檢討（上篇：中國傳統文化的特徵）（頁 153-176）。新店市：谷風。

劉俊榮（2002）。識字教學研究之成效統整分析。中學教育學報，9，121-151。

劉錫麒（1995）。合作省思教學模式在國小數學教室中的協同行動研究。

國科會專題研究計畫成果報告，NSC84-2413-H026-002。

劉澤華（1987）。中國傳統的人文思想與王權主義。輯於：中國傳統文化再檢討（上篇：中國傳統文化的特徵）（頁64-96）。新店市：谷風。

歐用生（1992）。質的研究。臺北市：師大書苑有限公司。

潘世尊（1997）。Rogers人本教育理論與建構主義的整合教學模式在國小一年級數學科教學應用之個案研究。國立臺中師院國民教育研究所碩士論文，未出版。

潘世尊（1999）。根本建構主義及其教學意含。教育研究（高師），7，203-216。

潘世尊（2000a）。教師教學與課程發展的聯結——從自我反省、協同反省到協同行動研究。課程與教學，3(3)，103-120。

潘世尊（2000b）。Rogers 人本教育理論與建構主義教學模式二之發展：國小數學教學的行動研究。應用心理研究，8，209-239。

潘世尊（2000c）。教師的自我反省與協同反省：策略與品質的提升。臺東師院學報，11（下輯），91-108。

潘世尊（2000d）。中國人的教學反省、困境與突破。國民教育研究集刊（臺中師院），8，145-158。

潘世尊（2001）。協同反省活動的研究取徑分析：以理論與實際的關係為焦點。花蓮師院學報，12，1-21。

潘世尊（2003a）。一個行動研究者的雙重追尋：改善教學與對行動研究的認識。國立高雄師範大學教育學系博士論文，未出版。

潘世尊（2003b）。行動研究中核心研究者的角色扮演，花蓮師院學報，17，55-86。

潘世尊（2003c）。行動研究題目的擬定。教育資料與研究，54，139-145。

潘世尊（2003d）。國小數學領域教學之團隊行動研究。臺灣省學產基金會委託研究計畫。

潘世尊（2004a）。行動研究的性質——質、量或其它？屏東師院學報，20，181-216。

潘世尊（2004b）。如何面對外在理論——一個行動研究者的自我反省。新竹師院學報，18，73-96。

潘世尊（2004c）。行動研究的開始與參與者。教育研究資訊，12(1)，135-160。

潘世尊、江振賢（2002）。一個實習教師的教學轉變及對其參與的行動研究的討論。臺中師院學報，16，49-72。

潘德榮（1992）。當代詮釋學的發展及其特徵。鵝湖學誌，9，131-162。

蔡文斌（1999）。國小實施「鄉土教學活動」之合作行動研究——以結合新港鄉社區資源爲例。國立嘉義師院國民教育研究所碩士論文，未出版。

蔡秀芳（1999）。營造學生爲主動學習者之合作行動研究。國立高雄師範大學科學教育研究所碩士論文，未出版。

蔡清田（2000a）。教育行動研究。臺北市：五南。

蔡清田（2000b）。行動研究及其在教育研究上的應用。輯於中正大學教育學研究所主編：質的研究方法（頁307-334）。高雄市：麗文。

蔡耀明譯（1987）。哈伯瑪斯（Anthong Giddens 著）。思與言，25(4)，403-419。

賴秀芬、郭淑珍（1996）。行動研究。輯於胡幼慧主編：質性研究：理論、方法及本土女性研究實例（頁239-248）。臺北市：巨流。

鍾宜玲（1997）。一個社會科教學小組之行動研究：教學經驗分享與教學反省。國立屏東師範學院國民教育研究所碩士論文，未出版。

鍾添騰（2000）。國小國語科閱讀教學之行動研究——以騰雲班閱讀指導教學爲例。國立臺北師範學院課程與教學研究所碩士論文，未出版。

蕭昭君（1999）。成爲識字學習的主人——提升低成就學童識字能力的行動研究。2002.10.13 取自：http://www.ntttc.edu.tw/ige/1999 行動研究國際學術研討會/蕭昭君.htm

謝瑞榮（1999）。教師成長團體之協同行動研究。國立花蓮師院國民教育研究所碩士論文，未出版。

羅秋昭（1999）。國小語文科教材教法。臺北市：五南。

嚴祥鸞（1998）。編者序。輯於嚴祥鸞主編：危險與祕密——研究倫理。

臺北市：三民書局。

貳、英文部分

Altrichter, H., Posch, P., & Somekh, B. (1993). *Teachers investigate their work: An introduction to the methods of action research*. London: Routledge.

Anonymous (2001). Protecting human beings: Institutional review boards and social science research. *Academy, 87*(3), 55-67.

Argyris, C. (1996). Actionable knowledge: Design causality in the service of consequential theory. *The Journal of Behavioral Science, 32*(4), 390-406.

Argyris, C. & Schön, D. A. (1974). *Theory in practice: Increasing professional effectiveness*. San Francisco: Jossey Bass Publishers.

Atkinson, S. (1994). Rethinking the principles and practice of action research: The tensions for the teacher-researcher. *Educational Action Research, 2* (3), 383-401.

Badger, T. G. (2000). Action research, change and methodological rigour. *Journal of Nursing Management, 8*, 201-107.

Bell. G. H. (1985). Can Schools Develop Knowledge Their Practice? *School Organization, 5*(2), 175-184.

Bogdan, R. C. & Biklen, S. K. (1982). *Qualitative research for education: An introduction to theory and practice*. Boston: Allyn and Bacon, Inc.

Carr, W. (1994). Whatever happened to action research? *Educational Action Research, 2*(3), 427-435.

Carr, W. (1995). *For education: Toward critical education inquiry*. Bristol, PA: Open University Press.

Carr, W. & Kemmis, S. (1986). *Becoming critical: Education, knowledge, and ac-*

tion research. London: Falmer.

Christians, C. G. (2000). Ethics and politics in qualitative research. In N. K. Denzin & Y. S. Lincoln (Eds.), *Handbook of qualitative research (2nd ed.)* (pp. 133-155). California: Sage.

Christensen, C. & Atweh, B. (1998). Collaborative writing in participatory action research. In Bill Atweh, Stephen Kemmis, & Patricia Weeks (Eds.), *Action research in practice: Partnerships for social justice in education* (pp. 329-341). London: Routledge.

Collins, A., Brown, J. D., & Newman, S. (1989). Cognitive apprenticeship: Teaching the crafts of reading, writing, and mathematics. In L. Resnick (Ed.), *Knowing, learning, and instruction: Essays in honor of Robert Glaser* (pp. 453-494). NJ: Lawrence Erlbaum Associates.

Deborah, S. B., Lesley, W., & David, L. B. (1995). Practical strategies for facilitating classroom teachers' involvement in action research. *Education, 115*(4), 553-557.

Denzin, N. K. & Lincoln, Y. S. (2000). The discipline and practice of qualitative research. In N. K. Denzin & Y. S. Lincoln (Eds.), *Handbook of qualitative research (2nd ed.)* (pp. 1-29). California: Sage.

Denzin, N. K. & Lincoln, Y. S. (Eds.) (2000). *Handbook of qualitative research (2nd ed.)*. California: Sage.

Dryzek, J. S. (1995). Critical theory as a research program. In Stephen K. White (Ed.), *The Cambridge companion to Habermas* (pp. 97-119). New York: Cambridge University Press.

Ebbutt, D. (1985). Issues in action research. In D. Ebbutt & J. Elliott (Eds.), *Issues in teaching for understanding* (pp. 161-162). London: Longman.

Elliott, J. (1980). Implications of classroom research for professional development. In E. Hoyle & J. Megamy (Eds.), *Professional development of teachers* (pp. 308-324). London: Kogan Page.

Elliott, J. (1991). *Action research for educational change*. Milton Keynes: Open

University Press.

Feldman, A. (1999). The role of conversation in collaborative action research. *Educational Action Research*, *7*(1), 125-144.

Frost D. (1995). Integrating systematic enquiry into everyday professional practice: Toward some principles of procedure. *British Educational Research Journal, 21*(3), 307-321.

Gibelman, M. & Gelman, S. R. (2001). Learning from the mistakes of others: A look at scientific misconduct in research. *Journal of social work education, 37*(2), 241-254.

Green, K. (1999). Defining the field of literature in action research: A personal approach. *Educational Action Research, 7*(1), 105-123.

Greenwood, D. J. & Levin, M. (2000). Reconstructing the relationships between universities and society through action research. In N. K. Denzin & Y. S. Lincoln (Eds.), *Handbook of qualitative research (2nd ed.)* (pp. 85-106). California: Sage.

Grundy, S. (1982). Three models of action research. Reprinted in S. Kemmis & R. McTaggart (1989) *The action research reader (3rd ed.)*. Geelong: Deakin University Press.

Grundy, S. (1994). Action research at the school level: Possibilities and problems. *Educational Action Research, 2*(1), 23-37.

Habermas, J. (1971). *Knowledge and human interests* (Translated by Jeremy Shapiro). Boston: Beacon Press.

Habermas, J. (1984). *The theory of communicative action (Vol. I). Reason and the rationalization of society* (Translated by Thomas McCarthy). Boston: Beacon Press.

Habermas, J. (1987). *The theory of communicative action. Vol. 2. Lifeworld and system: A critique of fuctionalist reason*. Translated by Thomas McCarthy. Boston: Beacon Press.

Hall, H. (1996). Reflexivity in emancipatory action research: Illustrating the researcher's constructiveness . In Ortrun Zuber-Skerritt (Ed.), *New directions in action research* (pp. 28-47). London: Falmer Press.

Hanrahan, M. (1998). Academic growth through action research: A doctoral student's narrative. In B. Atweh, S. Kemmis, & P. Weeks (Eds.), *Action research in practice: Partnerships for social justice in education* (pp. 302-326). London: Routledge.

Heron, J. (1988). Validity in co-operative inquiry. In P. Reason (Ed.), *Human inquiry in action: Developments in new paradigm research* (pp. 40-59). London: Sage Publications.

Hope, K. (1998). Starting out with action research. *Nurse Researcher, 6*(2), 16-26.

Hughes, J., Denley, P., & Whitehead, J. (1998). How do we make sense of the process of legitimising an educational action research thesis for the award of a PHD degree? A contribution to educational theory. *Educational Action Research, 6*(3), 427-453.

Hus'en, T. (1994). Research Paradigms in Education. In T. Hus'en & T. N. Postlethwaite (Eds.), *The International Encyclopedia of Education (2nd ed.)* (pp. 1864-1873). New York: Pergamon.

Jennings, L. G. & Graham, A. P. (1996a). Postmodern perspectives and action research: Reflecting on the possibilities. *Educational Action Research, 4* (2), 267-278.

Jennings, L. G. & Graham, A. P. (1996b). Exposing discourses through action research. In O. Zuber-Skerritt (Ed.), *New directions in action research* (pp. 165-182). London: Falmer Press.

Johnston, S. (1994). Is action research a 'natural' process for teachers? *Educational Action Research, 2*(1), 39-48.

Kelly, D. & Simpson, S. (2001). Action research in action: Reflections on a project to introduce clinical facilitators to an acute hospital setting. *Journal of Advanced Nursing, 33*(5), 652-659.

Kember, D. (2002). Long-term outcomes of educational action research. *Educational Action Research, 10*(1), 83-103.

Kemmis, S. (1988). Action Research. In J. P. Keeves (Ed.), *Educational research, methodology, and measurement. An international handbook* (pp. 42-49). Oxford: Pergamon Press.

Kemmis, S. (1996). Emancipatory aspirations in a postmodern era. In Ortrun Zuber-Skerritt (Ed.), *New directions in action research* (pp. 199-242). London: Falmer Press.

Kemmis, S. & McTaggart, R. (1982). *The action research planner*. Australia: Deakin University Press.

Kemmis, S. & McTaggart, R. (1988). *The action research planner (3rd ed)*. Australia: Deakin University Press.

Kemmis, S. & McTaggart, R. (2000). Participatory action research. In N. K. Denzin & Y. S. Lincoln (Eds.), *Handbook of qualitative research (2nd ed.)* (pp. 567-605). California: Sage.

Kemmis, S. & Wilkinson, M. (1998). Participatory action research and the study of practice. In Bill Atweh, Stephen Kemmis, & Patricia Weeks (Eds.), *Action research in practice: Partnerships for social justice in education* (pp. 21-36). London: Routledge.

Landgrebe, B. & Winter, R. (1994). 'Reflective' writing on practice: Professional support for the dying. *Educational Action Research, 2*(1), 83-94.

Lather, P. (1986). Research as praxis. *Havard Educational Review, 56*(3), 23-46.

LeCompte, M. D., Preissle, J., & Tesch, R. (1984). *Ethnography and qualitative design in educational research*. New York: Academic Press, INC.

Lewin, K. (1946). Action Research and Minority Problems. *Journal of Social Issues, 1*(2), 34-46.

Lincoln, Y. S. & Denzin, N. K. (2000). The seventh monent: Out of the past. In N. K. Denzin & Y. S. Lincoln (Eds.), *Handbook of qualitative research (2nd ed.)* (pp. 1047-1065). California: Sage.

Lincoln, Y. S. & Guba, E. G. (1985). *Naturalistic inquiry*. CA: Sage.

Lomax, P. (1995). An intervention in practice to bring about improvement. *British Journal of In-Service-Education, 21*(1), 49-61.

Lomax, P. (1999). Working together for educative community through research. *British Educational Research Journal, 25*(1), 5-21.

MacDonald, C. A. (1995). Collaborative research: On the bleeding edge. *Education, 115*(3), 356-362.

McCarthy, T. (1984). *The critical theory of Jurgen Habermas*. Cambridge: Polity Press.

Macmahon, T. (1999). Is reflective practice synonymous with action research? *Educational Action Research, 7*(1), 163-170.

McNiff, J. (1988). *Action research: Principles and practice*. London: Macmillan.

McNiff, P., Lomax, P., & Whitehead, J. (1996). *You and your action research project*. London: Routledge.

McTaggart, R. (1996). Issues for participatory action researchers. In Ortrun Zuber-Skerritt (Ed.), *New directions in action research* (pp. 243-256). London: Falmer Press.

Merrian, S. B. (1988). *Case study research in education: A qualitative approach*. London: Jossey-Bass Publishers.

Meyer, J. E. (1993). New paradigm research in practice: the trials and tribulations of action research. *Journal of Advanced Nursing, 18*, 1066-1072.

Newman, S. (1999). Constructing and Critiquing Reflective Practice. *Educational Action Research, 7*(1), 145-162.

Noffke, S. (1994). Action research: Towards the next generation. *Educational Action Research, 2*(1), 9-21.

Noffke, S. (1995). Action research and democratic schooling: Problematics and potentials. In S. Noffke and R. Stevenson (Eds.), *Educational action research* (pp. 1-10). New York: Teachers College Press.

Oja, S. N. & Smulyan, L. (1989). *Collaborative action research: A developmental approach*. London: Falmer.

Pritchard, I. A. (2002). Travelers and trolls: Practitioner research and institutional review boards. *Educational Researcher, 31*(3), 3-13.

Rapport, R. (1970). Three dilemmas of action research. *Human Relations, 23,* 499-513.

Reason, P. (1988). *Human inquiry in action: Developments in new paradigm research*. London: Sage Publications.

Reason, P. (1994). Three Approaches to Participatory Inquiry. In N. K. Denzin and Y. S. Lincoln (Eds.), *Handbook of qualitative research* (pp. 324-339). London: Sage Publications.

Rogers, C. R. (1983). *Freedom to learn for the 80's*. Columbus, Ohio: Merril.

Sanger, J. (1996). Managing change through action research: A postmodern perspective on appraisal. In Ortrun Zuber-Skerritt (Ed.), *New directions in action research* (pp. 182-198). London: Falmer Press.

Schön, D. A. (1983). *The reflective practitioner: How professionals think in action*. New York: Basic Books, Inc., Publishers.

Small, S. A. (1995). Action-oriented research: Models and methods. *Journal of Marriage and the Family, 57,* 941-955.

Smith, B. (1996). Addressing the delusion of relevance: Struggles in connecting educational research and social justice. *Educational Action Research, 4*(1), 73-91.

Smyth, J. (1991). *Teachers as collaborative learners*. Keynes Milton: Open University.

Somekh, B. (1995). The contribution of action research to development in social endeavours: A position on action research methodology. *British Educational Journal, 21*(3), 339-355.

Stenhouse, L. (1988). Case study methods. In J. P. Keeves (Ed.), *Educational research, methodology, and measurement: An international handbook* (pp. 49-53). Oxford, England: Pergmon Press.

Stringer, E. (1999). *Action Research in Action (2nd edition)*. London: Sage.

Tickle, L. (2001). Opening windows, closing doors: Ethical dilemmas in educational action research. *Journal of Philosophy of Education, 35*(3), 345-359.

Tricoglus, G. (2001). Living the theoretical principles of critical ethnography' in educational research. *Educational Action Research, 9*(1), 135-148.

Viviane, MJ. R. (1993). Current controversies in action research. *Public Administration Quarterly,17*(3), 263-282.

Von Glasersfeld, E. (1995). *Radical constructivism: A way of knowing and learning*. Washington, D. C. : The Falmer Press.

Watkins, K. E. (1991). *Validity in action research*. ERIC Document ED 334246.

Watkins, L. D. (1999). Action reesarch: Rethinking Lewin. *Management Learning, 30*(2), 127-140.

Whitehead, J. (1993). *The growth of educational knowledge: Creating your own living educational theories*. Bournemouth: Hyde Publications.

Williamson, G. & Prosser, S. (2002a). Illustrating the ethical dimensions of action research. *Nurse Researcher, 10*(2), 38-49.

Williamson, G. & Prosser, S. (2002b). Action research: Politics, ethics and participation. *Journal of Advanced Nursing, 40*(5), 587-593.

Winkler. G. (2003). Are we nice or are we real? Ethical issues emerging from collaborative narrative research. *Educational Action Research, 11*(3), 389-402.

Winter, R. (1987). *Action research and the nature of social inquiry: Professional innovation and educational work*. Hants, England: Avebury.

Winter, R. (1989). *Learning from experience: Principles and practice in action-research*. London: Falmer.

Winter, R. (1996). Some principles and procedures for the conduct of action research. In Ortrun Zuber-Skerritt (Ed.), *New directions in action research* (pp. 13-27). London: Falmer Press.

Winter, R. (1998). Finding a voice-thinking with others: A conception of action research. *Educational Action Research, 6*(1), 53-68.

Winter, R. (2002). Truth or fiction: Problems of validity and authenticity in narratives of action research. *Educational Action Research, 10*(1), 143-154.

Zeichner, K. M. (1993). Action research: Personal renewal and social reconstruction. *Educational Action Research, 1*(2), 199-219.

Zeni, J. (1998). A guide to ethical issues and action resarch. *Educational Action Research, 6*(1), 9-19.

Zuber-Skerritt (Ed.) (1996). *New directions in action research*. London: Falmer Press.

Zuber-Skerritt, O. (1996a). Emancipatory action research for organisational change and management development. In Ortrun Zuber-Skerritt (Ed.), *New directions in action research* (pp. 83-105). London: Falmer Press.

Zuber-Skerritt, O. (1996b). Introduction: New directions in action research. In O. Zuber-Skerritt (Ed.), *New directions in action research* (pp. 3-12). London: Falmer Press.

國家圖書館出版品預行編目資料

教育行動研究：理論、實踐與反省／潘世尊著.
-- 初版. -- 臺北市：心理, 2005（民 94）
面； 公分. --（一般教育；87）
參考書目：面
ISBN 978-957-702-762-7（平裝）

1.教育－研究方法

520.31 94000139

一般教育 87 教育行動研究：理論、實踐與反省

作　　者：潘世尊
責任編輯：唐坤慧
執行編輯：陳文玲
總 編 輯：林敬堯
出 版 者：心理出版社股份有限公司
社　　址：台北市和平東路一段 180 號 7 樓
總　　機：(02) 23671490　傳　　真：(02) 23671457
郵　　撥：19293172　心理出版社股份有限公司
電子信箱：psychoco@ms15.hinet.net
網　　址：www.psy.com.tw
駐美代表：Lisa Wu　Tel：973 546-5845　Fax：973 546-7651
登 記 證：局版北市業字第 1372 號
電腦排版：臻圓打字印刷有限公司
印 刷 者：東緇彩色印刷有限公司
初版一刷：2005 年 1 月
初版二刷：2006 年 9 月

定價：新台幣 600 元
ISBN-13　978-957-702-762-7
ISBN-10　957-702-762-8

讀者意見回函卡

No. ______　　　　　　　　　　　　　　　　填寫日期：　年　月　日

感謝您購買本公司出版品。為提升我們的服務品質，請惠填以下資料寄回本社【或傳真(02)2367-1457】提供我們出書、修訂及辦活動之參考。您將不定期收到本公司最新出版及活動訊息。謝謝您！

姓名：____________________　性別：1□男　2□女

職業：1□教師 2□學生 3□上班族 4□家庭主婦 5□自由業 6□其他____

學歷：1□博士 2□碩士 3□大學 4□專科 5□高中 6□國中 7□國中以下

服務單位：__________________ 部門：__________ 職稱：___________

服務地址：__________________________ 電話：_______ 傳真：_______

住家地址：__________________________ 電話：_______ 傳真：_______

電子郵件地址：____

書名：____

一、您認為本書的優點：（可複選）

❶□內容 ❷□文筆 ❸□校對 ❹□編排 ❺□封面 ❻□其他____

二、您認為本書需再加強的地方：（可複選）

❶□內容 ❷□文筆 ❸□校對 ❹□編排 ❺□封面 ❻□其他____

三、您購買本書的消息來源：（請單選）

❶□本公司 ❷□逛書局⇨______書局 ❸□老師或親友介紹

❹□書展⇨____書展 ❺□心理心雜誌 ❻□書評 ❼其他________

四、您希望我們舉辦何種活動：（可複選）

❶□作者演講 ❷□研習會 ❸□研討會 ❹□書展 ❺□其他_____

五、您購買本書的原因：（可複選）

❶□對主題感興趣 ❷□上課教材⇨課程名稱_______________

❸□舉辦活動 ❹□其他______________

（請翻頁繼續）

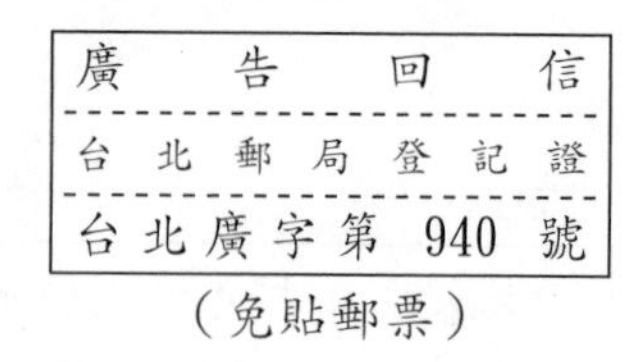

（免貼郵票）

心理出版社 股份有限公司
台北市 106 和平東路一段 180 號 7 樓

TEL: (02) 2367-1490
FAX: (02) 2367-1457
EMAIL:psychoco@ms15.hinet.net

沿線對折訂好後寄回

六、您希望我們多出版何種類型的書籍

❶□心理 ❷□輔導 ❸□教育 ❹□社工 ❺□測驗 ❻□其他

七、如果您是老師，是否有撰寫教科書的計劃：□有□無

書名／課程：______________________________

八、您教授／修習的課程：

上學期：______________________________

下學期：______________________________

進修班：______________________________

暑　假：______________________________

寒　假：______________________________

學分班：______________________________

九、您的其他意見

____

謝謝您的指教！　　41087